V&R

Novum Testamentum et Orbis Antiquus / Studien zur Umwelt des Neuen Testaments

In Verbindung mit der Stiftung „Bibel und Orient"
der Universität Fribourg/Schweiz
herausgegeben von Max Küchler (Fribourg), Peter Lampe,
Gerd Theißen (Heidelberg) und Jürgen Zangenberg (Leiden)

Band 95

Vandenhoeck & Ruprecht

Frühes Christentum und Religionsgeschichtliche Schule

Festschrift zum 65. Geburtstag von Gerd Lüdemann

herausgegeben von
Martina Janßen, F. Stanley Jones
und Jürgen Wehnert

Mit einem Geleitwort von Eduard Lohse

Vandenhoeck & Ruprecht

Bibliografische Information der Deutschen Nationalbibliothek

Die Deutsche Nationalbibliothek verzeichnet diese Publikation in der
Deutschen Nationalbibliografie; detaillierte bibliografische Daten sind
im Internet über http://dnb.d-nb.de abrufbar.

ISBN 978-3-525-53977-4
ISBN 978-3-647-53977-5 (E-Book)

Druck und Bindung: ⊕ Hubert & Co, Göttingen.

Gedruckt auf alterungsbeständigem Papier.

Zum Geleit

Lieber Herr Lüdemann,

zu Ihrem 65. Geburtstag möchte der Kreis der Autoren, deren Beiträge in diesem Band versammelt sind, Ihnen die besten Segenswünsche sagen. Mögen Sie sich mit Ihrer Familie der nun beginnenden Zeit rüstigen Alters erfreuen und die damit gegebene Muße zu weiterer gelehrter Arbeit nutzen können.

Die jedem Theologen aufgegebene Lebensaufgabe richtet sich auf die Bemühung, in wissenschaftlich geleiteter Arbeit der Wahrheit auf der Spur zu bleiben. Dieses Bemühen kann immer wieder zur Ausbildung unterschiedlicher Positionen und Auseinandersetzungen mit anderen Meinungen führen. Die Gemeinschaft der Göttinger Theologischen Fakultät hat lange Zeit unter besonderen Belastungen gelitten, die durch streitige Auseinandersetzungen bedingt waren. Dass solche Differenzen zugunsten des fruchtbaren Gesprächs über die Ursprünge des Christentums und des Bemühens um eine angemessene Auslegung der neutestamentlichen Schriften in den Hintergrund treten, ist unser besonderer Wunsch.

Ihr festlicher Geburtstag lässt uns die Verantwortung für diesen gemeinsamen Dienst nachdrücklich empfinden. Sind und bleiben wir doch alle durch das Erbe in Pflicht genommen, das uns aus der langen Geschichte von Theologie und Kirche durch unsere Vorgänger anvertraut ist. Je deutlicher wir uns dieses Auftrags bewusst sind, umso stärker wird es gelingen, die Botschaft des Neuen Testaments so auszulegen, dass sie kraftvoll in unsere Zeit hinein spricht.

Die hier vorgelegten Abhandlungen gelten der Untersuchung neutestamentlicher Themen unter besonderer Berücksichtigung der antiken Umwelt und ihres jüdisch-hellenistischen Hintergrundes. Das breite Spektrum der behandelten Fragen schließt sich in vielfältiger Weise an Ihre eigenen wissenschaftlichen Untersuchungen an. Einen Schwerpunkt bilden daher Beiträge zur Exegese des Neuen Testaments, speziell zu Paulus und seiner Schule, sowie zur Geschichte des frühen Christentums. Vielfach werden darin Fragestellungen aufgenommen, wie sie einst die Gelehrten der Religionsgeschichtlichen Schule in ihrer Bedeutung für die Interpretation des Neuen Testaments und der frühchristlichen Geschichte herausarbeiteten. Wird die synkretistische Vielfalt religiöser Vorstellungen der Alten Welt in den Blick genommen, lässt sich die Botschaft der frühen Christenheit in den sie bestimmenden Traditionen mit besonderer Deutlichkeit erfassen. Beispielhaft werden aus dem Kreise der Begründer religionsgeschichtlicher Studien Wilhelm Bousset und Ernst Troeltsch behandelt und deren wegweisende Beiträge zur Deutung der urchristlichen Verkündigung in Erinnerung gerufen.

Für die Zukunft erhoffen wir uns von Ihnen, lieber Herr Lüdemann, nicht zuletzt ein glückliches Gelingen Ihrer Aufarbeitung der Geschichte der Religionsgeschichtlichen Schule, die vor rund einem Jahrhundert sich vornehmlich in unserer Göttinger Universität und Ihrer Theologischen Fakultät ausgebildet und entfaltet hat. Zu Ihrem Geburtstag grüßen wir Sie, Ihre Frau und Ihre Familie. Für die vor Ihnen liegenden Jahre wünschen wir Ihnen von Herzen Gesundheit, Schaffenskraft und Gottes Segen.

Eduard Lohse

Auch im Namen etlicher Kollegen des In- und Auslands, die aus Krankheits- oder Altersgründen auf eine Mitwirkung an diesem Band verzichten mussten, schließen wir uns, lieber Gerd, den guten Wünschen von Eduard Lohse an. In den Jahren unserer akademischen Ausbildung haben wir viel von Dir gelernt – wir wünschen uns, dass wir in der Arbeit auf den gemeinsamen Forschungsfeldern auch in Zukunft mit Dir verbunden bleiben.

Martina Janßen, F. Stanley Jones und Jürgen Wehnert

Inhalt

Exegetische Studien

Exegetische Studien

Florian Wilk

2Kor 1,12–14 als *propositio*
des ganzen zweiten Korintherbriefs

Der vorliegende Beitrag soll die im Titel formulierte These plausibilisieren:
Der Abschnitt 2Kor 1,12–14 erfüllt die Funktion einer *propositio*, insofern
Paulus in ihm das Thema und den Zweck seines Schreibens benennt; und
diese *propositio* bezieht sich auf den ganzen, 13 Kapitel umfassenden Brief.

1. Der Text und seine Übersetzung

Ἡ γὰρ καύχησις ἡμῶν αὕτη ἐστίν,	12	Denn unser Rühmen ist dies:
τὸ μαρτύριον τῆς συνειδήσεως ἡμῶν,	b	das Zeugnis unseres Gewissens,
ὅτι ἐν ἁπλότητι[a]	c	dass wir in Lauterkeit
καὶ εἰλικρινείᾳ τοῦ θεοῦ,		und Gottes Klarheit
καὶ[b] οὐκ ἐν σοφίᾳ σαρκικῇ	d	– nämlich nicht in fleischlicher Weisheit,
ἀλλ' ἐν χάριτι θεοῦ,		sondern in Gottes Gnade –
ἀνεστράφημεν ἐν τῷ κόσμῳ,	e	unser Leben führten in der Welt,
περισσοτέρως δὲ πρὸς ὑμᾶς.	f	besonders aber gegenüber euch.
οὐ γὰρ ἄλλα γράφομεν ὑμῖν	13	Denn nichts anderes schreiben wir euch
ἀλλ' ἢ ἃ ἀναγινώσκετε		als was ihr lest
[c]ἢ καὶ ἐπιγινώσκετε[c].		oder auch versteht;
ἐλπίζω δὲ	b	ich hoffe aber,
ὅτι ἕως τέλους ἐπιγνώσεσθε,		dass ihr vollkommen verstehen werdet,
καθὼς καὶ ἐπέγνωτε ἡμᾶς ἀπὸ μέρους, 14		wie ihr uns z.T. auch verstanden habt:
ὅτι καύχημα ὑμῶν ἐσμεν	b	dass wir euer Ruhm sind,
καθάπερ καὶ ὑμεῖς ἡμῶν		wie auch ihr unser (Ruhm sein werdet)
ἐν τῇ ἡμέρᾳ τοῦ κυρίου[d] Ἰησοῦ.		an dem Tag des Herrn Jesus.

---

a) Das durch 𝔓⁴⁶ ℵ* A B etc. gut bezeugte ἁγιότητι erscheint nur auf den ersten Blick als *lectio difficilior* (Paulus benutzt das Wort sonst nicht). Da ἁγιότης – anders als ἁπλότης bei Paulus (in Röm 12,8; 2Kor 8,2; 9,11.13; 11,3) – eine göttliche Eigenschaft bezeichnet (vgl. Hebr 12,10; 2Makk 15,2), ist ἁγιότητι wohl als sekundäre Angleichung an die folgende Wendung zu erklären.

b) καί dürfte in ℵ A C D F G 𝔐 etc. sekundär getilgt worden sein, da Paulus οὐ-ἀλλά-Wendungen sonst nie mit καί einleitet (vgl. Röm 1,32; 4,16; 8,20; 13,5; 1Kor 7,10; 2Kor 3,6; 1Thess 2,4).

c-c) In 𝔓⁴⁶ B u. a. Hss. fehlt ἢ καὶ ἐπιγινώσκετε wahrscheinlich infolge Homoioteleutons.

d) Der Zusatz von ἡμῶν in ℵ B F G P etc. dient wohl der sekundären Angleichung an 1Kor 1,8.

2. Zur Einbettung des Abschnitts in seinen Kontext

Das mit 2Kor 1,3 einsetzende Proömium[1] beginnt mit einem *Lobspruch*
(1,3f.): Gott erweise sich als „Vater der Erbarmungen und Gott aller Tröstung", indem er Paulus und Timotheus[2] a) in aller Bedrängnis tröste und so
b) befähige, ihrerseits die zu trösten, die in irgendeiner Bedrängnis seien.

Dieser Lobspruch wird in 1,5–7, wie das einleitende ὅτι anzeigt, *sachlich
erläutert*: Das Leiden und die Tröstung der Briefschreiber seien a) Ausdruck ihrer Christusgemeinschaft und zugleich b) Elemente ihres apostolischen Dienstes an den Adressaten, die selbst Teilhaber an Leiden und Tröstung der Verfasser sein sollen. Die mit γάρ angefügten Verse 8–11 bieten
dann eine *situative Erläuterung*.[3] Diese enthält a) eine Deutung der erfahre-
nen Bedrängnis im Blick auf die eigene Gottesbeziehung sowie b) einen
Ausblick, der die Hoffnung auf Gottes künftiges Rettungshandeln mit der
(implizit eingeforderten) Fürbitte der Adressaten verbindet und als Ziel den
vielfältigen Dank für Gottes Gnadengabe an die Autoren des Briefs nennt.

Beide Erläuterungen ergänzen einander: Die erste stellt das Handeln
ὑπὲρ ὑμῶν in den Vordergrund, die zweite das Geschehen ὑπὲρ ἡμῶν. Dabei sind hier wie dort die beiden Gesichtspunkte verknüpft, die bereits den
einleitenden Lobspruch kennzeichnen: a) der Rückblick auf Gottes trösten-
des und rettendes Handeln an den Briefschreibern und b) der Ausblick auf
die Teilhabe und Teilnahme der Briefempfänger an diesem Handeln. Zudem greift der abschließende Hinweis auf den Dank der Adressaten „für
uns" das einleitende Gotteslob der Verfasser für die ihnen zuteil gewordene
Tröstung auf und rundet so den ganzen Zusammenhang ab.

Insgesamt stellt 1,3–11 das Muster des paulinischen Proömiums auf den
Kopf: Statt mit dem Dank für Gottes Handeln an der Gemeinde zu beginnen, endet der Text mit dem Ausblick auf den Dank für Gottes Handeln an
den Briefschreibern; an die Stelle der (Zusage der) Fürbitte für die Adressaten tritt der Aufruf zur Fürbitte für die Absender. Diese ebenso kunstvolle
wie ungewöhnliche Gestaltung des Abschnitts entspricht seiner Intention:
Er dient dazu, die Briefadressaten auf die Tröstung durch die Absender
auszurichten (1,4b), an die Teilhabe an deren Leiden und Tröstung zu erinnern (1,7), zur Fürbitte für sie und zum Dank ihretwegen anzuhalten (1,11)
und auf diese Weise in die Gemeinschaft mit den Absendern einzuweisen.

---

[1] Vgl. H.-J. KLAUCK, Die antike Briefliteratur und das Neue Testament, Paderborn u.a. 1998,
234 (der den Aufbau freilich anders beschreibt: V. 3–7 Eulogie, V. 8–11 Selbstempfehlung).

[2] Zu dem auf Paulus und seine Mitarbeiter verweisenden Sinn des „Wir" in 1,3–11 (und darüber hinaus) vgl. M. MÜLLER, Der sogenannte ‚schriftstellerische Plural' – neu betrachtet. Zur
Frage der Mitarbeiter als Mitverfasser der Paulusbriefe, BZ NF 42, 1998, 181–201, 191.

[3] Zur einleitenden „disclosure-Formel" vgl. vor allem Röm 1,13 sowie T. Y. MULLINS, Disclo-
sure. A Literary Form in the New Testament, NT 7, 1964/65, 44–50.

Mit 1,15 beginnt demgegenüber die – immer wieder durch Reflexionen und Ermahnungen erweiterte – *narratio*, in der Paulus die Vorgänge im Vorfeld seines Schreibens erörtert: die Änderung seiner in 1Kor 16,5–7 mitgeteilten Besuchspläne (2Kor 1,15f.), den betrüblichen Verlauf seines Zwischenbesuchs sowie den anschließenden Verzicht auf einen weiteren Besuch (1,23; 2,1.5), die Abfassung des Tränenbriefs (2,3f.9) und schließlich den Aufbruch nach Mazedonien, vollzogen in der Absicht, dort den aus Korinth zurückkommenden Titus zu treffen (2,12f., vgl. 7,6f.). Dabei beschreibt und erläutert er diese Vorgänge in der 1. Person Singular, während grundsätzliche Erwägungen (1,18–22.24; 2,11) im Wir-Stil formuliert sind. Der ganze Passus 1,15–2,13 dient dazu, die Integrität des Paulus in seiner apostolischen Fürsorge für die Gemeinde in Korinth aufzuzeigen – und damit der grundsätzlichen Reflexion über die Würde des paulinischen Apostolats (2,14–7,3) den Boden zu bereiten.[4]

Zwischen Proömium und *narratio* stellt 1,12–14 einen relativ eigenständigen Abschnitt dar, abgegrenzt durch die Verse 12a und 14b, in denen die Begriffe καύχησις (1,12a) und καύχημα (1,14b) eine *inclusio* bilden.[5]

Gewiss unterstreichen die Konjunktionen zu Beginn von V. 12 (γάρ) und V. 15 (καί) die Einbindung der drei Verse in den Zusammenhang. Dabei erscheint zum einen V. 12 als Begründung für V. 11: Indem die Verfasser die Untadeligkeit und den Gottesbezug ihres Verhaltens gegenüber den Adressaten betonen, benennen sie die Basis ihrer Erwartung, die Gemeinde werde Gott für sie bitten und ihretwegen danken. Zum andern knüpft V. 15 an V. 14 an: Die „Zuversicht", in der Paulus seine Reiseplanung änderte, bezieht sich ja auf die wechselseitige Verbundenheit zwischen Absendern und Empfängern des Briefes, von der V. 14b spricht.

Gerade deshalb aber lassen sich die drei Verse weder dem Proömium noch der *narratio* zuordnen. Sie erweisen sich vielmehr als Scharnier zwischen Briefeingang und erstem Hauptteil des Briefkorpus. Darauf deutet schon der zwischenzeitliche Gebrauch der 1. Person Singular in V. 13b hin. Die Sonderstellung wird freilich vor allem an der Aussagenkette „wir schreiben euch – ihr lest – ihr versteht" in V. 13a ersichtlich, denn sie hebt 1,12–14 gleichsam aus dem Zusammenhang heraus auf eine Meta-Ebene der brieflichen Kommunikation zwischen Absendern und Empfängern.[6] Überdies entspricht die Position dieser Verse im Kontext in etwa der von Gal 1,10ff. zwischen Proömium (1,6–9) und *narratio* (1,13–2,14[21]). Daher liegt die Vermutung nahe, dass sie als *propositio* des 2Kor fungieren.

---

[4] Vgl. C. WOLFF, Der zweite Brief des Paulus an die Korinther, ThHK 8, Berlin 1989, 28 (der freilich 2Kor 1,12–14 als Eröffnung jenes Passus auffasst).

[5] Das Wortfeld des Rühmens tritt danach erstmals wieder in 2Kor 5,12 in Erscheinung.

[6] Vgl. dazu E.-M. BECKER, Schreiben und Verstehen. Paulinische Briefhermeneutik im Zweiten Korintherbrief, NET 4, Tübingen/Basel 2002, 165–168.

3. Zu Struktur und Form des Abschnitts

Der Abschnitt lässt sich zunächst grob in zwei Absätze gliedern – 2Kor
1,12 und 1,13f. –, die jeweils durch die Konjunktion γάρ eingeleitet und
durch die Konjunktion δέ noch einmal unterteilt werden. Diese beiden Absätze sind chiastisch aufeinander bezogen, wie folgende Übersicht zeigt:

V. 12a	unser Rühmen	
V. 12(e-)f		(wir führten unser Leben ...) euch gegenüber
V. 13a		wir schreiben euch ...
V. 14b	wir euer Ruhm, ihr der unsere	

In V. 12a–e definieren die Verfasser allgemein Form und Inhalt ihres
„Rühmens": Ihr Gewissen bezeugt ihnen, dass ihr Lebenswandel in der
Welt in jeder Hinsicht untadelig war. Sodann wenden sie diese Aussage mit
V. 12f „in besonderer Weise" auf das Verhalten gegenüber den Adressaten
an. In V. 13f. sprechen Paulus und Timotheus umgekehrt zuerst von ihrem
einwandfreien Handeln in Bezug auf die Empfänger: Ihr Schreiben an die
Korinther sei für diese durch und durch lesbar und verständlich (V. 13a).
Mit V. 13b–14 benennen sie dann den zeitlichen Horizont und den Inhalt
jenes Verstehens – nämlich „dass wir euer Ruhm sind".

Die Rahmung durch V. 12a und V. 14b wird dadurch unterstrichen, dass
das Zeugnis des eigenen Gewissens gemäß Röm 2,15f. einer endzeitlichen
Bestätigung bedarf[7] und insofern 2Kor 1,12b auf die Rede vom „Tag des
Herrn Jesus" am Ende von V. 14 vorausweist. In der Sache findet jenes für
die Verfasser des Briefes ergehende Zeugnis sein Gegenstück in dem drei-
fachen Verweis auf das Verstehen der Adressaten in V. 13a–14a.

Gerade dieser Verweis aber indiziert, dass die beschriebene Gliederung
des Abschnitts im Blick auf Syntax und Tempus seiner Aussagen noch zu
modifizieren ist: Zu Beginn verbindet sich ein präsentischer Behauptungs-
satz (V. 12a–b) mit einem ὅτι-Satz (V. 12c–f), der auf die Vergangenheit
bezogen ist. Demgegenüber verknüpft V. 13b einen präsentischen Hauptsatz
mit einem auf die Zukunft verweisenden ὅτι-Satz. Dazwischen steht V. 13a,
in dem auf einen präsentischen Hauptsatz ein präsentisch formulierter Rela-
tivsatz folgt. Diese sukzessive Thematisierung von Vergangenheit, Gegenwart und Zukunft findet ihr Gegenstück in V. 14, der den ὅτι-Satz aus
V. 13b erläuternd fortführt; auch hier werden nacheinander Vergangenheit
(καθὼς ... ἐπέγνωτε), Gegenwart (ὅτι ... ἐσμέν) und Zukunft (καθάπερ ...
ἐν τῇ ἡμέρᾳ τοῦ κυρίου) in den Blick genommen.[8]

---

[7] Vgl. G. LÜDEMANN, Art. συνείδησις, EWNT III, ²1992, 721–725, 724.

[8] Während καύχημα ὑμῶν ἐσμεν durchaus präsentischen Sinn hat (vgl. 2Kor 5,12), bekundet
Paulus mit καὶ ὑμεῖς ἡμῶν seine „Zukunftshoffnung" (H. LIETZMANN, An die Korinther I·II,
HNT 9, Tübingen ⁴1949, 102); s. dazu bei Anm. 28.

Die syntaktische Ordnung und die zeitliche Orientierung der Aussagen des Abschnitts seien in folgender Übersicht veranschaulicht:

Vergangenheit	Gegenwart	Zukunft
	12 Ἡ γὰρ καύχησις ἡμῶν αὕτη ἐστίν, ...	
ὅτι ἐν ἁπλότητι ... ἀν- εστράφημεν ... πρὸς ὑμᾶς.		
	13 οὐ γὰρ ἄλλα γράφομεν ὑμῖν ἀλλ᾽ ἢ ἃ ἀναγινώσκετε ...·	
	ἐλπίζω δὲ	ὅτι ἕως τέλους ἐπιγνώσεσθε,
14 καθὼς καὶ ἐπέγνωτε ἡμᾶς ἀπὸ μέρους,	ὅτι καύχημα ὑμῶν ἐσμεν	
		καθάπερ καὶ ὑμεῖς ἡμῶν ἐν τῇ ἡμέρᾳ τοῦ κυρίου Ἰησοῦ.

Im Zentrum des Abschnitts steht demnach die präsentische Aussage von V. 13a. Mit ihr übertragen Paulus und Timotheus die Behauptung der Untadeligkeit ihres bisherigen Verhaltens gegenüber den Korinthern (V. 12c–f) auf die aktuelle briefliche Kommunikation:[9] Auch ihr Schreiben ist Objekt ihres Rühmens (V. 12a), insofern es für die Adressaten klar wahrnehmbar und verständlich ist. Zugleich erfährt V. 13a seine inhaltliche Füllung durch V. 14b*init*.: Kern des Schreibens ist der Sachverhalt, „dass wir euer Ruhm sind". Diesen Sachverhalt müssen die Empfänger freilich noch „völlig verstehen"; und eben darauf richtet Paulus auch seine persönliche Hoffnung (V. 13b).[10] So liegt in 1,12–14 die Themaangabe für das Schreiben an die Korinther vor: Es behandelt den Lebenswandel der Verfasser, zeigt dessen Untadeligkeit auf und erweist sie somit als den Ruhm der Adressaten.

Zugleich klärt der Abschnitt in seiner auf verschiedene Zeiten ausgerichteten Struktur den Zweck des Schreibens:[11] Es soll die Korinther kraft seiner Verständlichkeit vom bisherigen partiellen (V. 14a) zum künftigen vollen Verstehen (V. 13b*fin*.) führen, d.h. zum Einverständnis mit der These der Autoren, „dass wir euer Ruhm sind". Auf diese Weise soll es dafür sorgen, dass deren gegenwärtiges Rühmen, das sich als Zeugnis ihres Gewissens vollzieht (V. 12a–b), dadurch bestätigt wird, dass sich die Empfänger „am Tag des Herrn Jesus" als Ruhm der Briefschreiber erweisen (V. 14b*fin*.).

---

[9] Vgl. F. LANG, Die Briefe an die Korinther, NTD 7, Göttingen 1986, 256.

[10] Die Parallelen in 2Kor 5,11 und 13,6 lassen darauf schließen, dass Paulus mit dem Wechsel in die 1. Person Singular (ἐλπίζω δὲ ...) die Hoffnung auf die Wiederherstellung der Beziehung zwischen den Verfassern und der Gemeinde pointiert als sein persönliches Anliegen präsentiert.

[11] Ähnlich F. J. MATERA, II Corinthians. A Commentary, Louisville, KY/London 2003, 47: „Verses 12–14 function as an exordium that announces the orator's theme, inasmuch as they explain why Paul writes this letter".

Charakter, Inhalt und Funktion des Abschnitts lassen sich wie folgt schematisch darstellen:

ggw. Ausgangspunkt =>	aktuelles Schreiben =>	Ziel für die Zukunft
partielles Verständnis der Adressaten für die Absender	*Eigenart:* eindeutig zu verstehen	völliges Einverständnis der Adressaten mit den Absendern
„wir" rühmen uns bezüglich unseres Lebenswandels euch gegenüber	*Inhalt:* „wir sind euer Ruhm"	„ihr" werdet euch am Tag des Herrn Jesus als unser Ruhm erweisen

Werden aber in 1,12–14 sowohl das Thema als auch der Zweck des Schreibens benannt, so sind diese Verse als *propositio* des Briefs aufzufassen. Dass sie sich auf den ganzen 2Kor beziehen,[12] legt die zeitliche Struktur des Abschnitts nahe. Die Verknüpfung von Rückblick, Reflexion über die Gegenwart und Ausblick entspricht ja dem chronologischen Aufbau des Briefs, der in Kap. 1–7 zunächst die bereits bewältigten Störungen (im Bezug auf den Zwischenbesuch des Paulus, seinen Tränenbrief und die Sendung des Titus), sodann in Kap. 8–9 die zum Teil noch vorhandene Störung (hinsichtlich der Kollekte) und schließlich in Kap. 10–13 die gänzlich unbewältigte Störung (im Blick auf das Wirken der Gegner) behandelt.

Freilich muss die These, dass in 1,12–14 der gesamte 2Kor vorbereitet wird, an den inhaltlichen Aussagen der *propositio* und ihren Bezügen zu den verschiedenen Hauptteilen des Briefs noch erhärtet werden.

4. Zum Aussagegehalt des Abschnitts im Einzelnen

V. 12a–b: In Verbindung mit V. 12b bezeichnet καύχησις, an sich ohnehin ein *nomen actionis*, in der Tat den Vollzug, nicht den Anlass oder Inhalt des Rühmens:[13] Das Rühmen der Briefschreiber vollzieht sich darin und nur darin, dass ihnen ihr Gewissen – d.h. ihr menschliches Vermögen, das eigene Verhalten kritisch zu prüfen und zu beurteilen – ein positives Zeugnis ausstellt. Somit erscheint ihr Gewissen als das eigentliche Subjekt ihres Rühmens, das dadurch einen gleichsam objektiven Charakter erhält. Zugleich aber wird mit dieser Definition das Rühmen auf das Selbstbewusstsein der Autoren beschränkt. Dass sie diesen Vorgang in ihrem Inneren den Adressaten zur Kenntnis geben, ist gerade ein Zeichen ihrer Integrität.

---

[12] Meist wird 2Kor 1,12–14 als Einleitung zu 1,12–2,13 aufgefasst; vgl. z.B. M. J. HARRIS, The Second Epistle to the Corinthians, NIGTC, Grand Rapids, MI/Milton Keynes 2005, 182f.

[13] Vgl. C. F. G. HEINRICI, Der zweite Brief an die Korinther, KEK 6, Göttingen ³1900, 70. Diesen Sinn hat καύχησις auch sonst im 2Kor; vgl. 7,4.14; 8,24; 11,10.17.

V. 12c–e: Der Gegenstand des Rühmens der Verfasser ist die Untadelig-keit ihrer bisherigen Daseinsgestaltung[14] im Kosmos. Diese wird mit zwei parallel angelegten Wendungen beschrieben, von denen die erste die Eigen-art, die zweite den Maßstab bzw. die Quelle der Lebensführung in den Blick rückt. Sie ist demnach aufrichtig, da sie nicht einer „fleischlichen", d.h. bloß menschlichen, selbstbezüglichen Weisheit entspringt,[15] und rein vor Gott, da sie ihre Basis in Gottes Gnade hat. Dabei weist die Rede von „Gottes Gnade" vor dem Hintergrund von 1Kor 3,10; 15,10 auf die Beru-fung des Paulus hin, während die Antithese zur „Weisheit" an die Eigenart des Apostolats erinnert, den er und seine Mitarbeiter wahrnehmen (vgl. 1,17–3,20). In diesen Sachzusammenhang gehören auch die übrigen Belege von ἁπλότης und εἰλικρινεία im 2Kor.[16] In 2Kor 1,12 geht es also um die Lebensführung derer, die Gott zu „Dienern des neuen Bundes" (3,6), zu Trägern des „Dienstes der Versöhnung" (5,18) gemacht hat. Diesem Dienst werden die Verfasser – so bezeugt ihnen ihr Gewissen – in der Art und Weise ihrer Daseinsgestaltung gerecht. Daher entspricht auch ihr Rühmen der Regel aus Jer 9,23f. LXX: „Wer sich rühmt, rühme sich im (Bezug auf das Wirken des) Herrn" (1Kor 1,31; 2Kor 10,17).[17]

V. 12f: Neben ἀνεστράφημεν verweist die Wendung πρὸς ὑμᾶς nicht nur, wie in 11,9 u.ö., auf die Phasen der Anwesenheit des Paulus und/oder des Timotheus in Korinth, sondern auf alle Handlungen und Vollzüge, in denen sich ihre Beziehung zur dortigen Gemeinde konkretisiert[18] – nicht zuletzt auf ihr Senden von Boten (12,17 u.ö.) und Briefen (2,3 u.ö.), durch die Paulus diese Beziehung in besonderer Weise gepflegt hat.[19]

V. 13a: Im Rahmen des paulinischen Sprachgebrauchs bezeichnet die Präsensform γράφω üblicherweise den jeweils vorliegenden Brief.[20] Im An-schluss an V. 12e–f und im Konnex mit V. 13b–14a liegt es freilich nahe, γράφομεν einen generellen, auch die früheren Briefe einschließenden Sinn zuzuweisen.[21] Die negative Inhaltsangabe („nichts anderes … als was ihr lest oder auch versteht") stellt dabei klar, dass die bisherige Korrespondenz

---

[14] Zu dieser Bedeutung von ἀναστρέφω vgl. den Gebrauch des Nomens in Gal 1,13.

[15] Zu σαρκικός in diesem Sinn vgl. vor allem 1Kor 3,3; 2Kor 10,4 sowie E. GRÄSSER, Der zweite Brief an die Korinther. Kapitel 1,1–7,16, ÖTK 8/1, Gütersloh/Würzburg 2002, 70.

[16] Zu ἁπλότης s. Fußnote a) zur Textkritik, zu εἰλικρινεία vgl. 2Kor 2,17.

[17] Dazu vgl. F. WILK, Ruhm *coram Deo* bei Paulus?, ZNW 101, 2010, 55–77, 58–61.

[18] Vgl. dazu B. REICKE, Art. πρός, ThWNT 6, Stuttgart 1959, 720–725, 724 Z.18–20.

[19] Bei der „Besonderheit" des Verhaltens gegenüber den Korinthern ist vor allem an die Briefe zu denken, da 2Kor 1,13 ja begründend an V. 12 anknüpft; vgl. J. C. K. VON HOFMANN, Die heilige Schrift neuen Testaments zusammenhängend untersucht, Bd. II/3, Nördlingen 1866, 16f.

[20] Vgl. 1Kor 4,14; 14,37; 2Kor 13,10; Gal 1,20 sowie 2Kor 9,1; Phil 3,1; 1Thess 4,9; 5,1 (Inf.).

[21] Vgl. V. P. FURNISH, II Corinthians. Translated with Introduction, Notes, and Commentary, AncB 32a, Garden City, NY 1984, 128. Analog dazu kann ἔγραψα sowohl auf frühere Briefe (2Kor 2,3f.9; 7,12 u.ö.) als auch auf den aktuellen Brief (1Kor 9,15; Gal 6,11 u.ö.) verweisen.

und insbesondere der aktuelle Brief kein Lesen zwischen den Zeilen erfordern und keine andere Botschaft enthalten als die, die beim Lesen der Worte selbst klar erkennbar wird. Insofern bestätigt dieser Brief die Behauptung der Lauterkeit und Klarheit des Umgangs der Verfasser mit den Adressaten aus V. 12. Der Ausdruck „oder auch", mit dem das Wort ἐπιγινώσκετε an das voranstehende ἀναγινώσκετε angeschlossen ist, schränkt allerdings die Aussage dahingehend ein, dass es durchaus noch offen ist, ob die Adressaten den an sich klar verständlichen Brief beim Verlesen auch tatsächlich verstehen.[22] So bereitet V. 13a die Ausführungen in V. 13b–14 vor.

V. 13b–14a: Die Hoffnung des Paulus[23] zielt auf die künftige Vollendung des bisher nur partiell vorhandenen Verständnisses der Korinther für die Briefschreiber.[24] Zu diesem Ziel sollen die Korinther durch ihr Einverständnis mit dem aktuellen Brief (V. 13a) gelangen.

V. 14b: Der ὅτι-Satz vertritt das – im Vergleich mit V. 13a und V. 14a fehlende – Objekt zum Verb ἐπιγινώσκετε in V. 13b.[25] Dabei bezeichnet καύχημα (seiner Eigenart als *nomen rei actae* gemäß) den Gegenstand des Rühmens.[26] Die Adressaten des Briefs sollen also, so die Hoffnung des Paulus, völlig verstehen, dass sie sich der Autoren – und damit des Vaters ihrer Gemeinde (vgl. 1Kor 4,15) – zu Recht rühmen können. Solcher Grund zum Rühmen besteht, wie die Präsensform ἐσμέν anzeigt, bereits in der Gegenwart. Der nachfolgende καθάπερ-Satz benennt dann sein endzeitliches Gegenstück: Am Tag des Herrn Jesus, d.h. im Zuge des durch die Parusie heraufgeführten Gerichts nach den Werken,[27] wird sich die Gemeinde für den Apostel und seine Mitarbeiter als Grund zum Rühmen erweisen.[28] Dieser Erweis setzt jedoch voraus, dass die Adressaten durch ihr Einverständnis mit dem vorliegenden Brief die Hoffnung des Paulus (2Kor 1,13b) erfüllen und anerkennen, dass er und Timotheus ihren Ruhm darstellen.

Insgesamt führt der Passus 1,12–14 den Adressaten auf grundsätzliche Weise das Ziel des Briefs vor Augen: Sie sollen Paulus samt seinen Mitarbeitern als *ihren* Apostel akzeptieren, gerade angesichts der auch in seinen Briefen dokumentierten Eigenart seines apostolischen Dienstes an ihnen.

---

[22] Ähnlich R. BULTMANN, Der zweite Brief an die Korinther, hg. von E. Dinkler, KEK Sonderbd., Göttingen 1976, 40: ἢ καὶ ἐπιγινώσκετε bedeute „als ihr bei gutem Willen verstehen könnt und müßt". Präzisierend-weiterführenden Sinn hat ἢ καί auch in 1Kor 9,8; 16,6.

[23] Zum Übergang in die 1. Person Singular s. Anm. 10.

[24] Neben ἀπὸ μέρους dürfte die Wendung ἕως τέλους die Bedeutung „vollkommen" haben; vgl. G. DELLING, Art. τέλος κτλ., ThWNT 8, Stuttgart u.a. 1969, 50–88, 57 Z..2f.

[25] Vgl. M. E. THRALL, The Second Epistle to the Corinthians. Bd. 1. Introduction and Commentary on II Corinthians I–VII, ICC, Edinburgh = London/New York 1994 (2004), 134f.

[26] Vgl. Röm 4,2; 1Kor 5,6; 9,15.16; Gal 6,4; Phil 1,26; 2,16. Anders nur in 2Kor 5,12; 9,3, wo jeweils die nachfolgende Wendung ὑπὲρ ἡμῶν/ὑμῶν den handlungsbezogenen Wortsinn anzeigt.

[27] Vgl. dazu Röm 2,5.16; 1Kor 1,8; 3,13; 5,5; Phil 1,6.10; 2,16; 1Thess 5,2.

[28] Vgl. dazu Phil 2,16; 1Thess 2,19 und 1Kor 15,31 sowie WILK, Ruhm (Anm. 17), 59.76.

5. Zur Einbindung des Abschnitts in den 2. Korintherbrief

Die Präsentation von Thema und Ziel des Schreibens in 1,12–14 passt gut zu Anlage, Inhalt und Ausrichtung der nachfolgenden Kapitel des 2Kor. Das zeigt sich schon an den Übereinstimmungen mit den Angaben zum Zweck des Briefs im Rahmen des Briefkorpusabschlusses 12,19–13,10. Gewiss setzt Paulus in 13,10[29] mit dem Ausblick auf den bevorstehenden Besuch, bei dem er nicht streng verfahren zu müssen hofft, einen Akzent, der sich erst aus der in 10,1 einsetzenden Auseinandersetzung mit den Vorwürfen der Gegner erklärt.[30] Im Übrigen aber konvergieren seine Ausführungen mit denen in der *propositio*: Sein Auftreten in und sein Brief nach Korinth entsprechen der ihm gegebenen Vollmacht als Apostel[31] (vgl. 1,12d–f). Dabei dient der Brief insofern der Erbauung der Gemeinde, als er auf ihre „Wiederherstellung" (13,9d) zielt[32] – und diese erwächst aus der (von Paulus erhofften) Einsicht der Adressaten, dass Paulus und seine Mitarbeiter ihren Auftrag sachgemäß wahrnehmen (13,6, vgl. 1,13b–14[33]).

Dass die *propositio* sich auf den gesamten 2Kor bezieht, ist darüber hinaus infolge der intensiven und zugleich differenzierten Nutzung des Wortfelds „Ruhm/Rühmen" wahrscheinlich. Zum einen wird die Aussage zur wechselseitigen Ruhmesbeziehung zwischen den Briefschreibern und den Adressaten (1,14b) im weiteren Brief rezipiert und nach beiden Seiten entfaltet: Dass Paulus und seine Mitarbeiter diejenigen sind – und sich in ihrem Brief als diejenigen erweisen –, derer sich die Korinther rühmen können, stellen sie in 5,12 explizit heraus.[34] Dazu passt die Rede von der Empfehlung, die die Gemeinde gemäß 3,1–3 für die Briefschreiber darstellt bzw. gemäß 12,11 für Paulus hätte aussprechen sollen.[35] Dass aber auch umgekehrt die Adressaten sich als Ruhm des Paulus (und seiner Mitarbeiter) teils erwiesen haben, teils noch vollends erweisen müssen, kommt vor allem im

---

[29] Die engste Parallele zu dieser Reflexion über den Charakter des Briefs am Ende des Briefkorpus findet sich in Phlm 21. Vgl. ferner Röm 15,15 (im Eingangsteil des Briefschlusses).

[30] Vgl. die Gegenüberstellung von ἀπών und παρών in 2Kor 13,10 mit der in 10,1f.

[31] Die Wendung κατὰ τὴν ἐξουσίαν κτλ. in 2Kor 13,10 ließe sich nur mit Mühe auf ἀποτόμως χρήσωμαι beziehen; näher liegt es, sie – durch einen Gedankenstrich abgesetzt – mit der Feststellung ταῦτα ... γράφω zu verknüpfen (vgl. VON HOFMANN, Schrift [Anm. 19], 337).

[32] Zur Übersetzung von κατάρτισις vgl. HARRIS, Epistle (Anm. 12), 927f.; zur Ausrichtung des paulinischen Briefs auf die Erbauung der Gemeinde vgl. 2Kor 10,8f.; 12,19. ταῦτα in 13,10 kann demnach ebenso gut den Briefkorpusabschluss wie den ganzen Passus 10,1–13,9 bezeichnen.

[33] 2Kor 13,6 und 1,13b–14 sind dabei sehr ähnlich formuliert; hier wie dort heißt es: ἐλπίζω δὲ ὅτι (ἐπι)γνώσεσθε ... ὅτι (ἡμεῖς) ... ἐσμέν ... Zudem verbindet sich die Erkenntnis hinsichtlich der Briefschreiber hier wie dort mit einer Einsicht in die eigene Christusbeziehung; vgl. 13,5 mit 1,14.

[34] Vgl. MATERA, II Corinthians (Anm. 11), 50.

[35] Zum sachlichen Konnex zwischen 2Kor 1,14 und 5,12; 12,11 vgl. H. WINDISCH, Der zweite Korintherbrief, KEK 6, Göttingen 1924, 177. Zudem entspricht die Abwehr des Verdachts einer brieflichen Selbstempfehlung in 5,12 den auf die Gegner bezogenen Äußerungen in 3,1; 10,12.18.

Blick auf das Wirken des Titus (7,4.14) und das der Kollektengesandten (8,24; 9,2f.) zur Sprache. Dazu passt dann die Rede von dem Vertrauen, dass der Apostel in seine Gemeinde und ihre Beziehung zu ihm setzt (1,15; 2,3; 3,4).[36] Zum andern bereitet die Erläuterung des Ausdrucks ἡ καύχησις ἡμῶν (1,12a) durch 1,12b die Narrenrede in Kap. 11–12 vor: Weil sich das Rühmen der Briefschreiber nicht anders denn als Zeugnis ihres Gewissens vollzieht, kann Paulus die ihm von den Korinthern aufgenötigte „Verwirklichung des Rühmens" im Vergleich mit den Gegnern, die zu einem Rühmen κατὰ σάρκα führt, nur „im Unverstand" durchführen (11,16–18, vgl. 12,1)[37] und inhaltlich auf seine „Schwachheit" beziehen (11,30; 12,5f.9). Vom spezifischen Ruhm des Paulus (und seiner Mitarbeiter) ist in diesem Kontext auch in 10,8 (und 10,13–18) die Rede. Demgemäß steht die Definition „unseres Rühmens" in 1,12a–b im Gegensatz zum Auftreten derer, die sich „des Anscheins rühmen und nicht des Herzens" (5,12b) und sich dadurch den Briefschreibern gleichzustellen suchen (11,12d).[38]

Es verwundert daher nicht, dass die *propositio* auch in ihrer thematischen Ausrichtung und ihrer sprachlichen Gestaltung die Auseinandersetzung mit den Gegnern in den nachfolgenden Teilen des Briefs vorbereitet:

– Die These von der Untadeligkeit der apostolischen Daseinsgestaltung der Verfasser gegenüber der Gemeinde zu Korinth (1,12) wird im Zuge dieser Auseinandersetzung mehrfach aufgenommen, nämlich mit Blick auf a) das Agieren der Verfasser in völliger „Offenheit" (3,12; 7,4), b) ihren rechten Umgang mit den gesammelten Kollektengeldern (8,20f.) sowie c) die Kohärenz ihres Auftretens vor Ort mit ihrem brieflichen Wirken aus der Ferne (10,1f.10f.).[39] Für den in diesem Zusammenhang geführten Streit um die Deutung der paulinischen Briefe (10,10f.) verweisen sie mit 1,13 auf den ihres Erachtens grundlegenden Sachverhalt.

– Die Rede von der Gott entsprechenden „Klarheit" der Daseinsgestaltung auf Seiten der Verfasser (1,12c) weist voraus auf den Kontrast zwischen ihnen als denen, die „aus Klarheit, ja, aus Gott" verkündigen, und „den Vielen, die das Wort Gottes verschachern" (2,17).

– Die hinsichtlich der Lebensführung formulierte Antithese „fleischliche Weisheit/Gottes Gnade" (1,12d) wird in 10,2–4 aufgenommen. Dort in-

---

[36] In 2Kor 8,22 attestiert Paulus solches Vertrauen einem der Kollektengesandten. Zum Zusammenhang zwischen Rühmen und Vertrauen s. E. GRÄSSER, Der zweite Brief an die Korinther. Kapitel 8,1–13,13, ÖTK 8/2, Gütersloh 2005, 43; vgl. ferner Röm 2,17–20; 2Kor 10,7f.; Phil 3,3f. und dazu WILK, Ruhm (Anm. 17), 63.67f.

[37] Vgl. dazu H.-G. SUNDERMANN, Der schwache Apostel und die Kraft der Rede. Eine rhetorische Analyse von 2Kor 10–13, EHS.T 575, Frankfurt/M. u.a. 1996, 124–126.

[38] Der ἵνα-Satz in 2Kor 11,12d sagt, was die Gegner „wollen"; vgl. WOLFF, Brief (Anm. 4), 222 sowie (zur Konstruktion θέλω plus ἵνα κτλ.) 1Kor 14,5a–b.

[39] Zum Konnex mit 2Kor 7,4 und 10,10f. vgl. FURNISH, II Corinthians (Anm. 21), 230f.130.

sistiert Paulus darauf, dass „wir" – anders als die Gegner behaupten – nicht „nach dem Fleisch wandeln" bzw. „kämpfen", da „die Waffen unseres Kampfes nicht fleischlich, sondern mächtig für Gott sind".[40]
Freilich reichen die Verbindungslinien zwischen der *propositio* und den weiteren Ausführungen des Briefes weit über die expliziten Reaktionen auf das Wirken der Gegner und ihre Vorwürfe gegen Paulus hinaus. Im Einzelnen lassen sich folgende weitere Verknüpfungen entdecken:

– Wie die Briefschreiber ihr eigenes „Gewissen" offenlegen (1,12b), so empfehlen sie sich jedem menschlichen Gewissen (4,2) und sind – so hofft Paulus – vor dem der Adressaten offenbar geworden (5,11c).[41]
– Der Hinweis auf die „Lauterkeit" der Briefschreiber (1,12c) bereitet die Aussagen vor, dass im Zuge der Kollekte die Gemeinden Makedoniens ἁπλότης demonstriert haben (8,2), während die Korinther sie noch zeigen sollen (9,11.13).[42] Solche Lauterkeit müsste ja nach 11,3 die Christusbeziehung der Adressaten insgesamt prägen.
– Zur Antithese 1,12d passt sowohl 1,17, wo Paulus den Verdacht zurückweist, seine gegenüber 1Kor 16 geänderte Reiseplanung „dem Fleisch nach" vollzogen zu haben, als auch 2Kor 12,9, wo er Gottes „Gnade" als den Maßstab des eigenen Lebens (und Rühmens) präsentiert.[43]
– Die Rede vom „Kosmos" als dem Bezugsrahmen der Lebensführung der Autoren (1,12e) erhält in dem Satz, dass „Gott ... den Kosmos mit sich selbst versöhnte ... und unter (oder: durch) uns das Wort von der Versöhnung aufrichtete" (5,19), ihre theologische Grundlage.
– Die „Besonderheit" ihrer Beziehung zu den Adressaten (1,12f) bekräftigen die Briefschreiber mehrfach, sei es im Bezug auf die Intention des Tränenbriefs (2,4), auf den Erfolg der Sendung des Titus (7,15) oder auf den Verzicht des Paulus auf Unterhalt in Korinth (12,[13–]15).
– Die untadelige Lebensführung der Verfasser wird im Brief – über die bereits genannten Belege hinaus – auch andernorts konkretisierend verteidigt; vgl. 1,17 zur Änderung der Reisepläne des Paulus, 1,23f. zu seinem Aufschub des dritten Besuchs, 4,2 zur Absage an schändliche Heimlichkeiten, 6,3–10 zur Vermeidung jedweden Anstoßes im Leben als Diener Gottes, 7,2 zur Distanzierung von unrechtem Finanzgebaren, 8,13f. zur

---

[40] Dass σάρξ und σαρκικός auch in 2Kor 10,2–4 auf die „allzu menschliche" Prägung des Wandelns und Kämpfens hinweisen, zeigt M. E. THRALL, The Second Epistle to the Corinthians. Bd. 2. Commentary on II Corinthians VIII–XIII, ICC, Edinburgh = London/New York 2000 (2004), 607–609.

[41] Vgl. ferner die Notiz zum offenen Reden gegenüber den Korinthern in 2Kor 6,11.

[42] Zudem verknüpft Paulus an allen genannten Stellen seine Rede von ἁπλότης mit Hinweisen auf Gottes χάρις (2Kor 1,12d; 8,1; 9,8); vgl. dazu H. D. BETZ, 2 Corinthians 8 and 9. A Commentary on Two Administrative Letters of the Apostle Paul, Hermeneia, Philadelphia, PA 1985, 45.

[43] Implizit erfolgt das auch bei den Aussagen zum paulinischen Apostolat in 2Kor 2,14; 3,5f.

ausgleichenden Wirkung der Kollekte, 11,7–10; 12,13f. zum Verzicht auf finanzielle Unterstützung durch die Korinther sowie 12,16–18 zur Integrität der Boten und Mitarbeiter des Paulus in Geldangelegenheiten.

- Die Behauptung in 1,13a, einen klar verständlichen Brief zu schreiben, weist auf 13,2 voraus, wo Paulus auf die Übereinstimmung seiner aktuellen brieflichen mit seinen mündlichen Äußerungen im Zuge des Zwischenbesuchs[44] rekurriert. Zudem dürfte sich in dem Nachsatz „oder auch versteht" die Narrenrede des Paulus ankündigen: Mit ihr passt er sich ja den Ausdrucksformen an, welche die Gegner in der Gemeinde etabliert haben und welche diese daraufhin auch von Paulus erwarten.[45]

- Die Hoffnung, der Brief möge zum völligen Einverständnis der Adressaten mit den Briefschreibern führen (1,13b–14), wird – im Vorfeld von 13,5–10 (dazu s.o.) – schon dort aufgenommen, wo er unterstreicht, dass die Adressaten die Heiligung (7,1) sowie zumal das Kollektenwerk vollenden (8,11, vgl. 8,6; 9,5) und ihren Gehorsam den Autoren gegenüber erfüllen müssen (10,6). Im Übrigen entspricht jene Hoffnung der Intention (2,3f.9) und dem Erfolg (7,8–12) des vorangegangenen Tränenbriefs.

- Dass die Adressaten zum Zeitpunkt der Abfassung des Briefes (nur) ein partielles Verständnis für die Verfasser entwickelt haben (1,14a), wird in ihm mehrfach thematisiert. Zum einen wird ihnen attestiert, dass sie – auf der Basis des apostolischen Wirkens des Paulus und seiner Mitarbeiter – über eine beachtliche, aber der Vertiefung bedürftige Christus- und Selbsterkenntnis verfügen (8,7.9; 13,5). Zum andern klingt das partielle Einverständnis der Korinther mit ihrem Apostel auch jenseits des Wortfeldes γινώσκω/γνῶσις an: anerkennend in den Bemerkungen zu ihrer positiven Reaktion auf den Tränenbrief (2,6; 7,11) und ihrer Aufnahme des Titus (7.7.13–15), mahnend in den Ausführungen zur Enge in ihrem Inneren (6,12f.) sowie zum Stand des Kollektenprojekts in Korinth und Achaja (8,7–11 und 9,1-5[46]), kritisch in den Hinweisen auf die Aufnahme der Gegner durch die Gemeinde (11,3f.19–21), auf die Nötigung des Paulus zur Narrenrede (12,11), auf den von Paulus befürchteten Zustand der Gemeinde bei seinem erneutem Besuch (12,20f.) und auf ihre Suche nach einem „Beweis für den durch mich sprechenden Christus" (13,3).

Überblickt man all die aufgeführten Zusammenhänge, so zeigt sich: Der Abschnitt 1,12–14 eröffnet nicht nur den narrativen Nachweis der Integrität des Paulus in seinem bisherigen Verhalten gegenüber der Gemeinde zu Korinth (1,15–2,13); er bereitet darüber hinaus alle weiteren Ausführungen

---

[44] Zu dieser Deutung von ὡς παρών vgl. WINDISCH, Korintherbrief (Anm. 35), 414.

[45] Vgl. dazu vor allem 2Kor 11,1–6.

[46] In 2Kor 9,3 wird dabei das Stichwort μέρος aus 1,14a aufgegriffen.

des Briefs vor, auch und gerade die Behandlung der Kollektenthematik in Kap. 8–9 und die Auseinandersetzung mit den gegnerischen Vorwürfen in Kap. 10–13. Daher kann dieser Abschnitt mit gutem Grund als *propositio* des ganzen zweiten Korintherbriefs gelten.

Rainer Reuter

Traveling between Europe and Asia
Paul's Journeys according to His Own Epistles

1. Reconstructing Paul's journeys – attempting the impossible?

Thirty years ago, Gerd Lüdemann raised the demand for chronological reconstruction of Paul's ministry exclusively from Paul's own letters.[1] In contrast to this demand, the latest German monographs on Paul are again trying to combine the data provided by Acts and the data from the Pauline epistles.[2] It is a truism that events in Acts and in the Pauline corpus differ in their chronological order and character. They are often even incompatible with each other. Nevertheless, the outline of the Pauline ministry found in Acts has been foundational for many reconstructions of Paul's ministry and of the history of the early church. How an outline might look if Paul's letters are really used as the exclusive source is difficult to say – for several reasons. First of all, Paul's epistles do not have the character of historical treatises. Historical and biographical information is fragmentary and scattered, because it is mainly provided to support Paul's argumentative goals. The dating and – depending on that – the chronological order of our primary sources are to a certain degree hypothetical. The same can be said with regard to their authenticity and their literary unity. And last but not least, one can find only a few anchors to secure an absolute chronology. So it seems impossible to outline a history of Paul's ministry, or at least Paul's journeys, on the basis of Paul's letters alone. Nonetheless, in this paper I will attempt to do so.[3]

---

[1] Cf. G. LÜDEMANN, Paulus, der Heidenapostel, Band I: Studien zur Chronologie, FRLANT 123, Göttingen 1980, 49.

[2] Cf. among others U. SCHNELLE, Paulus. Leben und Denken, DGL, Berlin/New York 2003, 29–30, and E. EBEL, Das Missionswerk des Paulus, in: O. Wischmeyer (Hg.), Paulus. Leben – Umwelt – Werk – Briefe, UTB 2767, Tübingen 2006, 98–102.

[3] A narrative attempt to deal with the data provided by the Pauline epistles is D. TROBISCH, Ein Clown für Christus. Die ganz andere Geschichte über Paulus und seine Zeit, Gütersloh 2010.

2. Paul's pre-Christian period

Paul's epistles provide little information about the pre-Christian period of Paul's life. Paul comes from a Jewish family that traces its roots back to the tribe of Benjamin (Phil 3,5; Rom 11,1). Educated in the framework of Judaism – probably Diaspora Judaism[4] – Paul was, according to his own depiction, a promising young man (Gal 1,14; Phil 3,6). He belonged to the Pharisees (Phil 3,5) and characterizes himself as „jealous for the traditions of the fathers"[5] (Gal 1,14). Paul's persecution[6] of the early church was closely connected with this attitude. His actions were generally directed against the church as a whole, and he tried to ruin it. Nevertheless, Paul's persecutions were directed, in fact, against specific congregations, and Gal 1,22–23 tells us that these were located outside Judea.[7] Paul does not mention the exact location of these persecutions, but on the basis of Gal 1,17 we may suggest that this place was Damascus, because after his journey to Arabia Paul returns to that place.

3. Paul's earliest journeys as a missionary

According to Gal 1,17, Paul's first missionary journey[8] led him to Nabatea. This journey started in Damascus and returned back to Damascus, covering a period of two or three years. We do not know anything about the results of Paul's activity, but it seems that the adventure recounted in 2Cor 11,32–33 is closely connected with Paul's Nabatean expedition. If these events are really connected with each other, we get some precise indications as to when all these incidents happened. Aretas IV, whose „Ethnarch" is mentioned in 2Cor, was king of Nabatea from 9 BCE until 40/41 CE.[9] Damas-

---

[4] Cf. among others N. WALTER, Der Brief an die Philipper, in: N. Walter/E. Reinmuth/P. Lampe, Die Briefe an die Philipper, Thessalonicher und an Philemon, NTD 8.2, Göttingen 1998, 77, who interprets Phil 3,5 (cf. 2Cor 11,22) as a hint that Paul, although being a Diaspora Jew, still spoke the language of the fathers. Cf. also L. J. LITAERT PEERBOLTE, Paul the Missionary, Leuven et al. 2003, 140.

[5] This expression means the Torah on the one hand and its tradition of interpretation on the other hand. Cf., among others, LITAERT PEERBOLTE, Missionary (n. 4), 146.

[6] Most probably this expression means a „fierce opposition against Christians" (cf. LITAERT PEERBOLTE, Missionary [n. 4], 144) rather than the use of violence. LITAERT PEERBOLTE, Missionary, 145: „Paul probably did not try to kill Christians; he tried to eradicate their views."

[7] In Gal 1,23 a tradition about Paul's change from persecutor to preacher is reported by churches outside Judea to the churches in Judea.

[8] That it really was a missionary journey can be concluded from the argumentative goal of Gal 1–2. In these chapters, Paul characterizes himself as a missionary who was called and who worked independent from the Jerusalem church.

[9] Cf. GRAF, ABD I, 373–376, and BRINGMANN, DNP I, 1052–1053.

cus was probably under Nabatean control in the years 36 and 37 CE, after Aretas had made war against Herod Antipas.[10] This situation was obviously new for Paul, because when he left for Arabia, Damascus had not been under Nabatean influence. The date of this incident is the only possibility for construction of an absolute chronology of Paul's ministry on the basis of the genuine Pauline letters. Assuming that 36/37 CE is the correct year, we can date Paul's Nabatean ministry from 33/34 until 36/37 CE, and his persecutions to the years 33/34 CE.

After his return to Damascus, Paul went directly to Jerusalem. His aim was to get acquainted with Cephas (Gal 1,18), the first witness of Jesus' resurrection.

4. Paul in Syria and Cilicia

Paul tells his Galatian readers about his ministry in Syria and Cilicia as succinctly as he depicted his Nabatean ministry. Fourteen years are covered with one single sentence (Gal 1,21). It seems not unimportant for Paul's further ministry that he moved geographically to regions that were part of the Roman Empire. The center of the province Syria was its capital Antioch, which is most probably meant in Gal 2,11. Cilicia, too, was a Roman province with stable political conditions and a flourishing centre Tarsus. Besides the length of this period, we do not know anything about Paul's ministry there. The letters are lacking any concrete information with the probable exception of the Antiochian incident (Gal 2,11–21). Although this incident is usually dated after the apostolic council, I have to plead for a different solution.

First of all, the Antiochian incident and the Jerusalem conference are closely related to each other. The questions discussed at Antioch and Jerusalem are to some extent the same: the relevance of ritual laws for gentile Christians. Further, the theological factions that can be found at each instance coincide to a certain degree. One of the factions denied that obedience to the law and circumcision were necessary for gentile Christians. In Antioch, this position was eventually held only by Paul, but at the beginning it was shared by the Antiochian Jewish Christians and also by Barnabas. Only under Peter's influence did they change their point of view – Barnabas being the last of this group. In general, Peter had also shared the Pauline position but withdrew during this special situation in Antioch: the presence of a third, obviously conservative, group that was somehow con-

---

[10] Cf. D. A. CAMPBELL, An Anchor for Pauline Chronology: Paul's Flight from the „Ethnarch of King Aretas" (2 Corinthians 11:32–33), JBL 121, 2002, 297–299.

nected with James.[11] In Gal 2,12, Paul describes this group with his own words as „those of the circumcision." Similar factions and similar theological positions can be identified at the Jerusalem conference. The conservative faction is mentioned in the prepositional clause of Gal 2,4 as „false brethren," which either is identical with the „James-group" in Antioch or indicates that a similar position was held by that group in Jerusalem. The opposite position of denying the necessity of obedience to the ritual law with regard to gentile Christians was again held by Paul and by Barnabas. Against the conservative faction, James, Peter, and John agreed to the position of Paul and Barnabas. That the topics discussed in Antioch and Jerusalem are closely related is indicated when Paul uses a special expression that is found only in Gal 2,5 and in 2,14. This expression characterizes with Paul's own words the main theological point of these two events with regard to Paul's Galatian addressees: „the truth of the Gospel," better translated as „the logic of the gospel."[12] The use of this phrase ties both events closely together. But does this say anything about their chronological order?

Here, a third observation becomes important. The Antiochian incident is placed at the end of Paul's narrative for argumentative rather than for chronological reasons. Paul's speech to Peter, reported or (re)constructed in Gal 1,15–21, is clearly a transition to the main topic of Galatians, the question of the necessity of circumcision and obedience to the Torah. A chronological order of events is clearly established by the temporal adverbs εὐθέως in Gal 1,16 and the following threefold ἔπειτα in Gal 1,18.21 and 2,1. But this chain of events definitively only goes up to Gal 2,10 and is not continued in 2,11. Instead, the narrative starts new in Gal 2,11 with the same ὅτε δέ that is found at the beginning of the narrative in Gal 1,15. Obviously, this change is a signal that the chronological order of events has now been abandoned. So, it is most probable that the Antiochian incident took place before the apostolic council, and it obviously had been – at least to some extent – the reason for the Jerusalem conference.

The Jerusalem conference itself seems to be the end of Paul's ministry in the surroundings of Syria. We get the strong impression that Paul left this region completely without any later contact. It may be that Barnabas took the same step.[13] Was Paul's and Barnabas' departure a consequence of the

---

[11] Cf. R. REUTER, „Those of the Circumcision" (Gal 2:12). Meaning, Reference and Origin, Filologia Neotestamentaria 12, 2009, 149–150.

[12] Cf. F. MUSSNER, Der Galaterbrief, HThK 9, Freiburg/Basel/Wien 1981, 111 n.58.

[13] Barnabas is mentioned 1Cor 9,6 as an example for Paul's financial behavior in his mission field. During the Syrian period of Paul's ministry, Paul and Barnabas worked closely together. Both supported the gentile mission, both shared essentially the same theological position in Antioch, and both traveled together to the Jerusalem council. They definitely follow the same strategy with regard to financial support of their mission, which according to W. SCHENK, Die Philipper-

Jerusalem conference, where the missionary field was divided up between the Jerusalem Apostles on the one hand and Paul and Barnabas on the other hand? The results of the Jerusalem conference can be reconstructed from Gal 2,9–10:

– continuance of the gentile mission in the way that Paul and Barnabas had practiced it before;
– continuation of the Jewish mission, as the Jerusalem apostles had practiced it before;
– the collection for Jerusalem.[14]

Although these results are clear, it is not clear to us what these results really involved. Taking the Antiochian incident as a pattern for a conservative Jewish Christian position and taking Paul's geographical change to Europe as a direct reaction to the Jerusalem conference, we may carefully conclude that the main result of the Jerusalem conference was a separation of the Jewish mission from the gentile mission. Under this perspective, the collection for Jerusalem seems to be a means to keep together these two wings of developing Christianity.

This result fits with some developments in Palestinian Judaism during the fifties of the first century. For the date of the Jerusalem conference, we come up with the year 50/51 CE by adding the 14 years mentioned in Gal 2,1 to the date of Paul's flight from Damascus and his first visit in Jerusalem. This was nearly 15 years before the Jewish war. Palestine was at that time completely under Roman rule, and Ventidius Cumanus was governor of Judea. Josephus mentions the difficult conditions during that time.[15] Was this a factor that supported or even made necessary the division of the mission field and put the gentile Christian congregations more and more under pressure to define themselves in the midst of surrounding Jewish groups? In this specific Judean/Palestinian context of the fifties, the division of the missionary field may have been a geographic rather than an ethnic division.

5. Paul's first European journey

Ignoring for a moment the geographical and chronological gap, I will turn from the Jerusalem conference to the European period of Paul's ministry.

Paul's European mission started in the northwest of the Aegean Sea, in the Roman province Macedonia. The first congregation founded in Europe

---

briefe des Paulus, Stuttgart et al. 1984, 66, Paul took over from Barnabas. Did Barnabas also leave the Syrian context?

[14] Cf. MUSSNER, Galaterbrief (n. 12), 122–124.

[15] Cf. Josephus, ant. XX 108–129; bell. II 223–246, and in general S. MASON, Flavius Josephus und das Neue Testament, UTB 2130, Tübingen/Basel 2000, 174–175, 180.

was Philippi, which was also in later periods one of those that supported Paul's missionary work. In Phil 1,5 Paul looks back on the foundation of this church and in 4,15 on the time he left Philippi. Paul refers to this first period in Europe as the „beginning of the Gospel of Jesus Christ" (Phil 4,15), clearly indicating that in Philippi a new phase of his ministry had begun.[16]

The situation in Philippi had been anything but easy. Paul was violently (cf. 1Thess 2,2) forced to leave the town, but the situation was difficult also for the Philippian church and stayed difficult up to the time the epistle was written (cf. Phil 1,29–30). Philippi was clearly a gentile congregation because the demand for circumcision and obeying the Torah was obviously later carried into this church (cf. Phil 3,2ff.). This focus on gentiles fits with the decisions of the Jerusalem council. With regard to later foundations in Europe – Thessalonica and Corinth – the same can be said.[17]

Paul's further way in Europe can be reconstructed easily because his letters contain definite hints. From Philippi Paul went to Thessalonica (1Thess 2,2). He must have spent some time there because, on the one hand, Paul emphasizes that he supported himself financially with his own labor (cf. 1Thess 2,9) and, on the other hand, we know that his ministry in Thessalonica was supported by the Philippians more than once (cf. Phil 4,16).

From Thessalonica, Paul's way again went southwards, via Athens (cf. 1Thess 3,1) to Corinth. According to 2Cor 1,19, the Corinthian churches were founded by Paul, Timothy, and Silvanus, the authors of 1Thess. This letter was written some time after Paul left Thessalonica, but as the idiomatic[18] expression „separated for the time of an hour" (1Thess 2,17) indicates, this cannot have been long after Paul's departure. While Timothy was sent from Athens to Thessalonica (1Thess 3,1), the letter was written directly after his return – possibly from Athens, possibly from Corinth.

---

[16] That this really was a new period of his ministry can be concluded from some further observations. Obviously, Paul has not written any letter to the congregations he founded before – at least no letter has come down to us. His cooperation with Barnabas was not continued. In his letters to the European churches Paul only seldom mentions his work in former times. Merely in 1Cor 16,1 does he refer back to his work in Galatia, and in 1Cor 9,5 he mentions the other apostles, especially Peter and the Lord's brothers. Obviously only one of Paul's coworkers of the first missionary period accompanied him later – if that Titus mentioned in Gal 2,1.3 is the same person as in 2Cor 2,13; 7,6.13–14; 8,6.16.23; 12,18. Finally, it should not be ignored that Paul obviously never went back to the area of his former missionary field.

[17] Thessalonica was a gentile congregation as can be seen from 1Thess 1,9 and 2,4. Despite some exceptions, the same can be said of Corinth. Cf. SCHNELLE, Paulus (n. 2), 202, with reference to 1Cor 12,2; 8,10; 10,27; cf. also F. VOUGA, Geschichte des frühen Christentums, UTB 1733, Tübingen/Basel 1994, 108.

[18] Cf. J. P. LOUW/E. A. NIDA (ed.), Greek-English Lexicon of the New Testament Based on Semantic Domains, vol. 1–2, New York [2]1989, nos. 67. 109.

With regard to the amount of time that Paul spent in Thessalonica, Athens, and Corinth, very little information is provided. From 1Cor 3,6 it can be concluded that after Paul had left Corinth, Apollos continued Paul's work there, and 2Cor 11,9 states that Paul's ministry in Corinth was supported by the Macedonian congregations Philippi and probably also Thessalonica.

6. Paul in Minor Asia

We receive information about Paul's further ministry mainly from Philippians and the Corinthian correspondence. 1Cor was definitely written from Ephesus.[19] This information means that after leaving the Corinthian churches Paul must have gone directly to the west coast – and here especially to the capital Ephesus – of the Roman province Asia.

Whether Ephesus itself is a Pauline foundation is not quite clear from Paul's epistles. Either way, 1Cor 16,9 indicates some missionary work there, and Phil 4,10–23 leads to the conclusion that Paul's ministry in Ephesus was as well supported by the Philippians as was his former ministry in Achaia.

Paul must have spent some time in Ephesus, and in 1Cor it is presupposed that he planned to stay there for a longer time. When Timothy was sent to Corinth (cf. 1Cor 4,17), he was expected by Paul to come back to Ephesus (cf. 1Cor 16,11). In 1Cor, Paul was planning to travel via Macedonia to Corinth, where he wanted to stay over the wintertime, before traveling to Jerusalem.[20] He had to revise this plans several times, but eventually

---

[19] Cf. 1Cor 16,8.19. If we share the point of view that canonical 1Cor was composed of several originally independent letters (cf., for example, W. SCHENK, Der 1. Korintherbrief als Briefsammlung, ZNW 60, 1969, 219–243), this can be said at least for the letter that 1Cor 16,8 is a part of. According to Schenk, 1Cor 16,8 belongs to the third letter to the Corinthians, while 16,19 is part of the first one, while W. SCHMITHALS, Die Briefe des Paulus in ihrer ursprünglichen Form, Zürcher Werkkommentare zur Bibel, Zürich 1984, 28ff., 34ff., regards 16,19 as part of a fourth and 16,8 as part of a fifth letter to Corinth. Anyway, even according to these theories it is most probable that the whole letter corpus now forming 1Cor was written in Ephesus.

[20] Cf. 1Cor 16,3–7. According to 1Cor 16,3, the Jerusalem collection is being completed, and Paul has in mind to visit Corinth and send the chosen messengers to Jerusalem. If necessary, he was willing to travel also (1Cor 16,4). The route Paul has in mind goes obviously from Macedonia to Corinth, which means from the north to the south (16,5). The reason why Paul has chosen this route is given in the next verses. Paul, obviously being aware of the problems in Corinth, did not want to have only a short visit but planned to spend the wintertime there (16,6–7). After the winter he would be going either to Jerusalem or to other places. These plans were not so concrete that Paul could speak about them clearly (16,6b). The journey planned in 1Cor 16,3–7 had one and only one reason: to gather the already prepared collections from the different places and to get together the delegation for Jerusalem. For Paul's stay in Ephesus, the following journey via Mace-

this was the route Paul took for his last journey in Europe. From these indications, we cannot determine, of course, the exact route Paul wanted to take, but they reveal that Paul intended to travel by land – probably along the west coast of Asia to Troas and then by sea towards Macedonia.

Between canonical 1Cor and canonical[21] 2Cor, some information is missing, but Paul definitely went from Ephesus to Corinth and back during this time.[22]

It is also most probable that Paul was imprisoned in Ephesus and that the Philippian correspondence and probably Phlm were written during this time. Since canonical 2Cor looks back on Paul's troubles in Asia Minor, these letters may have been written before 2Cor, probably shortly before Paul left Ephesus.

After Paul was set free, he obviously followed his original plans laid down in 1Cor 15,6–7. From Ephesus he went to Troas for missionary work (cf. 2Cor 2,12–13), waiting for news brought by Titus, whom Paul had sent to Corinth. Obviously, both had arranged that either Troas or Macedonia – probably Philippi – would be their meeting point.[23] Paul left Troas for Macedonia to go towards him, was successful in finding Titus, and got good news from Corinth. The „letter of reconciliation," one part of canonical 2 Cor, is a reaction to this event and also a marker of the end of Paul's missionary activities in Europe.[24]

---

donia to Corinth, and a longer stop in Corinth Paul obviously calculates the time of nearly one year.

[21] For the present study it is not necessary to deal with the literary problems of 2Cor in detail. I like to follow E. GRÄSSER, Der zweite Brief an die Korinther. Kapitel 1,1–7,16, ÖTK 8.1, Gütersloh/Würzburg 2002, 34–35, dividing up 2Cor into five letters: the apologetic letter (2Cor 2,14–6,13; 7,2–4); the so called „letter of tears" (2Cor 10,1–13,10), the „letter of reconciliation" (2Cor 1,1–2,13; 7,5–16 and probably 13,11–13), which was written after Paul met Titus in Macedonia. Besides these three letters there are two fragments of official letters in 2Cor 8 and 2Cor 9, the first one directed to the Corinthian churches, the second one to the Macedonian congregations, and both dealing with the organization of the collection for Jerusalem.

[22] A visit in Corinth is reflected in 2Cor 2,1; 12,14.21. During this visit a Corinthian congregation member had insulted Paul, which is presupposed in the passages 2Cor 2,5–11 and 2Cor 7,11–12. Events in Asia, respectively Ephesus, are mentioned in 2Cor 1,8ff.

[23] Cf. GRÄSSER, Korinther (n. 21), 98. This can be concluded from the circumstances under which Paul left Troas. Although he had definitively come for proclaiming the Gospel in Troas (2Cor 2,12) and although there was some chance for missionary success (the metaphoric idiom „to open a door" means „to make possible some opportunity"; cf. LOUW/NIDA, Lexicon (n. 18), no. 71.9), Paul left for Macedonia because he could not find Titus there (2Cor 2,13).

[24] The main topic of the following letters – 2Cor 8 and 2Cor 9 – is final preparations with regard to the Jerusalem collection, shortly before Paul left for Jerusalem.

7. The European collection journey

The last segment of Paul's European ministry is characterized by organizing the gift for Jerusalem and preparing the Jerusalem journey, as can be
seen from 2Cor 8 and 2Cor 9. As suggested in 2Cor 8,1–6, the collection in
Macedonia has come to an end, and Titus was sent from Macedonia – probably Philippi – to Corinth to bring to an end the Corinthian offering, which
had started a year before (cf. 2Cor 8,10). Titus is accompanied by two (cf.
2Cor 8,18–19 and 8,22) representatives of the Macedonian[25] congregations,
one of them probably being a member of the Jerusalem delegation (cf. 2Cor
9,5).

2Cor 9 is obviously written shortly before Paul left Macedonia to assem-
ble the collection and to start the Jerusalem journey. Paul has sent a sort of
„advance team"[26] to the Achaean congregations to ensure that everything is
really ready there (cf. 2Cor 9,5).

The further progress of the collection and the end of the Pauline ministry
in eastern Europe and western Asia is reported in Romans. According to the
data provided there, Romans was written immediately before Paul left for
Jerusalem (cf. Rom 15,25–29). Since Romans was written most probably
from Corinth,[27] we may conclude that Paul had traveled from Macedonia to
Corinth, collecting the gifts for Jerusalem.

After his Jerusalem visit, Paul plans to continue his work in Spain (cf.
Rom 15,23–24 and 15,28). With regard to that he wants support from the
Roman churches, and this seems at least one of the reasons why Romans
was written.

Romans is not only the last direct message we have from Paul but also
the borderline for a new period in Paul's ministry – at least a period that
was planned. In Rom 15,19 Paul looks back on his previous ministry in a
more or less metaphoric manner. Paul does not have any place in the east,
because from Jerusalem and round about to Illyricum the gospel had been
preached. Neither place mentioned in this verse corresponds with the exact
geographical locations of Paul's ministry, but they cover the main geographical regions in which the gospel had been spread at that time.[28] Any-

---

[25] While this is not explicitly stated here, we may conclude it from the general context. 2Cor 8
and 9 relate that the Macedonian churches are ready to bring the offertory to Jerusalem and that at
Corinth the collection should be finished. It is possible that there could also be representatives of
the Galatian and Asian congregations, but since in Rom 15,26 the whole collection is presented as
a Macedonian and Achaian matter, this seems to be hardly probable.

[26] H. D. BETZ, 2 Corinthians 8 and 9, Hermeneia, Philadelphia 1985, 95.

[27] This is indicated by Rom 16,23. The Gaius mentioned there is most probably to be identified
with the Gaius from 1Cor 1,14, who was baptized by Paul himself.

[28] With regard to the theological concept lying behind Rom 15,19 cf. U. WILCKENS, Der Brief
an die Römer. 3. Teilband: Röm 12–16, EKK 6.3, Zürich et al./Neukirchen-Vluyn 1982, 119–120.

way, this verse marks a definite borderline for Paul's mission in the east of the Roman Empire, and it also indicates that a new region of Pauline ministry is envisaged: the western parts of the Roman Empire.

Under the presupposition that the letter to the Romans is a literary unity, we may carefully estimate a date for Paul's departure to Jerusalem. If Rom 13,1–6 is really to be interpreted on the background of the protests against the heavy tax burdens under the reign of Nero, we may conclude that Romans was written before 58 CE, when the tax system was reformed.[29] Paul's ministry between the Jerusalem conference and his departure covers between 6 to 7 years, which compared with Paul's work in Syria and Cilicia seems to be plausible. According to the data in his letters, the temporal frame of Paul's ministry as apostle covers nearly a quarter of a century.

8. Paul's path to Europe and the foundation of the Galatian churches

According to the considerations above, Paul's journeys in Europe and Minor Asia can be described as mainly cyclical movement. There is the cycle Philippi – Thessalonica – Athens – Corinth – Ephesus – Troas as a mission journey with one semi-circle in Europe and the other in Asia Minor. There is a third semi-circular journey with the goal to bring the European collection to an end. And there is a last semi-circle leading from Corinth to Jerusalem and completing the cyclic movement to Palestine, the starting point of Paul's career. Can the foundation of the Galatian congregations and the writing of the Epistle to the Galatians be placed somewhere in these cycles?

According to the outline of Paul's journeys presented above, there seem to be three main possibilities for the foundation of the Galatian churches.

The first is the time Paul spent in Syria and Cilicia. During these 14 years Paul may have traveled also to Galatia. This is all the more possible if Galatia in Gal 1,2 and 1Cor 16,1 means the Roman province and not the region. Nothing can be concluded from the fact that Galatia is not mentioned in Gal 1,21. But two other facts weigh in to exclude this solution. First of all, only a short period of time lies between Paul's last visit in Galatia and the letter to the Galatians (cf. Gal 1,6 and 5,7). Yet according to this theory, the Antiochian incident and the Jerusalem conference must have occurred between Paul's mission in Galatia and the writing of Galatians. This scenario involves at least one journey from Galatia to Jerusalem (via Antioch) and back, because Paul mentions that he had informed the Galatians about the results of the Jerusalem conference and had started the col-

---

[29] Cf. WILCKENS, Römer. 3. Teilband (n. 28), 37.

lection in Galatia. Another journey to the place where Galatians was written is also involved. This scenario hardly fits with a short period of time between the founding-visit and the letter.

The second possibility – at least theoretically – is the time Paul spent in Asia Minor after the European mission. This hardly fits with Paul's obvious mission strategy of founding congregations in urban centers.[30] A second argument against this solution is the fact that the foundation of the Galatian churches was obviously not a result of methodical missionary activity. According to Gal 4, Paul seems to have rested there only because he was sick, which means that he was traveling through the Galation region for other purposes. For this reason, we may also exclude this second possibility.

The third possibility seems to fit best. Paul, coming from the Jerusalem conference, may well have traveled through the Galatian highlands to reach Troas at the east coast of Asia Minor. On this occasion, the Galatian churches were founded – obviously directly after the Jerusalem conference, when Paul left the area of Syria and the southeast of Asia Minor. At the founding-visit, Paul had ordered how to deal with the collection for Jerusalem, so in his letter he could point out that he had fulfilled this agreement of the Jerusalem conference. He must have told the Galatian Christians about his further plans because they were able to inform him about what was going on in Galatia. Galatians itself could well have been written quite shortly after Paul left Galatia and so be the very first Pauline epistle we have. That it was written on a journey is indicated by the prescript of Galatians. No congregation is referred to from which Paul writes this letter; only some travel companions are mentioned in Gal 1,2. For this reason the whole Galatian mission may best be placed here, and Galatians can be regarded as the first Pauline epistle.

9. Result: Five periods of Pauline ministry

Summarizing all this data, five different periods of Paul's ministry have to be distinguished. A prelude to Paul's ministry is his pre-Christian time, ending with Paul's call.

The first period of Paul's ministry may be called the earliest ministry. Paul obviously worked alone in a region outside the Roman empire. The end of this time is his return to Damascus and his first visit to Jerusalem.

During the next years, Paul's ministry is limited geographically to the regions of Northern-Palestine (Syria) and the south east of Asia Minor

---

[30] Cf. LITAERT PEERBOLTE, Missionary (n. 4), 234–235.

(Cilicia). This period also ends with a Jerusalem visit. Then Paul left the Palestinian and Syrian region. Since it happened accidentally on the way between Jerusalem and Philippi, the foundation of the Galatian congregations should not be regarded as a distinct period.

The third period covers Paul's ministry in the Roman provinces Macedonia and Achaia. In view of the geographical framework, we can call it Paul's European ministry. It ended with the foundation of the Corinthian congregation and Paul's crossing the Aegean sea towards the west coast of Asia Minor. This period is characterized by an immense missionary activity and the foundation of those congregations to which most of Paul's letters are addressed: Philippi, Thessalonica and Corinth.

During Paul's stay in Asia Minor, a not unimportant portion of his letters was written. They show that the main matter in this period was the consolidation of the European congregations rather than direct missionary work in Asia Minor, which is only mentioned with regard to Ephesus and Troas.

The fifth and last period to be distinguished is the preparation of a journey to Jerusalem, which had the task of delivering the offertory collected in Achaia and Macedonia. During this period, Paul again was traveling through Achaia and Macedonia, followed by his last trip to Jerusalem about which we do not have any further information from Paul himself.

10. Some reflections on chronology

Though the questions of Pauline chronology are not the main topic of this paper, some suggestions about the chronological order of the events mentioned above may be made:[31]

Paul as persecutor of the church in his pre-Christian period	(33/34 CE)
Call at or near Damascus	(33/34 CE)
Journey to Nabatea	(33/34–36/37 CE)
Flight from Damascus to Jerusalem	(36/37 CE)
Ministry in Syria and Cilicia	(36/37–50/51 CE)
Antiochian incident	(50/51 CE)
Jerusalem conference	(50/51 CE)

Journey through the Galatian highland; founding of the Galatian churches
Writing of the Epistle to the Galatians
Foundation of the congregation in Philippi
Foundation of the congregation in Thessalonica

---

[31] They differ in several points from LÜDEMANN, Paulus (n. 1), 272–273.

Stay in Athens
Foundation of the Corinthian congregation and writing of 1 Thessalonians
Journey to Ephesus
Letter corpus compiled in 1 Corinthians
Second visit in Corinth
Return to Ephesus and imprisonment
Writings to the Philippians and to Philemon
Journey to Troas and from there to Macedonia
Writing of the „letter of reconciliation"
Writing of 2Cor 8 and 2Cor 9
Journey to gather the Jerusalem collection
Romans, written from Corinth   (57/58? CE)
Plan to travel to Jerusalem   (57/58? CE)

Reinhard von Bendemann

Die Latinismen im Markusevangelium

1. Die Latinismen als schlechtes Gewissen der Markusphilologie

Um die Sprache des Markusevangeliums ist es in der neutestamentlichen Forschung der vergangenen Jahrzehnte nach den etwa zeitgleich erschienenen Monographien von Peter Dschulnigg[1] und Marius Reiser[2] sowie wenigen weiteren substantiellen Beiträgen[3] auffällig ruhig geworden. Ein deutliches Desinteresse an philologischen Problemen ist zu verzeichnen.[4] Dagegen werden vielfach ältere Werturteile bezüglich des vermeintlich schlichten Griechisch des zweiten Evangelisten weitertradiert. So tritt ein Widerspruch auf: In literarischer und narrativer resp. – auf die Gattung gesehen – in biographischer oder gar historiographischer Hinsicht wird dem zweiten Evangelisten immer mehr zugetraut. Zugleich spricht man dem Mk in sprachlicher Hinsicht die Fähigkeiten zu einem eigenen Stil faktisch ab.[5]

---

[1] P. DSCHULNIGG, Sprache, Redaktion und Intention des Markusevangeliums. Eigentümlichkeiten der Sprache des Markusevangeliums und ihre Bedeutung für die Redaktionskritik, SBB 11, Stuttgart 1984.

[2] M. REISER, Syntax und Stil des Markusevangeliums, WUNT II/11, Tübingen 1984; DERS., Sprache und literarische Formen des Neuen Testaments. Eine Einführung, UTB 2197, München u.a. 2001, 58–64.

[3] Vgl. J. C. DOUDNA, The Greek of the Gospel of Mark, JBL.MS 12, Philadelphia 1961; H. CANCIK (Hg.), Markus-Philologie, WUNT 33, Tübingen 1984; E. C. MALONEY, Semitic Interference in Marcan Syntax, SBL.DS 51, Ann Arbor 1981. Grundlegend: L. RYDBECK, Fachprosa, vermeintliche Volkssprache und Neues Testament. Zur Beurteilung der sprachlichen Niveauunterschiede im nachklassischen Griechisch, AUU.SGU 5, Uppsala 1967. In jüngerer Zeit: C. C. CARAGOUNIS, The Development of Greek and the New Testament. Morphology, Syntax, Phonology, and Textual Transmission, WUNT 167, Tübingen 2004.

[4] In Kommentaren, Gesamtdarstellungen und Einleitungswerken zum zweiten Evangelium wird die Sprache dieses Textes oft keiner eigenständigen Behandlung mehr für wert erachtet. Ein Abschnitt zur Sprache fehlt z.B. bei A. Y. COLLINS, Mark. A Commentary, Hermeneia, Minneapolis 2007 (diese Kommentierung ist nahezu frei von philologischen Beobachtungen; die Arbeiten von Dschnulnigg, Doudna, Reiser und Maloney werden nicht rezipiert).

[5] Markus erscheint immer noch als jemand, dem eine eigene Sprachkompetenz nicht konzediert werden kann. Wenige Beispiele *pars pro toto*: „Mark was a Jerusalemite, and his Greek equipment is very meagre" (J. H. MOULTON/W. F. HOWARD, A Grammar of New Testament Greek, Bd. II, Edinburgh 1960, 13); knapp 70 Jahre später: „Mark's Greek style is rather primitive, full of Aramaisms" (R. A. BURRIDGE, The Gospels and Acts, in: S. E. Porter [Hg.], Handbook of Classical Rhetoric in the Hellenistic Period. 330 B.C.–A.D. 400, Leiden u.a. 1997, 507–532, 512). Entsprechende Zitate lassen sich fast beliebig vermehren. Auch bei E. BORING, Mark. A Commentary, The New Testament Library, Louisville/London 2006, finden sich ältere abfällige Wertungen über das markinische Griechisch (vgl. a.a.O., 23, sowie 291 zu Mk 10,20; 409 zu Mk 14,68).

Ein letztes Reservat der Thematisierung sprachlich-stilistischer Fragen in der Markusforschung – gewissermaßen das verbliebene philologische schlechte Gewissen – bilden die sogenannten Latinismen. Wo in Kommentaren und Einleitungswerken zum zweiten Evangelium überhaupt noch auf Sprachliches rekurriert wird, sind die Latinismen zu einem festen Topos geworden. Allerdings ist die Einschränkung zu treffen: Sprache wird auch hier nicht als solche wahrgenommen, sprachliche Analytik erscheint vielmehr *a priori* instrumentalisiert, wenn man meint, über die (positive oder negative) Feststellung einer Nähe des markinischen Griechisch zum Lateinischen Aussagen über den Abfassungsort des Evangeliums treffen zu können.

Wenn im Folgenden der „Topos" der Latinismen neuerlich aufgerufen wird, so geschieht dies zuletzt in der Absicht, das Problemfeld der markinischen Sprache für dringend notwendige weitere Untersuchungen und die Aufnahme liegen gebliebener Fäden der Analyse des besonderen Griechisch des zweiten Evangeliums in der Gesamtheit seiner diachronsprachgeschichtlichen und synchron-textuellen Aspekte und Regularitäten zu öffnen.

2. Sprachliche Analyse der Latinismen

Nachdem in der älteren Markusforschung die Frage nach Latinismen – meist unter der Vorgabe der Rom-Hypothese – teilweise auch auf komplexere syntaktische und stilistische Phänomene des markinischen Griechisch in ihrer hypothetischen Nähe zur *Latinitas* bezogen wurde,[6] hat sich die jüngere Forschung – nicht zuletzt in der vertieften Einsicht in die flexiblen Möglichkeiten des Koiné-Griechischen der frühchristlichen Zeit – im We-

---

[6] Vor allem Cuthbert Hamilton Turner (J. K. ELLIOTT, The Language and Style of the Gospel of Mark. An Edition of C. H. Turner's 'Notes on Marcan Usage'. Together with other comparable Studies, NT.S 71, Leiden u.a. 1993) gab sich nicht mit der reduzierten Listung von lexikalischen Latinismen zufrieden, sondern befragte die markinische Sprache insgesamt auf ihr Verhältnis zur *Latinitas*. Turner erkannte u.a. bei Mk eine latinisierende Wortstellung, etwa im Blick auf die Schlussstellung des Verbums in Nebensätzen nach dem Typus: *„ut eum tangerent"* (Mk 3,10; vgl. a.a.O., 126–130) oder auch in Hinsicht auf Infinitive, die ergänzend zu einem anderen Verb stehen und seinem Objekt folgen (z.B. Mk 12,34). Zwar hat schon M. Zerwick „le phénomène de Turner" mit guten Gründen kritisch hinterfragt. Er wies z.B. mit Recht darauf hin, dass die Voranstellung des pronominalen Objekts, die sogenannte pronominale Prolepse, nach griechischer Schulgrammatik ohne weiteres möglich ist (M. ZERWICK, Untersuchungen zum Markus-Stil. Ein Beitrag zur stilistischen Durcharbeitung des Neuen Testaments, Rom 1937, 108–138), Erkenntnisse, die durch die Satzstellungsanalysen von Reiser dann 50 Jahre später dezidiert untermauert worden sind (vgl. DERS., Syntax [Anm. 2], 46–98). Dennoch bleibt die von Turner aufgeworfene *Frage* nach über den lexikalischen Wortbestand hinausreichenden *Strukturen* eine wichtige und in der Markus-Philologie noch nicht hinreichend beantwortete Frage.

sentlichen auf das Postulat lexikalischer Einträge zurückgezogen. Notiert werden einzelne Begriffe und wenige Phrasen im markinischen Griechisch, die man meint aus dem Lateinischen erklären zu können. Es hat sich dabei seit Jahrzehnten eine Art Kanon gebildet. Ein fester und scheinbar nicht mehr zu diskutierender Bestand von Latinismen wird in der Diskussion weitertradiert.[7]

Folgende *termini*, bei denen es sich, von einer Ausnahme abgesehen, um Substantive handelt, werden als Übernahmen aus dem Lateinischen durch Mk gelistet. Die Angabe erfolgt in der Reihenfolge des Vorkommens im zweiten Evangelium zusammen mit der postulierten lateinischen Entsprechung: κράβαττος/*grabatus* (Mk 2,4.9.11f.; 6,55; vgl. Joh 5,8–11; Apg 5,15; 9,33), μόδιος/*modius* (Mk 4,21 par. Mt 5,15), λεγιών/*legio* (Mk 5,9.15; Mt 26,53; Lk 8,30), σπεκουλάτωρ/*speculator* (Mk 6,27), δηνάριον/*denarius* (Mk 6,37; 12,15; 14,5), πυγμή/*pugnus*? (Mk 7,3), ξέστης/*sextarius* (Mk 7,4), Καῖσαρ/*Caesar* (Mk 12,14.16 par.; vgl. Lk 3,1; Phil 4,22 u.a.), κῆνσος/*census* (Mk 12,14 par. Mt 22,17.19; 17,25), κοδράντης/*quadrans* (Mk 12,42; Mt 5,26; Lk 12,59 D), φραγελλόω/*fragellare* (Mk 15,15 par. Mt 27,26; vgl. φραγέλλιον Joh 2,15), πραιτώριον/*praetorium* (Mk 15,16 par. Mt 27,27; Joh 18,28.33; 19,9; vgl. Apg 23,35; Phil 1,13) und κεντυρίων/*centurio* (Mk 15,39.44f.).

Sodann wird mit folgenden *Phrasen* gerechnet: ὁδὸν ποιεῖν/*iter facere* (Mk 2,23), συμβούλιον λαμβάνειν/ποιεῖν/*consilium capere/dare* (Mk 3,6; 15,1; vgl. Mt 12,14; 22,15; 27,1.7; 28,12), ἐσχάτως ἔχειν/*ultimum habere* (Mk 5,23), κατακρίνειν θανάτῳ/*capite damnare* (Mk 10,33 par. Mt 20,18), ῥαπίσμασιν λαμβάνειν/*verberibus accipere* (Mk 14,65; vgl. Mt 26,67: ἐράπισαν), τὸ ἱκανὸν ποιεῖν/*satisfacere* (Mk 15,15) sowie τίθεσθαι τὰ γόνατα/*ponere genua* (Mk 15,19; vgl. Mt 27,29: γονυπετήσαντες).

Entsprechende Listungen verdienten nun schon als solche mehr Aufmerksamkeit, als ihnen in der Markusforschung zuteil wird. Zuerst wäre die Frage der Gesetzmäßigkeiten der phonetischen Übertragung bei der Entlehnung zu untersuchen. Aus lateinisch „u" kann z.B. griechisches „o", „υ" oder „ου" werden – man vergleiche den κεντυρίων im Unterschied zum σπεκουλάτωρ/*speculator*. Oder aus lateinisch „q" wird griechisch „κ"; aus „qu" wird „κο" (vgl. κοδράντης/*quadrans*), aber ggf. auch „κου" (der *quadrans* wird so in der *Graecitas* auch mit κουαδράντης wiedergegeben; vgl. Plutarch, Cic. 29,5), unbetontes *qui* wird zu „κυ" etc. Solche Gesetzmäßig-

---

[7] Vgl. *pars pro toto* die Listen bei: V. TAYLOR, The Gospel According to St. Mark, London 1963, 45; DSCHULNIGG, Sprache (Anm. 1), 276–280, 620; U. SCHNELLE, Einleitung in das Neue Testament, UTB 1830, Göttingen u.a. ⁶2007, 242; I. BROER, Einleitung in das Neue Testament, Würzburg ³2010, 93; M. EBNER, MARTIN/S. SCHREIBER (Hg.), Einleitung in das Neue Testament, Stuttgart 2008, 171; C. FOCANT, L'évangile selon Marc, Commentaire biblique: Nouveau Testament 2, Paris 2004, 35f. Anm. 2.

keiten sind aber nicht in allen postulierten Fällen erkennbar (vgl. z.B. die postulierten Latinismen in Mk 7,3f.). Ihre Anwendbarkeit kommt vor allem bei den postulierten Phrasen an Grenzen.

Vor allem in den Fällen der phraseologischen Ausdrücke müsste zudem die Differenzierung von Lehnwörtern bzw. Lehnübersetzungen und Lehnschöpfungen sorgsam beachtet werden. Bei der Übernahme von Ausdrücken aus dem Lateinischen muss deren Sinn nicht erhalten bleiben (sofern er sich als spezifisch „lateinischer" oder „römischer" Sinn überhaupt eingrenzen lässt); umgekehrt können auch lexikalisch etablierte griechische Begriffe und Ausdrücke in innovativer Weise mit einem römischen resp. lateinischen Sinn implementiert werden, wie wir es z.B. bei Autoren wie Polybios oder Diodorus Siculus in vielfältiger Weise beobachten können (s.u.). Damit ist das methodische Problem angesprochen, wie man in einem *griechischen* Text – unabhängig von der Kenntnis des Autors und seiner konkreten Leserschaft – überhaupt „Latinismen" identifizieren kann (s.u. 3.).

Die gängigen tradierten Listen von Latinismen im zweiten Evangelium sind forschungsgeschichtlich eng mit der Rom-Hypothese verknüpft. Sie fügten sich gut in ein präkonzipiertes Bild der Abfassung des Textes in Rom. Der Rom-Hypothese kam so aber zugleich eine *produktive* Funktion im Blick auf die „Entdeckung" einschlägiger Anleihen bei der *Latinitas* zu. Unter der Prämisse, dass Mk in Rom geschrieben habe, suchte man immer intensiver nach entsprechenden sprachlichen Indizien.[8]

Für eine sorgfältigere Analyse und Einschätzung des diskutierten Bestandes bewährt sich eine Differenzierung der Begriffe und Phrasen in vier Gruppen.

1. Zunächst finden sich in den gängigen Latinismus-Listen Begriffe und vor allem Phrasen, deren Herleitung aus dem Lateinischen als überaus fraglich gelten muss. Die Fraglichkeit ergibt sich dabei aus verschiedenen Evidenzen. So gibt es Fälle, in denen ein „crossover" zwischen *Latinitas* und *Graecitas* bei Beachtung der sprachlich-phonetischen Gesetzmäßigkeiten nicht plausibel erscheinen kann. Weiter ist festzustellen, dass bestimmte Wendungen keineswegs exklusiv mit dem Lateinischen zu verbinden, genealogische Herleitungsversuche damit brüchig sind. Setzt man die Rom-Brille in der Interpretation ab, erkennt man, dass z.B. vergleichbare meta-

---

[8] Damit ist ein grundsätzliches methodisches Problem markiert. Viele Forschungsbeiträge (nicht nur zu Mk) gehen – unausgesprochen – von einer Akkumulationsgesetzmäßigkeit aus: In den Texten, in denen man einen Latinismus (oder auch Aramaismus etc.) verifiziert, müsse es demnach mehrere resp. viele geben. Hierbei handelt es sich mindestens für das frühchristliche Schrifttum generell um einen Kurzschluss (eine Ausnahme bildet Herm; vgl. hierzu A. HILHORST, Sémitismes et Latinismes dans le Pasteur d'Hermas, GCP V, Nijmegen 1976). Vgl. dagegen die im Grundansatz mit Recht restriktive Liste neutestamentlicher Latinismen bei BDR § 5,4.

phorische Konzepte in verschiedenen antiken Sprachen auch zu ähnlichen
Wendungen geführt haben können – ohne dass direkte Abhängigkeiten
wahrscheinlich zu machen sind.

2. Weiter sind diejenigen Fälle von Lehnwörtern zu unterscheiden, die
im zweiten Evangelium als „erwartbar" bzw. unspektakulär gelten können.
D.h. Begriffe oder Wendungen lateinischer Provenienz, die bereits vor und
neben Mk breit und gut bezeugt sind und die im Griechischen längst einen
bestimmten Konventionalisierungsgrad erreicht haben.

3. Sodann gibt es wenige besonders dunkle und umstrittene Fälle von
postulierten lexikalischen Latinismen, die als solche zu diskutieren sind.

4. Schließlich verbleibt eine Reihe von Latinismen, die im Mk – im Vergleich mit der sonstigen antiken Gräzität, dem Papyri- und Inschriftenmate-
rial – als besonders auffällig resp. extravagant gelten können.

Ad 1.: In die erste Gruppe, d.h. unter die Begriffe und Wendungen, die
aus dem Inventar der Latinismen zu streichen sind, gehört mit hoher Wahrscheinlichkeit „das Bett des kleinen Mannes", der κράβαττος.[9] Weiter ist
ξέστης (Mk 7,4) nur unter der Annahme einer Metathesis oder Verderbnis
aus lateinisch *sextarius* herleitbar. Es muss als sehr unsicher gelten, dass ein
Latinismus vorliegt (siehe zum strittigen Fall nochmals unten ad 3.).

Im Einzelnen sind die Fälle durchaus verschieden gelagert; aber insgesamt sind mit einem hohen Grad von Wahrscheinlichkeit sämtliche postulierten phraseologischen Latinismen – mit zwei Ausnahmen – in Gruppe 1
einzuordnen. Exemplarisch lässt sich dies an der Wendung ὁδὸν ποιεῖν in
Mk 2,23 zeigen. Gegen Entlehnung aus dem Lateinischen muss nicht sprechen, dass die Wendung ähnlich (mit gen. statt acc.) auch bei Plutarch begegnet, der mindestens teilweise auch vom Lateinischen beeinflusst sein
kann (Plutarch, Phil. 15,10: πρὸς αὐτὸν ὁδοῦ ποιησάμενος). Skeptisch macht
jedoch, dass sich diese Redeweise vom „Weg-Machen" im Sinn des Weg-
Zurücklegens bereits früh in anderen Sprachen nachweisen lässt. Vor allem
findet sie sich auch im Alten Testament (vgl. in Ri 17,8 LXX: τοῦ ποιῆσαι
ὁδὸν αὐτοῦ). Rechnet man eine gewisse sprachliche Variationsbreite ein, so
finden sich Belege bei hellenistischen Schriftstellern wie Diodorus Siculus
und auch in hellenistisch-jüdischen Texten, u.a. bei Josephus (Josephus,
ant. XVIII 95; vgl. ant. XIV 358). Ein exklusiver Rekurs auf lateinisches
iter facere ist an den entsprechenden Stellen nicht wahrscheinlich zu ma-

---

[9] Er wird auch von W. BAUER/K. und B. ALAND, Griechisch-deutsches Wörterbuch zu den
Schriften des Neuen Testaments und der frühchristlichen Literatur, Berlin/New York [6]1988, 909,
als „Fremdwort unbekannter Herkunft" qualifiziert. J. H. MOULTON/G. MILLIGAN, The Vocabulary
of the Greek Testament. Illustrated from the Papyri and other non-literary Sources, London 1930.
Nachdr. 1972, 357 (Papyrusbelege), rechnen mit makedonischem Ursprung. Vgl. in unterschiedlicher Schreibung: Aesop, fab. 346,8; Vita Alexandri Magni, rec. γ 24,49; rec. ε 8,5; Epiktet, diss. I
24,14; III 22,71.74; TestHiob 18,3; 25,8; 32,4 u.a.

chen. Der Gesamtbefund spricht dafür, dass es sich bei der Wendung in Mk 2,23 *nicht* um eine direkte oder schöpferische Entlehnung aus dem Lateinischen handelt; vielmehr ist LXX-Einfluss nicht unwahrscheinlich, und grundsätzlich ist mit der Möglichkeit der Parallelentwicklung sprachlicher Wendungen zu rechnen, die mit einer vergleichbaren metaphorischen Konzeptualisierung zusammenhängt.

Analoges ergibt die Analyse nun auch für die folgenden weiteren Wendungen, für die eine phraseologische Entlehnung aus dem Lateinischen behauptet worden ist, nämlich für: ἐσχάτως ἔχειν[10], κατακρίνειν θανάτῳ[11], ῥαπίσμασιν λαμβάνειν[12] und τίθεσθαι τὰ γόνατα[13]. In diesen Fällen gibt es zwar *auch* mehr oder minder *parallele* oder *ähnlich tönende* Ausdrücke im Lateinischen. Doch ist ein exklusiver Zusammenhang bzw. eine klare genealogische Abhängigkeit mehrheitlich nicht wahrscheinlich zu machen.[14]

---

[10] ἐσχάτως ἔχειν in Mk 5,23 bietet idiomatischen Sprachgebrauch und ist insbesondere bei den antiken Ärzten verbreitet (Galen, in Hipp. aphor. comm. VII 18, 116; vgl. vict. att. 71,3; vgl. in inversiver Stellung: Alexander Med., epist. lumbr. II 589; vgl. Meletius Med., nat. hom. 75,3); vgl. ferner Diodorus Siculus, bibl. hist. X 3,4; Vita Alexandri Magni, rec. β 1,21.19; rec. γ 22,5; Artemidor, on. III 60,4. Das Vorliegen eines Latinismus ist sehr unwahrscheinlich (auch von BAUER/ALAND, Wörterbuch [Anm. 9], 636, nicht aus dem Lateinischen erklärt).

[11] In Mk 10,33 par. Mt 20,18 gibt es kein Indiz, eine Glied-für-Glied-Übertragung aus dem Lateinischen (hier der Ablativ, nicht der Dativ) anzunehmen; auch liegt keine Lehnschöpfung vor. Die Verbindung ist vielmehr als Alternative zu κατακρίνειν εἰς θάνατον (vgl. Mt 20,18 v.l.; vgl. Herm sim 77,3; mit dem Simplex: 95,2 u.a.) im Griechischen gut möglich; vgl. in LXX: Dan 4,37a (κατακρινῶ θανάτῳ); SusTh 41,3 (mit Infinitiv: ἀποθανεῖν); vgl. mit dem Simplex des Verbums Ez 38,22 LXX (καὶ κρινῶ αὐτὸν θανάτῳ; entsprechend Josephus, ant. X 124f.; bell. V 530); mit dem Dativ auch Pausanias IX 26,4: ἀποκρίνασθαι θανάτῳ.

[12] Ob ῥαπίσμασιν λαμβάνειν (Mk 14,65) ein Latinismus ist, der auf der Wendung *verberibus accipere* basiert, muss als äußerst fraglich gelten; ῥάπισμα meint in der Grundbedeutung den Schlag mit dem Stock, mit der Rute oder der Peitsche. Eine ganze Reihe von Belegen verweist eher auf die Bedeutung in Entsprechung zu Joh 18,22 (Plural 19,3): Das Erteilen (διδόναι) bzw. Empfangen einer Ohrfeige resp. eines Hiebes (vgl. LIDDELL/SCOTT, Greek-English Lexicon, Oxford 1968, 1565 ad loc.: „slap on the face"). Die entsprechenden griechischen Belege (vgl. z.B. Lukian, Meretr. 8,1,26: ῥαπίσματα λαμβάνειν) sind in ihrer möglichen lateinischen Bezüglichkeit sehr unsicher, von ῥαπίσματα führt keine lautliche Brücke zu *verbera* (auch nicht als Latinismus gewertet bei BAUER/ALAND, Wörterbuch [Anm. 9], 1470; anders BDR § 5,4).

[13] Dafür, dass es sich bei der Wendung in Mk 15,19 um einen Latinismus handelt, spricht nicht eben, dass schon bei Euripides, Tro. 1307 vom γόνυ τίθεσθαι die Rede ist (BDR § 5,4 Anm. 19, kennt die Stelle zwar, rechnet aber gleichwohl mit einem phraseologischen Latinismus); vgl. weiter noch Euripides, Andr. 895: προστίθημι γόνασιν ὠλένας ἐμάς; Demosthenes, or. XXVIII 16,3: τὰ γόνατα τιθείς. Die bessere Erklärung dürfte auch hier sein, dass eine analoge Vorstellungswelt bzw. eine entsprechende Praxis relativ unabhängig voneinander zu vergleichbarem sprachlichem Ausdruck geführt hat: Nämlich, dass man durch Niederknien Respekt vor dem Höherstehenden resp. auch vor Gott zum Ausdruck bringt (vgl. Lk 22,41: καὶ θεὶς τὰ γόνατα προσηύχετο; Apg 9,40; 20,36; 21,5) – In Mk 15,19 geschieht dies als Ausdruck der Verspottung Jesu.

[14] Im Einzelnen kann die Diskussion hier nicht nach einem gleichmäßigen methodischen Raster geführt werden. – Dies gilt schon angesichts der teilweise schmalen Beleglage für einzelne Ausdrücke. In einem Modell von „Familienähnlichkeit" sind die verschiedenen Aspekte auszuba-

Ad 2.: Bei der überwiegenden Anzahl von *termini*, die unter die markinischen Lehnwörter aus dem Lateinischen gerechnet werden, handelt es sich um solche Begriffe, die vor und neben Mk literarisch, in den Papyri und auch inschriftlich so breit und gut bezeugt sind, dass man sie als unspektakuläre, wahrscheinlich bereits vor Mk schon habitualisierte Latinismen werten kann.

In diese Gruppe gehören die den Bereichen des Wirtschaftsverkehrs, des Rechtslebens und des römischen Heerwesen zuzurechnenden Begriffe μόδιος[15], λεγιών[16], δηνάριον[17], κῆνσος[18] und πραιτώριον[19] sowie schließlich

---

lancieren, angefangen bei phonetischen Beobachtungen über die konkreten Verwendungen z.B. in den Papyri bis hin zur Frage nach den Sinngehalten in den einzelnen Texten. Was diese angeht, bedeutet auch die Suche nach dem *individuellen Sprachgebrauch eines Autors* (so ganz durchgängig in der Latinismen-Debatte) ggf. eine Engführung, insofern auch mit Sprach*milieus* gerechnet werden muss.

[15] μόδιος (Mk 4,21 par.) ist terminologisch aus dem Lateinischen in direkter Transkription gebildet; angesichts der weiten Verbreitung in literarischen (vgl. Polybios, hist. XXI 43,9; Dionysios Hal. 12,1; Epiktet, diss. I 17,7.9; Plutarch, Dem. 33,6; Galen, san. tuend. VI 287f.; grBar 6,7; Josephus, ant. IX 85; XIV 28.206 u.a.) und inschriftlichen Zeugnissen (z.B. auch in den westkleinasiatischen Beichtinschriften; 6,15; 63,7 – zwischen 50 und 250 n. Chr.) und auch in den Papyri (F. PREISIGKE, Wörterbuch der griechischen Papyrusurkunden, hg. v. E. Kiessling, Bd. III, Berlin 1931, 361–364, *sub voce* μέτρον) ist davon auszugehen, dass der Begriff längst in den griechischen Sprachgebrauch eingegangen war.

[16] Auch bei λεγιών/*legio* (Mk 5,9.15; vgl. Mt 26,53; Lk 8,30) steht der Lehnwortcharakter in direkter Transkription außer Frage. Im Griechischen ist das Wort (die Schreibung λεγεών) belegt seit Plutarch (Rom. 13,1; 20,1; Otho 12,3: neben τάγματα) und Diodorus Siculus, bibl. hist. 26,5; vgl. Cassius Dio, hist. 71,9; vgl. auch TestSal 40,4f.8.10.12; 41,4 u.a.; inschriftlich seit der Zeit der Triumvirn; auf Papyri etwa seit Anfang der Zeitrechnung (vgl. BAUER/ALAND, Wörterbuch [Anm. 9], 950; viele Belege bei PREISIGKE, Wörterbuch III [Anm. 15], 214; MOULTON/MILLIGAN, Vocabulary [Anm. 9], 371). Der *terminus* (3. Deklination) begegnet in den punktierten frühchristlichen Texten in griechischer Betonung; d.h. er ist ein Beispiel dafür, dass die *lex Wackernagel* nicht mechanisch zugrunde gelegt werden darf, nach der bei der Übernahme von lateinischen Wörtern in das Griechische grundsätzlich die lateinische Betonung erhalten bleibe (vgl. BDR § 41,3 zum Akzent).

[17] Die von den Römern weltweit durchgesetzte Hauptsilbermünze; erwartungsgemäß nicht erst im frühchristlichen Schrifttum (Mt 18,28; 20,2.9f.13; 22,19; Mk 6,37; 12,15; 14,5; Lk 7,41; 10,35; 20,24; Joh 6,7; 12,5; Apk 6,6), sondern auch in der sonstigen hellenistischen Literatur reichlich belegt (Epiktet, diss. I 4,16f.; 20,9; Plutarch, Cic. 8,3,4; Fab. 4,6,7; Cam. 13,2,1; Galen, comp. med. XIII 160; Vita Aesopi G 27,6.9.12; W 24,10.16; 27,5 u.a.); auch inschriftlich vielfach (Inschrift von Akraiphiai aus der Zeit Sullas; IG IX 2,415 b 89; auch in den westkleinasiatischen Beichtinschriften: 17,7.13; 46,4; 54,4). Papyri-Belege bei PREISIGKE, Wörterbuch III (Anm. 15), 346. Zum Hintergrund der Verbreitung römischer Währungen: L. HAHN, Rom und Romanismus im griechisch-römischen Osten, Leipzig 1906, 28–30.

[18] Mk 12,14; Mt 17,25; 22,17.19. Die Herleitung ist durch einfache Transkription erklärbar (2. Deklination); mit MOULTON/MILLIGAN, Vocabulary (Anm. 9), 343 (Papyrusbelege) trotz der nicht eben reichlichen Beleglage ein Latinismus.

[19] Mk 15,16 par. Mt 27,27; Joh 18,28.33; 19,9; vgl. Apg 23,35; Phil 1,13. Es handelt sich um ein lateinisches Lehnwort, das durch direkte Transkription gebildet ist (2. Deklination). Vgl. Epiktet, diss. III 22,47: πραιτωρίδιον. Der Begriff ist auch inschriftlich nachgewiesen (BAUER/ALAND, Wörterbuch [Anm. 9], 1397). MOULTON/MILLIGAN, Vocabulary (Anm. 9), 532f.,

Καῖσαρ als das häufigste lateinische Lehnwort in griechischen Texten der römischen Zeit. Als Währungsangabe kann auch der κοδράντης dieser Gruppe subsumiert werden.[20] Allerdings muss das besondere Problem der Währungsbeziehung in Mk 12,42 unten noch einmal aufgegriffen werden, da die Verfechter der Rom-Hypothese hier eine ihrer Hauptreferenzstellen suchen (s.u. 3). Schließlich ist auch der κεντυρίων zunächst in Gruppe 2 einzuordnen.[21] Allerdings bleibt auffällig, dass Mk als einziger neutestamentlicher Autor den Ausdruck κεντυρίων der Lehnschöpfung ἑκατοντάρχης vorzieht (so sonst in den neutestamentlichen Schriften).

Ad 3.: Unter diejenigen Fälle, bei denen kaum ein sicheres und abschließendes Urteil zu gewinnen ist, gehört zunächst Mk 7,3 als klassische *crux interpretum*. Für πυγμῇ wird in der Forschung lateinisch *pugno* oder *pugillo* als sprachlicher Hintergrund reklamiert. Wenige Problemanzeigen hierzu müssen genügen:[22] Schon der phonetische Brückenschlag bleibt bei diesem Postulat äußerst gewagt bzw. problematisch. Weiter kann man fragen: Ist es wahrscheinlich, dass der zweite Evangelist in einem Erzählerkommentar bei der Erklärung eines *jüdischen* Brauches einen *lateinischen terminus* gewählt hat?[23] Sodann zeigt schon die früheste handschriftliche Überlieferung, wie schwer man sich mit der Stelle tat (vgl. die *varia lectio* πυκνά [Neutrum

---

verzeichnen zahlreiche Belege in den Papyri. Vgl. analog die Wortbildung der πραιτωριανοί (Herodian, exc. div. Marc. V 4; VIII 8 u.a.). Zum Bedeutungsspektrum: LIDDELL/SCOTT, Lexicon (Anm. 12), 1458.

[20] κοδράντης/*quadrans* in Mk 12,42; Mt 5,26; Lk 12,59 D (vgl. Did 1,5) ist phonetisch zunächst ein Beispiel dafür, dass lateinisch unbetontes „qua" im Griechischen durch κο wiedergeben wurde (bei Betonung dagegen mit „κου"); der Import erfolgt in die 1. Deklination. Zur Wertangabe vgl. Plutarch, Cic. 29,5; Heron Mech., mens. 60,8,1f.

[21] κεντυρίων ist in lautlicher Hinsicht wieder auf direkter Transkription basierend (wobei wieder die *lex Wackernagel* nicht zutrifft; der Akzent ist auf die *paenultima* gewandert); der Begriff begegnet schon bei Polybios (hist. VI 24,5: neben den „Taxiarchen") und ist (in unterschiedlicher Schreibweise) auch inschriftlich nachweisbar: PREISIGKE, Wörterbuch III (Anm. 15), 212 (die Liste zum Militär, a.a.O., 203–227, ist besonders aufschlussreich; darin z.B. auch zahlreiche Belege für κάστρα [*castra*] etc.); Papyrus-Belege bei MOULTON/MILLIGAN, Vocabulary (Anm. 9), 340f.

[22] Vgl. M. HENGEL, Mc 7,3 πυγμῇ. Die Geschichte einer exegetischen Aporie und der Versuch ihrer Lösung, ZNW 60, 1969, 182–198 = DERS., Kleine Schriften V, WUNT 211, Tübingen 2007, 177–193. Zum inschriftlichen Befund: F. PREISIGKE, Wörterbuch der griechischen Papyrusurkunden, hg. v. E. KIESSLING, Bd. II, Berlin 1927, 434.

[23] So mit anderen SCHNELLE, Einleitung (Anm. 7), 242. Die in Mk 7,3 angezielte Praxis und ihre Deutung bleiben umstritten. In der Regel wird Pall. Laus. 55 (νίψασθαι τὰς χεῖρας καὶ τοὺς πόδας πυγμῇ ὕδατι ψυχροτάτῳ) zur Erklärung herangezogen (z.B. TURNER, Notes [Anm. 6], 107; so wieder bei COLLINS, Mark [Anm. 4], ohne jede weitere Erklärung: „up to the elbow"; a.a.O., 339, 347). Zum generellen Hintergrund der jüdischen Praxis: B. CHILTON u.a. (Hg.), A Comparative Handbook to the Gospel of Mark, The New Testament Gospels in their Judaic Contexts, Bd. I, Leiden/Boston 2010, 232–234. Gegen einen lateinischen Ausdruck spricht: Πυγμή ist griechisch früh belegt; zur Bedeutung „Faust"/„Faustkampf" vgl. Thukydides, hist. I 6,5; Euripides, Alc. 1031; Plutarch, symp. 638C–E u.v.m. Zur Bedeutung des Längenmaßes: LIDDELL/SCOTT, Lexicon (Anm. 12), 1550.

Plural von πυκνός]). Textgeschichtlich hat sich auch die alt*lateinische* Überlieferung keinen einhelligen Reim auf Mk 7,3 zu machen vermocht („pugillo" [*aur, c, i, q* u.a.]; subinde [*b*]; momento [*a*]; crebro [*f l* Vulgata – auf der
Basis der Lesart von adverbialem πυκνά]; primo [*d*]).[24] Insgesamt ist es
unmöglich, Mk 7,3 unter die wirklich sicheren Latinismen zu rechnen;
vieles spricht für eine Einordnung des πυγμῇ in Gruppe 1.[25]

In den gleichen textuellen Zusammenhang des Erzählerkommentars von
Mk 7,3f. gehört der ξέστης in Mk 7,4 im Genitiv Plural. Dieser begegnet
zwar bei Epiktet (diss. I 9,34; II 16,22), Plutarch (Gracchus 28,1,4), Xenophon (an. III 4,10), Cassius Dio (hist. XLI 24) und Josephus (ant. VIII 57;
IX 62; XI 13 u.a.; vit. 75,3f; bell. I 425 u.a.) u.a., ferner auch inschriftlich
(vgl. P. Oxy. 921,23 u.a.). Der Begriff kann seit Homer aber an vielen Stellen auch einfach „Gefäß", „Krug" o.ä. bedeuten.[26] Man muss ihn damit
entweder in die Gruppe der unspektakulären, d.h. bereits konventionalisier-
ten Latinismen aus dem Bereich des Handels oder des Militärs rechnen oder
aber bezweifeln, dass in Mk 7,4 überhaupt ein Latinismus vorliegt.[27]

Ad 4: Betrachtet man den Rest des gängigen Latinismen-Kanons der
Markusforschung, so verbleiben terminologisch der σπεκουλάτωρ/*speculator* (Mk 6,27), das Verb φραγελλοῦν/*fragellare/flagellare* (Mk 15,15 par.
Mt 27,26; vgl. φραγέλλιον Joh 2,15) sowie phraseologisch συμβούλιον
λαμβάνειν/ποιεῖν (Mk 3,6; 15,1) und τὸ ἱκανὸν ποιεῖν τινι (Mk 15,15).

Mit dem *speculator* liegt in der Erzählung von der Hinrichtung des Täufers ein lateinisches Fremdwort vor (Bedeutung: „Scout", „Kurier", „Poli-
zeichef", „Häscher", „Scharfrichter", der die Hinrichtung leitet u.a.), das
durch direkte phonetische Umsetzung aus dem Lateinischen in die griechische Lautstruktur generiert worden ist.[28] Der Begriff wird in die dritte Deklination des Griechischen importiert. Im Lateinischen ist z.B. auf Seneca,
benef. 3,25; ira I 18,4 zu verweisen.

Das Verb φραγελλοῦν/*fragellare* (Mk 15,15 par. Mt 27,26) hat im Text
ebenfalls die Funktion eines *terminus technicus* (vgl. zur Sache: Josephus,
bell. II 306; V 449; Lukian, pisc. 2). Dieser ist in der literarischen Gräzität
nicht vor Mk 15 nachweisbar (dann Acta Pauli 1,30; Acta Pauli et Theclae
21,2 u.a.; unsicher ist TestBenj II 3). Wahrscheinlich ist jedoch, dass das

---

[24] Siehe A. JÜLICHER (Hg.), Itala. Das Neue Testament in Altlateinischer Übersetzung, Bd. II:
Marcus-Evangelium, Berlin 1970, 59 ad loc.
[25] MOULTON/MILLIGAN, Vocabulary (Anm. 9), 559: „We are unable to throw any light from
our sources on the difficult πυγμῇ of Mk 7³."
[26] Etliche Belege aus den Papyri bei PREISIGKE, Wörterbuch III (Anm. 15), 364f.
[27] Skeptisch z.B. MOULTON, Grammar II (Anm. 5), 155 mit Anm. 3. LIDDELL/SCOTT, Lexicon
(Anm. 12), 1190, führen Mk 7,4 ebenfalls *nicht* auf den lateinischen *sextarius* zurück, sondern
übersetzen einfach mit „pitcher, cup".
[28] Belege aus den Papyri bei PREISIGKE, Wörterbuch III (Anm. 15), 220; MOULTON/MILLIGAN,
Vocabulary (Anm. 9), 582.

Verb von ἡ φραγέλλη bzw. τὸ φραγέλλιον (Joh 2,15) gebildet ist, wobei es sich um ein lateinisches Lehnwort handelt (zu *flagellum* vgl. Horatius, sat. 1,3,119).[29]

Συμβούλιον λαμβάνειν/ποιεῖν (Mk 3,6; 15,1) in der Bedeutung „einen Beschluss fassen" gilt in sämtlichen Grammatiken (vgl. BDR § 5,4 mit Anm. 18 u.a.) durchgängig als Latinismus. Festzustellen ist, dass λαμβάνειν (vgl. Aesop, fab. 239 al. 9: συμβούλιον λαβόντες) und δοῦναι im Griechischen in der Verbindung auch sonst entsprechend gebraucht werden (vgl. Josephus, ant. VI 38 mit Vita Aesopi G 93,4 und Appian, lib. 116,5).[30]

Schließlich wird die Wendung τὸ ἱκανὸν ποιεῖν τινι (Mk 15,15) als Entsprechung zu *satisfacere alicui* mit guten Gründen von den Grammatiken als eindeutiger Latinismus gewertet. Es handelt sich um den Fall, dass eine Glied-für-Glied-Übertragung erfolgt, die griechische Rede vom Tun des „Hinreichenden", „Hinlänglichen" o.ä. zugleich mit der lateinischen Vorstellung der Genugtuung/Satisfaktion implementiert wird (vgl. Diogenes Laert., vit. IV 50,3; Diodorus Siculus, bibl. hist. XXXI 30,1; Polybios, hist. XXXII 3,13; Appian, lib. 344,3 u.a.).[31]

3. Ergebnisse und Ausblick

1. Zuerst ist festzuhalten: Das zweite Evangelium enthält insgesamt weniger Latinismen, als häufig angenommen worden ist. Bei dem nach sorgfältiger sprachlicher Analyse verbleibenden „Restkanon" (vgl. oben 1.) handelt es sich überwiegend um lexikalische Einträge.[32]

---

[29] Mit LIDDELL/SCOTT, Lexicon (Anm. 12), die sowohl das Nomen (vgl. MOULTON/MILLIGAN, Vocabulary [Anm. 9], 675) als auch das Verb auf das Lateinische zurückführen (a.a.O., 1952).

[30] Allerdings bleiben auch hier gewisse Unsicherheiten. Das *nomen* nicht als Latinismus bewertet aufgrund der Papyri von MOULTON/MILLIGAN, Vocabulary (Anm. 9), 597; auffällig ist der häufige Gebrauch der Wendung bei Mt (12,14; 22,15; 27,1.7; 28,12).

[31] Vgl. BDR § 5,4 u.a.; auch in den Papyri: MOULTON/MILLIGAN, Vocabulary (Anm. 9), 302; vgl. REISER, Sprache (Anm. 2), 61 u.a.

[32] Man kann also grundsätzlich bei Mk Ergebnisse der Kontaktlinguistikforschung bestätigt finden, die zeigt, dass sich Zwei- oder Mehrsprachigkeit nicht im beständigen Hin- und Herschalten zwischen verschiedenen Sprachlogiken dokumentiert. Vielmehr wird im Fall von Multilingualität beim Verfassen von Texten in der Regel *eine Sprache* als primäres Bezugssystem gewählt; diesem werden weitere sekundäre Elemente gegebenenfalls interferiert; lexikalische Einträge sind diejenigen Interferenzen, die in der Kontaktlinguistik am häufigsten in Begegnungssituationen mehrerer Sprachen in bestimmten Ethnien nachgewiesen werden können. Geht man von einem Text als *Corpus* aus, kann darum in der Regel auch nicht hinter das in ihm gültige „Primärsystem" in der Weise zurückgefragt werden, dass man auf die Beherrschung weiterer Sprachen eines Verfassers (oder auch auf seine „Muttersprache") zu schließen vermag, näherhin auch nicht darauf, in welcher Reihenfolge er zwei oder mehrere Sprachen erlernt haben könnte. Solche Fragen lassen sich nur auf der Basis weiterer Evidenzen bearbeiten. Siehe hierzu: U. WEINREICH, Sprachen in Kontakt. Ergebnisse und Probleme der Zweisprachigkeitsforschung, München 1977;

2. Bis in die jüngste Markusforschung hinein findet sich immer wieder die Meinung, Häufigkeit und Dichte der Latinismen im zweiten Evangelium seien innerhalb der spätantiken *Graecitas* singulär.[33] Dieser Auffassung ist vor allem aufgrund der Beobachtungen zu Gruppe 2 deutlich zu widersprechen. Im zweiten Evangelium blicken wir hinein in eine Welt vielfältiger kultureller und auch sprachlicher Austauschprozesse, wie sie in den verschiedenen Gebieten des römischen Imperiums plausibel und nachzuweisen sind. Solche Prozesse bedingen, dass nicht allein Einzelbegriffe des Handels, Militärwesens und der Verwaltung aus dem Lateinischen in weiteren Umlauf kamen, sondern vielmehr eine Reihe griechischer Autoren anzuführen ist, deren Schriften – teils vermittelt durch ihre Provenienz, ihren Studienort und vor allem auch bedingt durch ihren je besonderen Darstellungsgegenstand – eine Fülle von lexikalischen und auch phraseologischen Einträgen aufweisen, die als Latinismen gelten müssen. Dies wäre in ausführlicherer Darstellung zu zeigen; hier mögen einige Stichpunkte genügen.

Zunächst wäre das Werk des Polybius zu diskutieren, der in seinem relativ homogenen Stil, den man als Kanzleisprache bezeichnet hat, der klassisch-attischen Grammatik noch relativ nahe steht, zugleich jedoch in seiner manieristischen Ausdrucksweise und – bedingt vor allem durch seinen Gegenstand – auch in Wortwahl und Phraseologie teils erheblich abweicht. Vor allem im 6. Buch, in dem Polybius das römische Staats- und Militärwesen darstellt, findet sich ein reicher Schatz lateinischer Lehnwörter wie z.B. πραιφέκτος (hist. VI 26.34.37), ἐκτραορδινάριοι (VI 26) oder τριάριοι (VI 21.23.29 u.a.) etc.[34] Auch sonst begegnen bei Polybios regelmäßig Transkriptionen spezieller lateinischer *termini* wie etwa λίβερτος (XXX 18), δικτάτωρ (III 87 u.a.), σάγοι (II 28.30 u.a.) oder πατρίκιοι (X 4) sowie auch Neuinterpretationen griechischer Begriffe, die auf die römischen Ver-

---

zu jüdischer Multilingualität im 1. Jh.: B. SPOLSKY, Jewish Multilingualism in the First Century: An Essay in Historical Sociolinguistics, in: J. A. FISHMAN (Hg.), Readings in the Sociology of Jewish Languages, Contributions to the Sociology of Jewish Languages, Bd. I, Leiden 1985, 35–50. Es ist bemerkenswert, dass sich nach der Hochphase und der Krise der „Aramaic school" (deren Ergebnisse allerdings teils in der Forschung noch unkritisch weiter propagiert werden) die Markus-Philologie auch im Fall der Aramaismen – gewissermaßen der Geschwister der Latinismen im zweiten Evangelium – in die vermeintlich sichere Bastion lexikalischer Einträge zurückgezogen hat. Vgl. P. RÜGER, Die lexikalischen Aramaismen im Markusevangelium, in: Cancik, Markus-Philologie (Anm. 3), 73–84. – Hierzu demnächst R. VON BENDEMANN, „Jüdische Sprache" im zweiten Evangelium?", in: A. Bedenbender (Hg.), Das Markusevangelium als jüdischer Text, Tübingen 2011.

[33] Vgl. M. HENGEL, Die vier Evangelien und das eine Evangelium von Jesus Christus. Studien zu ihrer Sammlung und Entstehung, WUNT 224, Tübingen 2008, 141: Die Latinismen im Markusevangelium seien „einzigartig in griechischer erzählender Prosa". In der Sache folgt ihm z.B. M. EBNER, Das Markusevangelium. Neu übersetzt und kommentiert, Stuttgart 2008.

[34] Weitere Belege bei HAHN, Rom (Anm. 17), 42–50.

hältnisse appliziert werden; z.B. wird ἀρχιερεύς für den *pontifex maximus* verwandt (vgl. XXIII 1,2; XXXII 22,5) etc. Auch in der „Bibliotheca Historica" des Diodorus Siculus finden wir zahlreiche Latinismen, die z.T. ihrerseits bereits aus Polybios entlehnt sind. Darunter sind auch *termini* zu verzeichnen, die im Mk begegnen, wie etwa Καῖσαρ (bibl. hist. I 4,7 u.ö.) oder λεγεών (XXVI 5,1), aber auch zahlreiche Neubildungen und Phraseologisches, das dem Lateinischen nahe steht. Wollte man Mk 5,23 (ἐσχάτως ἔχειν/*ultimum habere*) als Latinismus werten (dagegen aber oben zu Gruppe 1), so wäre bibl. hist. X 3,4 zu vergleichen. Bei Diodor sind auch Lehnschöpfungen zu notieren, z.B. übernimmt ὕπατος die Bedeutung von Konsul. Wie andere unteritalische und sizilianische Autoren (deren Werke uns teils nur fragmentarisch erhalten sind) war Diodorus – unbeschadet der Vorstudien für sein Werk, die ihn *auch* nach Rom führten – schon durch seine Herkunft für entsprechende osmotische Vorgänge des Sprachaustauschs prädestiniert. Sizilien, vor allem Ost- und Südsizilien, war u.a. von der Achaia her erschlossen worden und wurde dann seit dem Ende der Republik konsequent romanisiert.[35] Die entsprechenden innovativen Vorgänge der Sprachberührung und Sprachvermischung finden ein Echo z.B. im Vorwurf des Cicero an seinen Gegner Caecilius Niger, er habe sein Latein nicht in Rom, sondern in Sizilien gelernt (Div. in Caecil. 12,39: *si ... Latinitas Romae non in Sicilia didicisses*). *Sicilissare* ist ein häufiger Vorwurf der Dichter der neueren Komödie.[36]

Eigener Untersuchungen bedürften weiter die Latinismen im Werk des Dionysios Halicarnassos[37] und des Plutarch von Chaironeia, der von sich selbst sagt, er habe in fortgeschrittenem Alter Latein gelernt. Die Frage seiner aktiven Lateinbeherrschung ist entsprechend umstritten, doch gibt es lateinische Lehnwörter wie δηνάριον (Cam. 13,2; Fab. 4,6 u.a.), λεγεών (Rom. 13,1 u.a.), λίκτωρ (Rom. 26,3f) δικτάτωρ (Cam. 1,1; sehr häufig) und auch phraseologische Latinismen. Zuletzt sei immerhin hingewiesen auf die Diatriben Epiktets, deren Griechisch seit Albert Debrunner mit Recht dem neutestamentlichen Griechisch als eng verwandt gilt.[38] Bei ihm findet sich eine beträchtliche Schnittmenge zu den markinischen Latinismen (z.B. δηνάριον [diss. I 4,16; 20,9], μόδιος [I 17,7.9], ξέστης [I 9,34; II 16,22], Καῖσαρ [*passim*]; vgl. πραιτωρίδιον [III 22,47]).[39] Es begegnen

---

[35] Vgl. J. PALM, Über Sprache und Stil des Diodoros von Sizilien. Ein Beitrag zur Beleuchtung der hellenistischen Prosa, Lund 1955.

[36] Vgl. hierzu HAHN, Rom (Anm. 17), 6f.; a.a.O., 221f., zu bilingualen Inschriften auf Sizilien.

[37] Vgl. eine Liste von Latinismen bei Dionysios Hal.: HAHN, Rom (Anm. 17), 120, 123–128.

[38] Vgl. A. DEBRUNNER, Geschichte der griechischen Sprache, Bd. II, bearb. von A. Scherer, Berlin 1969, 19.

[39] Das „beträchtlich" gilt aus der Sicht der markinischen Vorkommnisse, nicht aus der Sicht der Befunde bei Epiktet, die wesentlich breiter sind. Zu ξέστης siehe aber oben ad 3.

darüber hinaus auch phraseologische Latinismen wie ὁ Καίσαρος φίλος καὶ ἐπίτροπος (III 4,2; vgl. *amicus et procurator Caesaris*).

Das Markusevangelium partizipiert also in sprachlicher Hinsicht an kulturellen Austauschprozessen, wie sie in weiteren griechischen Texten der hellenistisch-römischen Zeit als Vorgänge der Romanisierung zu begreifen sind. Im Hintergrund steht u.a. die – im Einzelnen verschieden zu bewertende – Bedeutung des Lateinischen als Amtssprache, als Sprache des Heeres, in stark zunehmendem Maß seit dem 1. Jh. v. Chr. als Sprache der Kaufleute und auch als Sprachform der Bekanntmachung von Senatsbeschlüssen in den Provinzen, die vielfach bilingual erfolgte.[40]

Dazu kommen parallele sprachliche Phänomene und Entwicklungen, die wir oben im Zusammenhang der Diskussion der postulierten phraseologischen Latinismen ansprachen. Insgesamt wäre gründlicher und systematischer nach Parallelerscheinungen (jenseits einfacher genalogischer Postulate) in der hellenistischen und lateinischen Koiné zu fragen.[41] In zeitgenössischen Textgruppen beider Sprachen verzeichnen wir z.B. einen Rückgang der sog. analytischen Tempusbildung (*habeo cantatum*; *cantare habeo*) gegenüber der synthetischen (*cantavi, cantabo*; vgl. oben zu συμβούλιον λαμβάνειν/ποιεῖν im Unterschied zu συμβουλεύεσθαι). In beiden Sprachen gibt es Tendenzen zu Vereinfachung und Ausgleich, z.B. bei den Deklinationsstrukturen. In beiden Sprachen können Zahlwörter an die Stelle des unbestimmten Artikels treten – ein Phänomen, das man klassisch unter die Aramaismen im Mk verbucht hat. In beiden Sprachen nehmen Komposita bei den Verben und zusammengesetzte Präpositionen und Präpositionsadverbien wie *abante, inpost, depost, deintro, abinfra, deretro* etc. zu (vgl. z.B. κατέναντι: Mk 11,2; 12,41; 13,3; oder ἀπὸ μάκρωθεν: 5,6; 8,3; 11,13; 14,54; 15,40). In beiden Sprachen geht das Futur zurück. Dem Medialschwund im Griechischen ist der zunehmende Passivschwund im Lateinischen zu vergleichen. In Zeugnissen beider Sprachen ist eine Zunahme des Intransitivgebrauchs von Transitiven zu verzeichnen. Unter solchen Vorzeichen wären auch die zahlreichen *Deminutiva* im Mk (vgl. 3,9; 5,23.39.41f.; 6,9.22.28; 7,25.27f.; 8,7; 14,47; vgl. TURNER, Notes [Anm. 6], 123–126) noch einmal genauer zu untersuchen. In der Zunahme des Gebrauchs von

---

[40] Zum Einfluss des Lateinischen auf das Griechische: E. SCHWYZER, Griechische Grammatik, Bd. I, HAW II.I/1, München ³1959, 124f.; DEBRUNNER, Geschichte (Anm. 38), 77f., 82–88. Zur Zweisprachigkeit der Verwaltung im Osten des Reiches: R. SCHMITT, Die Sprachverhältnisse in den östlichen Provinzen des Römischen Reiches, ANRW II 29.2, 1983, 554–586, hier: 556–558, 561–563. Klassisch: E. NORDEN, Die Antike Kunstprosa. Vom VI. Jahrhundert v. Chr. bis in die Zeit der Renaissance, Teil I, Darmstadt 1958, 271–273, 361–367.

[41] Vgl. das klassische Göttinger Programm von W. SCHULZE, Graeca Latina, Göttingen 1901, 10: *tam arcte in imperio Romano coniuncta et sociata fuisse fata sermonis Graeci et Latini, ut a grammaticis non sine damno grammaticae scientiae scorsim queant tractari.*

Deminutiva mit nondeminutivem Sinn ist eine weitere Parallel- bzw. Konvergenzerscheinung zwischen lateinischer und griechischer Koiné zu erkennen. Mk partizipiert also mit den Phänomenen, denen wir mit den Latinismen auf die Spur kommen, an übergreifenden sprachgeschichtlichen Veränderungen. Wir sehen punktuell, wie die markinische Sprache an dem Strom der die Sprachen des Mittelmeerraumes mitführenden Entwicklungen teilnimmt. Insgesamt verliert damit die These, dass über die Latinismen als solche sichere geographische Hinweise zu gewinnen wären, von vornherein an Wahrscheinlichkeit. Zahlreiche der Ausdrücke sind gewissermaßen „reichsweit" plausibel.

3. Sieht man auf die Verteilung der – bei den genannten Unsicherheiten – „extravaganten" lateinischen Lehnwörter bzw. Lehnbildungen und Phrasen aus Gruppe 4 – unter Vorsicht auch mit Einschluss des *praetorium* und des *centurio* (Mk 15,39.44f.), bei dem die Abweichung zum sonst im Neuen Testament üblichen ἑκατοντάρχης auffällig bleibt –, so ist festzustellen, dass sie sämtlich im Zusammenhang der Vorgänge um den Tod des Täufers (so im Fall des *speculator*), vor allem aber des Prozesses und der Tötung Jesu stehen. Dies gilt auch für das συμβούλιον λαμβάνειν: Mk 3,6 ist von Mk als planvoller erzählerischer („redaktioneller") Vorausverweis auf die Passion konzipiert. Auffällig ist zudem, dass die Latinismen in Mk 3,6 und 6,27 jeweils im Zusammenhang mit den Herodianern begegnen, die ja stark römisch orientiert waren. Man könnte nun an dieser Stelle behutsam weiterfragen, ob einige dieser besonderen Latinismen in das Feld einer älteren bzw. ältesten Passionsüberlieferung verweisen. Da derlei Fragen nicht im Fokus unserer Analyse liegen, ist hier lediglich festzuhalten: Auf das *Sprachliche* gesehen, haben die Latinismen aus Gruppe 4 an den jeweiligen Stellen nicht die Funktion sprachlichen Schmucks oder sprachlicher Variation, sie haben keine ästhetische Funktion und sie repräsentieren auch nicht einfach das bereits Konventionalisierte (vgl. Gruppe 2). Vielmehr ist ihnen eine präzise *referentielle Funktion* eigen. Das, was Mk hier im Zusammenhang des Todes Jesu (und des Todes des Täufers) sagen will, kann er nur mit diesen präzisen technischen, aus dem Lateinischen stammenden Ausdrücken sagen, und nicht anders.

4. Zuletzt zur Rom-Hypothese: Diese ist am altkirchlichen Zeugnis gewonnen (vgl. Euseb, h.e. III 39,15), was nun unter anderen Vorzeichen allerdings sehr viel ausführlicher darzustellen und zu diskutieren wäre. Was das *Sprachliche* angeht, so wird zunächst ein trivialer Argumentationsschritt zumeist übersehen: Der Text könnte von einem Verfasser, der mit lateinischer Sprache vertraut geworden ist, auch einem solchen, der aus Rom stammte oder sich dort länger aufgehalten hat, an ganz anderem Ort geschrieben sein (vgl. oben z.B. zu Diodorus Siculus). Also: Die Differenz von Abfassungsort und so etwas wie geistiger Heimat müsste beachtet

werden. Weiter war festzustellen: Die These, dass das Mk in der Aktivie-
rung von Latinismen einen singulären Text innerhalb der griechischen
Literatur der römischen Kaiserzeit darstellt, ist mindestens stark zu relativieren. Vergleichbare Texte, die eine Fülle lateinischer Lehnwörter kennen,
stammen aus verschiedenen Regionen des römischen Imperiums; wir haben
viele Belege in Papyri und inschriftlichen Befunden. Nicht alle Wege führen also – sprachlich gesehen – nach Rom. Die signifikanten resp. „technischen" Latinismen sind zudem nicht gleichmäßig über das Evangelium
verteilt, sie sind auf einen bestimmten Erzählkomplex konzentriert und
haben hier klare referentielle Funktion: Sie dienen der Beschreibung der
Verurteilung, des Leidens und der Hinrichtung Jesu (und des Täufers).
Nichts weist darauf hin, dass sie an diesen Stellen und in ihrer besonderen
Funktion aus der Welt des *Abfassungsortes* oder der Adressaten (allein)
gewonnen wären.

Zuletzt ist nun noch auf Mk 12,42 zurückzukommen. An dieser Stelle
gibt der markinische Erzähler zwei λεπτά mit einem *quadrans*, d.h. einem
römischen Viertelas, an. Die Verfechter der Rom-Hypothese gründen hierauf ihr Urteil, dass Mk seine Erzählung auf eine Leserschaft hin gestaltet,
für die der *quadrans* gängige Währung ist – diese sei aber nur resp. vorrangig in Rom vorstellbar. Es handelt sich um ein schwieriges Problem. Da es
in diesem Beitrag grundsätzlich um *sprachliche* Befunde geht, beschränke
ich mich auf wenige Problemanzeigen, ohne die Diskussion ausführlich
führen zu können.

Zunächst ist festzuhalten: Das ὅ ἐστιν in Mk 12,42 bietet sprachlich gesehen – entgegen einer häufigen Wahrnehmung in der Forschung – nicht so
etwas wie eine Währungsumrechnungsformel (zur Wendung – teilweise zur
Anzeige von Übersetzung mit μεθερμηνευόμενον – vgl. Mk 3,17; 5,41;
7,11.34; 15,16.22.34). Vielmehr ist, sprachlich gesehen und unabhängig
von tatsächlichen Zirkulations- und Verwendungsorten der Münze, zunächst die Möglichkeit einer sprichwörtlichen Redeweise in Betracht zu
ziehen. Auch im Mt, für das nicht Rom als Abfassungsort postuliert wird,
begegnet der κοδράντης entsprechend in der Bedeutung der kleinsten Wäh-
rungseinheit (vgl. Plutarch, Cic. 29,5: τὸ δὲ λεπτότατον τοῦ χαλκοῦ
νομίσματος κουαδράντην ῾Ρωμαῖοι καλοῦσιν; vgl. Mt 5,26 diff. Lk 12,59;
vgl. Did 1,5). Schließlich muss man doch deutlich vorsichtiger sein, als es
manche an dieser Stelle sind, was die These angeht, dass es den *quadrans*
im Osten des römischen Imperiums nicht gegeben habe.[42]

---

[42] Vgl. so EBNER, Markusevangelium (Anm. 33), 15; DERS./SCHREIBER, Einleitung (Anm. 7),
171. In Kürze ist festzuhalten, dass die wichtigen Argumente in der Literatur ausgetauscht worden
sind. Der *quadrans* als kleinste Währungsmünze ist im Osten in der Zeit grundsätzlich nicht in
Zirkulation gesetzt worden. Die Prutah hatte als kleinste Währungsmünze in Palästina Mitte des 1.
Jh. die Funktion des *quadrans*; die Währungen näherten sich im Gewicht und der Konvertibilität

Als Fazit ist damit festzuhalten: Natürlich lässt sich *von der Sprache her* Rom als Abfassungsort des zweiten Evangeliums nicht ausschließen, man kann es aber auch nicht wahrscheinlich machen.

5. Insgesamt wäre es notwendig, die jüngere traditionsgeschichtliche, synchron-narratologische und auch theologische Markusforschung wieder enger an die Philologie rückzubinden, um den eingangs erwähnten Hiatus in den Interpretationsbemühungen zu überwinden. Hierfür wären nicht nur die frühen Arbeiten zur *Latinitas* bei Markus und auch Markusarbeiten aus dem Umfeld der „Aramaic school" noch einmal zu konsultieren, sondern vielmehr gründliche vergleichende Untersuchungen mit dem Schrifttum der hellenistisch-jüdischen Literatur durchzuführen.

Insgesamt bewegt sich das zweite Evangelium innerhalb der weiten möglichen Spielräume des Koiné-Griechischen des 1. Jh. n. Chr. Das zweite Evangelium *hat* dabei eine *eigene und besondere* Sprache. Will man sie als solche verstehen, so ist das in der Forschung nach wie vor vorherrschende Modell gewissermaßen chemisch reiner Sprachen*differenzierung* durch ein Konzept zu ergänzen und zu korrigieren, das Konvergenz- und Interferenzerscheinungen in Kontaktsituationen von Sprachen, Sprachfamilien, Dialekten und Soziolekten Rechnung tragen kann. Im zweiten Evangelium als der ältesten Jesusgeschichte ist das Lineal aus der Mitte dessen, was idealtypisch und retrospektiv in der Übersicht als quasi homogenes beteiligtes Sprachsystem gilt, stärker an die Ränder zu verlegen, und von entsprechenden Übergangs- und Randzonen aus sind Vermessungen nicht nur in eine Richtung durchzuführen.

---

einander an, so dass dann möglicherweise auch die *nomina* changieren konnten. – So COLLINS, Mark (Anm. 4), 9, die hier der Position von Gerd Theissen folgt. Nicht so apodiktisch, wie dies manche wollen, ist auszuschließen, dass der *quadrans*, z.B. durch die römischen Soldaten (zu ihrer finanziellen Ausstattung: M. A. SPEIDEL, Sold und Wirtschaftslage der römischen Soldaten, in: G. Alföldy u.a. [Hg.], Kaiser, Heer und Gesellschaft in der Römischen Kaiserzeit, FS E. Birley, Stuttgart 2000, 65–94), auch als solcher in den Osten gelangt ist. Generell gibt es relativ wenige *quadrans*-Funde, und die in Rom geprägten *quadrantes* scheinen vorrangig in Italien und hier zwischen Rom und Pompeji in Umlauf gewesen zu sein (siehe C. E. KING, Quadrantes from the River Tiber, The Numismatic Chronicle VII/15, London 1975, 56–89, 56, 77–79). Immerhin finden sich jedoch zwei mögliche Beispiele für *quadrantes* aus dem Osten im 1. Jh. in: „Das Heilige Land. Antike Münzen und Siegel aus einem Jahrtausend jüdischer Geschichte." Katalog der Sonderausstellung 1993/94 der Staatlichen Münzsammlung München, München 1993, 86 (Nr. 200: Kleinbronze aus dem Jahr 87/88 n. Chr. – entspricht Y. MESHORER, Ancient Jewish Coinage, Bd. II: Herod the Great through Bar Cochba, New York 1982, Nr. 43); 88 (Nr. 205: Kleinbronze aus dem Jahr 95/96 n. Chr. – entspricht MESHORER, Coinage, Nr. 56). KING, Quadrantes (s.o.), 79: „it is extremely difficult to estimate the purchasing power of the coin at any given point in time".

F. Stanley Jones

An Early Aramaic Account of Jesus' Crucifixion

The scholarly search for the earliest account of Jesus' crucifixion has a long history. The observation that Mark's narrative consists of a list of separate elements, loosely joined and often in conflict with one another,[1] was transformed in fairly recent American scholarship into the view that the story is a Markan creation,[2] though some scholars who were involved in this general trend have since spoken of an earlier source.[3]

One opinion that has been influential in the debate is that there was an original „historical" report.[4] Yet European research of recent years is tending to reject this concept.[5] E. Linnemann suggested that, in the crucifixion

---

[1] See, e.g., the list of nineteen „Spannungen" in the account by L. SCHENKE, Der gekreuzigte Christus. Versuch einer literarkritischen und traditionsgeschichtlichen Bestimmung der vormarkinischen Passionsgeschichte, SBS 69, Stuttgart 1974, 83–87.

[2] Especially B. L. MACK, A Myth of Innocence. Mark and Christian Origins, Philadelphia 1988, 249–312, who reviews scholarship on the passion narrative and, e.g., states his conclusion about Mark's narrative of the crucifixion on p. 296: „There is no ‚earlier' report extractable from the story, no reminiscence. This is the earliest narrative there is about the crucifixion of Jesus. It is a Markan fabrication." Preparatory for this position were the critique of the notion of a pre-Markan passion story by E. LINNEMANN, Studien zur Passionsgeschichte, FRLANT 102, Göttingen 1970, and the essays in W. H. KELBER (ed.), The Passion in Mark. Studies on Mark 14–16, Philadelphia 1976; Kelber concludes that „the thesis of a Mkan creation of the Gospel whole out of a multiplicity of individual tradition units is more probable than that of Mk the writer of an introduction to a given Passion Narrative" (158).

[3] E.g., J. R. DONAHUE/D. J. HARRINGTON, The Gospel of Mark, Sacra Pagina Series 2, Collegeville, MN 2002, 451, mention the „source" of Mark for the crucifixion account. R. E. BROWN, The Death of the Messiah, ABRL, New York 1994, 23, similarly reflects the turning of the tide insofar as he admits the likelihood of pre-Gospel traditions but refrains from reconstructing these.

[4] R. BULTMANN, Geschichte der synoptischen Tradition, FRLANT 29, Göttingen [8]1970, 301f. A significant predecessor in this view was doubtless J. WEISS and W. BOUSSET, Das Markus-Evangelium, in: W. Bousset/W. Heitmüller (ed.), Die drei älteren Evangelien, SNT 1, Göttingen [3]1917, 71–226, 217–221. More details are found in J. WEISS, Das älteste Evangelium. Ein Beitrag zum Verständnis des Markus-Evangeliums und der ältesten evangelischen Überlieferung, Göttingen 1903, 333–339, with a presentation of the old report on p. 339. Weiß's reconstruction expressly assumes eye-witnesses.

[5] Besides LINNEMANN, Studien zur Passionsgeschichte (n. 2), 136, see, e.g., G. SCHILLE, Das Leiden des Herrn. Die evangelische Passionstradition und ihr „Sitz im Leben", ZThK 52, 1955, 161–205, 163, 188; SCHENKE, Der gekreuzigte Christus (n. 1), 138f.; C. D. PEDDINGHAUS, Die Entstehung der Leidensgeschichte. Eine traditionsgeschichtliche und historische Untersuchung des Werdens und Wachsens der erzählenden Passionstradition bis zum Entwurf des Markus, theological diss., Heidelberg 1965, 127. M. DIBELIUS, Die Formgeschichte des Evangeliums, Tübingen

account, one should search instead for a basic report that coheres within itself. She found this in the hour-schema.[6] This particular suggestion, however, has not found general approbation.[7]

The significant role that Ps 22 plays in the account has long been noticed.[8] A few scholars state or hint at the view that this material from Ps 22 is the earliest recoverable report.[9] There are mounting reasons that make this view attractive, not least that the references to the psalm provide the building-blocks, and thus a basic structure or framework, for the account (similar to what Linnemann was looking for).[10] It would moreover seem indicative of a source that references to this psalm are found only here in Mark[11] and that references to this psalm predominate in this passage.[12] This

---

[5] 1966, 186f., already rejected this position and also stated that the references to the Old Testament were already an essential part of the old report. – There is a parting of the ways in research between those who think that the Gospel of John (and/or Luke) had a source for the crucifixion independent of Mark and those who do not. W. REINBOLD, Der älteste Bericht über den Tod Jesu. Literarische Analyse und historische Kritik der Passionsdarstellungen der Evangelien, BZNW 69, Berlin/New York 1994, 19–20, correctly identified this „parting of the ways" in his history of research. This study follows the latter view.

[6] LINNEMANN, Studien zur Passionsgeschichte (n. 2), 146.

[7] E.g., SCHENKE, Der gekreuzigte Christus (n. 1), 89, 96; it is considered redactional by D. DORMEYER, Die Passion Jesu als Verhaltensmodell. Literarische und theologische Analyse der Traditions- und Redaktionsgeschichte der Markuspassion, NTA N.F. 11, Münster 1974, 199.

[8] See, e.g., BROWN, The Death of the Messiah (n. 3), 1455–1464, for a list of the references and allusions.

[9] H. GESE, Psalm 22 und das Neue Testament. Der älteste Bericht vom Tode Jesu und die Entstehung des Herrenmahles, ZThK 65, 1968, 1–22; J. R. DONAHUE, Are You the Christ? The Trial Narrative in the Gospel of Mark, SBLDS 10, Missoula, MT 1973, 193: „at its earliest stage the crucifixion account consisted of the historicization of the verses of this psalm"; E. FLESSEMAN-VAN LEER, Die Interpretation der Passionsgeschichte vom Alten Testament aus, in: H. Conzelmann, et al., Zur Bedeutung des Todes Jesu. Exegetische Beiträge, Schriftenreihe des Theologischen Ausschusses der Evangelischen Kirche der Union, Gütersloh 1967, 79–96, 92 n. 32; J. OSWALD, Die Beziehungen zwischen Psalm 22 und dem vormarkinischen Passionsbericht, ZKTh 101, 1979, 53–66, 58, 65; PEDDINGHAUS, Die Entstehung der Leidensgeschichte (n. 5), 150.

[10] This is the upshot of the remarks by DIBELIUS, Die Formgeschichte des Evangeliums (n. 5), 187–189. The distribution of the references to Ps 22 to two separate reports, as performed, e.g., by J. Schreiber, who assigns Mark 15,24 to his first account and Mark 15,29 to his second account, is a *prima facie* difficulty; see, e.g., J. SCHREIBER, Der Kreuzigungsbericht des Markusevangeliums Mk 15,20b–41. Eine traditionsgeschichtliche und methodenkritische Untersuchung nach William Wrede (1859–1906), BZNW 48, Berlin 1986, 221, 229. Schreiber furthermore assigns the citation from Ps 22,2 in Mark 15,34 to Markan redaction (pp. 65–67, 174–179). Another such example, though with differing distribution, is W. SCHENK, Der Passionsbericht nach Markus. Untersuchungen zur Überlieferungsgeschichte der Passionstraditionen, Gütersloh 1974, 24–25.

[11] Correctly noted by BROWN, The Death of the Messiah (n. 3), 1462, with regard to the Passion Story; reference to Ps 22,7 is sometimes found in Mark 9,12. For a recent attempt to find more allusions to Ps 22 in Mark, see H. J. CAREY, Jesus' Cry from the Cross. Towards a First-Century Understanding of the Intertextual Relationship between Psalm 22 and the Narrative of Mark's Gospel, Library of New Testament Studies 398, London 2009, 143–146.

[12] OSWALD, Die Beziehungen zwischen Psalm 22 und dem vormarkinischen Passionsbericht (n. 9), 59–60, goes too far in denying the influence of Ps 69,22 on Mark 15,23.36, but it can indeed

study will further argue that it was an Aramaic version of Ps 22 (a targum) that provided the foundation for the report. Again, a few scholars have hinted in this direction,[13] but the thesis can be further developed. It is with this latter idea that this study will begin: Is there evidence that an Aramaic version of Ps 22 underlies the old kernel of the account of the crucifixion?

Jesus' cry from the cross in Mark 15,34 (ελωι ελωι λεμα σαβαχθανι) is indeed most widely regarded as an Aramaic version of Ps 22,2. This recognition, however, has not given pause to scholars who refer to the Septuagint for the other allusions to Ps 22.[14] Another indication that is ignored by such scholars is the unusual fact that the apparently relevant verse Ps 21,17 LXX („they dug into my hands and feet"), which differs in the Leningrad Masoretic Hebrew and the Aramaic, is overlooked in the Markan account.

Given this evidence, it seems not unreasonable to ask if material from an Aramaic version of Ps 22 might form the basis of the account of the crucifixion. An answer to this question might permit further exploration of other Aramaic traces in the Passion Story, though in the framework of this brief study these further avenues must remain unexplored.

Besides the Aramaic cry and the absence of a reference to Ps 21,17 LXX, there are other indications that an Aramaic version of Ps 22 seems to underlie the report. The statement that Jesus „cried out" at all seems to indicate that the narrator did not have the LXX in mind („the words of my transgressions," Ps 21,2 LXX) but rather something closer to the Hebrew of Ps 22,2 („the words of my bellowings").[15] The preserved targum fits the bill („the words of my bellowings"). There may be chronological objections to cita-

---

properly be asked if these passages are original to the early report, as Oswald does for Mark 15,23 (p. 59).

[13] Gese, Psalm 22 und das Neue Testament (n. 9), 14, states that the psalm was known to the original report in Aramaic, but otherwise he proceeds from the Hebrew, without reference to the targum. Of course, it can be and has been argued that neither the reference to Ps 22 nor the Aramaic nor the combination of the two provides a sufficient indication of primacy/originality; see Schreiber, Der Kreuzigungsbericht (n. 10), 314–316, and A. Y. Collins, Mark. A Commentary, Hermeneia, Minneapolis, MN 2007, 734–735. Yet see also J. Schreiber, Theologie des Vertrauens. Eine redaktionsgeschichtliche Untersuchung des Markusevangeliums, Hamburg 1967, 28.

[14] B. Lindars, New Testament Apologetic. The Doctrinal Significance of the Old Testament Quotations, London 1961, 89: „All the other citations and allusions presuppose the Septuagint text"; H. C. Kee, The Function of Scriptural Quotations and Allusions in Mark 11–16, in: E. E. Ellis/E. Grässer (ed.), Jesus und Paulus (FS W. G. Kümmel), Göttingen ²1978, 165–188, 171, writes that „there is a single possible allusion to the Targum of Isaiah 53 at Mk 14:58, but it is by no means certain Mk refers anywhere to Isaiah 53. The other quotations are based either on the traditional Hebrew text or on the LXX tradition." This remark, as well as the chart on p. 170, illustrates how even the manifestly Aramaic of Mark 15,34 is brushed aside in swaths of scholarship. Peddinghaus, Die Entstehung der Leidensgeschichte (n. 5), 138–139, too, fails to consider the targum and can think only of the LXX as a source.

[15] Cf. Peddinghaus, Die Entstehung der Leidensgeschichte (n. 5), 139, who correctly notes the above while still referring only to the LXX.

tion of the targum; many scholars believe that what is preserved is late. Without unraveling the entire discussion here, one encounters two initial reasons to think that the narrator of Jesus' death knew a targum of Ps 22 that is at least related to the preserved targum. First, the narrator cites a line of it (the cry), which is virtually identical with some manuscripts of the preserved targum:[16]

Mark 15,34b: ελωι ελωι λεμα σαβαχθανι

= אלהי אלהי למא שבקתני

MT Ps 22,2: אלי אלי למא עזבתני

My God, my God, why have you abandoned me?

Targum [Complutense 116–Z–40/*Regia*] Ps 22,2:

אלהי אלהי מטול מה שבקתני

My God, my God, for what reason have you abandoned me?

Secondly, the discovery of targums at Qumran (even of the hagiographs: Job) virtually assures the existence of other targums at this date.[17]

Thus, as indicated above, it is possible that the narrator received the idea that Jesus cried out on the cross from such a targum:

Mark 15,34: ἐβόησεν

he cried out

MT Ps 22,2: דברי שאגתי

the words of my bellowings

LXX: οἱ λόγοι τῶν παραπτωμάτων μου

the words of my transgressions

Theodotion, Quinta: οἱ λόγοι τῆς βοήσεώς μου

the words of my cry

---

[16] The Aramaic מטול מה is clearly later Aramaic and is thus readily exposed as a correction of an earlier form preserved in Mark (למא). Cf. the Peshitta; Manuscript Montefiore 7 reads: מטול למה; Paris Heb 110 reads: מטול מא. – The following works have been used for the text of the targum: P. DE LAGARDE, Hagiographa Chaldaice, Leipzig 1873; L. DIEZ MERINO, Targum de Salmos. Edición Príncipe del Ms. Villa-Amil n. 5 de Alfonso de Zamora, BHBib 6, Madrid 1982 (see particularly the synoptic presentation of editions on pp. 427–436); E. WHITE, A Critical Edition of the Targum of Psalms. A Computer Generated Text of Books I and II, Ph.D. diss., McGill University 1988.

[17] See S. A. KAUFMAN, Dating the Language of the Palestinian Targums and Their Use in the Study of First Century CE Texts, in: D. R. G. Beattie/M. J. McNamara (ed.), The Aramaic Bible. Targums in Their Historical Context, JSOT.S 166, Sheffield 1994, 118–141, 130, who believes that one might recover „the first century CE text [...] a proto-targum from which the Palestinian Targum and Targum Onqelos are separately descended – a text perhaps never committed to writing, but a real text nonetheless." DIEZ MERINO, Targum de Salmos (n. 16), 59, writes, „La existencia de un TgSal en tiempos del NT parece que no se puede poner en duda por varias razones" and cites, first of all, the cry attributed to Jesus. Similarly, also with other arguments, P. CASSUTO, Le Targum sur le Psaume 21 (TM 22), in: G. Dorival (ed.), David, Jésus et la reine Esther. Recherches sur Psaume 21 (22 TM), Collection de la Revue des Études juives, Paris 2002, 29–42, 31, writes, „L'existence d'un Targum des psaumes avant l'ère chrétienne fait peu de doute."

Targum: מילי אכליותי

the words of my bellowing.

Another possible correspondence with the targum is the following:

Mark 15,24:

διαμερίζονται τὰ ἱμάτια αὐτοῦ, βάλλοντες κλῆρον ἐπ' αὐτά

They divide his clothes, casting a lot *for* them

MT Ps 22,19: יחלקו בגדי להם ועל־לבושי יפילו גורל

They will divide my clothing for themselves, and for my clothing they will cast the lot

LXX: διεμερίσαντο τὰ ἱμάτιά μου ἑαυτοῖς καὶ ἐπὶ τὸν ἱματισμόν μου ἔβαλλον κλῆρον

They divided my clothes for themselves, and for my clothing they cast a lot

Targum Lagarde: מפלגין לבושי להון ועלוי פתאנאי ירמון עדבין

[Complutense 116–Z–40/*Regia*/Paris Heb 110/several other manuscripts: עדבא]

dividing my clothing for themselves, and *for* it, my cloak, they will cast lots [Complutense 116–Z–40/*Regia*/Paris Heb 110/several other manuscripts: lot].

Distinctively in common with the targum is the present tense and the preposition with a pronominal object.[18] Furthermore:

Mark 15,29: *κινοῦντες τὰς κεφαλὰς αὐτῶν*

shaking their heads

MT Ps 22,8: יניעו ראש

they will shake head

LXX: ἐκίνησαν κεφαλήν

they shook head

Targum [Complutense 116–Z–40/*Regia*/Paris Heb 110/Escorial G–I–5/Montefiore 7]: ומטלטלין ברישיהון

and *shaking* with *their heads*[19].

Distinctively in common with the targum are again the present participle and the plural object with the plural possessive pronoun „their heads." And possibly even:

Mk 15,32: ὠνείδιζον αὐτόν

they were reproaching him

MT Ps 22,7: חרפת אדם

the reproach of a human

LXX: ὄνειδος ἀνθρώπου

---

[18] Note that the text in Mark evinces an understanding of the parallelismus membrorum as a single act; contrast John 19,23–24.

[19] The plural is witnessed in all documented manuscripts of the targum. The plural is also found in the Peshitta, though the verb is perfect tense there.

the reproach of a human
Targum: חסודי/חרפת בני נשא
reproach(es) of humans[20]
Targum Ps 22,18 (distinctive reading): מבזן לי
they scorn me/treat me with contempt.

Distinctively in common with the targum is the use of a plural with respect to the origin of the reproach. Furthermore:

Mark 15,29: ἐβλασφήμουν αὐτόν
they were blaspheming him
MT Ps 22,8: יפטירו בשׂפה
they will part the lip
LXX: ἐλάλησαν ἐν χείλεσιν
they spoke with lips
Targum [most manuscripts; ed. White]: מתגררין ביש בסיפוותהון
instigating evil with their lips.

The sense of „speaking evil" in Mark's verb βλασφημέω finds resonance actually only in the Aramaic.

It may be argued that the correspondences (mostly placed in italics above) are not overwhelming, but the presence of an entire line of Aramaic in Mark's account will always refuse to be dismissed and must be seen as adding substantial weight to any other correspondences.

Given this textual evidence, what conclusions can be drawn?

First, the specific correspondences with the targum found at a number of places in the report make it even more likely that the story of the crucifixion was formulated with an Aramaic Ps 22 in mind. These remarkable correspondences with the targum would furthermore seem likely all to derive from the same historical stratum in the formulation of the account.

One would like to know more about the context in which this usage of the targum of Ps 22 occurred, the way it happened, and the original intention or meaning. The scholarly debate has often gotten stuck on the horns of whether the historical events dictated the use of the psalm or the psalm dictated the description of the events. There is need for much differentiation here, and various mediating strategies of interpretation have indeed been developed. It has correctly been pointed out, for example, that the employment of Ps 22 in this account does not belong in the category of „prophecy and fulfillment."[21] The telling of the story is so deeply intertwined with elements from Ps 22 that they are essentially inseparable here.

---

[20] The Peshitta also has the plural „of humans."

[21] A. SUHL, Die Funktion der alttestamentlichen Zitate und Anspielungen im Markusevangelium, Gütersloh 1965, 65; cf. SCHILLE, Das Leiden des Herrn (n. 5), 164. There seems to be room for further exploration of what seems to be a distinctive use of scripture in this passage; cf. PEDDINGHAUS, Die Entstehung der Leidensgeschichte (n. 5), 132.

With regard to the Sitz im Leben of this account, G. Schille seems to have been on the right path when he anchored it in a cultic setting, the early Christian celebration of Easter. He emphasized that the story (and thus the use of Ps 22) is not to be understood as an apologetic[22] but is intended for the believing congregation, with functions such as paranesis, homology, and provision of structure and drama for the celebration.[23] Without reference to Schille's rather incisive investigations, H. Gese, too, located the original use of Ps 22 for the crucifixion account in a cultic setting, namely, a toda-meal, in which the death of Jesus was related through references to Ps 22 and which Gese viewed as at the root of the early Christian eucharist.[24] E. Trocmé suggested that on Christian pilgrimages, particularly on the occasion of the Passover and in a way similar to the liturgy of Jewish festivals, Ps 22 and other texts were read during the liturgy.[25] Trocmé followed Schille in seeing the hour-schema as correlated with prayer times.[26] Schille furthermore drew the likely conclusion that the express indications of the hours are secondary.

New light on the prehistory of the Markan account of the crucifixion and death of Jesus is coming from the continuing study of Q. It is gradually being recognized that the absence of a passion story in Q is to be seen not so much as a defect of this writing as rather an opening into how Jesus' death might have been understood before (or apart from) Mark. In other words, Q provides an external guide for understanding a possible pre-

---

[22] SCHILLE, Das Leiden des Herrn (n. 5), 163–165, differentiating here against Dibelius.

[23] SCHILLE, Das Leiden des Herrn (n. 5), 188–195. E. TROCMÉ, The Formation of the Gospel according to Mark, London 1975, 61–62, essentially approved Schille's work. Cf. PEDDINGHAUS, Die Entstehung der Leidensgeschichte (n. 5), 153, 159. SCHENKE, Der gekreuzigte Christus (n. 1), 138–140, differs with regard to the function of the story but then agrees about its Sitz im Leben. K. E. CORLEY, Maranatha. Women's Funerary Rituals and Christian Origins, Minneapolis, MN 2010, 125, has suggested, more specifically, „an early sung lament by women" as the original Sitz.

[24] Psalm 22 und das Neue Testament (n. 9).

[25] E. TROCMÉ, Passion as Liturgy. A Study in the Origin of the Passion Narratives in the Four Gospels, London 1983, 81, 84–85. Cf. OSWALD, Die Beziehungen zwischen Psalm 22 und dem vormarkinischen Passionsbericht (n. 9), 62, 65, and PEDDINGHAUS, Die Entstehung der Leidensgeschichte (n. 5), 148–149, 159.

[26] SCHILLE, Das Leiden des Herrn (n. 5), 198; TROCMÉ, Passion as Liturgy (n. 25), 79–80. Did. 8,3 prescribes prayer three time a day; Tertullian, or. 25, names the third, sixth, and ninth hours as prescribed times for prayer, alongside sunrise and sunset; Hippolytus, trad. ap. 41, explicitly links the prayer times of the third, sixth, and ninth hours with the hour-schema of the Passion Story; the observance of these hours is also known to Clemens Alexandrinus, Strom. VII 7,40,3. LINNEMANN, Studien zur Passionsgeschichte (n. 2), 156, objects that Judaism did not know a prayer at the sixth hour, yet this objection, which has often been repeated, is not completely accurate; the sources know an „additional" prayer (*musaf*) that fell between the morning and afternoon hours and that was particularly observed during festivals and on special days; see, e.g., mBer 4,1,7. Daniel prays three times a day in Dan 6,10. Third, sixth, and ninth hours are explicitly listed in the Peshitta of 1Chron 15,21; cf. Ezra's prayer at the ninth hour in the Peshitta of Ezra 9,5.

Markan tradition about the death of Jesus. What this means is that scholars no longer have only internal literary-critical tools for the reconstruction of a pre-Markan account.[27] This insight seems relevant to the debate over whether the early account was an instance of the „righteous sufferer"-model or rather a „messianic" story.[28] This debate has affected the appreciation of the influence of Ps 22 on the early account insofar as the proponents of an early „messianic" story both have undertaken some of the most detailed studies of the influence of Ps 22 and have encountered a cul-de-sac in their search for a messianic interpretation of Ps 22.[29] The reception-history of Ps 22 actually indicates both a piecemeal appropriation of the psalm[30] as well as an understanding of such parts as indicative of a poor/righ-

---

[27] Of course, 1Cor 11,23–26; 15,3–4 is also an external witness. Some scholars have found yet another independent source in the passion predictions in Mark; while the discussion of these passages cannot be unfurled here, it may be noted that, after a review of the literature, P. HOFFMANN, Mk 8,31. Zur Herkunft und markinischen Rezeption einer alten Überlieferung, in: P. Hoffmann (ed.), Orientierung an Jesus: Zur Theologie der Synoptiker (FS J. Schmid), Freiburg 1973, 170–204, comes to conclusions that converge in significant ways with the present study, particularly in his use of Q to explain the background of Mark 8,31 (pp. 180–181).

[28] Following the work of L. RUPPERT, e.g., Jesus als der leidende Gerechte. Der Weg Jesu im Lichte eines alt- und zwischentestamentlichen Motivs, SBS 59, Stuttgart 1972, G. W. E. NICKELS-BURG, The Genre and Function of the Markan Passion Narrative, HTR 73, 1980, 153–184, has argued extensively for the „righteous suffer" model, while D. JUEL, Messianic Exegesis. Christological Interpretation of the Old Testament in Early Christianity, Philadelphia 1988, 102–103, has been a leading opponent, in favor of a „messianic" story.

[29] See particularly the extensive and unusually detailed unpublished 1996 dissertation by M. G. V. HOFFMAN, Psalm 22 (LXX 21) and the Crucifixion of Jesus, Ann Arbor, MI 1997. Hoffman proceeds from D. Juel's position that the messianic story was the earliest (pp. 28–29) but, despite exhaustive research, is unable to justify the usage of Ps 22 in this perspective. Hoffman can ultimately find justification for the use of this psalm in this context in a presupposed historicity of Jesus' cry (p. 448). Much material is also helpfully assembled in DORIVAL (ed.), David, Jésus et la reine Esther. Recherches sur Psaume 21 (22 TM) (n. 17). A long chapter by Dorival (L'interprétation ancienne du Psaume 21 [TM 22], 225–314) discusses the ancient interpretation of the psalm but is not convincing in its extrapolation of a messianic interpretation before the Christian era (pp. 288–293); these pages inadvertently show how difficult it is to reach such a view. Cf. BROWN, The Death of the Messiah (n. 3), 1459: „There is no evidence that Ps 22 was applied in preChristian Judaism to the expected Messiah." HOFFMAN, Psalm 22 (LXX 21) and the Crucifixion of Jesus (above), 446, too, has to conclude, „Ps 22 simply was not regarded as a messianic text [...] in the pre-Christian period."

[30] Scholarship has often struggled with the question of whether the citation of a particular verse implies all other aspects of the psalm. HOFFMAN, Psalm 22 (LXX 21) and the Crucifixion of Jesus (n. 29), 27–28 and throughout, argues strongly against this perspective. Piecemeal appropriation is found, e.g., in the Wisdom of Solomon (cf. the discussion in HOFFMAN, Psalm 22 [LXX 21] and the Crucifixion of Jesus [n. 29], 289–295) and at Qumran (cf. H.-J. FABRY, Die Wirkungsgeschichte des Psalms 22, in: J. Schreiner [ed.], Beiträge zur Psalmenforschung. Psalm 2 und 22, FB 60, Würzburg 1988, 279–318, on pp. 290–302, DORIVAL, L'interprétation ancienne du Psaume 21 [TM 22] [n. 29], 287–288, and H. OMERZU, Die Rezeption von Psalm 22 im Judentum zur Zeit des Zweiten Tempels, in: D. Sänger [ed.], Psalm 22 und die Passionsgeschichten der Evangelien, BThSt 88, Neukirchen-Vluyn 2007, 33–76).

teous/chosen/devout one or servant/son of God.[31] Q is of assistance here insofar as it provides an instance in which Jesus is numbered among the many who suffer and have suffered for God's will (Q 11,47–51); in this regard, he is an example for believers to follow (Q 14,27).[32] His death is thus similarly referred to in a paranetic context.[33] Noteworthily, however, Q shows no awareness of a connection between the crucifixion of Jesus and Ps 22. Q can thus be seen as disclosing the substratum on which the early Aramaic story was constructed.

Sometimes it is asked why precisely Ps 22 was selected for use in the portrayal of Jesus' crucifixion – what was so unique about this psalm? This question is somewhat misguided. This psalm shares expressions of suffering with other psalms (lament psalms) and other texts in the Hebrew Bible. The question of why this particular psalm was selected is entirely subordinate to the determination *that* it was this particular psalm that was selected.

The evidence presented above also raises the question of Mark's relationship to the Aramaic tradition. The state of scholarship on this issue is disjunctive. While numerous scholars have expressed the view that Aramaic was Mark's first language, many others deal with Mark's gospel with very little reference to Aramaic. Perhaps further supporting this last perspective is the variously promoted view that Jesus spoke and taught in Greek. This cannot be the place to unravel the entire debate; the evidence presented above will, however, be relevant and can provide hints as to Mark's access to Aramaic.[34] A recent attempt to deal with Mark's relationship to the Aramaic tradition has demanded and offered reconstruction of entire Aramaic sentences and pericopes that might underlie the gospel.[35] The evidence presented above would also be congenial, however, to the view that Mark received the tradition in an oral Aramaic form, perhaps even via an oral

---

[31] HOFFMAN, Psalm 22 (LXX 21) and the Crucifixion of Jesus (n. 29), 443.

[32] See the discussion in, e.g., J. S. KLOPPENBORG VERBIN, Excavating Q. The History and Setting of the Sayings Gospel, Edinburgh 2000, 369–374.

[33] A common objection to the type of reading of the pre-Markan passion account described above is that Mark „is concerned with the utterly unique event of the passion and crucifixion of the Messiah of Israel which is without parallel in the history of religion." So M. HENGEL, The Cross of the Son of God, London 1986, 229, quoted by JUEL, Messianic Exegesis (n. 28), 103. This objection is found again in HOFFMAN, Psalm 22 (LXX 21) and the Crucifixion of Jesus (n. 29), 445, and D. J. MOO, The Old Testament in the Gospel Passion Narratives, Sheffield 1983, 296: „it fails to account for the uniqueness of Christ's ἐφάπαξ death." Yet see even Paul's use of Christ and Ps 68,10 LXX in a paranetic manner in Rom 15,3.

[34] Cf., e.g., SCHENKE, Der gekreuzigte Christus (n. 1), 90, 98, who speaks of the translation of the passion story into Greek but fails to return to this issue in his summarizing conclusion (pp. 135–145).

[35] M. CASEY, Aramaic Sources of Mark's Gospel, SNTSMS 102, Cambridge 1998, 12–13, 107–110.

Greek translation. In other words, it seems just as likely (if not more so) that someone once compiled a story of Jesus' death through reflection on an Aramaic Ps 22 and transmitted this orally, perhaps in a sermon or religious discussion or, more likely, during a ritual observance. The argument above is that elements of an old story in Aramaic are still visible in Mark's account. These elements do provide an outline of the old story and thus a guide for separation of primary and secondary elements. It is not apparent that a full Aramaic reconstruction of the oldest story – given the nature of the many speculative decisions that would be involved – would make the case more convincing. The further development of this old story will not be traced here in every detail. Elements not connected with Ps 22 fall under immediate suspicion of being secondary.[36] References from other psalms and Hebrew Bible passages (e.g., Ps 69) are likely to have been gradually worked in and expanded.

While there are perhaps no specifically Jewish Christian markers in the evidence, it does seem likely that the story was formulated in a Jewish Christian context. Pointing in this direction are not only the Aramaic elements from Ps 22 but also correspondences with Q, which is now gaining attention as a Jewish Christian document.[37] Noteworthily, Q does not employ the title „Christ" for Jesus. This feature corresponds with the absence of a messianic interpretation of Ps 22. Thus, the introduction of this title and this theme into the Markan account of the crucifixion would seem to be confirmed as secondary. Q also does not report on the bodily resurrection of Jesus, and scholars are now asking if Q might not have understood Jesus' post-mortem state as acquired by assumption rather than by bodily resurrection.[38] This feature, too, seems to be present in the old Aramaic account of Jesus' crucifixion. The likelihood that Mark 15,37 followed directly on Jesus' cry and signified an assumption is increased. Scholars of all stripes have judged that this portion of the pre-Markan narrative ended at Mark 15,39.[39] The concluding affirmation of the attribution „son of God" fits the reception-history of Ps 22 to such a degree that the likelihood that it was part of the old story is increased. If it was, and if the old story was indeed Jewish Christian, the affirmation is unlikely to have been made by a centurion.[40]

---

[36] The kernel would seem to consist of Mark 15,22a.23–24.27.29a.32c.34b.37c.39c.

[37] See especially M. CROMHOUT, Jesus and Identity. Reconstructing Judean Ethnicity in Q, Matrix 2, Eugene, OR 2007. PEDDINGHAUS, Die Entstehung der Leidensgeschichte (n. 5), 150, speaks of an absence of specifically Christian terminology in the earliest report.

[38] See especially D. A. SMITH, Post-Mortem Vindication of Jesus in the Sayings Gospel Q, Library of New Testament Studies 338, London/New York 2006.

[39] Cf. the chart of opinions in BROWN, The Death of the Messiah (n. 3), 1514–1515.

[40] Cf. SCHREIBER, Der Kreuzigungsbericht des Markusevangeliums (n. 10), 114: centurion „ist eine Vorzugsvokabel des Markus."

Reinhard Feldmeier

Henoch, Herakles und die Himmelfahrt Jesu

1. Jesu Erhöhung und die Macht Gottes

Wenn das Neue Testament von Jesu Auferstehung spricht, dann verwendet es eine apokalyptische Kategorie, d.h. nach der Überzeugung der ersten Christen hat sich an Jesus das bereits vollzogen, was im Horizont frühjüdischer Apokalyptik für das Ende der Zeiten erwartet wird. Insofern hat das, was an Jesus geschehen ist, für die Zukunft der Glaubenden, ja aller Menschen universelle Bedeutung.[1] In den meisten Schriften des Neuen Testaments – von den vorpaulinischen Hymnen über Paulus und seine Schule, die Evangelien, den Hebräerbrief und den Ersten Petrusbrief bis zur Johannesoffenbarung – wird diese universelle Bedeutung des Auferstandenen durch das Theologumenon seiner ‚Erhöhung zur Rechten Gottes' ausgedrückt, auffallend häufig unter explizitem oder implizitem Bezug auf Ps 110,1.[2]

Was damit gemeint ist, kann an dem vielleicht ältesten Text zu diesem Thema gesehen werden, der dieses Geschehen in hymnischer Form preist, am Philipperhymnus. Der Hymnus wurde erstmals von E. Lohmeyer aufgrund der stilistischen Unterschiede zum Kontext, seiner rhythmischen Gliederung und seiner unpaulinischen Wendungen als ein vorpaulinisches Traditionsstück und damit überlieferungsgeschichtlich als einer der ältesten Texte des Neuen Testament erkannt.[3] Erzählt wird die Geschichte dessen,

---

[1] Vielleicht am besten macht dies Paulus in seinem Auferstehungskapitel 1Kor 15 deutlich, wenn er in 1Kor 15,20–28 die universalen Folgen des Auferstehungsgeschehens schildert mit Hilfe des dramatischen Szenarios einer Unterwerfung des Alls unter Gottes Herrschaft durch den Auferstandenen, den er als „Erstling (der Entschlafenen)" bezeichnet (1Kor 15,20.23), d.h. das Geschick Jesu markiert den Beginn der Entmachtung des Todes (Röm 5,12–21; 1Kor 15,50–57) und damit der Erneuerung der gesamten Schöpfung.

[2] Dieser ist der am meisten zitierte Psalm im Neuen Testament und nach Lev 19,18 auch die am meisten zitierte Schriftstelle; vgl. M. HENGEL, „Setze dich zu meiner Rechten!" Die Inthronisation Christi zur Rechten Gottes und Psalm 110,1, in: Ders., Studien zur Christologie. Kleine Schriften IV, WUNT 201, Tübingen 2006, 281–367.

[3] Vgl. E. LOHMEYER, Kyrios Jesus. Eine Untersuchung zu Phil. 2,5–11, SHAW.PH 1927/28, 4, Darmstadt 1962, 4–10. Die meisten Ausleger sind Lohmeyer gefolgt; vgl. unter den neueren Kommentaren U. B. MÜLLER, Der Brief des Paulus an die Philipper, ThHK 11/1, Leipzig ²2002, 92–95; N. WALTER, Der Brief an die Philipper, in: Ders./E. Reinmuth/P. Lampe, Die Briefe an die Philipper, Thessalonicher und an Philemon, NTD 8/2, Göttingen 1998, 56–58. Für unseren Zusammenhang ist es zweitrangig, welchen Umfang das Lied ursprünglich hatte und welche Zusätze von Paulus stammen; vor allem V. 8c wird zumeist als ein paulinischer Zusatz angesehen; dagegen

der, obgleich er in göttlicher Gestalt war, sich erniedrigt hat und gehorsam den Weg bis ans Kreuz gegangen ist. Im Gegenzug wird dieser erhöht, wobei er allerdings nicht nur wieder in seine ursprüngliche Göttlichkeit eingesetzt wird, sondern weit darüber hinaus zu einzigartiger Höhe erhoben wird. Das drückt sich darin aus, dass der am Kreuz den Sklaventod Gestorbene nun den Namen Kyrios erhält. Als „Namen über jedem Namen", vor dem sich die gesamte Schöpfung mit Einschluss der Toten[4] anbetend beugt, kann dieser Kyriosname nur Gottes Eigenname sein, das Tetragramm, das schon die Septuaginta mit Kyrios übersetzt.[5] Wenn nun im Namen Jesu „jedes Knie sich beugt, derer im Himmel und auf der Erde und unter der Erde", diesem Jesus also eine Ehrung zuteil wird, wie sie nur Gott selbst zukommt,[6] dann wird damit auch im Blick auf die Stellung Jesu pointiert deutlich gemacht, dass er als der Erhöhte an Gottes (All-)Macht teilhat, ja dass er Gottes Stelle einnimmt. Wie weitgehend das im Neuen Testament gemeint ist, zeigt sich daran, dass dem Erhöhten von der Schöpfung bis zum Jüngsten Gericht Tätigkeiten zugeschrieben werden, die bislang exklusive Domäne des einen Gottes Israels waren.

Es geht also um eine ungeheure Machtfülle, die gerade dem zuteil wird, der sich bis zum äußersten erniedrigt, also auf seine Macht verzichtet hatte. Genau besehen betrifft das nicht nur Christus, sondern auch Gott selbst. Denn möglich wird die paradoxe Karriere[7] durch das Handeln dessen, der bisher diesen Namen trug und der der Selbsterniedrigung Jesu dadurch entspricht, dass er seinerseits nicht auf seiner göttlichen Einzigartigkeit als „ein einziger Herr" (Dtn 6,4 LXX κύριος εἷς) bestanden hat, sondern Jesus

---

O. HOFIUS, Der Christushymnus Philipper 2,6–11. Untersuchungen zu Gestalt und Aussage eines urchristlichen Psalms, WUNT 17, Tübingen 1976, 4–12.

[4] Entgegen der lange üblichen dämonologischen Deutung (vgl. E. KÄSEMANN, Kritische Analyse von Phil. 2,5–11, in: Ders., Exegetische Versuche und Besinnungen. Bd. 1, Göttingen [6]1970, 85–88; J. GNILKA, Der Philipperbrief, HThK 10,3, Freiburg i. Br. u.a. [4]1987, 126–130) hat O. HOFIUS in seiner Untersuchung plausibel machen können, dass es sich um die Schöpfung mit Einschluss der Toten handelt; vgl. Christushymnus (Anm. 3), 53f.; zur alttestamentlichen Vorlage vgl. 45f.

[5] Zwar findet sich in den wenigen jüdischen Septuagintapapyri, die wir besitzen, noch das Tetragramm in althebräischen Buchstaben, aber das sind vermutlich sekundäre Einfügungen; vgl. R. HANHART, Textgeschichtliche Probleme der LXX von ihrer Entstehung bis Origenes, in: M. Hengel/A. M. Schwemer (Hg.), Die Septuaginta zwischen Judentum und Christentum, WUNT 72, Tübingen 1994, 1–19, 8f. Der Sprachgebrauch Philos zeigt, dass längst Kyrios für das Tetragramm gelesen wurde, vermutlich bereits seit den ersten Übersetzungen des hebräischen Textes; vgl. HENGEL, Inthronisation (Anm. 2), 310. Das macht auch die bisweilen vorgeschlagene Zurückführung des Kyriostitels auf christliche Redaktionstätigkeit unwahrscheinlich; gegen sie spricht auch, dass das Neue Testament Kyrios als Gottesbezeichnung zurückdrängt.

[6] Wie O. Hofius überzeugend nachgewiesen hat, bildet die sowohl in prophetischer Tradition wie in den Psalmen bezeugte eschatologische Huldigung vor Yhwh den Hintergrund von Phil 2,9–11; s. Christushymnus (Anm. 3), 41–55.

[7] Vgl. WALTER, Brief an die Philipper (Anm. 3), 59.

mit seinem Namen auch an seiner Gottheit und Herrschaft Anteil gibt. Damit aber wird der ‚alte' Gott nicht entehrt, sondern er findet im Gegenteil in der Erhöhung des Erniedrigten seine Ehre, und zwar seine Ehre als Vater, wie er nun in Phil 2,11 genannt wird.

Es geht somit in diesem zentralen christologischen Zeugnis um Macht. Das bestätigt auch der Kontext, in dem der Apostel gegenüber dem sonst üblichen Imponiergehabe, bei dem der eine den anderen aussticht, betont, dass die Einheit der Christen dadurch erreicht wird, dass sie ihre Liebe zueinander dadurch zeigen, dass jeder, statt sich selbst in Ruhmsucht zu überheben, in Demut die anderen als sich selbst überlegen betrachtet (Phil 2,2f.). Ein solches dem ‚natürlichen' *bellum omnium contra omnes* diametral entgegengesetztes Verhalten kann nur denen zugemutet werden, die ‚in Christus' sind (Phil 2,5), d.h. die in einem völlig neuen Bezugssystem existieren. Dieses Bezugssystem wird nun durch den Hymnus erläutert als eine Wirklichkeit, in der gerade derjenige, der nicht auf der eigenen Überlegenheit insistiert (Phil 2,6), sondern sich ‚entäußert' und Sklavengestalt annimmt (Phil 2,7) und sich erniedrigt (Phil 2,8), zur höchsten Höhe erhöht wird. Das gilt dann auch für diejenigen, die von dieser neuen Wirklichkeit Gottes geprägt sind. Deren Demut ist nicht Schwäche, sondern eine andere Form der Stärke. In diesem Sinn kann dann auch der Apostel von sich selbst sagen: „Ich vermag alles durch den, der mich ermächtigt" (Phil 4,13). Besonders markant ist hier der Gebrauch des außerordentlich seltenen Verbs ἐνδυναμοῦν („in etwas mächtig sein"), das schon von seiner Semantik her Gottes Macht als *Ermächtigung des Gegenübers* zur Sprache bringt, so wie es der Hymnus an Christus schildert. Paulus bezeugt immer wieder diese ermächtigende Macht Gottes im Evangelium.[8] Die Erhöhung Christi bringt also die universale Dimension der Auferstehung zur Geltung, und zwar nicht zuletzt im Blick auf ein neues Verständnis der Macht Gottes.

In diesen Zusammenhang gehört auch die Erzählung von Jesu Himmelfahrt im lukanischen Doppelwerk. Ehe dies im 4. Kapitel näher ausgeführt wird, soll in zwei Zwischenschritten zunächst das Himmelfahrtsmotiv in den religionsgeschichtlichen Kontext seiner Zeit gestellt werden und da-

---

[8] Die Stärkung durch Gottes ermächtigende Macht hat der Apostel in den eigenen Bedrängnissen immer wieder erlebt. Vor allem im 2. Korintherbrief findet sich wiederholt die Übersetzung der Kreuzestheologie in die eigene Lebenserfahrung (vgl. 2Kor 1,8–11; 4,7–11). Der *locus classicus* für die ‚einwohnende' Macht Gottes ist die sogenannte Narrenrede (vgl. bes. 2Kor 11,1– 12,10), wo der Apostel von Christus die Auskunft erhält, dass dessen Kraft sich gerade in seiner Schwachheit vollendet und der sich gerade deshalb seiner Schwachheit rühmt, weil er in ihr mächtig ist (2Kor 12,9f.; vgl. dazu U. HECKEL, Kraft in Schwachheit. Untersuchungen zu 2 Kor 10–13, WUNT II/56, Tübingen 1993).

raufhin ein Blick auf die hermeneutische Strategie des *auctor ad Theophilum*[9] geworfen werden, die bei diesem Motiv besonders deutlich hervortritt.

2. ‚Himmelfahrten' im Vergleich

Die Himmelfahrt Jesu wird nur im lukanischen Doppelwerk erzählt. Allerdings gibt es außerhalb des Neuen Testaments durchaus Vorbilder für eine derartige narrative Ausgestaltung der Erhöhung. Als biblische Vorlage bot sich natürlich Elia an, der Prophet, der nach seinem von Verfolgungen begleiteten Einsatz für den einen Gott Israels im feurigen Wagen gen Himmel fuhr (2Kön 2,1–16). Die Geläufigkeit dieser Tradition in neutestamentlicher Zeit zeigt sich auch daran, dass in der frühjüdischen Literatur wiederholt auf diese Entrückung Elias Bezug genommen wird (vgl. Sir 48,9.12; 1Makk 2,58 vgl. äth.Hen 93,8). Der Bezug auf Elia bot sich für Lukas umso mehr an, weil auch sonst die prophetische Tradition für seine Christologie eine besondere Rolle spielt.[10] Auch in manchen Einzelheiten weist die Entrückung des Elia auffällige Entsprechungen zu der Himmelfahrt Jesu auf. So lässt der gen Himmel fahrende Gottesmann den Elisa als seinen Nachfolger zurück, wobei besonders bemerkenswert ist, dass der Nachfolger auch den Geist des Propheten übertragen bekommt (2Kön 2,9f.15), ein Zug, der ebenfalls in der späteren Überlieferung bewusst erhalten bleibt (Sir 48,12). In vergleichbarer Weise setzt Jesus beim Abschied seine Jünger ein, um sein Werk fortzuführen, und verheißt ihnen dafür den Heiligen Geist (Apg 1,8; vgl. Lk 24,48f.; Apg 1,5), den er an Pfingsten über sie ausgießt.

Aber auch von anderen Gestalten der biblischen Überlieferung werden Entrückungen berichtet. Hier ist vor allem Henoch zu nennen. Die kryptische Notiz in Gen 5,24, dass Henoch mit Gott wandelte und von Gott hinweggenommen und seitdem nicht mehr gesehen wurde, hat die fromme Phantasie immer wieder gereizt und eine eigene Henoch-Literatur hervorgebracht. Im slavischen Henochbuch wird geschildert, wie der entrückte Henoch, nachdem er von Gott Offenbarungen empfangen hat, wieder auf die Erde zurückkommt, um das Volk über das, was er unmittelbar von Gott erfahren hat, zu belehren. Daraufhin wird er erneut (und diesmal endgültig) entrückt:

---

[9] Ob dieser mit dem Paulusbegleiter identisch ist, ist bis heute umstritten. Kritisch etwa J. WEHNERT, Die Wir-Passagen der Apostelgeschichte. Ein lukanisches Stilmittel aus jüdischer Tradition, GTA 40, Göttingen 1989; positiv C.-J. THORNTON, Der Zeuge des Zeugen. Lukas als Historiker der Paulusreisen, WUNT 56, Tübingen 1991, und der neue Kommentar von M. WOLTER, Das Lukasevangelium, HNT 5, Tübingen 2008, 4–10.

[10] Vgl. G. NEBE, Prophetische Züge im Bilde Jesu bei Lukas, BWANT 127, Stuttgart u.a. 1989.

Als Henoch zu seinem Volk gesprochen hatte, sandte der Herr eine Finsternis auf die Erde, und es war finster und bedeckte die Männer, die bei Henoch standen. Und die Engel eilten und trugen ihn hinauf in den höchsten Himmel, wo ihn der Herr aufnahm und vor sein Angesicht stellte in Ewigkeit. Und die Finsternis verschwand von der Erde, und es wurde Licht. Und obgleich das Volk sah, verstand es nicht, wie Henoch hinweggenommen worden war. Und sie verherrlichten Gott. (slavHen 57,1–3)

Auch hier gibt es einige Parallelen: Es ist der von Gott selbst unterwiesene Offenbarungsträger (vgl. Lk 10,21f.), der aus der Mitte derer, die von ihm belehrt wurden, wieder in den Himmel aufgenommen wird, und zwar zu einer ewigen Gottesnähe. Beide Male sind Engel beteiligt (vgl. Apg 1,10), und wie bei Lukas die Jünger das Geschehen nicht verstehen, sondern belehrt werden müssen (Apg 1,11), so versteht auch hier das Volk das Geschehen nicht. Aber beide Male endet das Geschehen mit dem Lobpreis Gottes (Lk 24,53).

Trotz dieser Parallelen verbietet sich angesichts der Eigenständigkeit der lukanischen Erzählung eine direkte Ableitung aus einer bestimmten Tradition. Lukas hat nicht einfach eine Vorlage nachgeahmt, sondern er hat sich bestimmter Motive bedient, um die Erhöhung Jesu sinnfällig vor Augen zu stellen. Dabei ist zu beachten, dass sich solche Motive keineswegs nur in der jüdischen Überlieferung finden. Häufiger sind Himmelfahrten in der paganen Tradition, und im Kaiserkult spielen sie bei der Apotheose der Kaiser, die nicht der *damnatio memoriae* anheimfallen, eine wichtige Rolle.[11] Damit konnte das mythische Element natürlich auch „zum Werkzeug einer vom politischen Kalkül gesteuerten Massenpropaganda" [12] werden, aber das war keineswegs dessen ursprünglicher Sinn. Eine Erhöhung in den Himmel ist vielmehr der Lohn für außerordentliche Tüchtigkeit und Verdienste. Vor allem in der Himmelfahrt des sich selbst auf dem Berge Oeta verbrennenden Herakles dürfte mancher der gebildeteren Leser des Lukas eine Entsprechung zu dem gesehen haben, was von Jesus berichtet wird, zumal auch bei Herakles die Himmelfahrt die Vollendung eines Lebens darstellt, das keineswegs von göttlicher Unbeschwertheit geprägt war, sondern von Mühen und Leiden.

Dabei ist es nicht unwichtig, dass Herakles, der ursprünglich so etwas wie der „starke Hans"[13] der archaischen Tradition gewesen sein dürfte, immer mehr ‚veredelt' wurde. Seine Taten wurden als Befreiung der

---

[11] J. ROLOFF, Die Apostelgeschichte, NTD 5, Göttingen [19]2010, 25: „In der römischen Kaiserzeit wurde die Entrückung zum stehenden Requisit der Herrscherapotheose […]. Erst dann konnte ein verstorbener Kaiser als unter die Götter versetzt erklärt werden, wenn der römische Senat Zeugen fand, die die leibliche Entrückung in den Himmel bestätigen konnten."
[12] ROLOFF, ebd.
[13] P. KRETSCHMER, Mythische Namen. 5. Herakles, Glotta 8, 1917, 121–129, 126.

Menschheit von Geißeln gedeutet; Ovid lässt in seinen Metamorphosen Herakles sogar von Zeus als den *vindex terrae* preisen, als den Erretter der Erde.[14] Zudem führt man die Mühen und Leiden in einer philosophischen Deutung auf eine bewusste Entscheidung für den schweren Weg der Tugend zurück, der Heros wird also ethisch als Vorbild gedeutet.[15] Wenn nun die Himmelfahrt auch noch durch den (freilich nur den menschlichen Teil des Halbgottes betreffenden) Tod hindurch erfolgt, wodurch der zuvor als Mensch Leidende in einen Gott verwandelt wird, und wenn dann noch diese Erhöhung selbst mit den Worten beschrieben wird:

> Und der allmächtige Vater entrafft ihn durch hohles Gewölke,
> Im Vierrossegespann, zu den strahlenden Sternen ihn führend
> (met. IX, 271f.),

so bedarf es keiner großen Phantasie, um sich hier an das dem Leiden und Sterben folgende „Sitzen zur Rechten Gottes, des allmächtigen Vaters" erinnert zu fühlen!

Lukas hat auch die Himmelfahrt des Herakles nicht kopiert. Wie bei den alttestamentlich-jüdischen Parallelen finden sich aber Entsprechungen. Wenn nun Lukas als einziger im Neuen Testament die Erhöhung Jesu Christi durch ein Mythem narrativ expliziert, das sowohl der biblisch-jüdischen Tradition wie der paganen Tradition vertraut war und daher sowohl von Juden wie Heiden dechiffriert werden konnte, so ist das kein Zufall, sondern entspricht einer hermeneutischen Strategie, die das gesamte Doppelwerk bestimmt. Auch an anderen Stellen macht sich der *auctor ad Theophilum* mit bemerkenswertem Geschick die Möglichkeit zunutze, gleichzeitig einen Bezug zur biblischen wie zur hellenistischen Tradition herzustellen. So ist es wahrscheinlich, dass Lukas auch hier die Chance ergriff, die christliche Botschaft der Erhöhung eines am Kreuz gestorbenen Menschen zur Rechten Gottes sowohl Juden wie Griechen plausibel erscheinen zu lassen. Dies soll zunächst skizziert werden.

---

[14] met. IX,241; zitiert nach: Metamorphosen. Epos in 15 Büchern, hg. und übersetzt von H. Breitenbach, Zürich [2]1964, 468.

[15] Ausführlich geschieht dies im Prodikosmythos, den etwa Xenophon ausführlich referiert (P. JAERISCH [Hg.], Erinnerungen an Sokrates, Griechisch-deutsch, München [4]1987, II, 1,21–34).

3. Himmelfahrt als Plausibilisierung des Zusammenhangs von Erniedrigung und Erhöhung

Das Lukasevangelium beginnt mit dem Prolog und einer Widmung an „Exzellenz Theophilos". Durch diesen Auftakt, der die „beststilisierte [Satzperiode] des ganzen N.T." [16] darstellt und der den Gepflogenheiten der historischen Literatur seiner Zeit entspricht[17], unterstreicht Lukas seinen Anspruch, mit den Gebildeten seiner Zeit auf Augenhöhe zu verkehren.[18] Zugleich aber macht er mit der unmittelbaren Fortsetzung, die die Leser und Hörer in den Jerusalemer Tempel und zu einem dort opfernden Priester entführt, deutlich, dass er die im Folgenden von ihm erzählte Geschichte an die Traditionen des Gottesvolkes zurückbindet. Trotz seiner Bemühung, die Jesustradition in die griechisch-römische Welt zu vermitteln, gibt also ‚Lukas' die Verankerung seiner Verkündigung in der biblischen und jüdischen Überlieferung keineswegs preis, sondern verstärkt sie eher noch.[19] Am Beginn des Doppelwerks hat er beides nebeneinander gestellt, zunächst den Prolog, dann die Ankündigung der Geburt des Täufers durch eine Engelserscheinung im Tempel. Im Folgenden verschränkt Lukas beide Aspekte. So hat er gerade dort, wo er biblische Traditionen aufnimmt, nicht selten zugleich einen bewussten Bezug zu Motiven, Formen und Inhalten der hellenistischen Weisheitstraditionen hergestellt. Daniel Marguerat hat dies an einigen Texten beobachtet und als „ambivalence sémantique" auf den Begriff gebracht.[20] Über Marguerat hinaus verstehe ich das als Ausdruck einer Inkulturations- und Missionsstrategie, die das gesamte Doppelwerk prägt und die ich als Doppelkodierung bezeichne.

Ein wesentlicher Aspekt ist die Sapientisierung der Überlieferung, die Lukas vornimmt.[21] So wird etwa gleich am Anfang, als Zwischenstück

---

[16] E. NORDEN, Agnostos Theos. Untersuchungen zur Formengeschichte religiöser Rede, Leipzig 1913 (Reprint: Darmstadt 1974), 316.

[17] Vgl. Tacitus, hist. I,1–3; Josephus, bell. I,1–3.

[18] Hieronymus stellte in diesem Sinne fest: *Inter omnes Evangelistas Lucas Graeci sermonis eruditissimus fuit* (ep. 19).

[19] Auch wenn der Weg der Ausbreitung des Christentums über Athen nach Rom führt, wird Jerusalem nicht einfach zurückgelassen, sondern bleibt als Ursprung und Zentrum (mit)bestimmend.

[20] D. MARGUERAT, Luc-Acts entre Jérusalem et Rome. Un procédé Lucanien de double signification, NTS 45, 1999, 70–87.

[21] Bereits der lexikalische Befund deutet an, dass das Thema Bildung und Weisheit im lukanischen Doppelwerk eine größere Rolle spielt als in der anderen Erzählüberlieferung des Neuen Testaments: Der Begriff σοφία findet sich bei Markus einmal, bei Matthäus dreimal, bei Johannes überhaupt nicht, im Lukasevangelium sechsmal sowie noch weitere viermal in der Apostelgeschichte. Φιλόσοφος findet sich im NT nur einmal in der Apostelgeschichte (17,18), wo Paulus auf dem Areopag vor stoischen und epikureischen Philosophen den christlichen Glauben verteidigt. Es

zwischen der Geburtsgeschichte und dem Hauptteil des Evangeliums der
12-jährige Jesus mit Hilfe einer Gattung der hellenistischen Biographie[22],
als „Modell der frommen Weisheit"[23] porträtiert. Zugleich aber spielt die
Episode wiederum im Jerusalemer Tempel, Jesus diskutiert mit Schriftge-
lehrten. Die Perikope Lk 2,41ff. hat so zum einen ihre nächsten Parallelen
in den Jugendepisoden der Vita Apollonii (9) oder der Vita Pythagorica
(5.8.12),[24] zum andern wird sie dezidiert im jüdischen Kontext verankert:
Der Tempel ist „das, was meines Vaters ist" (Lk 2,49). Diesem Anfang des
Doppelwerkes entspricht gegen Ende die Episode, wo Paulus in Athen vor
stoischen und epikureischen Philosophen predigt, und zwar mit Argumenten der Popularphilosophie, die jedoch so formuliert sind, dass sie zugleich
als Wiedergabe des biblischen Gottes- und Christuszeugnisses verstanden
werden können (Apg 17).

Auch zahlreiche andere Texte und Textkomplexe, die bislang kaum oder
gar nicht in dieser Hinsicht beachtet wurden, sind unter der Perspektive
einer Verbindung von biblisch-jüdischer (prophetischer) Tradition und
hellenistischer Bildung noch einmal neu zu bedenken.

So bezieht sich die Vorgeschichte in Lk 1f. mit den Psalmen, den Engeln
und den prophetischen Gestalten Hannah und Simeon nicht nur auf die
jüdische Erwartung eines Messias zurück, sondern sie knüpft zugleich –
vielleicht im Gegenüber zu Augustus – „an die *aurea-aetas*-Erwartung der
römischen Bukolik" an, „wie sie erstmals in Vergils 4. Ekloge bezeugt
ist"[25]. Zur dort angekündigten Geburt des göttlichen Kindes passt auch die
von Lukas angedeutete Entstehung des Kindes in einer Jungfrau aus dem
Heiligen Geist. Der bei den Synoptikern nur bei Lukas vorkommende Ho-
heitstitel σωτήρ bezeichnet zwar in erster Linie den Gott Israels und die
Erfüllung seiner Heilsverheißungen,[26] aber σωτήρ ist eben auch ein seit der
hellenistischen Zeit gebräuchliches Herrscherprädikat. Im folgenden Kapi-

---

ist dies auch das einzige Mal, dass philosophische Richtungen im Neuen Testament namentlich
genannt werden.

[22] N. KRÜCKEMEIER, Der zwölfjährige Jesus im Tempel (Lk 2.40–52) und die biographische
Literatur der hellenistischen Antike; NTS 50, 2004, 307–319, 307f.: „Was Lukas von den drei
anderen Evangelisten trennt, das verbindet ihn aber mit den Verfassern biographischer Literatur in
der griechischen Antike […]. Die Jugendepisode ist in der antiken biographischen Literatur zwar
nicht obligatorisch, aber dennoch sehr häufig anzutreffen".

[23] F. BOVON, Das Evangelium nach Lukas, EKK 3,1 , Zürich/Neukirchen-Vluyn 1989, 158.

[24] Vgl. KRÜCKEMEIER, Jesus (Anm. 22), 311.

[25] Vgl. WOLTER, Lukasevangelium (Anm. 9), 127. Weniger sicher sind andere Züge, die aber
ebenfalls ins Auge stechen. So nimmt das Magnifikat der Maria zwar unzweifelhaft auf alttesta-
mentliche Traditionen, besonders auf das Lied der Hannah in 1Sam 2 Bezug; die dort gemachten
Aussagen über Gottes Handeln weisen aber auch frappante Ähnlichkeiten mit denen über Zeus am
Beginn von Hesiods „Werke und Tage" auf.

[26] Das hat F. JUNG, ΣΩΤΗΡ. Studien zur Rezeption eines hellenistischen Ehrentitels im Neuen
Testament, NTA N.F. 39, Münster 2002, gezeigt.

tel wird der Vorläufer Jesu, Johannes der Täufer, von Lukas in Übereinstimmung mit der ihm überkommenen Tradition als ein apokalyptischer Prophet vorgestellt, zugleich aber hat der Evangelist durch Hinzufügungen und Bearbeitung der Überlieferungen des Markusevangeliums und der Logienquelle den Täufer so profiliert, dass hellenistische Leser hier das ihnen vertraute Bild eines kynischen Wanderpredigers wiedererkennen konnten.[27] Die Aufforderung zur ‚Umkehr', zum ‚Umdenken' hat Lukas zwar in seinen Quellen bereits vorgefunden (vgl. Mk 1,15), aber der Begriff μετάνοια usw., der auch in der zeitgenössischen Moralphilosophie paganer Provenienz verwendet werden kann[28] und dort vielleicht auf kynischen Einfluss zurückgeht, wird bei ihm in auffälliger Weise zu einem Vorzugswort[29]. Möglicherweise soll ja eine der auffallendsten Besonderheiten der Gliederung des Lukasevangeliums, der große Reisebericht, in diesem Sinne auch Jesus selbst als heimatlosen Wanderprediger charakterisieren, wie dies der Kyniker ist.[30] Das von Jesus dabei vertretene Ethos, das besonders geprägt ist von der Kritik am Reichtum, kann zwar auf die jüdische Armenfrömmigkeit zurückgeführt werden, passt aber auch zur Sapientisierung des Christusbildes: So wie Habgier „die lukanische Ursünde"[31] ist, so kann auch der Kyniker Diogenes sagen, dass die Liebe zum Geld (φιλαργυρία) die Mutterstadt (μητρόπολις) aller Übel ist (DiogLaert VI 50, vgl. 87). Nach Dion von Prusa ist die in Lk 12,15 angeprangerte πλεονεξία das μέγιστον κακόν (Or. 17,7).[32] Die Urgemeinde mit ihrer Gütergemeinschaft wird dann den Gegenentwurf zu einem von Habgier bestimmten Leben verwirklichen – und verkörpert damit das Ideal des κοινὰ τῶν φίλων[33], das nach Seneca die Lebensweise der noch ganz nach den Weisungen der Phi-

---

[27] Vgl. R. FELDMEIER, Endzeitprophet und Volkserzieher. Lk 3,1–20 als Beispiel für prophetisch-weisheitliche Doppelkodierung, in: C. Georg-Zöller/L. Hauser/F. R. Prostmeier (Hg.), Jesus als Bote des Heils. Heilsverkündigung und Heilserfahrung in frühchristlicher Zeit (FS D. Dormeyer), Stuttgart 2008, 72–84.

[28] In der Tabula Cebetis tritt sogar eine personifizierte Metanoia auf und weist dem verirrten Menschen den rechten Weg. Vgl. R. HIRSCH-LUIPOLD u.a. (Hg.), Die Bildtafel des Kebes. Allegorie des Lebens, SAPERE 8, Darmstadt 2005, 78–81.

[29] Verb und Substantiv (μετάνοια bzw. μετανοέω) zusammen finden sich bei Markus dreimal, bei Matthäus siebenmal, im lukanischen Doppelwerk 25-mal.

[30] Vgl. Lk 9,58 mit Epiktet, Diss. III,22.

[31] BOVON, Evangelium nach Lukas (Anm. 23), 175.

[32] Überhaupt weist der gesamte Argumentationszusammenhang von Lk 12,13–34 bis hinein in die Beispielerzählung eine Reihe von überraschenden Entsprechungen zur Behandlung des Topos der Habgier in der paganen Literatur auf, vor allem zur 17. Rede Περὶ πλεονεξίας des Dion von Prusa, so dass man mit A. J. Malherbe an dieser Stelle von der „Christianization of a Topos" sprechen kann; vgl. A. J. MALHERBE, The Christianization of a Topos (Luke 12:13–34), NT 38,2, 1996, 123–135, der die Parallelen im Einzelnen aufzeigt. Sein Resümee: „The similarities of the popular conventions associated with covetousness are numerous and striking" (135).

[33] Platon, Pol. 424a; Aristoteles, eth. Nic. 1159b; Cicero, off. I,51; im hellenistisch-jüdischen Bereich vgl. Philo, Abr. 235.

losophie lebenden ersten Menschen war, ehe – gleichsam als Sündenfall – die *avaritia* einbrach und den idealen Urzustand zerstörte[34]. Man könnte so fortfahren: Zwar betont der Auferstandene beim Gang nach Emmaus, dass das Leiden Jesu nach „allen Schriften" so geschehen musste (Lk 24,25–27), zugleich aber nimmt Lukas mit seiner Deutung des Todes Jesu auch Motive des *noble death* der griechischen Tradition auf.[35] Selbst der auferstandene Jesus zitiert in der dritten Version seiner Erscheinung vor Paulus ein griechisches Sprichwort, wie es sich ähnlich auch in den Bakchen des Euripides findet, um die Zwecklosigkeit des Widerstandes gegen ihn plausibel zu machen[36]. Die zentrale Rolle, die der Geist bei Lukas sowohl im Evangelium als auch in der Apostelgeschichte spielt, hängt zwar mit der schon bei Paulus zu beobachtenden charismatisch-prophetischen Prägung des frühen Christentums zusammen, dürfte aber auch durch die prominente Rolle eines „heiligen" oder „göttlichen Geistes" in philosophischen Schriften dieser Zeit bedingt sein,[37] die vermutlich durch das gebildete hellenistische Judentum, für uns am deutlichsten greifbar bei Philo, auch für Christen vermittelt wurde.

Diese für Lukas charakteristische Verbindung eines biblischen Motivs mit einem hellenistischen liegt auch bei der Himmelfahrt vor. Das Mythem der Himmelfahrt dient dabei zunächst einmal der Plausibilisierung der christlichen Botschaft, dass der Gottessohn, der den Weg in die Niedrigkeit des Leidens und Sterbens gegangen ist, zur Rechten Gottes erhöht wurde,

---

[34] Nach epist. 90 folgten die ersten Menschen der Natur. So besaßen alle alles, ehe die Habsucht die Gemeinschaft auseinander riss und damit selbst diejenigen arm machte, die sich am meisten bereichert hatten (epist. 90,3: *Desierunt enim omnia possidere, dum volunt propria*). Die Realisierung dieses Ideals in einer philosophisch geprägten Gemeinschaft wird Jamblich in seiner Vita Pythagorica für die ursprüngliche pythagoreische Gemeinschaft behaupten, und dies mit Wendungen, die in manchem an Formulierungen der Apostelgeschichte erinnern. „Gesetze und Vorschriften nahmen sie [sc. die Anhänger] von ihm [sc. Pythagoras] an als wären es göttliche Gebote und befolgten sie in allen Stücken. So blieben sie einmütig der ganzen Versammlung der Gefährten treu, verehrt und glückselig gepriesen von ihrer Umgebung. Die Güter machten sie, wie schon erwähnt, zum gemeinsamen Eigentum und zählten Pythagoras von nun an zu den Göttern als einen guten Daimon und großen Menschenfreund" (Vit.Pyth. 30, zitiert nach: M. VON ALBRECHT (Hg.), Pythagoras. Legende, Lehre, Lebensgestaltung, SAPERE 4, Darmstadt ²2008, 49). Wenngleich dieser letzte Text aus dem Ende der 3. bzw. dem Anfang der 4. Jh. stammt und eine Beeinflussung durch die Darstellung der Apostelgeschichte nicht auszuschließen ist, so macht die Verwendung des Motivs der Gütergemeinschaft durch den paganen Neuplatoniker doch deutlich, welche Attraktivität dieses Ideal der Gütergemeinschaft gerade aus philosophischer Perspektive hatte – deshalb dürfte es Lukas bewogen haben, das Urchristentum in dieser Weise zu stilisieren. Mit diesem Begriff der Stilisierung soll nicht ausgeschlossen werden, dass die Darstellung des Lukas auch Anhaltspunkte an der historischen Urgemeinde gehabt haben kann. Doch auch in diesem durchaus wahrscheinlichen Fall ist das Bild, das uns Lukas malt, idealisiert und nach dem dargestellten Ideal stilisiert (vgl. dazu J. ROLOFF, Apostelgeschichte [Anm. 11], 89–91).

[35] Vgl. WOLTER, Lukasevangelium (Anm. 9), 688.

[36] Apg 26,14; vgl. Euripides, Bacch. 794.

[37] Vgl. Ps.-Plato, Axiochos 370c; Seneca, epist. 41,2.

und zwar sowohl gegenüber den Juden, die daran Anstoß nehmen, als auch gegenüber den Griechen, denen solches eine Torheit ist (vgl. 1Kor 1,23). Gegenüber den Juden macht Lukas immer wieder deutlich, dass sich in der Erniedrigung und Erhöhung Jesu das Handeln des Gottes Israels vollendet, den das Lied der Hannah als den gepriesen hatte, der den Hohen erniedrigt und den Niedrigen erhöht (1Sam 2,7f. vgl. Lk 1,51–53). Deshalb kann der Auferstandene den Jüngern auf dem Weg nach Emmaus sagen, dass das, was ihm widerfuhr, nach ‚allen Schriften' geschah.[38] Zugleich deutet er gegenüber den Griechen die Erhöhung als Vollendung eines heldenhaften, um der Gerechtigkeit willen Leiden und Feindschaft ertragenden Lebens.[39] Aus hellenistischer Perspektive ist Himmelfahrt die Inszenierung des Ideals *per aspera ad astra,* durch die Christus zum „Fürst und Heiland/Retter (σωτήρ)" wird (Apg 5,31).

4. Jesu Himmelfahrt als Ermächtigung der Jünger

Doch Lukas übernimmt nicht nur die Himmelfahrt, um Jesu Erhöhung zu plausiblisieren, sondern er modifiziert sie auch, um durch sie die Erhöhung zu deuten. Um dies zu verstehen, muss die Himmelfahrt in den Gesamtkontext seines Werkes gestellt werden. Sie ist für Lukas kein isoliertes Mirakel, sondern letzte Konsequenz der Wirksamkeit Gottes, dessen Vergegenwärtigung in Jesus das gesamte Evangelium bezeugt.[40] Dieser Grundzug des göttlichen Wesens und Handelns bildet nicht nur die Grundlage der lukanischen Paränese,[41] sondern auch der Christologie. Schon am Beginn des Reiseberichts Lk 9,51 wird der Weg Jesu unter das Stichwort der ἀνάλημψις gestellt, der „Aufnahme". Die Himmelfahrt[42] bildet somit von Anfang an den Fluchtpunkt der Passion. Und als Fluchtpunkt des Weges Jesu ist sie dann auch Ausgangspunkt der Geschichte der Kirche. Die Himmel-

---

[38] Vgl. Lk 24,26f.; vgl. Apg 2,29–36 u.ö. Zur Begründung nimmt das Doppelwerk auch wiederholt auf Ps 110,1 Bezug: Zitiert wird der Psalm in Lk 20,42f. und Apg 2,34f., auf ihn angespielt wird in Lk 22,69.

[39] Dass Jesus als ein Gerechter gelitten hat, wird im Doppelwerk wiederholt betont; vgl. Lk 23,47; Apg 3,14, ferner Lk 23,14f.; Apg 4,27; 22,14.

[40] Paradigmatisch wird bereits im Magnifikat die Erniedrigung der Hohen und die Erhöhung der Niedrigen als Grundzug göttlichen Handelns bekannt (Lk 1,52). Entsprechend diesem Vorzeichen vergegenwärtigt der lukanische Christus einen Gott, der das Verlorene sucht und rettet (Lk 19,10), während ihm im Gegenzug die menschliche Selbstüberhebung ein Gräuel ist (Lk 16,15).

[41] Vgl. Lk 14,11; 18,14, letzteres Resümee einer einschlägigen Beispielgeschichte, wie sie sich auch sonst bei Lukas finden, wo gerade der scheinbar Minderwertige, der Außenseiter, der ‚Schlechte' sich als der erweist, der Gott entspricht.

[42] Das Substantiv ἀνάλημψις ist zwar ein neutestamentliches Hapaxlegomenon, aber das entsprechende Verb bezeichnet in Apg 1,2.11.22 mit einem *passivum divinum* Jesu Aufnahme in den Himmel.

fahrt ist das Scharnier zwischen den beiden Büchern des Doppelwerks. Dabei wird das Mythem in doppelter Weise modifiziert.

Zum einen geht es nicht nur um die bloße Erhöhung eines Einzelnen. Beide Himmelfahrterzählungen gipfeln vielmehr darin, dass der zum Himmel Fahrende seinen zurückbleibenden Jüngern verheißt, dass er nach seinem Weggang auf sie die „Verheißung seines Vaters" sendet, nämlich den Geist, den er an Pfingsten über sie ausgießt (Apg 2,33 vgl. Apg 1,5.8; 2,38) und der als der „Geist Jesu" (Apg 16,7 vgl. Apg 8,39) eine neue Form seiner Gegenwart ist. Von diesem Geist erfüllt (Apg 2,4; 4,8.31; 6,3.5; 7,55 u.ö.), können die von Jesus Ausgesandten deshalb „bis an die Enden der Welt" gehen (Apg 1,8), weil ihr Herr nun nicht mehr wie in seiner Zeit als Irdischer nur an einem Punkt bei ihnen ist, sondern als der Erhöhte durch seinen Geist überall. Die Pointe der Himmelfahrt ist also nicht, wie das sowohl in der jüdischen als auch in der griechischen Tradition der Fall ist, die Entrückung eines Heroen oder Gottesmannes in eine den normalen Sterblichen unzugängliche himmlische Welt, bei der dieser das Irdische zurücklässt, sondern vielmehr die universale und zugleich intensivierte Gegenwart Jesu.

Diese neue Gegenwart Jesu hat auch insofern Folgen für diejenigen, die auf der Erde zurückbleiben, als der zum Himmel fahrende Jesus seinen zurückbleibenden Jüngern verheißt, dass sie ‚bekleidet werden mit Macht aus der Höhe' (Lk 24,49) bzw. dass sie ‚die Kraft des auf sie kommenden Geistes empfangen' (Apg 1,8).[43] Wie bei Paulus zielt also die Erhöhung darauf ab, dass die Zurückbleibenden nun in neuer Weise Anteil an der göttlichen δύναμις erhalten. In Summa: Die Himmelfahrt Jesu zielt im lukanischen Doppelwerk auf die Ermächtigung der Nachfolger.

---

[43] Zur christlichen Gemeinde als Teilhaberin an Gottes Macht vgl. auch Lk 12,32; 22,29.

Niels Hyldahl

Über die Abfassungszeit des lukanischen Doppelwerks[1]

Die Apostelgeschichte hat den Apostel Paulus zur Hauptperson. Von Kap. 9 bis zum Ende in Kap. 28 handelt das Buch fast ausschließlich von ihm. Dreimal wird von seiner Berufung erzählt (Kap. 9; 22; 26), während Paulus selbst sich in seinen Briefen äußerst zurückhaltend über Einzelheiten seiner Berufung äußert. Dreimal wird in der Apg von Missionsreisen des Apostels berichtet, die in den Briefen jedoch kaum in derselben Weise wiederzufinden sind, und es ist in der Apg von insgesamt fünf Besuchen die Rede, die Paulus als Christ nach Jerusalem führten (Apg 9,26–30; 11,27–30 und 12,25; 15,4–35; 18,22; 21,17ff.), während der christliche Paulus laut seinen Briefen Jerusalem nur dreimal aufgesucht hat (Gal 1,18f; 2,1–10; Röm 15,25–27.31).

Niemals lesen wir in der Apg, dass Paulus Briefe geschrieben habe, obwohl die Apg die Briefe anderer kennt, ja, solche auch wörtlich zitieren kann (Apg 15,23–29; 23,26–30).

Folgt daraus, dass die Apg schon vor der Entstehung eines Corpus Paulinum geschrieben wurde, weil sie ausschließlich und direkt aus den Traditionen der paulinischen Missionsgebiete schöpft? Zeugen die vier Wir-Passagen (Apg 16,10–17; 20,5–8.13–15; 21,1–18; 27,1–28,16; von 11,28 möchte ich absehen) davon, dass das Buch von einem Augenzeugen, nämlich vom Arzt und Paulusbegleiter Lukas (Kol 4,14; Phlm 24)[2], geschrieben wurde? Gehört folglich das Doppelwerk aus Lukasevangelium und Apostelgeschichte zu den frühesten Bestandteilen des Neuen Testaments, und kann es somit Anspruch auf außerordentliche historische Autorität erheben? Wie also verhält es sich mit einer Kenntnis und einem möglichen Gebrauch der Paulusbriefe durch den Verfasser der Apg?

Im 19. Jahrhundert, nicht zuletzt in der von F. C. Baur angeführten kritischen Erforschung des ältesten Christentums, war es gang und gäbe, von der als selbstverständlich angesehenen Voraussetzung auszugehen, dass der Acta-Verfasser die Paulusbriefe sowohl kannte als auch in seinem Werk benutzte. Die Abfassungszeit der Evangelien und der Apostelgeschichte

---

[1] Vgl. hierzu meine früheren Beiträge: The Reception of Paul in the Acts of the Apostles, in: M. Müller/H. Tronier (Hg.), The New Testament as Reception, JSNT.S 230/Copenhagen International Seminar 11, Sheffield 2002, 101–119; Paulus. Brudstykker af en biografi, København 2009, 11–23: „Lægen Lukas og Apostlenes Gerninger".

[2] Der 2Tim, wo Lukas in 4,11 erwähnt ist, stammt nicht von Paulus.

war auch deshalb spät anzusetzen; die Vorschläge reichten bis weit in das 2. Jahrhundert hinein.

Am Anfang des 20. Jahrhundert traf eine Wende ein. Ein Grund dafür waren die Ergebnisse der Actaforschung von Adolf Harnack, besonders in seinen Abhandlungen „Lukas der Arzt" (1906) und „Neue Untersuchungen zur Apostelgeschichte" (1911). Harnack setzt darin die Abfassungszeit der Apg – und somit auch des Lk – sehr früh an: etwa 70 n. Chr. und jedenfalls vor dem Entstehen eines Corpus Paulinum.[3] In der Zeit nach Harnack wurde sowohl von konservativen als auch von kritischen Auslegern vielfach angenommen, dass die Apg sehr wahrscheinlich doch vom Paulusbegleiter Lukas abgefasst worden sei. Deshalb fänden sich darin keine Spuren der Kenntnis und des Gebrauchs der paulinischen Briefe – Lukas war ja persönlich zur Stelle.[4]

Noch im 20. Jahrhundert wurde meist angenommen, der Verfasser habe die Briefe nicht gekannt, weil – so die Behauptung – nicht nachgewiesen werden könne, dass er von ihnen Gebrauch gemacht habe. Andere fanden sich mit einem Kompromiss zurecht: Der Acta-Verfasser habe möglicherweise die Paulusbriefe gekannt, aber von ihnen keinen Gebrauch gemacht.[5] Erstaunlicherweise hat die seit den 1930er Jahren von John Knox und anderen eingeführte ‚neue' Pauluschronologie, die alles Gewicht auf die Briefe und nicht auf die Apg legte, bisher keine Neubesinnung in der Frage nach der Abfassungszeit der Apg bewirkt. Dies hängt vielleicht damit zusammen, dass die neue Chronologie an sich keine solche Neubesinnung implizierte – auch für die explizite Behandlung von Einleitungsfragen der Apg gab sie nicht automatisch Raum.[6]

---

[3] A. HARNACK, Lukas der Arzt. Der Verfasser des dritten Evangeliums und der Apostelgeschichte. Eine Untersuchung zur Geschichte der Fixierung der urchristlichen Überlieferung, Beiträge zur Einleitung in das Neue Testament I, Leipzig 1906; DERS., Neue Untersuchungen zur Apostelgeschichte und zur Abfassungszeit der synoptischen Evangelien, Beiträge zur Einleitung in das Neue Testament IV, Leipzig 1911, bes. 1–21: „Die Identität des Verfassers der Wirstücke der Apostelgeschichte mit dem Verfasser des ganzen Werks".

[4] Vgl. die aufschlussreiche Darstellung in: G. LÜDEMANN, Das frühe Christentum nach den Traditionen der Apostelgeschichte. Ein Kommentar, Göttingen 1987, 9–24: „Der historische Wert der Apostelgeschichte".

[5] Eine gründliche Behandlung der Frage findet sich bei L. AEJMELAEUS, Die Rezeption der Paulusbriefe in der Miletrede (Apg 20:18–35), Annales Academiæ Scientiarum Fennicæ B 232, Helsinki 1987, 41–73: „Die Paulusbriefe als mögliche Quellen der Apg".

[6] Zur sog. neuen Pauluschronologie siehe J. KNOX, „Fourteen Years Later": A Note on the Pauline Chronology, JR 16, 1936, 341–349; DERS., The Pauline Chronology, JBL 58, 1939, 15–29; DERS., Chapters in a Life of Paul, New York/Nashville 1950 und London 1954; Neuausgabe: Macon, GA 1987 und London 1989; J. C. HURD, Pauline Chronology and Pauline Theology, in: W. R. Farmer/C. F. D. Moule/R. R. Niebuhr (Hg.), Christian History and Interpretation: Studies Presented to John Knox, Cambridge 1967, 225–248; DERS., The Sequence of Paul's Letters, CJT 14, 1968, 189–200; R. JEWETT, A Chronology of Paul's Life, Philadelphia 1979 = DERS., Dating Paul's Life, London 1979; G. LÜDEMANN, Paulus, der Heidenapostel. Bd. 1: Studien zur Chrono-

Wie sich die Auffassungen darüber im 21. Jahrhundert entwickeln werden, ist noch nicht abzusehen. Einleuchtend aber ist: Je später die Abfassung der Apg angesetzt wird, desto schwieriger wird die Annahme ihrer Unkenntnis der paulinischen Briefe sein.

Die Position von Hans Conzelmann (1963) war diese: „Eine Benützung des Corpus Paulinum ist nicht zu erkennen. Die vereinzelten Berührungen (Act 9,21 – Gal 1,13.23; Act 9,24 – II Cor 11,33 [zu ergänzen wäre: Apg 15,24 – Gal 1,7; 5,10, N.H.]) beruhen auf Traditionen des paulinischen Missionsgebietes. Man kann sich kaum vorstellen, daß Lk die Briefe des Paulus nicht kannte. Er ignoriert sie also möglicherweise."[7]

Ähnlich Gerd Lüdemann (1987): Es sei zu fragen, ob nicht „der Befund [sc. der Nicht-Benutzung der Briefe durch den Verfasser, N.H.] besser durch die Annahme zu erklären ist, Lukas habe Traditionen der paulinischen Missionsgebiete benutzt, von denen einzelne aus der Lektüre der Briefe stammen mögen. Wir setzen die ‚Traditionshypothese' im folgenden probeweise als richtig voraus."[8]

Die Unhaltbarkeit eines solchen Kompromisses zwingt mich jedoch zu der Annahme, der Acta-Verfasser habe die Briefe sowohl gekannt als auch gebraucht. Er wagt aber offensichtlich nicht, sich offen dazu zu bekennen! Dieser eigentümliche Umstand hängt m.E. damit zusammen, dass die paulinischen Briefe um 150 n. Chr. in Misskredit gekommen waren, weil die Gnostiker sie missbrauchten und verdrehten – im 2Petr aus derselben Zeit wird dies ausdrücklich gesagt: „In ihnen [den Briefen des Paulus] ist manches schwer zu verstehen, und die Unwissenden, die noch nicht gefestigt sind, verdrehen diese Stellen ebenso wie die übrigen Schriften zu ihrem eigenen Verderben." (2Petr 3,16) Dass der Verfasser des 2Petr sowie der Autor des mit diesem Schreiben gleichzeitigen 1Tim an die Gnostiker gedacht haben, ist mehr als nahe liegend. Im letztgenannten Brief wird vor der mit Unrecht so genannten *gnōsis* gewarnt: „Halte dich fern von dem gottlosen Geschwätz und den falschen Lehren der so genannten Erkenntnis [griech. *gnōsis*]! Nicht wenige, die sich darauf eingelassen haben, sind vom Weg des Glaubens abgekommen." (1Tim 6,20f.)

---

logie, FRLANT 123, Göttingen 1980; N. HYLDAHL, Die paulinische Chronologie, AThD 19, Leiden 1986; B. SCHWANK, „Das Wort des Herrn geht aus von Jerusalem" (Jes 2,3). Warum wurde das Apostelkonzil nach vorne gezogen?, in: J. Verheyden (Hg.), The Unity of Luke-Acts, BEThL 142, Leuven 1999, 619–625. Außerdem: B. CORLEY (Hg.), Colloquy on New Testament Studies: A Time for Reappraisal and Fresh Approaches, Macon, GA 1983, 263–364: „Seminar on Pauline Chronology".

[7] H. CONZELMANN, Die Apostelgeschichte, HNT 7, Tübingen 1963, 2.
[8] LÜDEMANN, Das frühe Christentum (Anm. 4), 15f.

Wenn aber, wie ich hier geltend mache, der Verfasser der Apg die Paulusbriefe sowohl gekannt als auch verwendet hat, sich aber – weil die Gnostiker diese Briefe verdächtig gemacht hatten – nicht offen zu ihnen bekannte, dann muss auch nachgewiesen werden können, dass er Kenntnisse von den Gnostikern besaß, auf Distanz zu ihnen ging und vor ihnen warnte. Genau dies tut er, und zwar zweimal in der Apg:

1. Im Bericht von der Verkündigung des Evangeliums durch den Evangelisten Philippus in Samarien wird von Simon Magus erzählt: „Ein Mann namens Simon wohnte schon länger in der Stadt [deren Name nicht genannt wird!]; er trieb Zauberei und verwirrte das Volk von Samarien, da er sich als etwas Grosses ausgab. Alle hörten auf ihn, jung und alt, und sie sagten: Das ist die Kraft Gottes, die man ‚die große‘ nennt. Und sie schlossen sich ihm an, weil er sie lange Zeit mit seinen Zauberkünsten betörte." (Apg 8,9–11) Auch Simon kam durch die Verkündigung des Philippus zum Glauben und wurde von ihm getauft, aber erst als die Apostel Petrus und Johannes von Jerusalem herabkamen, erhielten die in Samarien Getauften durch Handauflegung den Heiligen Geist. Als Simon dies sah, wünschte er, diese „Zauberkunst" für Geld erwerben zu dürfen, wurde aber von Petrus scharf zurechtgewiesen (Apg 8,5–25; vgl. 3,6). In der Apg erfahren wir anschließend nichts weiter über Simon.

Dieser Simon wurde von den ältesten Kirchenvätern und Ketzerbekämpfern als Erzketzer, als *der* Urheber des Gnostizismus schlechthin angesehen – so bereits Justin, der in seiner um 155 n. Chr. in Rom verfassten Apologie Simon Magus als den Urheber aller Ketzereien bezeichnet. Laut Justin, der selber in Samarien geboren war, stammte Simon aus dem samaritanischen Dorf Gittai, entfaltete seine Zauberkünste unter Claudius in den Jahren 41–54 und wurde von fast allen Angehörigen des samaritanischen Volkes als oberster Gott verehrt. Von einer gewissen Helena (in Apg 8 nicht erwähnt), die damals bei ihn war und früher Hure gewesen sei, wird behauptet, sie sei der erste Gedanke, der aus ihm hervorgegangen sei. Außerdem sei dieser Simon mit einer Statue auf der Tiberinsel in Rom verehrt worden, auf der sich die lateinische Inschrift befinde: *Simoni Deo Sancto*, „Dem heiligen Gott Simon". (Das war freilich eine Fehldeutung, denn 1574 wurde auf der Tiberinsel ein steinerner Sockel gefunden, der einst eine Statue getragen hatte; seine Inschrift lautet: *Semoni Sanco Deo*, was nichts mit Simon Magus zu tun hat. Vgl. dazu Apg 17,23.) Soweit der Bericht Justins in apol. 26,2f.

Im jetzigen Zusammenhang soll nicht noch einmal die Frage nach dem historischen Simon und seinem möglichen vorchristlichen Gnostizismus aufgeworfen werden; ein Hinweis auf die Untersuchungen von Gerd Lüde-

mann mag hier genügen.[9] Lüdemann ist sich bewusst, dass ein großer Zeit-
raum die beiden ältesten Quellen – Apg und Justin – voneinander trennt,[10]
ja, dass ein ganzes Jahrhundert zwischen der Entstehung der simonianischen Gnosis und Justin vergangen ist.[11] Die Gnosis des Simon wird aber
m.E. in Apg 8,9f. eben nur *angedeutet* (auch wenn mit Lüdemann das Vor-
kommen von *epinoia* in 8,22 als gnostisches Relikt zu deuten ist). D.h., der
Leser muss aus anderer Quelle – etwa aus Justin! – wissen, dass Simon
nicht nur Magier, sondern in Wahrheit Gnostiker gewesen ist, um ihn in der
Schilderung der Apg als Gnostiker erkennen zu können. Das scheint vom
Verfasser deshalb mit Absicht verschleiert worden zu sein, weil er nicht
überzeugt war, dass der Gnostizismus, den er aus seiner Umgebung kannte,
schon so früh, nämlich zur Zeit des Claudius, entstanden sei (vgl. Apg
20,29f.; dazu unten). Dies führt zu einer weiteren Frage: Ist die Apg wirklich so früh abgefasst worden, wie man üblicherweise und heute fast allgemein annimmt, d.h. um 80 n. Chr.?[12] Muss nicht eher damit gerechnet werden, dass die Darstellung der Wirksamkeit Simons in der Apg nur deshalb
der Schilderung Justins so erstaunlich ähnlich ist, weil das lukanische Doppelwerk selbst der Zeit der christlichen apologetischen Literatur angehört?
Damit würden wir weit ins zweite Jahrhundert hinaufgehen müssen!

2. In seiner Abschiedsrede in Milet an die Ältesten von Ephesus sagt
Paulus: „Ich weiß: Nach meinem Weggang werden reißende Wölfe bei
euch eindringen und die Herde nicht schonen. Und selbst aus eurer Mitte
werden Männer auftreten, die mit ihren falschen Reden die Jünger [d.h. die
Christen] auf ihre Seite ziehen." (Apg 20,29f.) Der Verfasser weiß sehr
wohl, dass es die Gnostiker und den Gnostizismus – denn eben davon ist
die Rede – zur Zeit des Paulus noch nicht gab; er lässt aber Paulus eine
Warnung aussprechen vor dem, was in der Zukunft, seinem Weggang – d.h.
zur Zeit des Acta-Verfassers! –, eintreffen wird. Dadurch hat er erreicht,
was er beabsichtigte: es den Gnostikern zu erschweren, sich auf Paulus zu
berufen. Denn dieser hatte in prophetischem Geist schon im voraus Abstand
von ihnen genommen und sie „reißende Wölfe" genannt!

---

[9] G. LÜDEMANN, Untersuchungen zur simonianischen Gnosis, GTA 1, Göttingen 1975; DERS.,
The Acts of the Apostles and the Beginnings of Simonian Gnosis, NTS 33, 1987, 420–426; DERS.,
Das frühe Christentum, wie Anm. 4, 99–107: „Apostelgeschichte 8,4–25".

[10] LÜDEMANN, The Acts of the Apostles (Anm. 9), 420: „The span of time that lies between the
two oldest sources (Acts and Justin)".

[11] Ebd., 422.

[12] Ich kenne nur zwei Ausnahmen: J. C. O'NEILL, The Theology of Acts in its Historical Setting, London 1961 (^{2}1970), 18: um 115–130 n. Chr.; C. F. EVANS, Saint Luke, New Testament
Commentaries, London/Philadelphia 1990, 104–111: um 135 n. Chr.

Andere Indizien können die These einer verhältnismäßig späten Abfassung des lukanischen Doppelwerks, in einer Zeit lange nach dem Tod des Paulus, stützen:

Erstens ist dies der Apostelbegriff der Apg. So wenig wie von den Briefen des Paulus gesprochen wird, so wenig wird Paulus in der Apg (abgesehen von 14,4.14) „Apostel" genannt. Dem Verfasser scheinen nur die zwölf Jünger als Apostel zu gelten, was besonders deutlich in der Zuwahl eines zwölften Apostels (statt Judas) zum Ausdruck kommt (Apg 1,15–26): „Einer von den Männern, die die ganze Zeit mit uns zusammen waren, als Jesus, der Herr, bei uns ein und aus ging, angefangen von der Taufe durch Johannes bis zu dem Tag, an dem er von uns ging und in den Himmel aufgenommen wurde – einer von diesen muss nun zusammen mit uns Zeuge seiner Auferstehung sein." (Apg 1,21f.) Von den zwei aufgestellten Kandidaten wurde dann Matthias gewählt. Paulus wird daher in der Apg nicht zu den Aposteln gerechnet! In den Briefen des Paulus hingegen bezeichnet der Ausdruck „alle Apostel" eine Gruppe, die bedeutend mehr Personen umfasst als nur „die Zwölf" und zu der auch Paulus selbst gehört (z.B. 1Kor 15,3–11). Es ist evident: Der Verfasser des lukanischen Doppelwerks kannte Paulus nicht persönlich und war deshalb auch nicht mit dem Paulusbegleiter und Arzt Lukas identisch.[13]

Zweitens geht aus dem Vorwort zu Lk eindeutig hervor, dass der Autor nicht als Augenzeuge auftritt, sondern sich auf Vorgänger beruft, auf solche, die vor ihm über all das berichtet haben, was sich „unter uns", d.h. unter den Christen, ereignet und erfüllt hat (Lk 1,1–4). Diese Vorgänger könnten die Verfasser des Markusevangeliums, des Matthäusevangeliums und sogar des Johannesevangeliums gewesen sein, woraus sich ergäbe, dass das Lukasevangelium bedeutend später als gewöhnlich angenommen abgefasst wurde.[14]

---

[13] Johannes Munck war ursprünglich der Auffassung, dass Lk–Apg vom Paulusbegleiter Lukas verfasst worden sei. Konfrontiert mit dem Apostelbegriff, schrieb er jedoch in The Acts of the Apostles. Introduction, Translation and Notes, AB 31, New York 1967, 11f.: „Luke's concept of the word ‚apostle' seems to presuppose Paul's, and the difference with regard to this fundamental point [sc. dass das Wort ‚Apostel' in Lk–Apg die zwölf Jünger, die Jesus folgten, bezeichnet] is an important argument, one must concede, against the view advanced in this book concerning the relationship between Luke and Paul and concerning the time when Luke's work was composed […]. As it is impossible in any view of the work to make everything agree, one is obliged to the view that provides the most likely solution to the largest number of problems."

[14] Zur zeitlichen und literarischen Reihenfolge Mk–Mt–Lk siehe M. D. GOULDER, Luke. A New Paradigm, Bd. 1–2, JSNT.S 30, Sheffield 1989. Zur möglichen Reihenfolge Joh – Lk siehe R. MORGAN, Which was the Fourth Gospel? The Order of the Gospels and the Unity of Scripture, JSNT 54, 1994, 3–28; B. SHELLARD, The Relationship of Luke and John: A Fresh Look at an Old Problem, JTS 46, 1995, 71–98; M. A. MATSON, In Dialogue with Another Gospel? The Influence of the Fourth Gospel on the Passion Narrative of the Gospel of Luke, SBLDS 178, Atlanta, GA

Drittens ist der altkirchliche Verfasser Papias von Hierapolis von Bedeutung, der um 140 n. Chr. ein Werk in fünf Büchern mit Auslegungen von Herrenworten schrieb.[15] Dieses Werk ist nicht mehr zugänglich, wird aber vom Kirchenvater und Kirchengeschichtler Eusebius zitiert. Dieser weist ausdrücklich darauf hin, dass Papias das Markusevangelium und das Matthäusevangelium gekannt habe, sagt aber mit keinem Wort, dass Papias vom Lukasevangelium wusste. Schlussfolgerungen daraus wären zwar ein *argumentum e silentio*, doch ist das Schweigen in diesem Fall beredt, um es nicht geradezu als schreiend zu bezeichnen. Papias hat also noch um 140 n. Chr., als er sein Werk verfasste, nichts von Lk (und Apg) gewusst. Die einfachste Erklärung dafür wird sein, dass Lk–Apg gerade erst zu dieser Zeit geschrieben und veröffentlicht wurden.[16]

Viertens muss der Gnostiker Markion erwähnt werden. Er wurde in Sinope am Schwarzen Meer geboren und kam als Reeder zu großem Reichtum. Um 140 n. Chr. fand er sich in Rom ein und schloss sich der dortigen Gemeinde an. Er verwarf (aber was heißt ‚verwerfen'?), wie heute gewöhnlich angenommen wird, das Alte Testament und schöpfte ein Neues, das aus „Evangelium" und „Apostel" bestand. Diese Bibel ist heute nur noch aus der Polemik der Kirchenväter, u.a. des Tertullian, bekannt.[17] Der Evangelienteil habe aus einem von alttestamentlichen und jüdischen Elementen „gereinigten" Lk, der Apostelteil aus zehn in gleicher Weise bearbeiteten Paulusbriefen (ohne die Pastoralbriefe) bestanden. Obwohl Markion der römischen Gemeinde bei seiner Aufnahme eine beträchtliche Geldsumme geschenkt hatte (wie Simon Magus, der sich die Fähigkeit, den Heiligen Geist zu geben, für Geld kaufen wollte), hat ihn die Gemeinde nach einigen Jahren, nämlich 144 n. Chr., aus der kirchlichen Gemeinschaft ausgeschlossen und ihm sein Geld zurückgegeben. Er hat dann seine eigene Kirche gegründet, die mehrere Jahrhunderte lang weiterbestand.

Im vorliegenden Zusammenhang ist von besonderer Wichtigkeit, dass Markion in seine Bibel ein bearbeitetes Lukasevangelium aufgenommen

---

2001; B. SHELLARD, New Light on Luke. Its Purpose, Sources and Literary Context, JSNT. S 215, Sheffield 2002.

[15] Die Datierung des Werkes von Papias nehme ich vor in Auseinandersetzung mit U. H. J. KÖRTNER, Papias von Hierapolis. Ein Beitrag zur Geschichte des frühen Christentums, FRLANT 133, Göttingen 1983, und J. WEHNERT, Die Wir-Passagen der Apostelgeschichte. Ein lukanisches Stilmittel aus jüdischer Tradition, GTA 40, Göttingen 1989, 57 mit 215 Anm. 43.

[16] Zuletzt hat P. WALTERS, The Assumed Authorial Unity of Luke and Acts. A Reassessment of the Evidence, MSSNTS 145, Cambridge 2009, bestritten, dass die beiden Schriften von demselben Verfasser herrühren. Dagegen sprechen m.E. eindeutig sowohl Sprache wie Inhalt; außerdem kann nicht von der Widmung an den mächtigen Theophilus (Lk 1,4; Apg 1,1; vgl. Apg 23,26; 24,2; 26,25) abgesehen werden. Die Möglichkeit einer gewissen zeitlichen Distanz zwischen der Abfassung der beiden Teile des Doppelwerks kann hingegen nicht völlig abgewiesen werden.

[17] Zuletzt J. M. LIEU, „As much my apostle as Christ is mine": The dispute over Paul between Tertullian and Marcion, Early Christianity 1, 2010, 41–59.

hat. Die Aufnahme dieses Buches wäre nicht möglich gewesen, wenn Lk in
den christlichen Gemeinden längst bekannt und bei ihnen in Gebrauch
gewesen wäre. Dies war nur möglich, weil es sich um eine *neue* Schrift
handelte, die darüber hinaus nicht für die Gemeinde, sondern für eine breite
Öffentlichkeit bestimmt und geschrieben worden war: „Ad Theophilum I–
II".[18]

Man könnte gegen diese Ausführungen den Einwand erheben, dass es für
Markion dann auch nicht möglich gewesen wäre, in seiner Bibel die zehn
Paulusbriefe zu publizieren, da diese den Gemeinden bekannt gewesen und
von ihnen verwendet worden seien. Es ist jedoch eine offene Frage, wie es
sich tatsächlich damit verhielt. Zum einen wurden die Paulusbriefe schon
vor der Abfassung des lukanischen Doppelwerks in gnostischen Kreisen ge-
und missbraucht, zum anderen war es möglicherweise erst eine Folge der
Veröffentlichung der Apg, dass die paulinischen Briefe nach etlichen Jahrzehnten wieder zu Ehre und Ansehen in kirchlichen Kreisen gelangten.

---

[18] Zu Lk–Apg als einer Verteidigungsschrift, die für eine weite Öffentlichkeit bestimmt war,
siehe EVANS, Saint Luke (Anm. 12).

Frank Schleritt

Der Jüngling im Grab als Epigone des Auferstandenen

Zum Verhältnis der Geschichte vom Grabbesuch der Frauen zur Überlieferung von der Erscheinung Jesu vor Maria Magdalena

In Mk 16,1–8 wird erzählt, dass Maria Magdalena, Maria Jacobi und Salome sich in der Absicht, den Leichnam Jesu zu salben, am ersten Tag der Woche zum Grab begeben, es geöffnet vorfinden, darin einen weiß gekleideten Jüngling[1] sitzen sehen, der sie über die Auferweckung Jesu unterrichtet und ihnen den Auftrag erteilt, zu den Jüngern und Petrus zu gehen, um ihnen eine in Galiläa erfolgende Erscheinung Jesu anzukündigen, und dass sie daraufhin weglaufen und aus Furcht niemandem etwas sagen.

Es fragt sich: Wenn die Frauen niemandem etwas sagten (16,8), wie will Mk dann von dem, was er in 16,1–8 berichtet, überhaupt erfahren haben?[2] Wird die Notiz über das Schweigen der Frauen verabsolutiert, stellt diese Frage ein unlösbares Problem dar, es sei denn, man nimmt an, Mk wolle seinen Lesern zu verstehen geben, dass sein Evangelium aus der Feder des in 16,5 erwähnten Jünglings stamme[3] bzw. von den (oder einer der) Frauen verfasst worden sei. Diese Annahme zieht jedoch eine derart stattliche Anzahl von exegetischen Folgeproblemen nach sich, dass es ratsam er-

---

[1] Zu der auf Luther zurückgehenden Übersetzung von νεανίσκος mit „Jüngling" (so z.B. auch G. LÜDEMANN/F. SCHLERITT, Arbeitsübersetzung des Neuen Testaments, UTB 3163, Göttingen 2008, 122) vgl. zum einen Philo, op. mundi 105, zum anderen J. GRIMM/W. GRIMM, Deutsches Wörterbuch, Vierten Bandes Zweite Abtheilung. Bearbeitet von M. Heyne, Leipzig 1877, 2395f.; s. außerdem G. BINDER/M. SAIKO, Art. Lebensalter, DNP 6, 1999, 1207–1212.

[2] Mk 16,9–20 und der sog. kurze Mk-Schluss sind textkritisch sekundär; vgl. K. ALAND, Der Schluß des Markusevangeliums (1974), in: Ders., Neutestamentliche Entwürfe, ThB 63, München 1979, 246–283. Zu der überflüssigen These, der ursprüngliche Schluss des MkEv sei verlorengegangen oder getilgt worden (so z.B. R. BULTMANN, Die Geschichte der synoptischen Tradition, FRLANT 29, Göttingen ⁹1979, 308f.; M. HENGEL, Maria Magdalena und die Frauen als Zeugen [1963], in: Ders., Jesus und die Evangelien. Kleine Schriften V, hg. von C.-J. Thornton, WUNT 211, Tübingen 2007, 28–39, 35f.), vgl. H. PAULSEN, Mk XVI 1–8, NT 22, 1980, 138–175, 141–145, sowie A. LINDEMANN, Die Osterbotschaft des Markus. Zur theologischen Interpretation von Markus 16,1–8 (1980), in: Ders., Die Evangelien und die Apostelgeschichte. Studien zu ihrer Theologie und zu ihrer Geschichte, WUNT 241, Tübingen 2009, 135–155, 135–137.

[3] Vgl. G. LÜDEMANN, Die Auferweckung Jesu von den Toten. Ursprung und Geschichte einer Selbsttäuschung, Lüneburg 2002, 71 (in Mk 16,5 [und 14,51f.] bringe sich der Verfasser des MkEv möglicherweise selber in die Geschichte ein) und 73 („Indem Mk von einem Schweigen der Frauen berichtet, schafft er Raum, sich selbst als ersten Erzähler der Geschichte vom leeren Grab zu empfehlen").

scheint, sich zu vergegenwärtigen, dass ihre Voraussetzung nicht stichhaltig ist. Denn es muss ja berücksichtigt werden, wie die Geschichte laut Mk in der außerhalb seines Berichtszeitraums liegenden Epoche weiterging: Der auferweckte Jesus ist in Galiläa erschienen (vgl. 14,28; 16,7), und die Jünger haben begonnen, das Evangelium in aller Welt zu predigen (vgl. 13,10; 14,9). Eine plausible Erklärung für eine auch zu jener Zeit noch andauernde Furcht der Frauen gibt es nicht – und damit auch keine Erklärung für ein unaufhörliches Schweigen; denn mit dem Hinweis darauf, dass die Frauen sich fürchteten, wird die Notiz, dass sie niemandem etwas sagten, in 16,8 ja begründet.[4] Dann aber können auch die Vermutung, dass Mk andeuten wolle, er sei der Erste gewesen, dem die Frauen ihre Erlebnisse erzählt haben, und damit zugleich die Auskunft, durch die Notiz über das Schweigen solle erklärt werden, warum die Grabesgeschichte vor der Niederschrift von 16,1–8 noch nicht bekannt gewesen sei, auf sich beruhen.

Es wäre müßig, darüber zu spekulieren, wie viele Tage oder Wochen das Schweigen der Frauen laut Mk angedauert haben mag. Allerdings wurde es ihm zufolge gewiss nicht gebrochen, bevor sich die in 16,7 enthaltene Ankündigung des Jünglings[5] erfüllte. Denn nur so erschließt sich der Sinn der ganzen Konstruktion: Davon, dass Jesus auferweckt wurde, haben die Jünger und Petrus zu dem Zeitpunkt erfahren, zu dem Jesus ihnen entsprechend der Voraussage des Jünglings erschien.[6] Demzufolge geht die weltweite Verkündigung der Auferstehung Jesu weder vom Jüngling noch von den Frauen aus, sondern vom Auferstandenen selbst.[7]

---

[4] Vgl. H. A. W. MEYER, Kritisch exegetisches Handbuch über die Evangelien des Markus und Lukas, KEK I/2, Göttingen [5]1867, 213 (dass die Frauen „späterhin den Auftrag des Engels *erzählten*, versteht sich von selbst, aber *ausgerichtet* haben sie ihn nicht"); H. VON CAMPENHAUSEN, Der Ablauf der Osterereignisse und das leere Grab, SHAW.PH, Heidelberg [4]1977, 27; M. HENGEL, Das Begräbnis Jesu bei Paulus und die leibliche Auferstehung aus dem Grabe (2001), in: Ders., Studien zur Christologie. Kleine Schriften IV, hg. von C.-J. Thornton, WUNT 201, Tübingen 2006, 386–450, 448.

[5] Der νεανίσκος ist natürlich nicht *irgendein* Jüngling, sondern ein von Gott gesandter Bote (vgl. Tob 5,4–17 LXX א [bes. 5,4f.: καὶ οὐκ ἔγνω ὅτι ἄγγελος τοῦ θεοῦ ἐστιν· καὶ εἶπεν αὐτῷ· Πόθεν εἶ, νεανίσκε;] sowie Flavius Josephus, ant. V 276–284 [bes. 279: τὰ παρὰ τοῦ ἀγγέλου ἐκδιηγήσατο ἐκθαυμάζουσα τοῦ νεανίσκου τὸ κάλλος καὶ τὸ μέγεθος]); s. dazu MEYER, Handbuch (Anm. 4), 212; J. MICHL, Art. Engel II (jüdisch), RAC 5, 1962, 60–97, bes. 68f.; R. PESCH, Das Markusevangelium. II. Teil. Kommentar zu Kap. 8,27–16,20, HThK II/2, Freiburg i. Br. u.a. [4]1991, 532; H. MERKLEIN, Mk 16,1–8 als Epilog des Markusevangeliums (1993), in: Ders., Studien zu Jesus und Paulus, Bd. II, WUNT 105, Tübingen 1998, 211–240, 218f.

[6] Die Fähigkeit des Auferstandenen, den Jüngern und Petrus in Galiläa zu erscheinen, wird durch das Verschweigen der Mitteilung, dass er ihnen dort erscheinen will, nicht beeinträchtigt; vgl. dazu O. LINDTON, Der vermißte Markusschluß, ThBl 8, 1929, 229–234, 232.

[7] Vgl. PESCH, Markusevangelium (Anm. 5), 536: „Der gewollte Widerspruch zum Auftrag des Engels ermöglicht dem Erzähler den Abschluß des Erzählzusammenhangs einerseits, die Relativierung der Rolle der Frauen und die Wahrnehmung der Rolle der Jünger als der primären Botschafter der Auferstehung Jesu andererseits."

Die Arbeiten, die Gerd Lüdemann zur Auferstehung Jesu veröffentlicht hat, sind gut geeignet, das Bewusstsein für die mit der Interpretation von Mk 16,1–8 verbundenen Probleme zu schärfen. Das gilt nicht nur für die Frage, wie der Text im Rahmen des MkEv zu verstehen ist, sondern auch für die nach seiner Herkunft. Was dies betrifft, hat Lüdemann seinen Standpunkt im Laufe der Zeit verändert. Während er 1994 die These vertrat, Mk 16,1–8 basiere auf einer von Mk aufgegriffenen Einzelüberlieferung,[8] plädiert er seit dem Jahre 2000 dafür, dass es sich bei diesem Abschnitt um eine markinische Bildung handele (in die freilich einzelne traditionelle Elemente eingeflossen seien).[9] Weder die ältere noch die jüngere These können allerdings den überzeugen, der die Einsicht gewonnen hat, dass für die früher von zahlreichen Exegeten als geradezu selbstverständlich vorausgesetzte, seit einiger Zeit hingegen vielfach angefochtene Annahme, das vierte Evangelium sei von den synoptischen Evangelien unabhängig, nach wie vor die besten Argumente sprechen.[10] Dann nämlich lässt sich in methodisch kontrollierbarer Weise zeigen, dass es schon früh einen Erzählzusammenhang über die letzten Tage, den Tod und die Auferweckung Jesu gab und dass dieser Erzählzusammenhang sich später einerseits zu der den Grundbestand von Mk 11 und 14,1–16,8 umfassenden vormarkinischen Passionsgeschichte und andererseits zu einem Bericht fortentwickelt hat, der anschließend zum Ausgangspunkt sowohl für den in Joh 2,13–19 und 11,47–20,23 benutzten vorjohanneischen Passionsbericht als auch für den Bericht wurde, den Lk zusätzlich zu den letzten Kapiteln des MkEv für seine Darstellung der Passion und Auferstehung Jesu heranzog.[11]

Analysiert man die Evangelien des Mk, Joh und Lk unter dieser Voraussetzung, ergibt sich, dass die Geschichte vom Grabbesuch der Frauen den *Abschluss* des vormarkinischen Passionsberichts und des diesem zugrundeliegenden Erzählzusammenhangs bildete[12] und dass sie darin dem, was jetzt in Mk 16,1–8 zu lesen ist, zwar nicht in allen Einzelheiten entsprach, aber in der Hauptsache doch recht ähnlich war. Insbesondere sind der ursprüng-

---

[8] Vgl. G. LÜDEMANN, Die Auferstehung Jesu. Historie, Erfahrung, Theologie, Stuttgart 1994, 132 („Mk 16,1–8* war kein Bestandteil einer vormarkinischen Passionsgeschichte, sondern eine kleine Einheit, die von Mk an dieser Stelle eingearbeitet wurde").

[9] Vgl. G. LÜDEMANN, Jesus nach 2000 Jahren. Was er wirklich sagte und tat. Mit Beiträgen von F. Schleritt und M. Janßen, Lüneburg 2000, 154 (Springe ²2004, 153); DERS., Auferweckung (Anm. 3), 73 („Man muss wohl bestreiten, dass eine Grabesgeschichte vor Mk existiert hat").

[10] Vgl. dazu F. SCHLERITT, Der vorjohanneische Passionsbericht. Eine historisch-kritische und theologische Untersuchung zu Joh 2,13–22; 11,47–14,31 und 18,1–20,29, BZNW 154, Berlin/New York 2007, 93–106.

[11] Vgl. a.a.O., 107–150.

[12] Mk hat hinter 16,8 also nichts aus dem ihm vorliegenden Bericht weggelassen; anders T. A. MOHR, Markus- und Johannespassion. Redaktions- und traditionsgeschichtliche Untersuchung der Markinischen und Johanneischen Passionstradition, AThANT 70, Zürich 1982, 381f. 401. 414.

lichen Darstellung die Namen der drei Frauen – derselben Frauen, die laut Mk 15,40* die Kreuzigung Jesu von ferne beobachtet hatten[13] –, die Angaben πρωΐ und τῇ μιᾷ τῶν σαββάτων, die Notiz über den weggewälzten Stein sowie die Erwähnung des Jünglings nicht abzusprechen.[14]

In Mk 16,6 sagt der Jüngling zu den Frauen: „Erschreckt nicht! Ihr sucht Jesus, den Nazarener, den Gekreuzigten. Er wurde auferweckt. Er ist nicht hier; siehe, der Ort, wohin sie ihn gelegt haben!" Daran schließt sich in 16,7 ein weiteres Wort des Jünglings an. Wie dieses zu übersetzen ist, ist umstritten.[15] Die Elberfelder Bibel gibt es wie folgt wieder: „Aber geht hin, sagt seinen Jüngern und Petrus, dass er euch nach Galiläa vorausgeht! Dort werdet ihr ihn sehen, wie er euch gesagt hat." Bezieht man nun das erste „euch" ausschließlich auf die Frauen, ergibt sich der sonderbare Gedanke, dass die Jünger und Petrus über ein Geschehen unterrichtet werden sollen, das unmittelbar nur die Frauen etwas angeht. Versteht man das erste „euch" hingegen im Sinne von „euch und ihnen"[16] – was, wenn denn die Frauen den Jüngern und Petrus sagen sollen: „Er geht uns voraus nach Galiläa", möglich ist –, lässt sich die Behauptung rechtfertigen, dass sich dadurch auch das Wort „Dort werdet ihr ihn sehen" in eine *nicht nur* den Frauen geltende Verheißung verwandelt. Allerdings bleibt dann unklar, warum der Jüngling den Jüngern und Petrus nur das Vorausgehen Jesu – nicht auch seine Erscheinung – *ankündigen* lassen will. Ferner ist unbestreitbar, dass sich, wenn auf ein „ihr, die Frauen, sollt ihnen, den Jüngern, ausrichten" ein „dass er euch ..." folgt, die Annahme, das „euch" habe auch die Jünger im Blick, nicht geradezu aufdrängt. Unabhängig davon, ob man das „euch" im Sinne von „euch und ihnen" versteht oder nicht, stellt sich außerdem die Frage, inwiefern der Jüngling sich für das „Dort werdet ihr ihn sehen" auf ein Jesuswort berufen kann („wie er euch gesagt hat"); denn eine an die Frauen – oder *auch* an sie – adressierte Erscheinungsankündigung Jesu gibt es im MkEv nicht. Alle diese Schwierigkeiten verschwinden, wenn man das oben mit „dass" übersetzte ὅτι als ein ὅτι *recitativum* deutet und die Worte „Dort werdet ihr ..." folglich mit zu dem rechnet, was die Frauen den Jüngern und Petrus mitteilen sollen.[17] 16,7 ist dann folgendermaßen zu überset-

---

[13] Vgl. dazu SCHLERITT, Passionsbericht (Anm. 10), 441f. und 483.

[14] Vgl. a.a.O., 472–488.

[15] Vgl. z.B. L. SCHOTTROFF, Maria Magdalena und die Frauen am Grabe Jesu, EvTh 42, 1982, 3–25, 19f.; G. THEISSEN/A. MERZ, Der historische Jesus. Ein Lehrbuch, Göttingen ³2001, 434f. Anm. 37.

[16] Vgl. THEISSEN/MERZ, Jesus (Anm. 15), 434 Anm. 37: „Sagt seinen Jüngern und Petrus, daß er vor euch (allen) hergehen wird nach Galiläa" (im Original zum Teil kursiv).

[17] Diesen hatte Jesus in 14,28 zwar nur gesagt, dass er ihnen nach seiner Auferweckung nach Galiläa vorausgehen werde, „und hatte nicht ausdrücklich hervorgehoben, daß sie ihn dort sehen würden. Aber das eine war mit dem anderen gegeben" (G. WOHLENBERG, Das Evangelium des Markus, KNT II, Leipzig 1910, 385).

zen: „Aber geht hin, sagt seinen Jüngern und Petrus: ‚Er geht euch voraus nach Galiläa; dort werdet ihr ihn sehen, wie er euch gesagt hat.'"

Dass zu der in Mk 16,6f. wiedergegebenen Rede des Jünglings – aus dem später „zwei Männer" (Lk 24,4) und dann „zwei Engel" (Joh 20,12) geworden sind – schon immer die Erwähnung der Suche und der Hinweis auf den „Ort, wohin sie ihn gelegt haben" (ὁ τόπος ὅπου ἔθηκαν αὐτόν), gehörten, zeigen die Entsprechungen in Joh 20 (vgl. V. 15: „Wen suchst du?", V. 7: εἰς ἕνα τόπον, V. 12: ὅπου, V. 2.13: ποῦ ἔθηκαν αὐτόν). Dabei sind diese beiden Bestandteile der Rede in Mk 16,6 so fest mit der Verkündigung der Auferweckung Jesu verbunden, dass man schwerlich anzunehmen braucht, ursprünglich habe der Jüngling nur von der Abwesenheit des Leichnams gesprochen. 16,6 dürfte also zum größten Teil eine Grundlage in der alten Überlieferung haben. Wie aber steht es um 16,7? Zunächst kommt man, da 14,28 sich als markinischer Zusatz zu erkennen gibt,[18] kaum umhin, Mk das auf 14,28 zurückweisende „wie er euch gesagt hat" zuzuschreiben. Oft wird auch der Rest des Verses auf sein Konto gebucht.[19] Doch ist es nicht ratsam, den Befund, dass die Frauen laut 16,7 zu „seinen Jüngern und Petrus" gehen sollen[20] und dass Maria Magdalena sich laut Joh 20,2 „zu Simon Petrus und zu dem anderen Jünger" begibt, auf einen Zufall zurückzuführen.[21] Ferner gilt: Wenn Mk 16,7 getilgt wird, bleibt sowohl unter der Voraussetzung, das Schweigemotiv in 16,8 sei ursprünglich, als auch unter der Voraussetzung, es stamme von Mk, von der Geschichte nur ein sonderbarer Torso übrig, den man ohne Not nicht für den Abschluss der älteren Passionserzählung halten sollte. Vielmehr ist die Tatsache, dass der in die Zukunft weisende Auftrag des Jünglings einen integralen Bestandteil der Endgestalt von 16,1–8 bildet, eine beständige Warnung vor der Annahme, in einem Vorstadium sei er entbehrlich gewesen.[22]

Die These, Mk 16,7 fuße auf traditioneller Grundlage, steht außerdem in Einklang mit der Beobachtung, dass die Geschichte vom Grabbesuch der Frauen später um die Erzählung über eine Erscheinung Jesu vor den Jün-

---

[18] Vgl. SCHLERITT, Passionsbericht (Anm. 10), 290–293.

[19] So z.B. von D. LÜHRMANN, Das Markusevangelium, HNT 3, Tübingen 1987, 270.

[20] Laut M. HENGEL, Der unterschätzte Petrus. Zwei Studien, Tübingen ²2007, 67, sind die Worte „und Petrus" in Mk 16,7 „sachlich unnötig, ja störend". Doch hat der Jüngling dafür, dass er Petrus nicht einfach zu den „Jüngern" hinzuzählt, angesichts von Mk 14,66–72/Joh 18,17.25–27 einen guten Grund (erst recht, wenn der Wortlaut von Joh 18,17b [„Bist etwa auch du von den Jüngern dieses Menschen?"] gegenüber dem von Mk 14,67b ursprünglich sein sollte; vgl. dazu SCHLERITT, Passionsbericht [Anm. 10], 380).

[21] Dabei ist zusätzlich zu berücksichtigen, dass es beim vierten Evangelisten wohl „den anderen Jüngern" hieß und dass daraus erst die nachträglichen Bearbeiter seines Werkes „dem anderen Jünger" gemacht haben; vgl. SCHLERITT, Passionsbericht (Anm. 10), 474–478.

[22] Dass sich von Mk 16,7* – ebenso wie von dem „er wurde auferweckt" aus Mk 16,6* – in Joh 20,1–13 keine Spur mehr findet, dürfte damit zusammenhängen, dass Joh in 20,14–18 eine Szene eingearbeitet hat, in der der Auferstandene selbst erscheint (s. unten nach Anm. 29).

gern (Joh 20,19–23*/Lk 24,36–43*) erweitert wurde.[23] Diese ist allerdings nicht in Galiläa, sondern von Anfang an in Jerusalem lokalisiert. Daraus ist zu schlussfolgern, dass der Ahne des vorjohanneischen und vorlukanischen Passionsberichts die in Mk 16,7 enthaltene Ortsangabe entweder unterschlagen hat oder noch gar nicht kannte.[24] Da ihm daran gelegen war, ausdrücklich davon zu berichten, dass die Ankündigung der Erscheinung Jesu sich erfüllte, ist die zweite Alternative wahrscheinlicher. Sie passt auch gut zu dem, was oben zu 14,28 als einem markinischen Zusatz und zu 16,7c als einem sich darauf beziehenden Rückverweis ausgeführt wurde. Neben dem „wie er euch gesagt hat" dürften in 16,7 also auch die Worte „er geht euch voraus nach Galiläa" mitsamt dem folgenden „dort" von Mk stammen. Der Jüngling hat den Frauen dann ursprünglich befohlen: „Aber geht hin, sagt seinen Jüngern und Petrus: ‚Ihr werdet ihn sehen.'"[25]

Aus den voranstehenden Darlegungen ergibt sich übrigens, dass es um die These, die Geschichte vom Grabbesuch der Frauen lasse zumindest auf die Historizität der Entdeckung eines leeren Grabes schließen, nicht gut bestellt ist.[26] Dies wird sofort deutlich, wenn man bedenkt, dass sie gar nicht von der Entdeckung eines leeren Grabes, sondern von der Entdeckung eines im Grab sitzenden Jünglings berichtet[27] und dass nur dieser sich zur Abwesenheit Jesu äußert.[28] Aus dem gleichen Grund ist aber auch die Annahme

---

[23] Vgl. dazu Schleritt, Passionsbericht (Anm. 10), 479f. 483. 487. 500–503.

[24] Zum Problem vgl. B. Steinseifer, Der Ort der Erscheinungen des Auferstandenen. Zur Frage alter galiläischer Ostertraditionen, ZNW 62, 1971, 232–265; T. Lorenzen, Ist der Auferstandene in Galiläa erschienen? Bemerkungen zu einem Aufsatz von B. Steinseifer, ZNW 64, 1973, 209–221; J. Becker, Die Auferstehung Jesu Christi nach dem Neuen Testament. Ostererfahrung und Osterverständnis im Urchristentum, Tübingen 2007, 255–260.

[25] Unsinnig wäre: „... und Petrus, dass ihr, die Frauen, ihn sehen werdet." Kaum besser stünde es um: „... und Petrus, dass ihr, nämlich ihr sowie die Jünger und Petrus, ihn sehen werdet" (die auch den Frauen geltende Verheißung des Sehens wäre dann nur als Bestandteil der Botschaft von Belang, die sie den Jüngern und Petrus überbringen sollen).

[26] Vgl. dazu A. Vögtle, Wie kam es zum Osterglauben?, in: Ders./R. Pesch, Wie kam es zum Osterglauben?, Düsseldorf 1975, 9–131, 85–98; P. Hoffmann, Der Glaube an die Auferweckung Jesu in der neutestamentlichen Überlieferung (1979), in: Ders., Studien zur Frühgeschichte der Jesus-Bewegung, SBAB 17, Stuttgart 1994, 188–256, 227; L. Oberlinner, Die Verkündigung der Auferweckung Jesu im geöffneten und leeren Grab. Zu einem vernachlässigten Aspekt in der Diskussion um das Grab Jesu, ZNW 73, 1982, 159–182.

[27] Laut P. Benoit, Marie-Madeleine et les Disciples au Tombeau selon Joh 20 1–18, in: Judentum, Urchristentum, Kirche, FS J. Jeremias, hg. von W. Eltester, BZNW 26, Berlin ²1964, 141–152, 148–150, spiegeln Joh 20,1–10 und Lk 24,12 eine im Vergleich zu Mk 16,1–8 ältere Tradition wider. Doch handelt es sich bei Lk 24,12*/Joh 20,3–10* um einen von Mk 16,1–8* abhängigen Bericht, der nicht früher als Lk 24,36–43*/Joh 20,19–23* an Mk 16,1–8* angefügt wurde, und bei Joh 20,2* um einen zum Zwecke der Verknüpfung von Joh 20,3–10* mit Joh 20,1*/Mk 16,1–4* gebildeten Zusatz; vgl. Schleritt, Passionsbericht (Anm. 10), 479–482.

[28] Die Behauptung, bei Tilgung der Notiz über den Jüngling und gewisser anderer legendarischer Elemente der Erzählung bleibe „ein Gang zum Grabe, das sich geöffnet *und leer* erweist", übrig (von Campenhausen, Ablauf [Anm. 4], 25 [Hervorhebung von mir]), ist also nicht richtig.

höchst zweifelhaft, dass wenigstens die Nachricht, Frauen hätten ein *geöffnetes* Grab vorgefunden, zuverlässig sei. Hält man nämlich den Jüngling mitsamt seinen Worten für fiktiv – und eine andere Möglichkeit gibt es doch wohl nicht –, die Entdeckung des geöffneten Grabes hingegen für historisch, bleibt man immer mit der Frage konfrontiert, ob damit nicht einem Bestandteil der Erzählung historische Zuverlässigkeit attestiert wird, der von vornherein im Hinblick auf den Höhepunkt der Geschichte, die Verkündigung des Jünglings, konzipiert wurde.[29]

Nun nötigt die Erkenntnis, dass das JohEv von den synoptischen Evangelien unabhängig ist, weiter zu dem Schluss, dass Joh und Mt die ihnen vorgegebenen Berichte vom Grabbesuch der Frauen jeweils selbständig mit einer Szene verknüpft haben, der zufolge sich die erste Erscheinung Jesu – anders als in Mk 16,7 vorausgesetzt – *nicht* vor „seinen Jüngern und Petrus" ereignet hat. Dass Mt 28,(8.)9–10[30] und Joh 20,14–17(.18) dieselbe Wurzel haben,[31] ist dabei aufgrund der formalen und inhaltlichen Übereinstimmungen unverkennbar.[32] Ferner lässt sich wahrscheinlich machen, dass Joh der ursprünglichen Tradition insofern näher steht, als er im Gegensatz zu Mt 28,9f., wo Jesus, wie sich freilich nur dem Kontext entnehmen lässt, Maria Magdalena (vgl. 28,1) und der „anderen Maria" (vgl. ebd.), nämlich Maria Jacobi (vgl. 27,56.61), erscheint, in Joh 20,14–17 von einer Erscheinung berichtet, die allein der Magdalenerin zuteil wird. Denn wenn die Urtradition von einer Begegnung Jesu mit zwei oder mehr Frauen berichtet hätte, wäre das Zustandekommen des in Joh 20,16 wiedergegebenen Wortwechsels, der der vorjohanneischen Überlieferung nicht abgesprochen werden kann,[33] nur schwer zu erklären. War aber ursprünglich nur von Maria Magdalena die Rede, erheben sich auch gegen die Annahme, dass ihr schon

---

[29] Zu den Schwierigkeiten des Versuchs, mittels einer sog. Subtraktionsmethode einen historischen Kern von Mk 16,1–8 zu ermitteln, vgl. auch I. BROER, „Seid stets bereit, jedem Rede und Antwort zu stehen, der nach der Hoffnung fragt, die euch erfüllt" (1 Petr 3,15). Das leere Grab und die Erscheinungen Jesu im Lichte der historischen Kritik, in: Ders./J. Werbick (Hg.), „Der Herr ist wahrhaft auferstanden" (Lk 24,34). Biblische und systematische Beiträge zur Entstehung des Osterglaubens, SBS 134, Stuttgart 1988, 29–61, 37f.; G. LÜDEMANN, Zwischen Karfreitag und Ostern, in: H. Verweyen (Hg.), Osterglaube ohne Auferstehung? Diskussion mit Gerd Lüdemann, QD 155, Freiburg i. Br. u.a. 1995, 13–46, 24f.

[30] Laut G. LÜDEMANN, Das Judas-Evangelium und das Evangelium nach Maria. Zwei gnostische Schriften aus der Frühzeit des Christentums, Stuttgart 2006, 116, ist Mt 28,9f. eine matthäische Bildung; vgl. auch DERS., Auferweckung (Anm. 3), 83.

[31] Vgl. dazu R. KÜHSCHELM, Angelophanie – Christophanie in den synoptischen Grabesgeschichten Mk 16,1–8 par. (unter Berücksichtigung von Joh 20,11–18), in: C. Focant (Hg.), The Synoptic Gospels: Source Criticism and the New Literary Criticism, BEThL 110, Leuven 1993, 556–565, 557–561.

[32] So auch J. BECKER, Das Evangelium nach Johannes. Kapitel 11–21, ÖTK 4/2, Gütersloh/Würzburg [3]1991, 723–726 (anders dann freilich DERS., Auferstehung [Anm. 24], 37f. und 73).

[33] Vgl. SCHLERITT, Passionsbericht (Anm. 10), 490.

auf der vormatthäischen Ebene Maria Jacobi beigesellt worden sei, und erst recht gegen die Annahme, sie sei in Mt 28,9f.* von mehreren Frauen begleitet worden, Bedenken.[34] Denn die zweite Alternative postuliert eine Überlieferung, die in Mt 28,1–10 keinen Anhalt am Text hat, und die erste vermag gegen die viel einfachere Annahme nicht zu bestehen, dass die Änderung erst von Mt vorgenommen worden sei: Wie dieser bei der Bearbeitung von Mk 16,1 mit Rücksicht auf Mk 15,47/Mt 27,61, wo (anders als in Mk 15,40f. und Mt 27,55f.[35]) nur zwei Frauen[36] erwähnt werden,[37] eine Frau wegließ (28,1), so stellte er der einen ihm aus 28,9f.* bekannten Frau – Maria Magdalena – eine weitere an die Seite, sodass in 27,61–28,10 jetzt durchweg von zwei Frauen die Rede ist. Gleichsam umgekehrt verlief die Entwicklung in Joh 20: Der vierte Evangelist schnitt die ihm vorgegebene Geschichte vom Grabbesuch der Frauen – dass in V. 1 ursprünglich *mehrere* Frauen auftraten, ist an dem „wir wissen nicht" in V. 2 noch erkennbar – unter dem Einfluss der Sondertradition auf Maria Magdalena zu, sodass der Text jetzt durchweg nur von einer einzigen Frau handelt.

Die Nachricht, dass der Auferstandene zuerst Maria Magdalena erschienen sei, lässt sich bekanntlich nicht ohne weiteres mit der von Paulus in 1Kor 15,3c–5 zitierten Formel vereinbaren. Für viele Ausleger ist dies kein oder doch nur ein marginales Problem. Das folgende Votum zu Joh 20,14–17 ist dafür ein schönes Beispiel: „Wie fern wir hier dem ursprünglichen Osterzeugnis sind, zeigt der schreiende Widerspruch der Szene zu der guten alten Nachricht des Paulus, daß Petrus als erster den Herrn gesehen hat."[38] So einfach kann man es sich indes nicht machen. Denn weder das hohe Alter der in 1Kor 15 zitierten Formel noch die Tatsache, dass sie uns durch Paulus überliefert ist, sind Garanten dafür, dass 15,5 die Reihe derer, die den Auferstandenen gesehen haben, zuverlässig bzw. vollständig wiedergibt. Umgekehrt ist die Vermutung, die Nachricht von der Ersterscheinung vor Maria Magdalena sei zu einem Zeitpunkt in die Welt gesetzt worden, zu dem man schon davon sprach, dass Jesus dem „Kephas" (1Kor 15,5a), „den

---

[34] Für die Vermutung, Mt 28,9f.* habe gar nicht von einer oder mehreren Frauen gehandelt (vgl. LÜDEMANN, Auferstehung [Anm. 8], 148f.), spricht nichts; vgl. dazu auch F. NEIRYNCK, Note on Mt 28,9–10 (1995), in: Ders., Evangelica III. 1992–2000. Collected Essays, BEThL 150, Leuven 2001, 579–584, 581f.

[35] Drei namentlich genannte Frauen (Mk: Maria Magdalena; Maria, die Mutter des kleinen Jakobus und des Joses; Salome – Mt: Maria Magdalena; Maria, die Mutter des Jakobus und des Joseph; die Mutter der Söhne des Zebedäus) sowie viele weitere Frauen.

[36] Mk: Maria Magdalena; Maria, die des Joses – Mt: Maria Magdalena; die andere Maria.

[37] Zum scheinbaren Widerspruch zwischen Mk 15,47 (Maria Josetis) und 16,1 (Maria Jacobi) vgl. SCHLERITT, Passionsbericht (Anm. 10), 467f. mit Anm. 62.

[38] E. HIRSCH, Die Auferstehungsgeschichten und der christliche Glaube, Tübingen 1940, 12. Hirsch vertritt im Übrigen die These, dass es sich bei Mt 28,9f. um eine „nachträgliche legendäre Wucherung" handele (19), die der vierte Evangelist „begierig aufgegriffen" habe (11).

Zwölfen" (15,5b) oder „seinen Jüngern und Petrus" (Mk 16,7) erschienen sei,[39] nicht ohne Probleme. Daher wird man die These, dass zuerst die Magdalenerin den Auferstandenen gesehen habe und dass die Kunde davon später in bestimmten Kreisen unterdrückt oder für irrelevant gehalten worden sei,[40] nicht als abwegig bezeichnen dürfen.[41]

Von der Frage, wer den Auferstandenen zuerst gesehen hat, ist die Frage zu unterscheiden, inwieweit es möglich ist, aus Joh 20 und Mt 28 auf die ursprüngliche Gestalt der Überlieferung von der Erscheinung vor Maria Magdalena zurückzuschließen. Das Grundgerüst ist noch recht gut erkennbar: Begegnung und Anrede (Joh 20,14b.16a–b[42] [„und sie sieht Jesus dastehen ... Jesus sagt ihr: ‚Maria!‘"]; vgl. Mt 28,9a–b [„und siehe, Jesus begegnete ihnen und sagte: ‚Seid gegrüßt!‘"]); Reaktion (Joh 20,16c; vgl. Mt 28,9c); Befehl Jesu (Joh 20,17; vgl. Mt 28,10); Ausführung des Befehls (Joh 20,18; vgl. Mt 28,8). Was Joh 20,14b/Mt 28,9 ehemals vorangegangen sein mag, ist hingegen schwer zu sagen, da die Szene bei Joh und Mt auf je eigene Weise mit der aus dem vorjohanneischen Passionsbericht bzw. aus Mk 16,1–8 stammenden Grabesgeschichte verknüpft ist: Joh zufolge findet sie unmittelbar am Grab statt (vgl. 20,11); hingegen ereignet sie sich laut Mt, als die Frauen schon auf dem Weg vom Grab zu den Jüngern sind (vgl. 28,8). Dass beide Evangelisten die Szene mit dem Grab in Verbindung bringen, deutet darauf hin, dass sie von Anfang an in dessen Nähe lokali-

---

[39] Von der Einzelerscheinung des Auferstandenen vor Kephas (1Kor 15,5a) ist in den neutestamentlichen Evangelien nur in Lk 24,34 („Der Herr wurde wirklich auferweckt und erschien Simon") die Rede. Doch lässt sich kaum bestreiten, dass den anderen in 1Kor 15,5–8 erwähnten Erscheinungen eine solche voranging. Zum Problem vgl. L. BRUN, Die Auferstehung Christi in der urchristlichen Ueberlieferung, Gießen 1925, 50–54; H. GRASS, Ostergeschehen und Osterberichte, Göttingen [4]1970, 94–112; LÜDEMANN, Auferweckung (Anm. 3), 58–60; BECKER, Auferstehung (Anm. 24), 111–113.

[40] Vgl. BENOIT, Marie-Madeleine (Anm. 27), 150–152; HENGEL, Maria Magdalena (Anm. 2), 35–39 (vorsichtiger: DERS., Ist der Osterglaube noch zu retten? [1973], in: Ders., Kleine Schriften IV [Anm. 4], 52–73, 69: „*Möglicherweise* war gar nicht Simon Petrus, sondern Maria Magdalena die Empfängerin der eigentlichen Protophanie" [Hervorhebung von mir]); J. JEREMIAS, Neutestamentliche Theologie. Erster Teil. Die Verkündigung Jesu, Gütersloh [2]1973, 290.

[41] Zum Problem vgl. S. HEINE, Eine Person von Rang und Namen. Historische Konturen der Magdalenerin, in: Jesu Rede von Gott und ihre Nachgeschichte im frühen Christentum. Beiträge zur Verkündigung Jesu und zum Kerygma der Kirche, FS W. Marxsen, hg. von D.-A. Koch u.a., Gütersloh 1989, 179–194; KÜHSCHELM, Angelophanie (Anm. 31), 562; S. VOLLENWEIDER, Ostern – der denkwürdige Ausgang einer Krisenerfahrung (1993), in: Ders., Horizonte neutestamentlicher Christologie. Studien zu Paulus und zur frühchristlichen Theologie, WUNT 144, Tübingen 2002, 105–123, 109; THEISSEN/MERZ, Jesus (Anm. 15), 433–435; U. B. MÜLLER, Die Entstehung des Glaubens an die Auferstehung Jesu. Historische Aspekte und Bedingungen, SBS 172, Stuttgart 1998, 21; A. TASCHL-ERBER, Maria von Magdala – erste Apostolin? Joh 20,1–18: Tradition und Relecture, HBS 51, Freiburg i. Br. u.a. 2007, 251–261.

[42] Die Zerlegung von Versen in Teilverse richtet sich hier und sonst nach den Satzzeichen in der 27. Auflage des Novum Testamentum Graece. Sind Verse, die dort keine Satzzeichen enthalten, in Teilverse zerlegt, kann die Abgrenzung jeweils aus dem Kontext erschlossen werden.

siert war.[43] Daraus zu schlussfolgern, sie habe auch von der Entdeckung eines geöffneten oder leeren Grabes gehandelt, wäre freilich verfehlt.[44]

Festeren Boden betritt man bei der Frage nach dem ältesten Wortlaut des auf Joh 20,16b/Mt 28,9b folgenden Stücks. Aus dem Vergleich der Texte ergibt sich als Erstes, dass der Urtradition die Worte „Jesus sagt ihr" (Joh 20,17a; vgl. Mt 28,10a: „da sagt Jesus ihnen") entstammen. Sodann ist zu beachten, dass das darauf folgende Wort Jesu jeweils durch einen verneinten Imperativ eingeleitet wird. Dieser ist hier wie dort bemerkenswert. Bei Mt passt der Befehl „Fürchtet euch nicht!" (28,10b) weder besonders gut dazu, dass Jesus die Frauen vorher schon gegrüßt hat (28,9b), noch dazu, dass sie bereits seine Füße umfasst und begonnen haben, ihm kniend zu huldigen (28,9c); demgegenüber ist in Bezug auf das „Rühr mich nicht an!" (μή μου ἅπτου) in Joh 20,17b, das in seinem jetzigen Kontext als Abwehr eines Vorhabens verstanden werden muss (*noli me tangere*),[45] zu berücksichtigen, dass ein verneinter Imperativ Präsens normalerweise gebraucht wird, wenn eine schon begonnene Handlung abgebrochen werden soll.[46] Angesichts dessen drängt sich der Verdacht auf, dass bei Joh der ursprüngliche Wortlaut des Imperativs aufbewahrt, die Notiz über die Handlung, auf die er sich vormals bezogen hat, hingegen verloren ist, während Mt in 28,9c auf eine die ursprüngliche Beschreibung dieser Handlung widerspiegelnde Notiz zurückgegriffen, aber in 28,10b den Wortlaut des vormals auf sie folgenden Imperativs verändert hat, und zwar unter Aufnahme des Engelbefehls in 28,5b.

Die Urtradition dürfte demzufolge berichtet haben, dass Maria Jesus berührt und dass sie daraufhin den Befehl erhält, das zu unterlassen.[47] Dabei wird diese Aufforderung unmittelbar durch Joh 20,17d (vgl. die Parallele

---

[43] Vielleicht schimmert durch Joh 20,11a(.b) die ursprüngliche Einleitung noch hindurch.

[44] Vgl. dazu M. ALBERTZ, Zur Formengeschichte der Auferstehungsberichte, ZNW 21, 1922, 259–269; HENGEL, Maria Magdalena (Anm. 2), 38; s. auch J. E. ALSUP, The Post-Resurrection Appearance Stories of the Gospel Tradition. A History-of-Tradition Analysis. With Text-Synopsis, CThM.BW 5, Stuttgart 1975, 207–210.

[45] Vgl. SCHLERITT, Passionsbericht (Anm. 10), 491f.; s. auch R. BIERINGER, "I am ascending to my Father and your Father, to my God and your God" (John 20:17): Resurrection and Ascension in the Gospel of John, in: C. R. Koester/Ders. (Hg.), The Resurrection of Jesus in the Gospel of John, WUNT 222, Tübingen 2008, 209–235, 229f.

[46] Vgl. R. KÜHNER/B. GERTH, Ausführliche Grammatik der griechischen Sprache. Satzlehre. Erster Teil, Hannover ⁴1955, 189–192; F. BLASS/A. DEBRUNNER, Grammatik des neutestamentlichen Griechisch. Bearbeitet von F. Rehkopf, Göttingen ¹⁷1990, §§ 335–336; ferner M. THEOBALD, Der johanneische Osterglaube und die Grenzen seiner narrativen Vermittlung (Joh 20), in: Von Jesus zum Christus. Christologische Studien, FS P. Hoffmann, hg. von R. Hoppe und U. Busse, BZNW 93, Berlin/New York 1998, 93–123, 110, und H.-U. WEIDEMANN, Der Tod Jesu im Johannesevangelium. Die erste Abschiedsrede als Schlüsseltext für den Passions- und Osterbericht, BZNW 122, Berlin/New York 2004, 460.

[47] Vgl. BENOIT, Marie-Madeleine (Anm. 27), 145.

„Geht fort, verkündet meinen Brüdern" in Mt 28,10c) fortgesetzt worden sein („Rühr mich nicht *länger* an – d.h. halte dich nicht bei mir auf –, sondern geh[48] zu meinen Brüdern und sag[49] ihnen"). Denn bei der auf das Berührungsverbot folgenden Begründung (Joh 20,17c: „denn ich bin noch nicht aufgestiegen zum Vater"), die bei Mt keine Entsprechung hat, handelt es sich aller Wahrscheinlichkeit nach um einen Zusatz des vierten Evangelisten (vgl. Joh 3,13; 6,62). Ist dies richtig, wird man ihm auch 20,17e („Ich steige hinauf ...") zuschreiben.[50] Dann aber ist anzunehmen, dass die Fortsetzung von 20,17d par. ursprünglich in dem gleichen „sie werden mich sehen" bestand, das in Mt 28,10 noch erhalten ist, jetzt freilich durch die von Mt in Anlehnung an 28,7 (bzw. Mk 16,7) formulierten Worte „dass sie nach Galiläa gehen sollen, und dort" eingeleitet wird.

Schließlich zeigt die zwischen ἀγγέλλουσα τοῖς μαθηταῖς (Joh 20,18) und ἀπαγγεῖλαι τοῖς μαθηταῖς αὐτοῦ (Mt 28,8) bestehende Parallele, dass die ursprüngliche Szene mit einer Angabe über die Ausführung des Befehls Jesu endete.[51] Diese machte zugleich deutlich, dass unter den „Brüdern" Jesu (Joh 20,17/Mt 28,10) seine „Jünger" zu verstehen sind.

Nach allem lassen sich drei Überlieferungen unterscheiden:

a) Maria Magdalena, Maria Jacobi und Salome fanden am ersten Tag der Woche das Grab Jesu geöffnet vor und begegneten darin einem Jüngling, der ihnen sagte, Jesus sei auferweckt worden, und ihnen befahl, zu den Jüngern und Petrus zu gehen, um ihnen eine Erscheinung Jesu anzukündigen (Mk 16,1–8*).

b) Jesus zeigte sich Maria Magdalena in der Nähe des Grabes, ließ sich von ihr kurz berühren und forderte sie auf, seinen „Brüdern" (= Jüngern) eine Erscheinung anzukündigen (Joh 20,14–18*/Mt 28,9f.*).

c) Christus starb, wurde begraben, ist am dritten Tag auferweckt worden und erschien dem Kephas, dann den Zwölfen (1Kor 15,3c–5).

Dass in a) und b) die in c) erwähnten Erscheinungen vorausgesetzt werden, ist evident; also will b), sei es zu Unrecht oder zu Recht,[52] klarstellen, dass der Auferstandene *zuerst* der Magdalenerin erschien. Ließe sich nachweisen, dass das Motiv der Berührung erst sekundär zu b) hinzugekommen ist, wäre freilich auch die Annahme möglich, dass den in 1Kor 15,5 genannten Erscheinungen eine von dieser Frau stammende Behauptung vorange-

---

[48] Dem πορεύου in Joh 20,17 steht in Mt 28,10 ein ὑπάγετε gegenüber. Dieses dürfte Mt aus Mk 16,7 übernommen haben. In Mt 28,7 ist das ὑπάγετε aus Mk 16,7 durch πορευθεῖσαι ersetzt.

[49] Zum Befehl εἰπέ in Joh 20,17 vgl. auf der einen Seite das ἀπαγγείλατε in Mt 28,10 (mitsamt dem ἀπαγγεῖλαι in 28,8), auf der anderen Seite das εἴπατε in Mk 16,7 (und Mt 28,7).

[50] Vgl. BECKER, Evangelium (Anm. 32), 726; THEOBALD, Osterglaube (Anm. 46), 103.

[51] Mt hat sie benutzt, um Mk 16,8b–d zu ersetzen. Dass sie in seiner Überlieferung auf Mt 28,10 folgte, zeigt das πορευομένων δὲ αὐτῶν in 28,11 noch an (vgl. Joh 20,17: πορεύου).

[52] Vgl. oben bei Anm. 38–41.

gangen sei, Jesus habe ihr befohlen, seine „Brüder" aufzusuchen und ihnen zu sagen, (auch) sie würden ihn sehen.

Wie auch immer es gewesen sein mag – Mk 16,1–8* kann bei der Klärung dieser Fragen jedenfalls nicht behilflich sein. Da die Überlieferung Joh 20,14–18*/Mt 28,9f.* erst nachträglich, nämlich von Joh und Mt, mit dem Bericht vom Grabbesuch der Frauen – in dem der Auferstandene selbst nicht in Erscheinung tritt – verbunden wurde, ist zwar die Versuchung groß, sie für eine von Mk 16,1–8* abhängige Bildung zu halten. Macht man sich aber von dem durch die sekundäre Verknüpfung verursachten Vorurteil frei, spricht alles dafür, dass sie die ältere der beiden Traditionen ist. Sie handelt nur von einer einzigen Frau (nicht von dreien), sie lässt Jesus von „Brüdern" reden (nicht von „Jüngern"), und sie entspricht 1Kor 15,4f. insofern, als sie weder einen die Erscheinung Jesu vorbereitenden Jüngling noch ein geöffnetes oder leeres Grab erwähnt.[53] Vor allem aber hat die These, dass Joh 20,14–18*/Mt 28,9f.* nicht jünger, sondern älter sei als Mk 16,1–8*, im Vergleich zur gegenteiligen Annahme den Vorteil, dass sie zu einem wesentlich plausibleren Bild der traditionsgeschichtlichen Entwicklung führt: Der Urheber von Mk 16,1–8* (a) schloss zwischen der Überlieferung von der Ersterscheinung Jesu vor Maria Magdalena (b) und der Nachricht, dass Jesus zuerst seinen männlichen Nachfolgern erschienen sei (c), einen Kompromiss und beseitigte dabei zugleich die Spannung, die zwischen der Dreizahl der in Mk 15,40* namentlich genannten Frauen und dem Maria laut Joh 20,14–18*/Mt 28,9f.* zukommenden Sonderstatus bestand. Den Auftrag zur Ankündigung der Christophanie empfängt Maria Magdalena jetzt nicht mehr vom Auferstandenen persönlich, sondern von einem Jüngling, und sie empfängt ihn nicht mehr allein, sondern zusammen mit den beiden Frauen, die gemäß Mk 15,40* bei der Kreuzigung Jesu ebenfalls anwesend waren. Auf diese Weise bleibt sie die Erste, die, nun freilich zusammen mit zwei Begleiterinnen, von der Auferweckung Jesu *erfährt*, wohingegen die Jünger und Petrus – in Einklang mit 1Kor 15,5 – die Ersten bleiben, die den Auferstandenen *sehen*.[54]

Ergebnis: Die älteste Fassung der Erzählung vom Grabbesuch der Frauen (Mk 16,1–8) basiert auf einer Überlieferung, die von einer Erscheinung Jesu vor Maria Magdalena (Joh 20,14–18*/Mt 28,9f.*) handelte.[55] Dabei

---

[53] Die Vorstellung eines leeren Grabes dürfte allerdings impliziert sein; denn durch das Motiv der Berührung wird die Leiblichkeit des Auferstandenen ja betont.

[54] Anders als in 1Kor 15,5 muss Petrus sich gemäß Mk 16,7* die Rolle des ersten Erscheinungsempfängers freilich mit den „Jüngern" teilen (vgl. oben Anm. 20 und Anm. 39).

[55] Zu Mk 16,1–4 (par. Joh 20,1) vgl. oben bei Anm. 43–44. – Zu Mk 16,5a (par. Joh 20,11c–12a) vgl. Joh 20,14b („und sie sieht Jesus dastehen") und die Parallele in Mt 28,9a. – Zu Mk 16,5b vgl. Joh 20,16c/Mt 28,9c. – Zu Mk 16,6a–b (par. Joh 20,13a–c) vgl. Joh 20,17a–b/Mt 28,10a–b. – Zu Mk 16,7a–b vgl. Joh 20,17d–e/Mt 28,10c–d. – Zu Mk 16,8 vgl. Joh 20,18 und oben Anm. 51.

legte der Urheber von Mk 16,1–8* die in Joh 20,17*/Mt 28,10* an Maria Magdalena adressierten Aufforderungen des Auferstandenen unter Hinzufügung von Mk 16,6c–f* einem jünglingshaften Himmelsboten in den Mund und passte ihren Wortlaut an den neuen Kontext an. Aus dem Auftrag „Geh zu meinen Brüdern und sag ihnen, sie[56] werden mich sehen" (Joh 20,17d–e*/Mt 28,10c–d*) wurde so der Befehl: „Geht hin, sagt seinen Jüngern und Petrus: ‚Ihr werdet ihn sehen'" (Mk 16,7a–b*).[57]

---

[56] Nicht „sag ihnen: ‚Sie ...'" (sondern „sag ihnen, dass sie ..." oder „sag ihnen: sie ..."); vgl. die jetzige Gestalt von Joh 20,17, in der sich das unmittelbar auf „sag ihnen" folgende „ich steige hinauf" natürlich auf Jesus (nicht auf Maria Magdalena) bezieht (s. auch Lk 13,32b–c: „Geht und sagt diesem Fuchs: Siehe, ich treibe Dämonen aus ..."), und dazu R. KÜHNER/B. GERTH, Ausführliche Grammatik der griechischen Sprache. Satzlehre. Zweiter Teil, Hannover [4]1955, §§ 592–595; BLASS/DEBRUNNER, Grammatik (Anm. 46), § 470 („Vermischung direkter und indirekter Rede"); SCHLERITT, Passionsbericht (Anm. 10), 494 mit Anm. 87.

[57] Wie sich zeigte, ist dieses Ergebnis auch dann zu haben, wenn man die Frage, ob Maria Magdalena früher als Kephas eine Vision des Auferstandenen gehabt habe, verneint oder offenlässt. Da die Überlieferung Joh 20,14–18*/Mt 28,9f.* älter ist als Mk 16,1–8* – also nicht ohne weiteres aus solchen Interessen abgeleitet werden kann, wie sie im späteren Aufblühen der Maria-Magdalena-Legenden wirksam waren – und da sowohl Mt als auch Joh es für richtig hielten, sie gegenüber der Tradition von einer Ersterscheinung vor dem Jüngerkreis (Mk 16,7 bzw. Joh 20,19–23) stark zu machen, gewinnt die Annahme einer der Magdalenerin zuteil gewordenen Protophanie allerdings an Überzeugungskraft.

Martina Janßen

„Wider die Antithesen der fälschlich so genannten Gnosis"

1Tim 6,20 und die Antithesen Markions

Im 2. Jahrhundert n. Chr. führte das Ringen um die christliche Identität zu einer Differenzierung zwischen Orthodoxie und Häresie. In der altkirchlichen Auseinandersetzung mit gnostischen und weiteren heterodoxen Gruppen spielten auch die Pastoralbriefe eine große Rolle (z.B. Irenäus, haer. I praef.; Tertullian, praescr. 33),[1] allen voran die in ihnen enthaltene Warnung vor den ἀντιθέσεις τῆς ψευδωνύμου γνώσεως (1Tim 6,20). So berichtet Hegesipp (bei Euseb, HE III 32,7f.) vom Aufkommen der Irrlehrer und ihrer „sogenannten Gnosis" (τὴν ψευδώνυμον γνῶσιν) und Irenäus nimmt im Titel seines antihäretischen Hauptwerkes 1Tim 6,20 auf (ἔλεγχος καὶ ἀνατροπὴ τῆς ψευδωνύμου γνώσεως; vgl. II praef. u.ö.; ferner II 13,10; 31,1; III 11,1; IV 6,4; 35,1; V 26,2).[2] Wie die altkirchlichen Häresiologen entdeckte auch die ältere Exegese in den Gegnern der Pastoralbriefe Vertreter der Gnosis[3] bzw. Markion: „Wir haben mit einem Worte in den Häretikern der Pastoralbriefe die Gnostiker des zweiten Jahrhunderts vor uns, insbesondere Markion."[4] Dementsprechend deutete man das neutestamentliche

---

[1] Vgl. z.B. J. HERZER, Juden – Christen – Gnostiker. Zur Gegnerproblematik der Pastoralbriefe, BThZ 25, 2008, 143–168, 159f. Der kirchlichen antihäretischen Rezeption der Pastoralbriefe entspricht ihre Verwerfung bzw. Vernachlässigung durch Gnostiker; vgl. z.B. G. W. KNIGHT, The Pastoral Epistles, Grand Rapids, MI 2008, 14; C. LOOKS, Das Anvertraute bewahren. Die Rezeption der Pastoralbriefe im 2. Jahrhundert, MThB, München 1999, 468 u.ö.

[2] Vgl. z.B. R. NOORMANN, Irenäus als Paulusinterpret, WUNT II/66, Tübingen 1994, 71–73; LOOKS, Rezeption (Anm. 1), 335.

[3] W. BAUER, Rechtgläubigkeit und Ketzerei im ältesten Christentum (1934), Tübingen ²1964, 228, deutet die Pastoralbriefe als Versuch, den *haereticorum apostolos* (Tertullian, adv. Marc. III 5,4) für die Kirche zurückzugewinnen.

[4] Vgl. F. C. BAUR, Die sogenannten Pastoralbriefe aufs neue kritisch untersucht, Stuttgart/Tübingen 1835, 10. – Vertreter der Markion-These sind z.B. BAUR, ebd., 8f. 26–28 u.ö.; H. J. HOLTZMANN, Die Pastoralbriefe kritisch und exegetisch behandelt, Leipzig 1880, 127 (Literatur zur Tübinger Schule); F. H. HESSE, Die Entstehung der neutestamentlichen Hirtenbriefe, Halle 1889, 282–291; O. PFLEIDERER, Der Paulinismus. Ein Beitrag zur Geschichte der urchristlichen Theologie, Leipzig ²1890, 467f.; BAUER, Rechtgläubigkeit (Anm. 3), 228f.; D. W. RIDDLE, Early Christian Life, As Reflected in its Literature, Chicago 1936, 212; E. J. GOODSPEED, An Introduction to the New Testament, Chicago 1937, 333; A. E. BARNETT, Paul becomes a Literary Influence, Chicago 1941, 251; M. RIST, Pseudpigraphical Refutations of Marcionism, JR 22, 1942, 39–

Hapaxlegomenon ἀντιθέσεις in 1Tim 6,20 als unmarkierte titulare Referenz auf Markions Werk *Antithesen*[5] und γνῶσις als häresiologisches Schlagwort zur Kennzeichnung einer heterodoxen Gruppe.[6] Mit dieser Bestimmung der Gegner korrespondierte die Spätdatierung der Pastoralbriefe in die 2. Hälfte des 2. Jh. (Markions *Antithesen* als *terminus post quem*). Diese Sicht gilt heute als überholt; die Mehrheit der Forscher lehnt eine antimarkionitische oder antignostische Front der Pastoralbriefe und eine entsprechende Auslegung von 1Tim 6,20 ab.[7] Als neuer Konsens etabliert sich eine Verortung der Gegner im Spektrum heterodoxer christlicher Gruppen jüdisch-(prä)gnostischer Provenienz.[8]

62; J. KNOX, Marcion and the New Testament, Chicago 1942, 73–76; H. VON CAMPENHAUSEN, Polykarp von Smyrna und die Pastoralbriefe, Heidelberg 1951, 10–12; K. L. CARROLL, The Expansion of the Pauline Corpus, JBL 72, 1953, 230–237, 233f.; F. D. GEALY, I and II Timothy and Titus, Interpreter's Bible 11, New York 1955, 358–360; P. VIELHAUER, Geschichte der urchristlichen Literatur, Berlin u.a. 1975, 228. 237; R. J. HOFFMANN, Marcion: On the Restitution of Christianity, Chicago 1984; H. KÖSTER, Einführung in das Neue Testament im Rahmen der Religions- und Kulturgeschichte der hellenistischen und römischen Zeit, Berlin u.a. 1980, 744; J. B. TYSON, John Knox and the Acts of the Apostles, in: M. C. Parsons (Hg.), Cadbury, Knox, and Talbert: American Contributions to the Study of Acts, Biblical Scholarship in North America 18, Atlanta 1992, 55–80, 77; C. B. PUSKAS, The Letters of Paul: An Introduction, Collegeville, MI 1993, 178. 180; G. LÜDEMANN, Ketzer. Die andere Seite des frühen Christentums, Stuttgart 1995, 145f. 149. 153; R. M. HÜBNER, Thesen zur Echtheit und Datierung der sieben Briefe des Ignatius von Antiochien, ZAC 1, 1997, 44–72, 62f. Anm. 68; aktuell A. Y. COLLINS, The Female Body as Social Space in 1 Timothy, NTS 57, 2011, 155-175. – Einen Markion-Bezug für *möglich* halten z.B. F. J. SCHIERSE, Die Pastoralbriefe, Düsseldorf 1968, 92; E. DASSMANN, Der Stachel im Fleisch. Paulus in der frühchristlichen Literatur bis Irenäus, Münster 1979, 176–185. 191; W. MARXSEN, Einleitung in das Neue Testament, Gütersloh [4]1978, 212; W. SCHENK, Die Briefe an Timotheus I und II und an Titus (Pastoralbriefe) in der neueren Forschung (1945–1985), ANRW II/25.4, 1987, 3404–3438, 3428 Anm. 92; R. M. GRANT, Heresy and Criticism, Louisville 1993, 46; W. BIENERT, Markion und der Antijudaismus, in: G. May/K. Greschat (Hg.), Markion in seiner kirchengeschichtlichen Wirkung, TU 150, Berlin 2002, 191–206, 197f.

[5] Inhalt und Titel sind nur in Zitaten erhalten (vgl. z.B. Tertullian, adv. Marc. I 19; IV 1).

[6] So z.B. G. STRECKER, Theologie des Neuen Testaments, Berlin u.a. 1996, 622; M. HENGEL, Die Ursprünge der Gnosis und das Urchristentum, in: J. Ådna u.a. (Hg.), Evangelium, Schriftauslegung, Kirche, FS P. Stuhlmacher, Göttingen 1997, 190–223, 190; B. A. PEARSON, Early Christianity and Gnosticism in the History of Religions, StTh 55, 2001, 81–106, 97.

[7] Zu alternativen Deutungen von γνῶσις in 1Tim 6,20 siehe z.B. L. T. JOHNSON, The First and Second Letters to Timothy, New York u.a. 2001, 312; B. FIORE, The Pastoral Epistles, Sacra Pagina Series 12, Collegeville, MI 2007, 125; H. I. MARSHALL, The Pastoral Epistles, CEC, London u.a. 2005, 677; W. THIESSEN, Christen in Ephesus. Die historische und theologische Situation in vorpaulinischer und paulinischer Zeit und zur Zeit der Apostelgeschichte und der Pastoralbriefe, TANZ 12, Tübingen 1996, 335f.; J. SUMNEY, Servants of Satan, false Brothers and Opponents of Paul, JNTS 188, Sheffield 1999, 263f.

[8] Vgl. zum Abschied vom alten Konsens z.B. W. D. MOUNCE, The Pastoral Epistles, WBC 46, Nashville 2000, 372; MARSHALL, Epistles (Anm. 7), 677; L. OBERLINNER, Die Pastoralbriefe. Kommentar zum ersten Timotheusbrief, HThK.NT XI/2.1, Freiburg i. Br. u.a. 1994, 310 Anm. 9; J. ROLOFF, Die Pastoralbriefe I. Kommentar zum ersten Timotheusbrief, KEK 15, Zürich u.a. 1988, 310 Anm. 8. Zum neuen Konsens vgl. z.B. G. HAUFE, Gnostische Irrlehre in den Pastoralbriefen und ihre Abwehr, in: K.-H. Tröger (Hg.), Gnosis und Neues Testament, Berlin 1973,

Jüngst hat Jens Herzer diesen neuen Konsens für 1Tim hinterfragt und erneut mit plausiblen Argumenten für eine gnostische Gegnerfront plädiert.[9] Die folgenden Überlegungen wollen die heute mehrheitlich abgelehnte Bezugnahme auf Markions *Antithesen* in den Blick nehmen und prüfen, ob die Hauptargumente gegen den alten Konsens wirklich stichhaltig sind. Der pauschale Einwand, ein Bezug auf Markion könne allein deswegen nicht vorliegen, weil man die Pastoralbriefe dann zeitlich zu spät ansetzen müsse,[10] ist – zumindest bei Annahme einer pseudepigraphischen Abfassung der Pastoralbriefe – ein Zirkelschluss, der an dieser Stelle keiner weiteren Diskussion bedarf. Das in diesem Zusammenhang oft geäußerte Argument, die in den Pastoralbriefen bezeugte Ämterstruktur sei zeitlich zwischen Paulus und den Apostolischen Vätern (z.B. Ignatius), also *vor* Mitte des 2. Jh., einzuordnen, geht von einer zu einlinigen Entwicklung kirchlicher Strukturen im frühen Christentum aus.[11] Die Entwicklung der Ämterstrukturen in den unterschiedlichen Bereichen des frühen Christentums nachzuzeichnen bedarf einer gesonderten Analyse und ist nicht Gegenstand dieses Beitrags. Geprüft werden im Folgenden somit allein die vier Hauptargumente gegen die Markion-These, nämlich 1. die Infragestellung von ἀντιθέσεις als Buchtitel, 2. die mit der Wendung ἀντιθέσεις τῆς ψευδωνύμου γνώσεως vorausgesetzte Verbindung von Markion und der Gnosis, 3. der judenchristliche Charakter der Gegner in 1Tim bzw. in den Pastoralbriefen und 4. die positive Rezeption der Pastoralbriefe bei den Markioniten.

332f.; G. HÄFNER, „Nützlich zur Belehrung (2 Tim 3,16). Die Rolle der Schrift in den Pastoralbriefen im Rahmen der Paulusrezeption, HBS 25, Freiburg i. Br. u.a. 2000, 22.

[9] Vgl. HERZER, Juden (Anm. 1), 157–168; DERS., Rearranging the ‚House of God'. A New Perspective on the Pastoral Epistles, in: A. Houtman u.a. (Hg.), *Empsychoi Logoi* – Religious Innovations in Antiquity, FS P. W. van der Horst, Leiden 2008, 547–566, 564; DERS., Was ist falsch an der „fälschlich so genannten Gnosis"? Zur Paulusrezeption des 1. Timotheusbriefes im Kontext seiner Gegnerproblematik (demnächst in NTS); DERS., Fiktion oder Täuschung? Zur Diskussion über die Pastoralbriefe, in: J. Frey u.a. (Hg.), Pseudepigraphie und Verfasserfiktion in frühchristlichen Briefen, WUNT 246, Tübingen 2009, 489–536, 533f. Anm. 173. – Dies gilt nicht für 2Tim und Tit, da Herzer die Corpus-These ablehnt.

[10] Vgl. z.B. H. MERKEL, Die Pastoralbriefe, NTD 9/1, Göttingen 1991, 53; FIORE, Epistles (Anm. 7), 125. Zu pauschal ist auch der Hinweis darauf, eine späte Datierung „lasse eine zu große Lücke im paulinisch-deuteropaulinischen Traditionsprozess klaffen" (so T. SÖDING, Geist und Amt. Übergänge von der apostolischen zur nachapostolischen Zeit, in: Das kirchliche Amt in apostolischer Nachfolge I. Grundlagen und Grundfragen, Freiburg i. Br. 2004, 189–263, 234f. Anm. 143). – Rein spekulativ bleibt die Vermutung, heterodoxe Gruppen *vor* Markion hätten ihre Schriften *Antithesen* genannt; vgl. z.B. die Überlegungen von H. MAYER, Über die Pastoralbriefe, Göttingen 1913, 63; J. JEREMIAS, Die Briefe an Timotheus und Titus, NTD 9, Göttingen 1947, 38.

[11] So auch SCHENK, Briefe (Anm. 4), 3428 Anm. 92; PUSKAS, Letters (Anm. 4), 180.

1. ἀντιθέσεις – Buchtitel oder polemisches Schlagwort?

Mitunter wird im Rahmen der syntaktischen und semantischen Analyse von 1Tim darauf hingewiesen, dass die Zusammenordnung von κενοφωνίαι und ἀντιθέσεις in 1Tim 6,20 (τὰς βεβήλους κενοφωνίας καὶ ἀντιθέσεις) eine Deutung von ἀντιθέσεις als Buchtitel verbiete und so einen Bezug auf Markion unwahrscheinlich mache.[12] Man versteht unter ἀντιθέσεις vielmehr die rhetorische Argumentationsfigur des Entgegensetzens (z.B. Plato, Soph 257e), die in 1Tim mehrfach negativ konnotiert und dadurch polemisch instrumentalisiert ist. Bereits das semantische Umfeld weist auf eine polemische Zielrichtung hin: ἀντιθέσεις dient als Synonym zu κενοφωνίαι (1Tim 6,20), ist durch βέβηλος (vgl. 1Tim 1,9; 4,7; 2Tim 2,16) negativ qualifiziert und fügt sich in die allgemeine Kritik der Pastoralbriefe an „Haarspaltereien und Disputen" ein (vgl. z.B. auch 1Tim 1,6 [ματαιολογία]; 4,7 [γραώδης μύθους]; 6,4 [ζήτησις; λογομαχία]; s. ferner 2Tim 2,14.16.23; Tit 3,9). Der negative Beigeschmack von ἀντιθέσεις wird durch die traditionsgeschichtliche Analyse verstärkt. Die allgemeine Polemik gegen „Haarspaltereien und Dispute" und damit auch gegen ἀντιθέσεις gehört zum traditionellen Inventar der Antisophistenpolemik, auf das die Pastoralbriefe in vielerlei Hinsicht zurückgreifen.[13] Die rhetorische Technik des Argumentierens gilt für den Verfasser des 1Tim letztlich als Resultat der Häresie, die naturgemäß nur zu falschen, leeren und einander widersprechenden Wortgefechten führen kann. Der Beliebigkeit der ἀντιθέσεις stellt er die eine zuverlässige παραθήκη gegenüber, den ἀντιθέσεις *τῆς ψευδωνύμου γνώσεως* der Häretiker entspricht die *ἐπίγνωσις ἀληθείας* (Tit 1,1) derer, die im Besitz des rechten Glaubens sind.[14]

Diese zweifelsohne zutreffenden exegetischen Beobachtungen können mit einer Anspielung auf Markions Werk durchaus vereinbar sein, wenn man sie als einen willkommenen Nebenton deutet.[15] Die semantische Po-

---

[12] S. z.B. A. VON HARNACK, Marcion. Das Evangelium vom fremden Gott. Neue Studien zu Marcion, Leipzig 1924, 3* Anm. 1; E. SCHLARB, Miszelle zu 1 Tim 6,20, ZNW 77, 1986, 276–281, 277; A. MERZ, Die fiktive Selbstauslegung des Paulus. Intertextuelle Studien zu Intention und Rezeption der Pastoralbriefe, NTOA 52, Göttingen u.a. 2004, 75.

[13] Vgl. z.B. R. J. KARRIS, The Background and Significance of the Polemic of the Pastoral Epistles, JBL 92, 1973, 549–564. ἀντιθέσεις ist in der traditionellen Antisophistenpolemik nicht oft bezeugt, wohl aber bei Lukian (vgl. ebd. 559 Anm. 41; M. DIBELIUS/H. CONZELMANN, Die Pastoralbriefe, HNT 13, Tübingen ³1955, 70). M. WOLTER, Die Pastoralbriefe als Paulustradition, FRLANT 146, Göttingen 1988, 257 Anm. 2, führt auch Philostrat, vit. Apoll. 8,6, an.

[14] Vgl. z.B. B. WEISS, Die Briefe Pauli an Timotheus und Titus, KEK 11, Göttingen ⁷1902, 233f.; SCHLARB, Miszelle (Anm. 12), 276–281; OBERLINNER, Pastoralbriefe (Anm. 8), 310 Anm. 9; U. SCHNELLE, Einleitung in das Neue Testament, UTB 1830, Göttingen ⁴2002, 380; JOHNSON, Letters (Anm. 7), 311; MARSHALL, Epistles (Anm. 7), 676.

[15] Siehe auch T. GLASER, Paulus als Briefroman erzählt. Studien zum antiken Briefroman und seiner christlichen Rezeption in den Pastoralbriefen, NTOA 76, Göttingen 2009, 186 Anm. 90.

lyvalenz des Terminus ἀντιθέσεις, der einerseits als polemisches Schlagwort fungiert und andererseits als eine unmarkierte titulare Referenz auf Markions Werk rekurriert, ermöglicht dann auch eine Parallelsetzung mit κενοφωνίαι. Vergleichbare Buchtitel im christlich-heterodoxen Bereich liegen etwa mit Basilides' *Exegetica*, Tatians *Problemata* und den *Syllogismoi* des Gnostikers Alexander bzw. des Markionschülers Apelles vor.

2. Markion und Gnosis – ein Widerspruch?

Oft wird gegen die Markion-These angeführt, Markion sei kein Gnostiker gewesen, was aber die Wendung ἀντιθέσεις τῆς ψευδωνύμου γνώσεως impliziere.[16] Dieses Argument ist in mehrfacher Hinsicht schwierig. Zunächst basiert es weitgehend auf dem Markionbild von Adolf von Harnack, der Markion als radikalpaulinischen Bibeltheologen – gewissermaßen als „Martin Luther of the second century"[17] – profilieren und vom Gnosisverdacht freisprechen wollte. Die die Forschung seitdem dominierende Alternative zwischen den konkurrierenden Markionbildern als „theologien biblique ou docteur gnostique"[18] verkürzt den Sachverhalt. Markion verarbeitet in ganz ähnlicher Weise wie gnostische Theologen zeitgenössische philosophische Quellen und teilt mit der Gnosis inhaltliche Gemeinsamkeiten (z.B. die Ablehnung des Schöpfergottes).[19] Generell lässt sich die Gnosis des 2. Jh. nicht auf mythologische Systeme beschränken, sondern hat verschiedene Ausdrucksformen, in die sich die Theologie Markions auf den ersten Blick durchaus einfügt. Darauf weisen nicht zuletzt die altkirchlichen Quellen hin, die Markion in einem Zug mit Vertretern der Gnosis nennen (vgl. Irenäus, haer. IV 6,4: *Marcion, Valentinus, Basilides, Carpocrates, Simon, reliqui falso cognominati Gnostici*).[20] Der Terminus γνωστικοί kann mitunter zum Sammelbegriff für jegliche Art von Häresie werden.[21] Deutlich ist

---

[16] Vgl. z.B. HARNACK, Marcion (Anm. 12), 3* Anm. 1; MARSHALL, Epistles (Anm. 7), 677; SCHLARB, Miszelle (Anm. 12), 277 Anm. 6.

[17] So formuliert pointiert M. ENSLIN, The Pontic Mouse, AThR 27, 1945, 1–16, 6. Dem Ansatz Harnacks entgegen stand das gnostische Markionbild etwa von W. BOUSSET, Hauptprobleme der Gnosis, Göttingen 1907, 109–119, aufgenommen z.B. bei W. SCHNEEMELCHER, Paulus in der griechischen Kirche des zweiten Jahrhunderts, ZKG 75, 1964, 1–20, 16f.

[18] So bringt es ein Aufsatztitel von U. BIANCHI (VigChr 21, 1967, 141–149) auf den Punkt.

[19] Vgl. zu einer differenzierten Sicht z.B. U. BIANCHI, Theologien (Anm. 18); B. ALAND, Marcion. Versuch einer neuen Interpretation, ZThK 70, 1973, 420–447; J. G. GAGER, Marcion and Philosophy, VigChr 26, 1972, 53–59; DASSMANN, Stachel (Anm. 4), 176–185; S. MOLL, The Arch-Heretic Marcion, WUNT 250, Tübingen 2010, 72–76.

[20] Vgl. weiter Irenäus, haer. III 3,4; Tertullian, praescr. 30; das Psalmenbuch Valentins für Markion (Kanon Muratori; Clemens Alex., strom. VII 18,107) und den Einfluss Kerdons auf Markion (z.B. Irenäus, haer. I 27,1f.; Tertullian, adv. Marc. I 2,3).

[21] Siehe auch N. BROX, Γνωστικοί als Häresiologischer Terminus, ZNW 57, 1966, 103–114.

dies bei Irenäus' „Widerlegungen der fälschlicherweise sogenannten Gnosis", in denen auch Markion seinen Ort hat (Irenäus, haer. III 4,3 u.ö.).

Eine weitere Überlegung kommt hinzu. Auch wenn aus heutiger Perspektive eine religionswissenschaftliche Differenzierung zwischen Markion und mythologisch-gnostischen Systemen sinnvoll und notwendig ist, so entspricht dies nicht dem erkenntnisleitenden Interesse der Pastoralbriefe. In ihnen geht es nicht – ganz im Gegensatz zu Paulus – um eine inhaltliche Auseinandersetzung mit den gegnerischen Positionen, sondern um deren Diffamierung, die auf polemische Topik und z.T. harsche sprachliche Ab- und Ausgrenzung (z.B. Tit 1,10f.) setzt.[22] Von daher ist eine Differenzierung zwischen Markion und der Gnosis in den Pastoralbriefen nicht zu erwarten. Durch die polemische Verzeichnung bleiben die Irrlehrer insgesamt konturenlos, was sich in der Auslegungsgeschichte der Pastoralbriefe widerspiegelt: Die Zuordnung der gegnerischen Lehre zu einer konkreten Gruppierung verläuft äußerst kontrovers (Juden[-christen], Protomontanisten, gnostische Gruppen, Markion, paulinische Spiritualisten bzw. Enthusiasten).[23]

3. Judenchristliche Häretiker als Gegner in 1Tim?

Häufig wird gegen die Markion-These eingewandt, in den Pastoralbriefen würde sich keine spezifische Auseinandersetzung mit der Lehre Markions und seinen *Antithesen* finden.[24] Abgesehen davon, dass Markions *Antithesen* nur in Rekonstruktionen vorliegen und somit immer eine Unschärfe hinsichtlich des Inhalts bleibt, überzeugt auch dieses Argument nicht. Einerseits ist eine umfassende Diskussion der gegnerischen Lehre aufgrund der diffamierenden Gegnerpolemik nicht zu erwarten (s.o.) und vielleicht

---

[22] Vgl. z.B. K. LÄGER, Die Christologie der Pastoralbriefe, Münster 1996, 142f.; KARRIS, Background (Anm. 13); H.-M. SCHENKE/K. M. FISCHER, Einleitung in die Schriften des Neuen Testaments. I. Die Briefe des Paulus und die Schriften des Paulinismus, Gütersloh 1978, 220f.; HERZER, Juden (Anm. 1), 143. Zudem konnte man eine Weltanschauung bekämpfen, ohne den Inhalt der gegnerischen Schriften genau zu kennen; vgl. SCHIERSE, Pastoralbriefe (Anm. 4), 92.

[23] Vgl. z.B. die heute noch zu ergänzende Auflistung der möglichen Gegner bei J. J. GUNTHER, St. Paul's Opponents and their Background, Leiden 1973, 4f.: „It is not surprising that the obcscure references of the Pastorals have led to so many diagnoses." S. insgesamt auch L. K. PIETERSON, The Polemic of the Pastorals: A Sociological Examination of the Development of Pauline Christianity, London 2004, 3–26. Zu den Pastoralbriefen als „Handbuch", „Vademecum" oder ἔλεγχος gegen jede Art von Häresie vgl. z.B. CAMPENHAUSEN, Polykarp (Anm. 4), 11 Anm. 24; DIBELIUS/CONZELMANN, Pastoralbriefe (Anm. 13), 54; STRECKER, Theologie (Anm. 6), 623.

[24] So u.a. N. BROX, Die Pastoralbriefe, RNT 7/2, Regensburg ⁴1969, 32; MARSHALL, Epistles (Anm. 7), 676; ROLOFF, Pastoralbriefe (Anm. 8), 374; MOUNCE, Epistles (Anm. 8), 372.

auch aus strategischen Gründen gar nicht intendiert.[25] Andererseits finden sich dennoch Spuren einer solchen Auseinandersetzung.[26] Die askesekritische Ausrichtung von 1Tim (vgl. z.B. 1Tim 4,3 mit 1Tim 5,23) steht wie die positive Wertung der Schöpfung (1Tim 4,1–5) im Gegensatz zu Markion und kann als Kritik an ihm gewertet werden. Vor allem könnten die Befürwortung der Ehe (z.B. 1Tim 3,2.12; 4,1–5; 5,14; Tit 2,4) und die Polemik gegen Ehelosigkeit (1Tim 4,3), die überdies in Spannung zu paulinischen Vorstellungen steht (vgl. 1Kor 7!), auf Markion zielen, der die Ehelosigkeit propagierte (z.B. Irenäus, haer. I 28,1). Bereits Tertullian (praescr. 33) bezeugt solch eine antimarkionitische Deutung von 1Tim 4,3.

Ungeachtet dieser Einwände lässt sich das Argument der fehlenden Auseinandersetzung aber noch zuspitzen. Viele Standpunkte der Gegner scheinen nicht zu Markion zu passen wie etwa die Mythologien (z.B. 1Tim 1,4; 4,7).[27] Andere stehen sogar im Widerspruch zu Markions Lehre wie der postulierte jüdische Charakter der Häresie, der unvereinbar mit den antijudaistischen Tendenzen Markions erscheint. Die jüdischen Merkmale der Gegner avancierten dementsprechend zum Hauptargument gegen die Markion-These.[28] Doch gerade hier liegt ein gravierendes methodisches Problem der Pastoralbriefexegese. In der Regel werden nämlich *alle* Angaben *aller drei* Pastoralbriefe addiert, um *ein* gegnerisches Profil zu rekonstruieren.[29] Diese synthetische Herangehensweise ist methodisch überholt; eine zwischen den einzelnen Briefen differenzierende Analyse mahnen

---

[25] Vgl. etwa VIELHAUER, Geschichte (Anm. 4), 228: „Die üblichen Einwände gegen die Markion-Hypothese – die Schätzung des AT und das Fehlen markionitischer Specifica – übersehen, daß der pseudonyme Autor seinen Paulus schon aus chronologischen Gründen nicht allzu konkret werden lassen konnte und sich in seiner Polemik zwischen Allgemeinheit und Deutlichkeit bewegen mußte."

[26] Zu Markions Askese s. HARNACK, Marcion (Anm. 12), 148–151. 277*f. (Belege). Weiter werden die Geltung der ganzen Heiligen Schrift (2Tim 3,14–17; so KNOX, Marcion [Anm. 4], 74; CARROLL, Expansion [Anm. 4], 234 Anm. 15) und die Einheit Gottes (1Tim 2,5; so CARROLL, ebd.) als antimarkionitische Spitzen gedeutet. Die von HOFFMANN, Marcion (Anm. 4), 281–305, genannten Indizien sind dagegen zum Teil spekulativ; s. die Schiffbruchmetapher für Irrlehrer in 1Tim 1,19 (ἐναυάγησαν) als Referenz auf Markions Beruf als *nauclerus* (Tertullian, praescr. 30 u.ö.), so ebd., 300; in 1Tim 1,20 werden Hymenäus und Alexander, nicht aber Markion genannt.

[27] Vgl. z.B. B. S. EASTON, The Pastoral Epistles, New York 1947, 8; V. HASLER, Die Briefe an Timotheus und Titus, ZBK.NT 12, Zürich 1979, 53.

[28] Vgl. z.B. BROX, Pastoralbriefe (Anm. 24), 32f.; MARSHALL, Epistles (Anm. 7), 676; ROLOFF, Pastoralbriefe (Anm. 8), 374; A. LINDEMANN, Paulus im ältesten Christentum. Das Bild des Apostels und die Rezeption der paulinischen Theologie in der frühchristlichen Literatur bis Marcion, BHTh 58, Tübingen 1979, 135; SCHNELLE, Einleitung (Anm. 14), 380.

[29] Anders etwa U. B. MÜLLER, Zur frühchristlichen Theologiegeschichte, Gütersloh 1976, 67–77, der zwei Gegnerfronten in den Pastoralbriefen ausmacht; vgl. z.B. auch SUMNEY, Servants (Anm. 7), der zwischen den einzelnen Briefen differenziert; aktuell auch HERZER, Juden (Anm. 1). Eine generelle Ausnahme bilden die Auslegungen der Pastoralbriefe unter der Perspektive der Echtheit; hier wird oft für jeden Brief eine eigene gegnerische Front postuliert.

heute sowohl die Vertreter der Corpus-These als auch deren Gegner an.[30] Beschränkt man sich in diesem Sinne allein auf 1Tim, so wird das Hauptargument gegen den Markion-Bezug in 1Tim 6,20 schnell hinfällig. Der jüdische Charakter der gegnerischen Häresie wird nämlich vor allem aus Tit geschlossen (z.B. Tit 1,10–16; 3,9), allen voran aus Tit 1,10 (μάλιστα οἱ ἐκ τῆς περιτομῆς). Diese Belege beeinflussen dann die Interpretation zahlreicher semantisch offener Begriffe: So werden die μῦθοι καὶ γενεαλογίαι aus 1Tim 1,4 (vgl. auch 4,7) automatisch auf jüdische Vorstellungen bezogen und mit Tit 1,14 (ἰουδαϊκοῖς μύθοις) gleichgesetzt.[31] Beschränkt man sich bei der Gegnerrekonstruktion indes allein auf 1Tim, so bleibt einzig 1Tim 1,7 (νομοδιδάσκαλοι) erklärungsbedürftig. Aber auch 1Tim 1,7 kann nicht als Beleg für den jüdischen Charakter der Gegner beansprucht werden. Abgesehen von der Unsicherheit im Hinblick auf die Bedeutung von νόμος[32] existiert ein weites Spektrum von Auslegungsmöglichkeiten:

a) Die „Gesetzlichkeit" der Gegner (z.B. 1Tim 4,3) kann ein Hinweis auf ihre übertriebene Askese sein, wie sie für Markion als typisch galt.

b) Weiter ist denkbar, dass die νομοδιδάσκαλοι Bestandteil der literarischen Fiktion sind. Die Stilisierung von Gegnern als „jüdisch" fungiert als polemischer Topos, der sich zur Konstruktion sozialer und religiöser Devianz ethnischer Stereotypen bedient und kaum Rückschlüsse auf die tatsächliche inhaltliche Ausrichtung der Gegner zulässt.[33]

c) Mitunter wird die jüdische Charakterisierung der Gegner auch als unterstützendes topisches Moment im Rahmen der Autorfiktion gedeutet, das

---

[30] Vgl. z.B. HERZER, Juden (Anm. 1); DERS., Paulusrezeption (Anm. 9); C. GERBER, Antijudaismus und Apologetik. Eine Lektüre des Titusbriefes vor dem Hintergrund der Apologie *Contra Apionem* des Flavius Josephus, in: C. Böttrich/J. Herzer (Hg.), Josephus und das Neue Testament, Tübingen 2007, 335–363, 351; C. SCHÄFER, Judentum oder Gnosis. Die Gegnerproblematik im Titusbrief als Element literarischer Konstruktion, in: H.-U. Weidemann/W. Eisele (Hg.), Ein Meisterschüler. Titus und sein Brief, FS M. Theobald, SBS 214, Stuttgart 2008, 55–80. Die Forderung nach einer zwischen den Briefen differenzierenden Analyse betrifft nicht nur die Gegnerproblematik, sondern gilt generell; vgl. z.B. L. T. JOHNSON, The Writings of the New Testament. An Interpretation, London 1999, 424–453; J. HERZER, Abschied vom Konsens. Die Pseudepigraphie der Pastoralbriefe als Herausforderung an die neutestamentliche Wissenschaft, ThLZ 129, 2004, 1267–1282, 1280, sowie weitere Veröffentlichungen des Autors; GLASER, Paulus (Anm. 15), 282f. u.ö.; K.-H. OSTMEYER, Kommunikation mit Gott. Sprache und Theologie des Gebets im Neuen Testament, WUNT 197, Tübingen 2006, 159f. u.ö.; B. MUTSCHLER, Glaube in den Pastoralbriefen, WUNT 256, Tübingen 2010, 96. 102 u.ö.

[31] Vgl. dazu auch HERZER, Juden (Anm. 1), 157.162–165; DERS., Paulusrezeption (Anm. 9).

[32] G. KITTEL, Die γενεαλογίαι der Pastoralbriefe, ZNW 20, 1921, 49–69, 51 Anm. 5; STRECKER, Theologie (Anm. 6), 622; SCHENK, Briefe (Anm. 4), 3429f.

[33] Vgl. dazu W. STEGEMANN, Antisemitische und rassistische Vorurteile in Titus 1,10–16, KuI 11, 1996, 46–61; SCHENK, Briefe (Anm. 4), 3429. Zu einem ähnlichen Verfahren vgl. die Kreterpolemik des Tit (Tit 1,12 u.ö.); s. dazu aktuell M. VOGEL, Die Kreterpolemik des Titusbriefes und die antike Ethnographie, ZNW 101, 2010, 252–266.

eine „anamnetische Funktion"[34] hat. Erinnert wird an die Gegnerbekämpfung des historischen Paulus, der sich bekanntlich mit den νομοδιδάσκαλοι auseinandergesetzt hat (vgl. hier 1Tim 1,7 mit Gal 4,21).

d) Die Kennzeichnung der Gegner als νομοδιδάσκαλοι könnte schließlich ironisch gemeint sein. Im Gegensatz zum Verfasser des 1Tim, der weiß, dass das Gesetz gut ist und wie es richtig zu gebrauchen ist (1Tim 1,8), verstehen die vermeintlichen Gesetzeslehrer (θέλοντες εἶναι νομοδιδάσκαλοῖ, μὴ νοοῦντες μήτε ἃ λέγουσιν μήτε περὶ τίνων διαβεβαιοῦνταὶ, 1Tim 1,7) nichts davon, da sie falsch damit umgehen und falsche Ansichten darüber verbreiten (vgl. 1Tim 1,3: ἑτεροδιδασκαλεῖν).[35] Der Verweis auf den (ungerechtfertigten) Selbstanspruch der Gegner, Gesetzesgelehrte zu sein, zielt möglicherweise auf Markions Kanon oder die gnostische Interpretation des Alten Testaments.

4. Zur Rezeption von 1Tim bei Markion und den Markioniten

Kritiker der Markion-These verweisen weiter auf die positive Rezeption der Pastoralbriefe bei den Markioniten. Ein solches Rezeptionsverhalten wäre undenkbar, wenn sich hinter 1Tim 6,20 eine antimarkionitische Spitze verbergen würde.[36] Als Belege für eine positive Rezeption gelten neben einem Chrysostomos-Kommentar zu 2Tim 1,18 vor allem die lateinischen (Vulgata-)Prologe zu den Pastoralbriefen, für die wie für die Prologe zu den anderen Paulusbriefen eine markionitische Herkunft mitunter postuliert wird.[37] Diese Belege können nicht wirklich überzeugen, zumal die markionitische Herkunft der Paulusbriefprologe stark umstritten ist.[38]

Diese Unsicherheiten werden dadurch verstärkt, dass bereits die Rezeption der Pastoralbriefe durch Markion selbst ein großes Problem darstellt. Im

---

[34] P. TRUMMER, Die Paulustradition der Pastoralbriefe, BET 8, Frankfurt/M. u.a. 1978, 165f.; der Sache nach bereits BAUER, Rechtgläubigkeit (Anm. 3), 92f.; vgl. auch WOLTER, Pastoralbriefe (Anm. 13), 263: „Es wäre durchaus denkbar, daß die entsprechenden Aussagen zunächst ein pseudepigraphisches Stilmittel darstellen, mit dem die paulinische Authentizität der Briefe suggeriert werden soll." Insgesamt zu dieser Funktion der Gegnerpolemik s. auch LÄGER, Christologie (Anm. 22), 143.

[35] Vgl. auch HERZER, Juden (Anm. 1), 161 Anm. 61; DERS., Paulusrezeption (Anm. 9).

[36] Vgl. z.B. DIBELIUS/CONZELMANN, Pastoralbriefe (Anm. 13), 70; FIORE, Epistles (Anm. 7), 125; SCHNELLE, Einleitung (Anm. 14), 380; ROLOFF, Pastoralbriefe (Anm. 8), 374 Anm. 227.

[37] HARNACK, Marcion (Anm. 12), 170*f. 132*–134*.

[38] W. MUNDLE, Die Herkunft der „marcionitischen" Prologe zu den paulinischen Briefen, ZNW 24, 1925, 56–77 (zur Unsicherheit bezüglich des Chrysostomos-Kommentars s. ebd. 62 Anm. 1); KNOX, Marcion (Anm. 4), 43; N. A. DAHL, The Origin of the Earliest Prologues to the Pauline Letters, Semeia 12, 1978, 233–277; vorsichtig auch E. C. BLACKMAN, Marcion and his Influence, London 1948, 52–54, bes. 52 Anm. 3; VON CAMPENHAUSEN, Polykarp (Anm. 4), 11 Anm. 22; offen auch LOOKS, Rezeption (Anm. 1), 238.

Gegensatz zu anderen Paulusbriefen sind die Pastoralbriefe nämlich nicht in seinem *Apostolos* enthalten. Dieser Befund wird äußerst kontrovers gedeutet. Ein Erklärungsversuch liegt darin, dass Markion eine bereits existierende Paulusbriefsammlung zugrunde gelegt habe, in der die Pastoralbriefe nicht enthalten waren, was Markions Bedeutung in dieser Frage relativieren würde.[39] Eine weitere Interpretationslinie geht davon aus, dass Markion die Pastoralbriefe zwar gekannt, aber abgelehnt habe. Dies erwägt bereits Tertullian (adv. Marc. V 21): *„Soli huic epistolae brevitas sua profuit, ut falsarias manus Marcionis evaderet. Miror tamen, cum ad unum hominem litteras factas receperit, quod ad Timotheum duas et unam ad Titum de ecclesiastico statu compositas recusaverit. Adfectavit, opinor, etiam numerum epistolarum interpolare."*[40] Tertullian führt Markions Ablehnung der Pastoralbriefe auf ihren Charakter als Privatbriefe zurück. Da aber auch Phlm Bestandteil des *Apostolos* ist, mutet auch diese Begründung nicht wirklich plausibel an – weswegen Tertullian Markion an dieser Stelle ja auch eine Inkonsequenz vorwirft. Tertullian scheint vielmehr das Fehlen der Pastoralbriefe nachträglich erklären und polemisch instrumentalisieren zu wollen.[41] Unabhängig von Tertullian, adv. Marc. V 21, wurde in der Forschung weiter angenommen, Markion hätte die Pastoralbriefe aus dogmatischen Gründen abgelehnt.[42] Hier bleibt indes zu fragen, ob Markion nicht auch die Pastoralbriefe wie das Lukasevangelium und die anderen Paulusbriefe von aus seiner Sicht dogmatischen Unstimmigkeiten (d.h. „judaistischen Inter-

---

[39] U. SCHMID, Marcion und sein Apostolos. Rekonstruktion und historische Einordnung der marcionitischen Paulusbriefausgabe, ANTT 25, Berlin u.a. 1995, 311 u.ö.; dazu auch MERZ, Selbstauslegung (Anm. 12), 76f. Anm. 21; ähnlich LOOKS, Rezeption (Anm. 1), 225.239; dazu auch MOLL, Arch-Heretic (Anm. 19), 87–89.

[40] Dem Urteil Tertullians folgt z.B. T. ZAHN, Geschichte des neutestamentlichen Kanons 1/2, Erlangen/Leipzig 1889, 634–637; s. auch die Angaben bei SCHENK, Briefe (Anm. 4), 3406 Anm. 8. Mitunter wird sogar die Betonung der gesamtkirchlichen Bedeutung der Pastoralbriefe im Kanon Muratori als Reaktion auf Tertullian, adv. Marc. V 21, gewertet; s. N. A. DAHL, Welche Ordnung der Paulusbriefe wird vom muratorischen Kanon vorausgesetzt?, ZNW 52, 1961, 39–53, 49.

[41] VON CAMPENHAUSEN, Polykarp (Anm. 4), 11 Anm. 23; P. TRUMMER, *Corpus Paulinum – Corpus pastorale*. Zur Ortung der Paulustradition in den Pastoralbriefen, in: K. Kertelge (Hg.), Paulus in den neutestamentlichen Spätschriften. Zur Paulusrezeption im Neuen Testament, QD 89, Freiburg i. Br. 1981, 122–145, 124. Zur Problematik des Tertullianbelegs siehe auch HERZER, Juden (Anm. 1), 165 Anm. 75; MARSHALL, Epistles (Anm. 7), 7f.; SCHENK, Briefe (Anm. 4), 3405f. Anm. 8; BROX, Pastoralbriefe (Anm. 24), 28.

[42] Deutet man Markions *Apostolos* als Kritik am Frühkatholizismus, ist das Fehlen der Pastoralbriefe verständlich; s. z.B. C. ANDRESEN, Die Kirchen der alten Christenheit, RM 29, Stuttgart 1971, 106. Vgl. auch E. KÄSEMANN, Besprechung von Campenhausen, Polykarp (Anm. 4), VF 1951/52, 215: „Daß Marcion sie (sc. die Pastoralbriefe) nicht beachtete, könnte z.B. mit ihrer antihäretischen Ausrichtung und ihrem starken Schöpfungsglauben zusammenhängen."

polationen") hätte „reinigen" können[43] bzw. warum er nicht nur 1Tim, sondern alle drei Pastoralbriefe verworfen hätte. (Die antijudaistische Front des Tit wäre Markion doch durchaus willkommen gewesen!)[44] Weiter würde Markions Wahl des Buchtitels *Antithesen* Probleme aufwerfen, da doch Markions Paradeapostel Paulus diesen Begriff in seiner antihäretischen Polemik instrumentalisiert und als negativ qualifiziert hat (1Tim 6,20).[45] Dass Markion in Kenntnis von 1Tim 6,20 seine Schrift *Antithesen* genannt hat, ist schwer vorstellbar, zumal auch andere heterodoxe christliche Gruppen im Hinblick auf 1Tim 6,20 ein Problembewusstsein zeigten und aufgrund eben dieses Verses die Timotheusbriefe ablehnten (ὑπὸ ταύτης [1Tim 6,20] ἐλεγχόμενοι τῆς φωνῆς οἱ ἀπὸ τῶν αἱρέσεων τὰς πρὸς Τιμόθεον ἀθετοῦσιν ἐπιστολάς (Clemens Alex., strom. II 11,52). „Sollte ihm (sc. Markion) kein anderer Titel eingefallen sein?"[46] Der Vorschlag von Annette Merz, „Markions Wahl des Titels ‚Antitheseis' vielleicht als polemische intertextuelle Retourkutsche zu verstehen"[47], bleibt letztlich spekulativ. Insgesamt können die Erklärungsversuche für eine Ablehnung der Pastoralbriefe durch Markion nicht überzeugen. Wahrscheinlicher ist die Annahme, dass die Pastoralbriefe deswegen in Markions *Apostolos* fehlen, weil er sie gar nicht gekannt hat.[48] Oft wird an dieser Stelle betont, eine mögliche Unkenntnis Markions impliziere nicht automatisch auch das Nichtvorhandensein der Pastoralbriefe.[49] Vielleicht – so wird gerätselt – habe Markion sie einfach „übersehen".[50] Dies mutet jedoch wie eine „Verlegenheitsauskunft"[51] an, die auch durch den Verweis auf die dürftige handschriftliche Überlieferung der Pastoralbriefe – z.B. ihr Fehlen in 𝔓[46] – nicht an Plausibilität gewinnt, denn dies würde auch andere Paulusbriefe (2Thess, Phlm) betreffen. Die Annahme, Markion hätte die Pastoralbriefe „überse-

---

[43] Vgl. zu dieser Frage z.B. DASSMANN, Stachel (Anm. 4), 191; BAUER, Rechtgläubigkeit (Anm. 3), 225; VON CAMPENHAUSEN, Polykarp (Anm. 4), 10f.

[44] Vgl. auch HERZER, Juden (Anm. 1), 165 Anm. 75; BAUER, Rechtgläubigkeit (Anm. 3), 225. Die altkirchlichen Zeugnisse differenzieren durchaus im Hinblick auf die Bewertung der einzelnen Pastoralbriefe (z.B. Origenes, comm. in Ev. sec. Matth. Ser. § 117fin [2Tim]; Clemens Alex., strom. II 11,52 [1Tim/2Tim]; Hieronymus, praef. comm. in epist. ad Titum [1Tim/2Tim]); s. auch GLASER, Paulus (Anm. 15), 310f.

[45] VIELHAUER, Geschichte (Anm. 4), 228: „Sollte 1Tim 6,20 eine Anleihe bei der antirhetorischen Polemik und sollten die Pastoralbriefe vormarkionitisch sein, dann wäre es ein ironischer Zufall, daß der Paulusverehrer Markion sein Hauptwerk gerade mit dem Ausdruck betitelt hat, den ‚Paulus' zur Kennzeichnung der Irrlehre gebraucht hat, ein ‚Zufall', an den zu glauben mir schwer fällt."

[46] HÜBNER, Thesen (Anm. 4), 62f. Anm. 68.

[47] MERZ, Selbstauslegung (Anm. 12), 77.

[48] So z.B. BAUER, Rechtgläubigkeit (Anm. 3), 225; H. Y. GAMBLE, The New Testament Canon: Its Making and Meaning, Philadelphia 1985, 42.

[49] Vgl. z.B. BROX, Pastoralbriefe (Anm. 24), 28; HARNACK, Marcion (Anm. 12), 171* Anm. 1.

[50] LINDEMANN, Paulus (Anm. 28), 148.

[51] LÜDEMANN, Ketzer (Anm. 4), 281.

hen", ist unwahrscheinlich, da er weit gereist war[52] und Paulus „sein" Apostel war, von dem er alles, wenn auch „korrigiert", rezipiert hat. Vieles spricht also dafür, dass Markion die Pastoralbriefe nicht kennen konnte, weil sie noch nicht verfasst waren.

Geht man infolgedessen von einer Spätdatierung des 1Tim bzw. der Pastoralbriefe aus, stellt sich die Frage, ob es frühere Bezeugungen der Pastoralbriefe gibt, die gegen eine postmarkionitische Entstehung sprechen könnten. Die Datierungsfrage der Pastoralbriefe, deren *sichere* handschriftliche ($\mathfrak{p}^{32}$/$\mathfrak{p}^{81}$ [Tit]) und altkirchliche (z.B. Athenagoras, leg. 37,1; Theophilus, ad Autolyc. 3,15; Irenäus) Bezeugung erst Ende des 2. Jh. greifbar ist, erweist sich als außerordentlich schwierig und kann nicht als abgeschlossen gelten.[53] Hauptdiskussionspunkte sind nach wie vor das Verhältnis der Pastoralbriefe zu den Apostolischen Vätern, allen voran zu Polykarp[54], und ihr Fehlen in $\mathfrak{p}^{46}$[55]. Durch die neu aufgebrochenen Datierungsfragen bezüglich der primären Referenztexte (z.B. *Corpus Ignatianum*[56]) und durch die Infragestellung der Corpus-These[57], die eine einheitliche Datierung aller drei Pastoralbriefe ablehnt, gewinnt diese Diskussion für 1Tim neu an Komplexität und Offenheit.

---

[52] Vgl. z.B. MERZ, Selbstauslegung (Anm. 12), 76; LOOKS, Rezeption (Anm. 1), 239 u.ö.; HÜBNER, Thesen (Anm. 4), 92f. Anm. 68.

[53] Vgl. zu den Datierungsschwierigkeiten z.B. MERZ, Selbstauslegung (Anm. 12), 72f.; LINDEMANN, Paulus (Anm. 28), 45. 135, betont, dass 1Tim 6,20 „zur Datierung und zur näheren Bestimmung der Front der Past gar nichts austrägt."

[54] Die Nähe zwischen den Pastoralbriefen und Polykarp wird unterschiedlich gedeutet: a) Polykarp ist von den Pastoralbriefen abhängig (z.B. 1Tim 6,7.10 in Polyc., 2Phil 4,1). Dies scheint sich als Konsens zu etablieren; vgl. dazu MERZ, Selbstauslegung (Anm. 12), 114–133; kritisch aber z.B. DIBELIUS/CONZELMANN, Pastoralbriefe (Anm. 13), 65; U. WAGENER Die Ordnung des „Hauses Gottes". Der Ort von Frauen in der Ekklesiologie und Ethik der Pastoralbriefe, WUNT II/65, Tübingen 1994, 13 Anm. 70; SCHNELLE, Einleitung (Anm. 14), 380 Anm. 194. b) Die Pastoralbriefe und Polykarp greifen auf ähnliche Traditionen zurück; vgl. z.B. R. BULTMANN, Pastoralbriefe, RGG² 4, 1930, 993–997, 996. c) Polykarp ist von den Pastoralbriefen abhängig; vgl. BAUER, Rechtgläubigkeit (Anm. 3), 226; BARNETT, Paul (Anm. 4), 182f. d) Polykarp ist der Verfasser der Pastoralbriefe; so VON CAMPENHAUSEN, Polykarp (Anm. 4).

[55] S. dazu auch GLASER, Paulus (Anm. 15), 172f. Mitunter wird der Wert von $\mathfrak{p}^{46}$ für die Bezeugung der Pastoralbriefe in Frage gestellt; vgl. z.B. MARSHALL, Epistles (Anm. 7), 6f. Dass die Pastoralbriefe in $\mathfrak{p}^{46}$ fehlen, heißt nicht, dass sie der Schreiber nicht kannte. Gründe für ihr Fehlen könnten eine Fehlkalkulation hinsichtlich des Platzes oder eine bewusste Entscheidung sein, ausschließlich Gemeindebriefe aufzunehmen; vgl. dazu z.B. J. DUFF, P 46 and the Pastorals: A Misleading Consensus?, NTS 44, 1998, 578–590; J. QUINN, P 46 – the Pauline Canon?, CBQ 36, 1974, 379–385.

[56] Vgl. die von Reinhard Hübner angestoßene Diskussion um das *Corpus Ignatianum* in ZAC 1 und 2 (Erwiderungen von M. J. Edwards, G. Schöllgen, H. J. Vogt und A. Lindemann).

[57] Zur Diskussion siehe HERZER, Abschied (Anm. 30); DERS., Fiktion (Anm. 9).

5. Fazit

Die Argumente *gegen* eine antimarkionitische Deutung von 1Tim 6,20 stehen auf einer schwachen Basis. Vielmehr gilt zu fragen, ob die antimarkionitische Instrumentalisierung von 1Tim durch die altkirchlichen Häresiologen, Markions Buchtitel *Antithesen* und die Warnung vor Häretikern in 1Tim 6,20 wirklich auf einem Zufall beruhen können.

Dass dies eher unwahrscheinlich ist, zeigen nicht zuletzt die Schwierigkeiten, die viele Gegner der Markion-These mit 1Tim 6,20 haben, indem sie diesen Vers als späteren antimarkionitischen Zusatz deuten.[58] Gegen diese literarkritische Lösung, für die es in der Textgeschichte keinen Anhalt gibt,[59] sprechen die Kompositionsanalysen sowohl von 1Tim 6,3–21 als auch des gesamten 1Tim.[60] Anfang und Ende des Briefes weisen Entsprechungen und parallele Strukturen auf, wie etwa die Nennung des Timotheus im Vokativ (Τιμόθεε [1,18/6,20]; vgl. hier auch παρατίθεμαι/παραθήκη; βέβηλος [1,9/6,20]). Insgesamt fallen die Parallelität von 1,3–7/6,20f. und die Inclusio 1,12–20/6,11–16.20f.[61] ins Auge. Zudem bilden 1,4 und 6,20f. eine inhaltliche Klammer im antihäretischen Rahmen.[62] 1Tim 6,20 hat darüber hinaus die Funktion einer ermahnenden Zusammenfassung des ganzen Briefes (*recapitulatio* bzw. *peroratio*).[63]

Es wäre sicher überspitzt, in 1Tim einen Zweikampf zwischen dem ἀπόστολος Χριστοῦ Ἰησοῦ (1Tim 1,1) und dem πρωτότοκον τοῦ σατανᾶ (z.B. Euseb, HE IV 14,7; Irenäus, haer. III 3,4 u.ö.) hineinzulesen. Aber dass 1Tim in seiner Polemik auch Markion und seine große Anhängerschar (Justin, I apol. 26) mit einschließt, ist mehr als wahrscheinlich. Mit der daraus resultierenden Spätdatierung gehört 1Tim zu den jüngsten Schriften des Neuen Testaments. Das würde – geht man von einem *Corpus pastorale* aus – auch für 2Tim und Tit gelten.[64] Der Verfasser des *Corpus pastorale*

---

[58] S. zum sekundären Charakter z.B. HARNACK, Marcion (Anm. 12), 3* Anm. 1; R. KNOPF, Das nachapostolische Zeitalter, Tübingen 1925, 305 Anm. 1; P. N. HARRISON, Polycarp's two Epistles to the Philippians, Cambridge 1936, 242–244; EASTON, Epistles (Anm. 27), 170 u.ö.; HASLER, Briefe (Anm. 27), 53; F. WENINGER, Die Pastoralbriefe in der Kanonsgeschichte zur Zeit der Patristik, Diss. Wien 1964 (unveröffentl.), 181; s. dazu LOOKS, Rezeption (Anm. 1), 224; zum nachklappenden Charakter von 1Tim 6,20 vgl. schon MAYER, Pastoralbriefe (Anm. 10), 63.

[59] MOUNCE, Epistles (Anm. 8), 372; LOOKS, Rezeption (Anm. 1), 224.

[60] Siehe neben den Kommentaren zur Stelle z.B. P. DSCHULNIGG, Warnung vor Reichtum und Ermahnung der Reichen. 1 Tim 6,6–10.17.19 im Rahmen des Schlussteils 6,3–21, BZ 37, 1993, 60–77, 71; J. THURÉN, Die Struktur der Schlussparänese in 1 Tim 6,3–21, ThZ 26, 1970, 241–253; P. G. BUSH, A Note on the Structure of 1 Timothy, NTS 36, 1990, 152–156.

[61] Z. B. JOHNSON, Letters (Anm. 7), 313.

[62] HERZER, Paulusrezeption (Anm. 9); DERS., Juden (Anm. 1), 165.

[63] Vgl. z.B. ROLOFF, Pastoralbriefe (Anm. 8), 371; L. R. DONELSON, Pseudepigraphy and Ethical Argument in the Pastoral Epistels, HUT 22, Tübingen 1986, 163.

[64] U.a. ausgehend vom Pseudepigraphiekonzept (Paulus- [und Timotheus-]Hagiographie, romanhafte Züge [„persönliche Notizen"], Einzeladressaten, Komposition als *corpus* usw.) und der

versucht die in seinen Augen gefährdete paulinisch-christliche Identität im Differenzierungsprozess des frühen Christentums zu wahren. Dazu führt er – Momentaufnahmen gleich – drei mögliche „Bedrohungsszenarien" vor Augen, von denen 1Tim die Auseinandersetzung mit der Gnosis einschließlich Markion abbildet. Eine solche multiperspektivische Annäherung an einen Gegenstand oder eine Person teilt das *Corpus pastorale* mit zahlreichen zeitgenössischen fiktionalen Briefserien des 1. und 2. Jh. (z.B. *Corpus Socraticum*, Themistoklesbriefe). Vielleicht ist 1Tim 6,20 auf pragmatischer Ebene dann sogar ein bewusst gesetztes Fiktionssignal und somit ein Indiz für eine intendierte Durchschaubarkeit der Verfasserfiktion.

Distanz zur paulinischen Theologie wurden die Pastoralbriefe nicht ohne Grund als „Tritopaulinen" bezeichnet, um den im Vergleich zu Eph/Kol größeren Abstand zu Paulus zum Ausdruck zu bringen; vgl. etwa SCHENK, Briefe (Anm. 4), 3405; L. OBERLINNER, Die Pastoralbriefe. Kommentar zum Titusbrief, HThK.NT XI 2/3, Freiburg i. Br. u.a. 1996, 16 Anm. 1; TRUMMER, *Corpus* (Anm. 41), 133; kritisch im Hinblick auf diesen Terminus ist MUTSCHLER, Glaube (Anm. 30), 89–95.

Frank Kleinschmidt

„Einer Frau Mann"/„eines Mannes Frau".
Gemeinderegeln der Pastoralbriefe im Lichte
religionsgeschichtlicher Forschung

In den Pastoralbriefen befinden sich neben den Passagen über Ketzer und Irrlehren und die ihnen entgegentretende „gesunde Lehre" (1Tim 1,10; 2Tim 4,3; Tit 1,9; 2,1) Gemeinderegeln. Sie enthalten Kriterien hinsichtlich der Eignung für die Ämter eines „Bischofs" (1Tim 3,1–7), eines Diakons (1Tim 3,8–10.12f), eines Presbyters (Tit 1,5f.) sowie Kriterien einer „Gemeindewitwe" (1Tim 5,3–16).

Nach Philipp Vielhauer erscheinen die Ämter „nicht als Repräsentation einer ‚Kirchenverfassung' in juristischem Sinn, sondern als – allerdings konstitutive – Teile einer auch Gottesdienst und Ethik umfassenden Kirchenordnung."[1] Jens Schröter sieht in den Pastoralbriefen eine gegenüber dem historischen Paulus „fortgeschrittene Situation in der Gemeindeorganisation".[2]

Mit diesem Beitrag möchte ich das Augenmerk auf ein Detail lenken, das mehrfach in den Pastoralbriefen begegnet. Unter den vielen Kriterien für oben genannte Ämter und ihre Bewerber(innen) taucht an vier Stellen eines auf, das banal erscheint: Der Episkop soll „Mann einer Frau" (1Tim 3,2), der Diakon soll „Mann einer Frau" (1Tim 3,12), der Presbyter „Mann einer Frau" (Tit 1,6) und die (Gemeinde-)Witwe „eines Mannes Frau" (1Tim 5,9) sein.

Diesen banal anmutenden Passagen wird in der Literatur wenig Beachtung geschenkt.[3] Auch der Jubilar geht in seiner lesenswerten Analyse der Pastoralbriefe überraschend schnell darüber hinweg. Am ausführlichsten geht er noch auf 1Tim 3,2 ein: „Die Regel für den Bischof zielt ‚ganz

---

[1] Geschichte der urchristlichen Literatur, Berlin/New York 1975, 229.

[2] Kirche im Anschluss an Paulus, ZNW 98, 2007, 77–104, 100f.

[3] J. ROLOFF, Der erste Brief an Timotheus, EKK XV, Zürich/Neukirchen-Vluyn 1988, 155f, N. BROX, Die Pastoralbriefe, RNT VII/2, Regensburg ⁵1989, 142f., und L. OBERLINNER, Die Pastoralbriefe. Kommentar zum ersten Timotheusbrief, HThK XI/2,1, Freiburg i. Br. 1994, 118–121; DERS., Die Pastoralbriefe: Kommentar zum Titusbrief, HThK XI/2,3, Freiburg i. Br. 1996, 22f., gehen ausführlicher auf Deutungsmöglichkeiten ein.

schlicht auf Forderung der Einehe gegenüber willkürlichen Scheidungen und Wiederverheiratungen sowie ehebrecherischen Praktiken'."[4]

Zunächst fügt sich dieser Befund ein in die grundsätzlich positive Haltung der Pastoralbriefe zu Ehe und Sexualität (vgl. 1Tim 2,15: die Frau werde „durch das Kindergebären gerettet"; 1Tim 5,14: jüngere Witwen sollen heiraten; ferner Tit 2,4). Diese erklärt sich auch aufgrund der Absetzung von der bekämpften Irrlehre (1Tim 4,3: „sie verbieten zu heiraten und gebieten, sich von Speisen zu enthalten, die Gott geschaffen hat").

Dennoch klingt das Kriterium, der männliche Amtsbewerber solle in monogamer Ehebeziehung stehen, banal, es sei denn, man interpretierte den Passus dahingehend, er müsse verheiratet, dürfe also nicht ledig sein.[5] Oder man sieht zugleich darüber hinausgehende außereheliche Beziehungen für verboten an, was für eine Christin/einen Christen angesichts der umfassenden urchristlichen Paränese ohnehin selbstverständlich gewesen sein dürfte.

Meine Interpretation dieser Passagen zielt in eine andere Richtung. Ich meine, dass gerade der Passus über die Witwen ein Schlüssel zu weiteren Fragen sein kann – nämlich zu Fragen nach dem religionsgeschichtlichen Vergleichsmaterial.

1Tim 5,3–16 differenziert den Begriff „Witwe": Bereits in V. 3 werden „Witwen, die wirklich Witwen sind" unterschieden von solchen, die es nicht wirklich sind. Bei letzteren denkt der Verfasser offenbar an solche, die jünger sind (V. 11f.) oder noch Verpflichtungen im Familienverband haben.[6]

Jüngere Witwen sollten wieder heiraten (V. 14). Dabei denkt der Verfasser daran, dass sich in jüngeren Witwen die fleischlichen Bedürfnisse regen könnten (V. 11). Mit diesem Rat steht der Verfasser in paulinischer Tradition (vgl. 1Kor 7,9f. 39). Allerdings unterscheidet Paulus in 1Kor 7,39f. hinsichtlich seines Rates an Verwitwete zwischen denen, denen das Charisma der Enthaltsamkeit gegeben ist und denen, die es nicht haben (1Kor 7,9f. 39f. im Gesamtkontext von 1Kor 7).[7] Wem dieses Charisma gegeben ist, der solle sich einer neuen Verbindung enthalten.

---

[4] G. Lüdemann, Die Intoleranz des Evangeliums, Springe 2004, 127. Im Wesentlichen zitiert er hier Brox, Pastoralbriefe (Anm. 3), 142.

[5] Man könnte hierin eine Spitze gegen die gegnerische Irrlehre sehen, die verbiete zu heiraten (1Tim 4,3). Mit dem Passus stelle man sich dann demonstrativ gegen diese Position. Der kirchliche Amtsträger geht sozusagen mit gutem Beispiel voran.

[6] G. Stählin, Art. χήρα, ThWNT IX, 1973, 428–454, 442–446, unterscheidet zwischen „Witwen im Verband der Familie" (442), „Witwen im weiteren Sinn […] auch jüngere verwitwete Frauen, die das Leben gleichsam noch vor sich haben" (443) einerseits und die „eigentliche Witwe" andererseits (444–446).

[7] S. dazu F. Kleinschmidt, Ehefragen im Neuen Testament, ARGU 7, Frankfurt/M. 1998, 52–64.95f; auch Stählin, Art. χήρα (Anm. 6), 441.

Die „eigentliche Witwe", die die 1Tim 5,3–10 genannten Kriterien erfüllt, ist in ein „Verzeichnis" einzutragen (V. 9).[8] Nach dem Mindestalter
von 60 Jahren wird folgendes Kriterium genannt: „eines Mannes Frau" (V.
9).

In der Literatur finden sich hierzu unterschiedliche Deutungen:

1. Der Passus besage „nur die Ablehnung derer, die in der Ehe oder in
   ihren Ehen ein lockeres Leben geführt hätten".[9] Entsprechend interpretiert man den Passus „einer Frau Mann" für Bischöfe (1Tim 3,2),
   Diakone (1Tim 3,12) und Älteste (Tit 1,6).
2. Der Passus habe den „Ausschluß solcher Frauen" im Blick, „die nach
   einer Scheidung wieder geheiratet haben", richte sich also gegen sukzessive Polyandrie.[10]
3. Der Passus sei im Sinne einer einmaligen Ehe zu interpretieren[11] – also der Ausschluss jeglicher Form von Wiederverheiratung. Es gehe
   also um die „Einzigehe".[12]

Sollte letztgenannte Deutung zutreffen, fiele auch Licht auf die analogen
Passagen für das Amt des Episkopos, des Diakons und des Presbyters.

Auch die Position der „wirklichen Witwe" ist Teil der Gemeindeord-
nung, die die Pastoralbriefe entwerfen. So geht man nicht fehl, mit Gustav
Stählin vom Amt der „Gemeindewitwe"[13] zu sprechen: „Daß der Eintritt in
das Witwenamt als ein Verlöbnis mit Christus aufgefaßt wurde, legt die
Fortsetzung nahe: Damit ziehen sie sich das Urteil zu, daß sie die erste […]
Treue [sc. gegen Christus] gebrochen haben."[14] Zwar lebte sie von der Fürsorge der Gemeinde, leistete aber durch ihre gemeindliche Tätigkeit ihren
genuinen Beitrag zum Wohl der Ortsgemeinde. Ihre Aufgabe bestand nach
1Tim 5,3–16 in der Verbundenheit mit Gott, im beständigen Gebet (V. 5)
und – aufgrund der Negativfolie von 1Tim 5,13 – vermutlich auch in seel-
sorgerlicher Tätigkeit. Als Vorbild konnte hierbei Hanna gelten (Lk 2,26–
38), „eine vorbildliche und zugleich charismatische Witwe", ein „Vorbild

---

[8] STÄHLIN, Art. χήρα (Anm. 6), 445, interpretiert V. 9 (χήρα καταλεγέσθω) allerdings nicht unbedingt als Eintrag in ein Verzeichnis. Der Terminus könne auch schlicht bedeuten: „durch Wahl
in eine Körperschaft aufnehmen".

[9] Referiert bei STÄHLIN, Art. χήρα (Anm. 6), 446.

[10] Referiert bei STÄHLIN, ebd., der diese Deutung zwar für möglich hält, aber zugunsten der
dritten zurückstellt.

[11] S. auch STÄHLIN, ebd.

[12] KLEINSCHMIDT, Ehefragen (Anm. 7)., 95–115, in Anknüpfung an die religionsgeschichtliche
Untersuchung von B. KÖTTING, Die Beurteilung der zweiten Ehe im heidnischen und christlichen
Altertum, Diss. kath. theol. Bonn 1943; vgl. DERS., Die Bewertung der Wiederverheiratung (der
zweiten Ehe) in der Antike und in der Frühen Kirche, RhWAW.G 292, Düsseldorf 1988.

[13] STÄHLIN, Art. χήρα (Anm. 6), 445.

[14] Ebd., 443 – mit Bezugnahme auf 1Tim 5,12.

für das vollgültige Zeugnis der Frau in der christlichen Gemeinde", vor allem durch ihre „Unermüdlichkeit im Gebet".[15]

In späteren Kirchenordnungen begegnet die Gemeindewitwe als fester Bestandteil, oft im Anschluss an den höheren Klerus (Episkopen, Presbyter, Diakone: Clemens Alexandrinus, paed. III 12,97,2; Origenes, hom. in Lk 17 zu 2,36–38; Tertullian, monog. 11,1; Didaskalia III 11,5).[16] Die Pastoralbriefe sind ein wichtiger Schritt in diese Richtung, da hier erstmals so etwas wie ein „Witwenamt" greifbar und in geregelte Bahnen gelenkt wird. Dass mit den „wirklichen Witwen" also eine Gemeindefunktion bzw. sogar ein „Amt" in Erscheinung tritt, begünstigt, 1Tim 5,9 analog zu den Bestimmungen von 1Tim 3,2. 12; Tit 1,5 zu behandeln.

Klarheit kann hier nur die Heranziehung von Material aus der Umwelt bringen.[17] Verfasser wie Adressaten der Pastoralbriefe lebten nicht im luftleeren Raum. Gerade in den Pastoralbriefen ist das Bemühen spürbar, „das in der hell. Umwelt anerkannte ‚Vernünftige' (vgl. Tit 2,12) und ‚Anständige' [zu] verwirklichen".[18] Um dies kommunizieren zu können, bedarf es des Rückgriffs auf die „gehobene Umgangssprache" und die „griechischen und hellenistisch-jüdischen Traditionen und Formen",[19] bei denen der Verfasser auf das Verständnis der Adressat(inn)en zählen kann. Es ist naheliegend, dass er bei der Kriterienfrage für kirchliche Ämter auch die positiven Beispiele der nicht-christlichen Umwelt im Auge hat.[20] Das würde dann die Hochachtung Außenstehender gegenüber kirchlichen Amtsträger(inne)n begünstigen und zur Attraktivität christlicher Gemeinden in einer paganen Umwelt beitragen.

Ausgehend von den Überlegungen zu 1Tim 5,9 stellt sich die Frage: Wie beurteilt man in der religionsgeschichtlich relevanten Umwelt die lebenslang einzige Ehe einer Frau, aber auch die eines Mannes und – darüber hinausgehend – deren Witwen- bzw. Witwerschaft?

Da für die Gemeinden der Pastoralbriefe eine Zusammensetzung aus Heiden- und Judenchristen[21] sowie eine Verortung in Kleinasien anzunehmen sind,[22] sind zunächst hellenistische Parallelen (unter Einbeziehung der Rezeption durch die frühen Kirchenväter) heranzuziehen. Es folgt eine

---

[15] STÄHLIN, Art. χήρα (Anm. 6), 439. S. auch KLEINSCHMIDT, Ehefragen (Anm. 7), 98f.

[16] STÄHLIN, Art. χήρα (Anm. 6), 453, spricht von einer „klerikerähnlichen Stellung".

[17] So schon KÖTTING, Beurteilung der zweiten Ehe (Anm. 12), 174.

[18] G. STRECKER, Theologie des Neuen Testaments, ergänzt und hg. von F. W. Horn, Berlin/New York 1995, 624.

[19] U. SCHNELLE, Einleitung in das Neue Testament, UTB 1830, Göttingen ²1996, 383.

[20] Die Anlehnung der Kriterienkataloge der Pastoralbriefe an Berufspflichtenlehre und Tugendkataloge der hellenistischen popularphilosophischen Ethik verdeutlicht ROLOFF, Der erste Brief an Timotheus (Anm. 3), 150f.

[21] SCHNELLE, Einleitung (Anm. 19), 386.

[22] SCHNELLE, Einleitung (Anm. 19), 383.

Erörterung einer interessanten Parallele aus den Qumranschriften (CD IV 21).

1. Hellenistische Parallelen aus der nichtchristlichen Umwelt

Bernhard Kötting bietet in seiner umfassenden Dissertation eine Fülle von Material auf, das grundsätzlich in einer „außerordentlich[en] Hochschätzung der ersten Ehe" und in einer „Bewertung der zweiten Ehe der Frau als etwas, was eigentlich nicht sein soll" konvergiert.[23] Er zeigt angesichts „der Beurteilung der zweiten Ehe in der Familientradition römischer Adelsgeschlechter",[24] der Vorschriften heidnischer Kulte sowie der besonders in Grabinschriften und Hochzeitsriten greifbaren Volksfrömmigkeit auf, in welch hohem Ansehen die „univira" bzw. μόνανδρος steht. Auf der Grundlage dieser Belege folgert er: „Der Begriff ‚univira' und seine anderen Umschreibungen schließen darum nicht so sehr Ehebruch und unsittliches Verhalten innerhalb der Ehe aus, als vielmehr jede Wiederverheiratung, sei es nach Tod oder Scheidung".[25] Ebenso erkläre sich μόνανδρος „der Grundbedeutung nach [...] als Ablehnung der Wiederverheiratung".[26]

Eine Zusammenstellung der Belege im Wortlaut nach dem CIG und dem CIL sowie der „Anthologia graeca" (hg. von P. Waltz, Paris 1928) und weiterer Quellen enthält die Dissertation von B. Kötting (aus dem paganen Bereich: 77–83 zu „univira"; 84f. zu μόνανδρος; aus dem christlichen Bereich: 86–88; aus dem jüdischen Bereich: 89 zu μόνανδρος, wobei hier vor allem Belege aus römischen Katakomben – am Monteverde und in Vigna Randanini – angeführt werden).[27]

Damit ist die sichere Basis hinsichtlich des religionsgeschichtlich relevanten Umfeldes urchristlicher Gemeinden im römisch-hellenistischen Bereich gegeben für eine „außerordentliche Hochschätzung der ersten Ehe und eine Bewertung der zweiten Ehe der Frau als etwas, was eigentlich nicht sein soll".[28] Ähnlich hebt Herbert Preisker hervor: „Ein besonderer Ruhmestitel der Frau ist es, wenn sie nur einmal verheiratet ist. Die univira, die unius marita, unicuba coniuga wird auf vielen Grabinschriften gefeiert, wie auf griechischen Inschriften die μόνανδρος."[29] Bei seiner Analyse der

---

[23] KÖTTING, Beurteilung der zweiten Ehe (Anm. 12), 96.

[24] Ebd., § 1.

[25] Ebd., 98.

[26] Ebd., 99.

[27] S. auch die zahlreichen Belege aus CIG und CIL bei H. PREISKER, Christentum und Ehe in den ersten drei Jahrhunderten, Berlin 1927, 62.

[28] KÖTTING, Beurteilung der zweiten Ehe (Anm. 12), 96.

[29] PREISKER, Christentum und Ehe (Anm. 27), 62.

jüdischen Belege konstatiert Kötting, dass damit „ein Beweis dafür" gelie-
fert werde, „dass der inschriftliche Gebrauch des Wortes μόνανδρος der
Anpassung an römische Volksauffassung" zu verdanken sei und nicht „ge-
nuin jüdischen Vorstellungen" entspringe.[30]

Hinsichtlich paganer Kulte lässt sich die Forderung, Frauen sollten „univirae" sein, zum Beispiel für die Verehrerinnen der Fortuna belegen: „das
Betreten des Heiligtums und die Berührung des Bildes ist [...] nur solchen
Frauen erlaubt, die als univirae in erster und einziger Ehe leben, eine Bestimmung, die ebenso im Kult der Mater Matuta [Tertullian, monog. 17]
und der mit der Fortuna des Forum Boarium identischen Pudicitia [Livius X
23,9] wiederkehrt".[31]

Für die Flaminica, die Frau des Flamen, gilt Entsprechendes; Belege:
Hieronymus, ep. 123,7: *flaminica quoque unius mariti uxor eligitur*; Tertullian, castit. 13: *certe Flaminica non nisi univira est, quae et flaminis lex est*;
Servius, comm. in Vergilii Aen. IV 29: *sane caeremoniis veterum flamini-
cam nisi unum virum habere non licet.*

Neben dem Kult der Mater Matuta ist auch auf den Tempel der patrizi-
schen Pudicitia hinzuweisen.[32] So folgert Kötting: „Für die alten Matronen-
kulte gilt: Nur die ‚univira' kann Trägerin des Kultes sein, darf zur Verehrung der Göttin zugelassen werden; ausgeschlossen ist jede, die nicht mehr
mit dem Mann in ehelicher Verbindung lebt, der sie als Jungfrau heimge-
führt hat, mag sie nun die 2. Ehe eingegangen sein nach dem Tode ihres
Gatten oder nach erfolgter Scheidung."[33]

Von Bedeutung für die Volksfrömmigkeit wird auch das Beispiel der
Pronuba, der Brautführerin, gewesen sein. Von ihr schreibt Festus, de signi-
ficatione verborum XII 12: *Pronubae adhibentur nuptis, quae semel nup-
serunt, ut matrimonii perpetuitatem auspicantes.* Varros Äußerung nach
Servius, comm. in Vergilii Aen. IV, 166, lautet: *Varro pronubam dicit quae
ante nupsit et quae uni tantum nupta est, ideoque auspices deliguntur ad
nuptias.* Und bei Tertullian, castit. 13, heißt es hierzu: *monogamia apud
ethnicos ita in summo honore est, ut et virginibus univira pronuba adhibea-
tur; et si auspicii causa, utique boni auspicii est.* Als Brautführerin kam
demnach sicher nur eine univira infrage. Sie galt als gutes Vorbild für die
Braut, die sie zur Hochzeit geleitete.

Das Ideal der univira ist somit für weibliche Kultträger umfassend belegt. Kötting konstatiert ein Ungleichgewicht hinsichtlich der Beurteilung
der einzigen bzw. möglicherweise darauf folgenden weiteren Ehe eines

---

[30] KÖTTING, Beurteilung der zweiten Ehe (Anm. 12), 98f.
[31] PREISKER, Christentum und Ehe (Anm. 27), 39. – Die Angaben zu Tertullian und Livius
wurden von mir über das Zitat hinaus spezifiziert.
[32] KÖTTING, Beurteilung der zweiten Ehe (Anm. 12), 23.
[33] Ebd., 25.

Mannes einerseits, einer Frau andererseits. Die lebenslang einzige Ehe sieht Kötting – neben der Popularfrömmigkeit – nur für weibliches Kultpersonal als verbindlich an. Ähnliche Bestimmungen für männliches Kultpersonal bezweifelt er[34] – im Gegensatz zu Hermann Strathmann, Eugen Fehrle und Herbert Preisker, die hier durchaus Parallelen sehen.[35] Nach Kötting ist die Forderung der lebenslänglich einzigen Ehe für männliches Kultpersonal erst in den Pastoralbriefen sicher belegt, wobei er die Wurzel in entsprechenden Bestimmungen für weibliches Kultpersonal (auch) außerhalb des Christentums sieht.[36]

Das Verbot einer zweiten Ehe für Priester (und Priesterinnen) klingt bereits bei Servius, comm. in Vergilii Aen. IV 19 an: *et hoc propter antiquum ritum, quo repellebantur a sacerdotio, id est Fortunam muliebrem non coronabant, bis nuptae.* Auch Pausanias VII 25,13 über den Kultus der Ge in Aigeira weist in diese Richtung.[37]

Am zentralsten ist der Beleg für den höchsten Jupiter-Priester und religionsgeschichtlich von außerordentlichem Gewicht. Der Flamen Dialis gehörte neben dem Flamen Martialis und dem Flamen Quirinalis zu den drei *flamines maiores*, die patrizisch besetzt waren – daneben gab es zwölf *flamines minores*. Der Flamen Dialis wurde in früher Zeit vom König, später vom Pontifex maximus ernannt. Er genoss große Ehrenrechte und stand an der Spitze der *flamines*. Gleichzeitig unterlag er besonderen Beschränkungen wie dem Schwurverbot. Diese Beschränkungen bezogen sich auch auf sein Eheleben: Die Ehe der drei höheren Flamines musste eine konfarreierte sein (Servius, comm. in Vergilii Aen. IV 103. 374; Gaius, inst. I 112; Tacitus, ann. IV 16), das heißt, nach alter patrizischer Tradition unter Amtierung eines Priesters mit dem Speltbrot geschlossen sein. Das hob sie ab von den beiden anderen Eheformen des römischen Rechts, der *coemptio* (ohne sakrale Einbettung) und dem *usus* (automatische Legalisierung der Ehe nach einjährigem, ununterbrochenem Zusammenleben).

Nach Gellius, Noctes atticae X 15,23 (*matrimonium flaminis nisi morte dirimi ius non est*) sowie nach Plutarch, Quaest. Rom 50 (Moralia IV) u.a. durfte diese Ehe nicht geschieden werden. Der Flamen Dialis unterlag – gegen eine Fehlinterpretation von Servius, comm. in Vergilii Aen. IV 29 (*nec flamini aliam ducere licebat uxorem, nisi post mortem flaminicae uxoris*), auf die sich Kötting stützt – doch der Forderung der Einzigehe,

---

[34] Ebd., 18f.
[35] H. STRATHMANN, Geschichte der frühchristlichen Askese. Bd. 1, Leipzig 1914, 207, Anm. 2; E. FEHRLE, Die kultische Keuschheit im Altertum, Gießen 1910, 97; PREISKER, Christentum und Ehe (Anm. 27), 48.
[36] KÖTTING, Beurteilung der zweiten Ehe (Anm. 12), 174–178.
[37] S. auch STRATHMANN, Geschichte (Anm. 35), 167.

jedoch nur während seiner Amtszeit.[38] Starb die Flaminica, so hatte der Flamen nach Gellius, noctes atticae X 15,22, sowie nach Priscian V 12[39], Plutarch, quaest. rom. 50, Tertullian (monog. 17,3f., MPL 2,952f.) und Hieronymus (adv. Iovin I 49, MPL 23,282) aus dem Amt zu scheiden. Eine neue Verehelichung vertrug sich nicht mit dem Amt und den mit diesem verbundenen Anforderungen.

Auch die Kirchenväter Tertullian und Hieronymus sind als Quellen zu berücksichtigen. Tertullian hatte eine gute Kenntnis heidnischer Kulte und war bereits in seiner vormontanistischen Phase sehr an Belegen für die lebenslang einzige Ehe interessiert. Er verweist in seiner Schrift De monogamia 17,3f. auf die Verehrerinnen der Fortuna Muliebris (s. auch Dionysius von Halikarnassos, ant. 8,56,4, und Minucius Felix, Octavius 24), auf die Verehrerinnen der Mater Matuta,[40] auf den Pontifex Maximus sowie die Frau des Flamen: *Fortunae muliebri coronam non imponit, nisi unvira; sicut nec matri Matutae. Pontifex Maximus et Flaminica nubent semel.* (MPL 2,952f.)

Tertullian benennt in De praescriptione haereticorum 40 eine weitere Parallele – den mithrischen Oberpriester: *Quid? quod et summum Pontificem unius nuptiis statuit? Habet et virgines, habet et continentes ...* (MPL 2,55). Da es sich beim Mithraskult um eine Geheimlehre für Eingeweihte handelt, ermangelt es an authentischen Zeugnissen von Mitgliedern des Kultes wie überhaupt an Quellen hierzu. Das mag erklären, warum Tertullian mit seiner Überlieferung allein steht; für andere mindert es den Wert seiner Aussage.

In seiner montanistischen Phase zieht Tertullian weitreichende Schlüsse, indem er das für – weibliches wie männliches – Kultpersonal belegte und von ihm favorisierte Ideal auf alle Glieder der Gemeinde ausdehnt.[41] Von der Einzigehe des Flamen spricht ebenso Hieronymus, ep. 123,8: *Flamen unius uxoris ad sacerdotium admittitur. Flaminea quoque unius mariti eligitur uxor* (MPL 22,1051), sowie adv. Iovinianum 1,49: *nullum sacerdotem digamum, nullum Flaminem bimaritum* (MPL 23,282). Als weiterer entschiedener Befürworter der Einzigehe tut sich der Apologet Athenagoras

---

[38] S. auch E. SAMTER, Art. Flamines, PRE VI, 1909, 2484–2492, 2487.

[39] Nach der Ausgabe von M. HERTZ, Prisciani Grammatici Caesariensis Institutionem grammaticarum libri XVIII. Bd. I–II, Grammatici Latini 2–3, Leipzig 1855 und 1859 (Reprint: Hildesheim 1961).

[40] Dieser Verweis hält jedoch historischer Prüfung nicht stand, s. K. PREYSING, Ehezweck und zweite Ehe bei Athenagoras, ThQ 110, 1929, 85–110, 107; B. KÖTTING, Beurteilung der zweiten Ehe (Anm. 12), 17 Anm. 3. 19 Anm. 1.

[41] Uxor. I 2,1 (MPL 1,1277: *Non quidem abnuimus conjunctionem viri ac foeminae benedictam a Domino ...; unam tamen*); I 6,1; adv. Marc. I 29,4; cast. 1,4; 12,2; monog. 1,2 (MPL 2,931: *Unum matrimonium novimus, sicut unum Deum*); 4,5; 9,8; 14,4; 17,3f.; pudic. 1,20.

hervor.[42] Konrad Preysing zeigt Athenagoras´ Verwurzelung in der stoischen Popularphilosophie auf: Seneca und Plutarch äußern sich ablehnend
zur zweiten Ehe der Frau nach dem Tod des Gatten.[43] Auch der stoische
Kaiser Marc Aurel lehnte für sich nach dem Tod seiner Gattin eine Wiederverheiratung ab.

2. Jüdische Parallele aus der nichtchristlichen Umwelt

Im jüdischen Bereich stehen die grundsätzliche Bejahung der Ehe und die
Verpflichtung eines Menschen zu ehelicher Existenz so im Vordergrund,[44]
dass mit Belegen für die Hochschätzung der lebenslänglich einzigen Ehe
kaum zu rechnen ist.

Dennoch gibt es meines Erachtens einen Beleg, nämlich bei den Esse-
nern, die sich in vielerlei Hinsicht gegenüber anderen jüdischen Strömun-
gen durch größere Radikalität auszeichnen. Meine Überlegungen knüpfen
an die Arbeit Hartmut Stegemanns an.[45] Dieser hat – ausgehend von CD IV
21ff. – gezeigt, dass die Essener offenbar in Einzigehe lebten, und beschrieben, wie man sich dies in der Praxis vorzustellen habe.[46] Entgegen der
Auffassung zahlreicher anderer Exegeten sei CD IV 21 weder hinreichend
als Votum gegen simultane Polygamie noch als Votum gegen Polygamie
und Wiederverheiratung nach einer Scheidung verstanden. Die Essener
radikalisierten die Sexualethik gegenüber dem zeitgenössischen (palästini-
schen) Judentum, wie an CD IV 21–V 11 aufgezeigt werden kann. CD V 7–
11 verschärft die verbotenen Verwandtschaftsgrade dahingehend, dass auch
die Onkel-Nichte-Ehe verboten wird, gegen die man sonst in der zeitgenössischen jüdischen Gesetzesauslegung nichts einzuwenden hatte. Eine weitere, schärfere Radikalisierung bestand in dem Postulat der Einzigehe (CD IV
21), zu der man durch eine drei Pentateuchstellen kombinierende Schrift-
exegese gelangte.

---

[42] Leg. 33.

[43] PREYSING, Ehezweck (Anm. 40), 105f. Anm. 71 und 72.

[44] KLEINSCHMIDT, Ehefragen (Anm. 7), 31–33. Hierbei spielt die Rezeption von Gen 1,27f. eine herausragende Rolle.

[45] Die Essener, Qumran, Johannes der Täufer und Jesus, Freiburg i. Br. ⁵1996, 267–274, bes.
271.

[46] Vgl. die in mancherlei Hinsicht ähnlichen Ergebnisse von A. ISAKSSON, Marriage and Ministry in the New Temple, Kopenhagen/Lund 1965, 45–65, der ebenfalls für die Qumran-Essener
die lebenslänglich einmalige Ehe annimmt – diese sogar nur für die Männer zwischen dem 20. und
25. Lebensjahr. Danach lebten sie nach Isaksson faktisch ehelos, da sie sich ganz ihrer Teilnahme
am heiligen Krieg der Endzeit zu widmen hatten und hierfür völlige und dauerhafte Enthaltsamkeit
erforderlich gewesen sei.

CD IV 20b–V 2a: „Sie sind durch zweierlei gefangen: in der Hurerei, daß sie zwei Weiber zu ihren Lebzeiten nahmen; aber die Grundlage der Schöpfung ist: Als Mann und Weib hat er sie erschaffen (Gen. 1,27). Und die in die Arche hineingingen, sind je zwei und zwei in die Arche gegangen. Und über den Fürsten steht geschrieben: Er soll sich nicht viele Weiber halten (Deut. 17,17)."[47]

Hier wird Gen 1,27 mit Gen 7,9 kombiniert, so dass man aus Gen 1,27 auch die schöpfungsmäßige Stiftung der monogamen Partnerschaft von Mann und Frau durch Gott herausliest (ähnlich Mk 10,1–9 par. Mt 19,1–8 durch Kombination von Gen 1,27 und 2,24).

In der Forschung werden drei Interpretationen der Passage vertreten. Man sieht darin: a) ein Votum gegen simultane Polygamie, also schlicht eine massive Stellungnahme zugunsten der Einehe;[48] b) ein Votum gegen (simultane) Polygamie und Wiederverheiratung nach einer Scheidung, weil in letzterem Umstand auch Polygamie gesehen wird, denn der erste Ehepartner (von dem man geschieden ist) ist noch am Leben, während man den nächsten Ehepartner hat;[49] c) ein Votum gegen sukzessive Polygamie, also eine Propagierung der Einzigehe.[50] Für eine umfassende Erörterung ist hier nicht der Raum.[51]

Ein zentrales Argument für die Interpretation von CD IV 21 im Sinne von c) besteht darin, dass es בחייהם heisst und hiermit eindeutig die Lebensdauer der männlichen Handlungssubjekte, die dem Tadel ausgesetzt sind, gemeint

---

[47] Nach der Übersetzung von E. LOHSE, Die Texte aus Qumran, Darmstadt [4]1986, 74f.

[48] So L. GINZBERG, Eine unbekannte jüdische Sekte, New York 1922, 26; W. STAERK, Die jüdische Gemeinde des Neuen Bundes in Damaskus, BFChTh 27,3, Gütersloh 1922, 57; C. RABIN, The Zadokite Documents, Oxford 1954, 17; G. VERMES, The Dead Sea Scrolls in English, Harmondsworth 1962, 36; G. VERMES, The Qumran Interpretation of Scripture in its Historical Setting, Dead Sea Scroll Studies, ALUOS 6, 1969, 85–97, 88; G. VERMES, Sectarian Matrimonial Halakhah in the Damascus Rule, in: Ders. (Hg.), Post-Biblical Jewish Studies, SJLA 8, Leiden 1975, 50–55.

[49] S. SCHECHTER, Documents of Jewish Sectaries, Cambridge 1910, XXXVI; G. F. MOORE, The Covenanters of Damascus, HThR 4, 1911, 330–377, 344f.; R. H. CHARLES, The Apocrypha et Pseudepigrapha of the Old Testament in English. Bd. II, Oxford 1913, 791. 796; D. DAUBE, The New Testament and Rabbinic Judaism, London 1956, 85f. 299; P. WINTER, Sadoqite Fragments IV 20,21, ZAW 68, 1956, 71–84, 74–77; A. DUPONT-SOMMER, The Essene Writings from Qumran, Oxford 1961, 129; E. COTHENOT/J. CARMIGNAC/H. LIGNÉE, Les Textes de Qumran. Bd. II, Paris 1963, 163; Y. YADIN, The Temple Scroll. Bd. I, Jerusalem 1963, 355–357; L. MORALDI, I manoscritti di Qumran, Turin 1971, 235f.; J. A. FITZMYER, The Matthean Divorce Texts and some new Palestinian Evidence, TS 37, 1976, 197–226, bes. 219f.; J. R. MUELLER, The Temple Scroll and the Gospel Divorce Texts, RdQ 10, 1979–1981, 247–256.

[50] So zuerst J. HEMPEL als Herausgeber der ZAW zu P. Winters Beitrag (Anm. 49) in ZAW 68, 1956, 84 Anm. 1; dann von M. BURROWS, Mehr Klarheit über die Schriftrollen, München 1958, 85; J. MURPHY-O'CONNOR, An Essene Missionary Document? CD II,14–VI,1, RB 77, 1970, 201–229, 220; STEGEMANN, Die Essener (Anm. 45), 270f.

[51] S. dazu KLEINSCHMIDT, Ehefragen (Anm. 7), 106–111.

ist.[52] Dieser Umstand spricht entschieden gegen die anderen beiden Deutungen und hat die hebräische Grammatik auf seiner Seite. Doch wollen die Befürworter der anderen beiden Modelle dies Argument auf verschiedene Weise entkräften:

– Sie gehen von einem bloßen Textfehler aus.[53]
– Sie sehen in dem maskulinen Suffix lediglich einen Ersatz für das feminine Suffix (demnach müsste es בחייהן heißen).[54] Doch dürfte dies laut hebräischer Grammatik nur dann geschehen sein, wenn neben den weiblichen Bezugspersonen zumindest eine männliche Person mitgemeint ist. Die Interpretation von CD IV 20f. als Votum gegen simultane Polygamie wie auch gegen Wiederverheiratung nach Ehescheidung (als Spezialfall simultaner Polygamie) würde aber bedeuten, dass בחייהן gelesen werden müsste und dass dieses Wort ausschließlich auf weibliche Personen zu beziehen ist; denn es würde nach dieser Interpretation den Männern vorgeworfen, dass sie zu Lebzeiten ihrer Frau(en) (!) eine weitere hinzunehmen.[55] So ist das maskuline Suffix beizubehalten und zu verstehen „as referring to the lifespan of both the husband and the wife".[56]
– Ferner will man sich abhelfen, indem man im Passus בחייהם lediglich eine Tautologie sieht: „What is the difference between ‚by taking two wives', and ‚by taking two wives in their life-time', unless of course the author meant to exclude pre-natal or post-mortem marriage?"[57] Dieser Ironisierung kann entgegengehalten werden, dass das diskutierte Wort als Verstärkung des Vergehens verwendet wird.[58]

Gegen die Interpretation als Votum gegen sukzessive Polygamie wird vor allem von Joseph A. Fitzmyer, Yigael Yadin und James R. Mueller 11Q T 57,17–19 ins Feld geführt.[59] Dieser Beleg aus der Tempelrolle mache deutlich, dass es in CD IV 21ff. nicht um die Verpflichtung zur Einzigehe gehe: „she alone shall be with him all the days of her life; and if she dies, he shall take for himself another (wife)".[60] Einer Heirat nach dem Tode des Partners

---

[52] In diesem Sinne auch J. M. BAUMGARTEN, Studies in Qumran Law, SJLA 24, Leiden 1977, 34 Anm. 80; BURROWS, Mehr Klarheit über die Schriftrollen (Anm. 50), 85.

[53] J. MAIER, Von Eleasar bis Zadok, RdQ 15, 1991, 231–241, 232; vgl. bereits GINZBERG, An Unknown Jewish Sect, New York 1976, 20.

[54] VERMES, Sectarian Matrimonial Halakhah (Anm. 48), 55f. Dies sei geschehen, weil das männliche Suffix bevorzugt wurde, wenn irgend möglich.

[55] So zu Recht HEMPEL (Anm. 50), 84.

[56] MUELLER, The Temple Scroll (Anm. 49), 253.

[57] VERMES, Sectarian Matrimonial Halakhah (Anm. 48), 55.

[58] S. auch BURROWS, Mehr Klarheit über die Schriftrollen (Anm. 50), 85: „Er kann natürlich nicht gut zu anderer Zeit heiraten; der Satzteil ‚bei ihren Lebzeiten' kann trotzdem gebraucht sein, um die Lebenslänglichkeit des Verbots zu betonen."

[59] FITZMYER, The Matthean Divorce Texts (Anm. 49), 219f.; YADIN, The Temple Scroll I (Anm. 49), 355–357; MUELLER, The Temple Scroll (Anm. 49), 247–256.

[60] FITZMYER, The Matthean Divorce Texts (Anm. 49), 215f.

habe nichts entgegengestanden. Also müsse die Passage in der Damaskusschrift als Verbot der Heirat Geschiedener sowie als Verbot von Verwand-
tenehen nach Lev 18,13 (so CD V 8–11) verstanden werden.

Doch hat die Argumentation gravierende Schwachstellen: Erstens ist in
keinem der genannten Texte explizit von Scheidung die Rede (diese wird
offenbar 11Q T 54,4 und wohl auch CD XIII 17f. wie selbstverständlich
vorausgesetzt); zweitens spricht der Passus aus der Tempelrolle – entsprechend dem ‚Königsgesetz' von Dtn 17,14ff. – vom Monarchen; drittens ist
auch die Kombination von 11Q T und CD nicht problemlos, weil jede
Schrift aus sich selbst heraus verstanden werden muss.[61] Diese Bedenken
gewinnen an Gewicht, wenn man mit Hartmut Stegemann in 11Q T ein vor-
essenisches Werk (aus der ersten Hälfte des 4. Jh. v. Chr.!) sieht.[62] Demgegenüber steht CD am Ende der essenischen Gemeinde- und Disziplinarord-
nungen und ist mit Stegemann etwa um 100 v. Chr. zu datieren.[63] So ist mit
theologischen Entwicklungen zu rechnen, wie wir sie ja auch aus dem
Spektrum der urchristlichen Literatur kennen. Denkbar ist, dass man in
11Q T (entsprechend der traditionell jüdischen Sicht) nichts gegen eine
Wiederverheiratung Verwitweter einzuwenden hatte. Am Ende der Entwicklung dürfte die Ablehnung der Wiederverheiratung Verwitweter und
Geschiedener gestanden haben, wie sie m.E. in CD IV 20f. vorliegt. Eine
Analogie zur Gesetzesverschärfung besteht in der erst CD V 7–11 untersag-
ten Onkel-Nichte-Ehe.

So bleiben wir bei der Interpretation von CD IV 20f. auf die Damaskusschrift selbst angewiesen. Ein Blick auf die textlich nicht völlig sichere
Passage CD XIII 17f. („für den, der verstößt …") legt zusammen mit den
oben angestellten Überlegungen nahe, dass man nach CD – gemäß Dtn 24,1
– wohl nichts gegen die Trennung von der Ehefrau einzuwenden hatte, sich
aber vehement gegen eine erneute Verehelichung (auch und gerade) des
Mannes – sei es nach Scheidung, sei es nach dem Tod der Ehefrau – aus-
sprach. Die Verschärfung gegenüber älteren Traditionen, wie sie auf Dtn
24,1–4 fußen, besteht in der Damaskusschrift darin, dass auch der Geschiedene zu Lebzeiten seiner (geschiedenen) Frau nicht wieder heiraten darf.
Für die geschiedene Frau verbot sich nach CD eine erneute Ehe ebenso.

Die Damaskusschrift radikalisiert – wie gezeigt – an mehreren Stellen
eherechtliche Grundpositionen der zeitgenössisch jüdischen Gesetzesausle-

---

[61] Zur Methodik s. auch. H. HÜBNER, Zölibat in Qumran? NTS 17, 1970/71, 153–167,154, mit
Hinweis auf das Votum Elligers, wonach jede der Qumranrollen zunächst für sich zu untersuchen
und nur aus ihr heraus ein zusammenhängendes Bild für diese Schrift zu gewinnen ist.

[62] Die Essener (Anm. 45), 136–138, bes. 137. Diese Schrift war ursprünglich als weiteres (6.)
Buch zum Pentateuch gedacht. Die meisten Ausleger datieren diese Schrift jedoch später.

[63] Ebd., 165f.

gung. Sie trug damit in besonderer Weise dem Lebensgefühl Rechnung, Gemeinde der Endzeit zu sein und sich entsprechend zu verhalten.

3. Fazit

Bemerkenswert ist – vorausgesetzt, man teilt diese Einschätzung von CD IV 21 –, dass hier die Forderung der Einzigehe zur generellen Forderung erhoben wird, während die Pastoralbriefe nicht so weit gehen, von allen Gemeindegliedern die Einzigehe zu verlangen, sondern diese Forderung nur an Träger kirchlicher Ämter richten. Bemerkenswert ist weiter, dass hier ein Beleg dafür vorliegt, dass in der Umwelt des Neuen Testaments auch von Männern – und zwar aufgrund des Schöpfungs- und Eheverständnisses – die Einzigehe gefordert werden konnte. So singulär stehen die Pastoralbriefe, die ja ebenfalls von (freilich nicht allen) Männern und Frauen Einzigehe verlangen, gar nicht da, wie es nach der Arbeit Köttings der Fall zu sein schien – zumal, wenn man auch noch das Beispiel des Flamen Dialis als hohem heidnischen Kultträger sowie den mithrischen Oberpriester als weitere Parallelen daneben stellt.

Die Hochschätzung der lebenslänglich einzigen Ehe (zumindest der Frau) in der Volksfrömmigkeit des römisch-hellenistischen Raums hat neben den positiven Beispielen vor allem weiblichen heidnischen Kultpersonals (aber eben auch einigen wenigen profilierten männlichen Kultusbeamten) ebenso dazu beigetragen, dass Passagen wie 1Tim 5,9 für weibliche Amtsträger, 1Tim 3,2.12; Tit 1,6 für männliche Amtsträger formuliert werden konnten – in der Hoffnung, damit einem auch außerhalb der christlichen Gemeinden anerkannten hohen ethischen Ideal innerhalb der Gemeinden Geltung zu verschaffen. Dies dürfte die hohen ethischen Maßstäbe sowie die Glaubwürdigkeit der christlichen Gemeinschaften unterstrichen und mit zum Erfolg der aufkeimenden neuen Religion in einer synkretistischen Gesellschaft beigetragen haben.

Es bleibt abschließend die Frage: Warum stand das Ideal der Einzigehe in so positivem Licht, dass auch die frühen Christinnen und Christen dieses Ideal für sich entdeckten?

Neben dem Modell völliger Enthaltsamkeit, wie es bereits in der frühen Christenheit unter Berufung auf Traditionen wie 1Kor 7 propagiert wurde und ab dem 4. Jh. n. Chr. in die Zölibatsforderung einmündete,[64] bot die Lebensform ‚Einzigehe' auf ihre Weise eine sexualethisch strenge Alternative in der Vielfalt der Lebensformen in der römisch-hellenistischen Welt. Die Untersuchung vor allem der Grabinschriften hebt hierbei das Motiv der

---

[64] KLEINSCHMIDT, Ehefragen (Anm. 7), 166–173.

Treue hervor – Treue, die die Ehepartner über den Tod hinaus verbindet. Damit verknüpft war vor allem für Christinnen und Christen die Hoffnung, man werde mit genau diesem Partner in der Ewigkeit wieder vereint sein. Vor allem im Montanismus steigerte sich die Naherwartung und mit ihm die Forderung der Einzigehe.

In den römisch-hellenistischen Kulten, die die Einzigehe für Kultpersonal vorsehen, spielt sicher auch der Gedanke der Heiligkeit eine große Rolle. Wer exemplarisch für die Gesellschaft religiöse Aufgaben wahrnimmt und sich dem Heiligen naht – sei es als Flamen, sei es Brautführerin im Rahmen einer heiligen Handlung –, der muss auch in seiner Lebensführung vorbildlich sein. Wenn man nicht die Alternative völliger sexueller Enthaltsamkeit fordert, legt sich als nächstes die Forderung der lebenslang einzigen Ehe nahe.

Für Christinnen und Christen wird auch ein Gedanke Gewicht gehabt haben, wie er – unter Aufgreifen alttestamentlicher Traditionen – erstmals bei Paulus 2Kor 11,2 begegnet: die besondere Beziehung zwischen Christus und seiner Ekklesia.[65] Diese Beziehung ist völlig einzigartig, nicht wiederhol- oder überbietbar. In der paulinischen Schule findet 2Kor 11,2 eine Vertiefung in Eph 5,21–33. Eine Tradition wie diese war bestens geeignet, in der Einzigehe das entsprechend tadellose Abbild des Urbildes (Christus und seine Ekklesia) zu leben. Da auch die Pastoralbriefe im Umfeld paulinischen und deuteropaulinischen Gedankenguts entstanden sind, wird die in 2Kor 11,2 und Eph 5,21–33 greifbare Tradition präsent gewesen sein. Sie hat es begünstigt, dass die in der Umwelt der frühen Christen ohnehin angesehene Einzigehe zum Modell für kirchliche Amtsträger wurde. Die Pastoralbriefe tragen dem Rechnung, ohne selbst Auskunft zu geben, warum sie diese Kriterien gerade für Witwen, Presbyter, Diakone und Episkopen aufstellen. Maßgeblich war das Bestreben, die christlichen Gemeinden auf solidem Fundament auch nach außen hin vorbildlich aufzustellen.

---

[65] Entsprechend der Beziehung Gottes zu seinem Volk Israel, wie sie u.a. Ez 16, Hos 2 und Jer 2 besonders hervorgehoben wird, s. KLEINSCHMIDT, Ehefragen (Anm. 7), 82–85.

Jürgen Wehnert

„Falschbrüder", „Schauspieler", „Superapostel"

Zur Geschichte der judenchristlichen Heidenmission im 1. und 2. Jahrhundert n. Chr.

Die Zitatcollage des Titels deutet die Schwierigkeiten und Grenzen an, vor die eine Rekonstruktion der frühen judenchristlichen Völkermission gestellt ist. Judenchristliche Primärquellen zu diesem Thema fehlen für das 1. Jahrhundert n. Chr. ganz und können für das 2. Jahrhundert in nennenswertem Umfang nur mit Hilfe literarkritischer Operationen aus dem pseudoklementinischen Roman gewonnen werden.

Eine Darstellung der judenchristlichen Mission[1] ist daher weitgehend auf Texte angewiesen, die in Opposition zu dieser Bewegung stehen und sich – wie die paulinischen Briefe oder Justins Dialog mit Tryphon – kritisch mit ihr auseinandersetzen. Wenn Paulus die Vertreter einer judenchristlichen Mission im Gal als „Falschbrüder" (2,4) oder „Schauspieler" (2,13) oder im 2Kor als „Superapostel" (οἱ ὑπερλίαν ἀπόστολοι: 11,5; 12,11) bezeichnet, so lassen diese polemischen oder ironischen Bezeichnungen kaum tragfähige Rückschlüsse auf das Selbstverständnis der judenchristlichen Völkermissionare zu. Entsprechend vorsichtig ist alles andere zu bewerten, was Paulus über die Lehre und Praxis seiner Widersacher mitteilt: Stets ist damit zu rechnen, dass der Apostel zum rhetorischen Mittel der Überzeichnung greift, um seinen eigenen Standpunkt, der ihm nichts weniger als der Standpunkt Jesu Christi gilt (vgl. Gal 1,10–12), scharf davon abzugrenzen und ihn so seiner Adressatenschaft nachdrücklich einzuprägen.

Aus dieser Quellenlage folgt methodisch, dass die Anfänge der judenchristlichen Völkermission nicht durch ein unkritisches Referat der einschlägigen Nachrichten in den Paulusbriefen, der Apostelgeschichte oder den Pseudoklementinen dargestellt werden können. Die historische Rekonstruktion muss vielmehr auf einer traditionsgeschichtlichen Analyse dieser Texte basieren. Das heißt, die in den Quellen enthaltenen authentischen Überlieferungen müssen einzeln herausgearbeitet und dann zu einem Ge-

---

[1] Unter „Mission" verstehe ich im Anschluss an W. REINBOLD, Propaganda und Mission im ältesten Christentum. Eine Untersuchung zu den Modalitäten der Ausbreitung der frühen Kirche, FRLANT 188, Göttingen 2000, 10, „die gezielte Ausbreitung einer Religion unter Menschen […], die nicht Anhänger dieser Religion sind" (Satz bei R. kursiv).

samtbild verbunden werden. Diese Analyse habe ich in meiner von Gerd Lüdemann angeregten Habilitationsschrift über „Die Reinheit des ‚christlichen Gottesvolkes' aus Juden und Heiden" detailliert durchgeführt.[2] An den Resultaten dieser Studie soll die folgende Skizze anknüpfen. Inhaltlich möchte ich sie in drei Abschnitte gliedern: Zunächst beschreibe ich die historischen Voraussetzungen des Beginns einer judenchristlichen Völkermission im 1. Jahrhundert, danach den Konflikt dieser Bewegung mit dem Missionswerk des Paulus und anschließend die Herausbildung einer beschneidungsfreien judenchristlichen Mission, wie sie in der ältesten Schicht der Pseudoklementinen reflektiert wird.

Zuvor jedoch ein Satz zum nicht unproblematischen Begriff „judenchristlich". Im Anschluss an Marcel Simon bezeichne ich damit jene Gruppen des frühen Christentums, die eine Toraobservanz einschließlich ritueller Gebote fordern und üben[3] – unabhängig vom Umfang dieser praktizierten und von den Konvertiten verlangten Observanz, die von Gruppe zu Gruppe differieren kann. Als „judenchristlich" wäre demnach z.B. die Kerngruppe der matthäischen Gemeinde zu bezeichnen, die an der Verbindlichkeit der ganzen Tora festhält (Mt 5,17–20), nicht jedoch die hinter dem Jakobusbrief stehende Gruppe, für die offenbar nur das jüdische Moralgesetz in Geltung steht, das als „königliches Gesetz" vollständig erfüllt werden muss (Jak 2,8.10).

1. Die historischen Voraussetzungen des Beginns einer judenchristlichen Völkermission im 1. Jahrhundert

Die hier zu referierende Phase des frühen Christentums beginnt Mitte der vierziger Jahre des 1. Jahrhunderts n. Chr. Damals traten judenchristliche Lehrer in Antiochien auf und forderten, dass heidnische Konvertiten beschnitten, das heißt als Proselyten zur Übernahme der Tora verpflichtet werden müssten (Apg 15,1f.; vgl. Gal 2,4). Diese Forderung richtete sich gegen die Praxis der torafreien Heidenmission, mit der Barnabas und Paulus von der antiochenischen Gemeinde betraut worden waren (Apg 13,2f.). Paulus legitimierte sein gesetzesfreies Evangelium unter den Völkern mit

---

[2] FRLANT 173, Göttingen 1997. Methodisch schließt sich diese Arbeit an den unverzichtbaren Acta-Kommentar von G. LÜDEMANN an: Das frühe Christentum nach den Traditionen der Apostelgeschichte, Göttingen 1987.

[3] M. SIMON, in: Ders./A. Benoît, Le judaïsme et le christianisme antique d'Antiochus Epiphane à Constantin, NC(C) 10, Paris 1968, 267f.; vgl. G. LÜDEMANN, Paulus, der Heidenapostel II: Antipaulinismus im frühen Christentum, FRLANT 130, Göttingen 1983 ([2]1990), 54f. – Als zentrale rituelle Gebote nach der Zerstörung des Tempels nennt Justin, dial. 46,2: 1. Sabbatfeier, 2. Beschneidung, 3. Observanz des Festkalenders, 4. Reinigungsvorschriften.

dem unmittelbaren göttlichen Auftrag durch eine ihm widerfahrene Offenbarung Jesu Christi (Gal 1,10–12.15f.). Diese Begründung und die kom-
promisslose Verteidigung seiner Mission – Paulus wurde „den Gesetzlosen
wie ein Gesetzloser" (1Kor 9,21) – musste zwangsläufig zum Konflikt mit
Judenchristen führen, deren Wahrnehmung der Völkerwelt durch den von
ihnen verehrten, unter „die Schafe Israels" gesandten messianischen Lehrer
Jesus (Mt 10,5f.; 15,24) und die von diesem bekräftigte Gültigkeit des jüdischen Gesetzes geprägt war.[4] Da sich zwischen den Konfliktparteien in
Antiochien kein Einvernehmen finden ließ, wurde, auch unter dem Eindruck einer weiteren dem Paulus widerfahrenen Offenbarung (Gal 2,2),
beschlossen, eine Delegation der dortigen Gemeinde mit Vertretern beider
Seiten nach Jerusalem zu entsenden. Sie sollte die Rechtmäßigkeit der
beschneidungs-, das heißt torafreien Heidenmission von den dortigen Auto-
ritäten prüfen lassen (Gal 2,1.3; Apg 15,2).

Bei den in Jerusalem geführten Gesprächen prallten die Gegensätze erneut hart aufeinander (Gal 2,3–5; Apg 15,4f.). Paulus und Barnabas verwie-
sen auf die Erfolge ihrer Arbeit, die sie wohl pneumatologisch begründeten
(Gal 3,2–5; vgl. dazu Apg 10,44–47; 11,15–18) und in Person des mitge-
reisten unbeschnittenen Heidenchristen Titus sichtbar vor Augen führten.[5]
Dagegen fanden die Verfechter der Beschneidungsforderung Verbündete
unter den toraobservanten Judenchristen Jerusalems, die mit ihnen für eine
Heidenmission nach den Grundsätzen der Jerusalemer Verkündigung unter
den Juden, also unter Einschluss voller Toraobservanz, stritten.

Die in der lukanischen Darstellung des Missionskonvents (Apg 15,6ff.)
verschleierte Lösung des Konflikts ist nur aus der Primärquelle Gal 2,6–10
zu rekonstruieren. Bei abschließenden Verhandlungen zwischen Paulus und
Barnabas einerseits sowie den Jerusalemer „Säulen" Jakobus, Petrus und
Johannes andererseits wurden per Handschlag drei Abmachungen getroffen:

1. Die beschneidungsfreie Heidenmission wurde von den „Säulen" ohne
Auflagen als göttlicher Auftrag[6] an Paulus und Barnabas anerkannt. Der
judenchristliche Protest konnte sich also dagegen nicht durchsetzen.

2. Die antiochenischen Missionare erkannten ihrerseits die auf Beschneidung und Toragehorsam basierende Jerusalemer Verkündigung unter den
Juden an, mit der in erster Linie Petrus betraut worden war. Den toraobservanten Judenchristen wurde damit konzediert, dass die antiochenische Mission kein Monopol besitzt und ihre Normen für christusgläubige Juden
nicht gelten.

---

[4] Vgl. die einschlägige Jesus-Überlieferung: Mt 5,18 par. Lk 16,17; Mt 23,2f.23; 28,20 als Re-
flexe einer judenchristlichen Lehrtradition.

[5] Titus wird von Paulus ausdrücklich als Geistträger charakterisiert: 2Kor 7,13; 12,18.

[6] πεπίστευμαι (Gal 2,7) ist *passivum divinum*. Vgl. Gal 2,9: Die paulinische Verkündigung ist
ein Gottesgeschenk (τὴν χάριν τὴν δοθεῖσάν μοι).

3. Um dem ekklesiologisch desaströsen Eindruck entgegenzutreten, dass nicht mehr als eine strikte Trennung der Wirkungsfelder vereinbart werden konnte, und um die gesetzestreuen Kritiker für ihre Arbeit einzunehmen, verpflichteten sich Paulus und Barnabas, in ihren Gemeinden eine Kollekte für die bedürftigen Jerusalemer Christen zu sammeln (vgl. bes. Röm 15,25–27).[7]

Mit diesen Vereinbarungen schien ein Kompromiss gefunden, der die religiöse Identität der christusgläubigen Juden ebenso wahrte wie das Recht der gesetzesfreien Verkündigung des Paulus und Barnabas. Das Verbindende hinter dieser grundsätzlichen Verschiedenheit versuchte die Kollektenvereinbarung zum Ausdruck zu bringen. Doch war vielleicht schon auf dem Konvent zweifelhaft, ob dieses Entgegenkommen der antiochenischen Missionare ausreichen würde, um deren vehemente Kritiker zufrieden zu stellen.

Tatsächlich ist der Konflikt bald nach dem Jerusalemer Treffen neu aufgeflammt, und zwar wiederum in Antiochien. Zwei Gründe waren dafür verantwortlich. Zum einen hatte der Konvent die Frage ausgeklammert, wie das Zusammenleben von toraobservanten Judenchristen und gesetzesfreien Völkerchristen in gemischten Gemeinden zu regeln sei. Da die Judenchristen Antiochiens wohl recht schnell zur Minderheit in der eigenen Gemeinde wurden und dadurch ihre religiöse Identität gefährdet sahen, wurde die Lösung dieser Frage immer dringlicher.

Das Fass zum Überlaufen brachte ein zweiter Skandal: das Verhalten des Petrus. Nach dem Jerusalemer Missionsgespräch, auf dem er als Repräsentant der Christusverkündigung unter den Juden aufgetreten war, hatte Petrus eine Entwicklung zum Heidenmissionar durchgemacht.[8] Zu den Ereignissen, die dazu geführt hatten, dürfte die vom Apostel vollzogene Taufe des römischen Hauptmanns Kornelius und seines Hauses gehören (Apg 10) – von Lukas, die Bedeutung des Vorgangs unterstreichend, zur Erstbekehrung eines Heiden stilisiert. Chronologisch ist dieser Taufakt allerdings deutlicher von Petrus' Verkündigung unter den Juden abzusetzen, als aus der lukanischen Komposition Apg 9,32–11,18 hervorgeht, die beide Wirkungs-

---

[7] Dieses Solidaritätsprojekt stand wohl unter dem Eindruck einer zur Zeit des Konvents währenden Hungersnot in Palästina (um 48 n. Chr.; vgl. Josephus, Ant. 20,101). Die Kollekte ist dann, wegen des späteren Zerwürfnisses der beiden Missionare (Gal 2,13; vgl. Apg 15,36–39), getrennt von Barnabas für die antiochenische Gemeinde (s. Apg 11,27–30; 12,25 unter ausdrücklichem Hinweis auf eine Hungersnot unter Kaiser Claudius; 11,28) sowie von Paulus (in Begleitung: Apg 20,4) für dessen Gemeinden nach Jerusalem gebracht worden.

[8] Die von Lukas als Auslöser mitgeteilte Vision Apg 10,10–16 (11,5–10) hat nichts damit zu tun; sie legitimiert die Aufhebung der Speisegebote von Lev 11; Dtn 14,3–20 in liberalen Kreisen des hellenistischen Christentums. Eher ist an eine erfolgreiche Christusverkündigung des Petrus unter Samaritanern als Übergangsform seiner Arbeit zu denken (Apg 1,8; 8,14–17.25; vgl. Joh 4,27–42: viele Samaritaner kommen durch den Besuch Jesu und seiner Jünger zum Glauben).

felder des Petrus redaktionell eng verzahnt. Der tatsächliche historische Ort der Korneliustradition ist wohl aus Apg 15,7–11 zu erschließen, wo Lukas den Bericht über die Bekehrung des Kornelius zwischen die Traditionen über den Missionskonvent (V. 1–5) und die Proklamation des Apostel-dekrets (V. 13–23) einordnet.

Bestätigt wird diese Annahme durch den Bericht des Paulus in Gal 2,11–14 über den sog. antiochenischen Zwischenfall: Das demnach zunächst geübte Verhalten des Petrus gegenüber den antiochenischen Heidenchris-ten, seine gesetzesfreie Tischgemeinschaft mit ihnen (V. 12a), zeigt, dass er sich bei der Gestaltung seiner Sozialkontakte zu Heiden am paulinischen Freiheitsbegriff orientierte (V. 14: ἐθνικῶς καὶ οὐχὶ Ἰουδαϊκῶς ζῇς; vgl. 1Kor 9,21). Da sich diese Praxis nicht aus der eines toraobservanten Ver-kündigers ableiten lässt, ist zu schließen, dass Petrus im Abstand zum Jeru-salemer Konvent auch als Heidenmissionar nach paulinischem Vorbild aufgetreten (und als solcher nach Antiochien gereist) war.[9]

Dass ausgerechnet der Repräsentant der toratreuen Jerusalemer Verkün-digung sich des gesetzesfreien Umgangs mit bekehrungswilligen Heiden angeschlossen hatte, musste die Befürchtungen der antiochenischen Juden-christen hinsichtlich der Respektierung ihrer religiösen Identität weiter anheizen und grundsätzliche Zweifel an der Gültigkeit der Konventsbe-schlüsse wecken.

Diese Spannungen kulminierten in der von Lukas Apg 10,45–11,3.12 angedeuteten Denunziation des Petrus in Jerusalem: Eine Gruppe von sechs Judenchristen (10,45: οἱ ἐκ περιτομῆς πιστοί; 11,12: οἱ ἓξ ἀδελφοὶ οὗτοι), Zeugen dieses petrinischen Umgangs mit den Heiden, ist darüber entsetzt (10,45: ἐξέστησαν; vgl. 10,46b–47: Petrus muss sich rechtfertigen) und begibt sich zur Berichterstattung nach Jerusalem (10,48–11,1). Dort wird Petrus nach seiner Rückkehr des gesetzlosen Umgangs mit Unbeschnittenen und der Tischgemeinschaft mit ihnen angeklagt (11,2f.).

Dass ein direkter Zusammenhang zwischen der in Apg 11 verarbeiteten Tradition und Gal 2,11–14 besteht, geht daraus hervor, dass hier wie dort die Kritik an Petrus im Vorwurf der ungesetzlichen Mahlgemeinschaft mit Heidenchristen zusammengefasst wird (Gal 2,12: μετὰ τῶν ἐθνῶν συνήσθιεν; Apg 11,3: συνέφαγες αὐτοῖς): Vor der Intervention der Jakobus-leute in Antiochien (dazu gleich) isst er mit ihnen, danach nicht mehr. Will man nicht mit dem unwahrscheinlichen Sachverhalt rechnen, dass Petrus

---

[9] Womöglich wird diese zeitweilige gemeinsame Praxis von Petrus und Paulus gegenüber Heiden(-christen) auch in der beide zusammenschließenden Wir-Rede Gal 2,15–18 reflektiert. Sie unterstellt, dass die Heidenmission beider Apostel dieselbe christologische Grundlage besitzt: ἡμεῖς εἰς Χριστὸν Ἰησοῦν ἐπιστεύσαμεν, ἵνα δικαιωθῶμεν ἐκ πίστεως Χριστοῦ (Gal 2,16). Damit stimmt in auffälliger Weise überein, dass Petrus im Kurzreferat der Kornelius-Episode Apg 15,10f. als Pauliner charakterisiert wird: διὰ τῆς χάριτος τοῦ κυρίου Ἰησοῦ πιστεύομεν σωθῆναι.

wegen torawidriger Kontakte zu Völkerchristen zweimal offiziell gemaßregelt worden sei, ist davon auszugehen, dass die in Apg 11 und Gal 2 enthaltenen und durch das Stichwort συνεσθίειν verbundenen Traditionen sich auf denselben historischen Vorgang beziehen: Antiochenische Judenchristen, die diese petrinische Praxis für skandalös hielten, konnten die Jerusalemer Gemeinde zu einem energischen Einschreiten veranlassen.

Die Vorgänge um Petrus in Syrien fachten die Jerusalemer Vorbehalte gegen die antiochenische Heidenmission keineswegs nur als ‚außenpolitisches' Problem neu an: Schon die Beschlüsse auf dem Konvent hatten gezeigt, dass die Jerusalemer an keiner Mission beteiligt sein wollten, die auf eine Dispensierung der Christusgläubigen vom Gesetz hinauslief. Diese Haltung zu verteidigen und öffentlich zu demonstrieren war für die Jerusalemer Christen Mitte des 1. Jahrhunderts eine Überlebensfrage. Sie mussten ihren Platz in Judäa zu einer Zeit behaupten, die von immer heftigerer Propaganda jüdischer Eiferer gegen alles Fremde bestimmt war und unaufhaltsam auf die antirömische Erhebung zusteuerte (vgl. Josephus, ant. 20,160ff.; bell. 2,409f.).

Aufgrund ihrer exponierten Situation konnte jeder Apostasieverdacht, der sich gegen einen Jerusalemer Christen richtete, lebensgefährliche Konsequenzen für alle haben.[10] Die Nachrichten über Petrus – einen ihrer bekanntesten Köpfe – haben daher eine Reaktion geradezu erzwungen. Die Jerusalemer Gemeinde stand vor der heiklen Aufgabe, den von ihr gelebten und geforderten Toragehorsam unmissverständlich geltend zu machen, ohne das Band zu dem von ihr akzeptierten Heidenchristentum vollständig zu zerschneiden. Die Jerusalemer bzw. Jakobus, ihre führende Autorität nach dem Rückzug des Petrus aus Jerusalem, entwickelten daher eine ekklesiologische Position, die das Verhältnis zwischen Juden- und Heidenchristen auf eine toragemäße Grundlage stellen sollte. Das Vorbild dafür fanden sie in den alttestamentlichen Bestimmungen zur Regelung des Verhältnisses zwischen den Israeliten und den unter ihnen lebenden „Fremdlingen" (גרים).

Das als Ergebnis dieser Reflexion entstandene „Aposteldekret" fasst jene vier Gebote zusammen, die, nach der aramäischen Tradition von Lev 17f., sowohl für Juden als auch für „Fremdlinge" gelten und mit der Vermeidung der Verunreinigung von Juden begründet werden.[11] Wie die „Fremdlinge" in Israel sollten sich auch die unbeschnittenen ‚Fremdlingschristen' dem in der Tora für sie festgelegten und deshalb unaufgebbaren ritualgesetzlichen

---

[10] Vgl. M. HENGEL, Jakobus der Herrenbruder – der erste „Papst"?, in: E. Gräßer/O. Merk (Hg.): Glaube und Eschatologie (Festschrift W. G. Kümmel), Tübingen 1985, 71–104, 94, unter Hinweis auf Gal 2: „Schon der bloße Verdacht, dass sie wie Apostaten lebten, hätte ein Fortbestehen der Judenchristen in Jerusalem als geschlossene Gemeinde unmöglich gemacht."

[11] Einzelheiten bei WEHNERT (Anm. 2), 219–238.

Minimum unterwerfen und sich von Götzendienst (speziell Götzenopferfleisch), Unzucht, Ersticktem und Blut fernhalten (Apg 15,20; vgl. 15,28f.;
21,25). Nur so konnten sie in Gemeinschaft mit ihren judenchristlichen
Glaubensgeschwistern treten, die zum Festhalten an der ganzen Tora verpflichtet waren.

Eine Gesandtschaft des Jakobus (Apg 15,22.30–33; Gal 2,12) übermittel-
te den Christen in Syrien, Kilikien und speziell in Antiochien (Apg 15,23,
vgl. Gal 2,11f.) dieses Dekret in schriftlicher Form (Apg 15,23). Paulus
schildert in Gal 2,11–14 die Reaktionen der antiochenischen Adressaten:

Nach V. 12f. gab zunächst Petrus die Tischgemeinschaft mit den Heiden
bis auf weiteres auf und zog sich von ihnen zurück (s. die Imperfekte
ὑπέστελλεν und ἀφώριζεν). Die übrigen Judenchristen einschließlich
Barnabas folgten seinem Beispiel (s. die Aoriste συνυπεκρίθησαν und
συναπήχθη). Dies lässt auf die generelle Forderung des Jakobus schließen,
dass Judenchristen, um nicht in Apostasieverdacht zu geraten, an den Weisungen der Tora uneingeschränkt festhalten und sich von rituell unreinen
Völkerchristen zurückziehen müssen.

In Hinblick auf die Heidenchristen wird Gal 2,14 festgestellt, dass Petrus
sie zu einer jüdischen Lebensweise zwinge (τὰ ἔθνη ἀναγκάζεις ἰου-
δαΐζειν[12]). Das heißt, ihnen wurde die Observanz von Torageboten auferlegt, um die soziale Gemeinschaft mit den Judenchristen fortsetzen zu können. Dieser Teil des Jerusalemer Dekrets liegt in Form der vier Enthal-
tungsbestimmungen von Apg 15,20 im Wortlaut vor.

Wie im früheren Streit um die Beschneidung der Heidenchristen war die
Autorität der Jerusalemer Gemeinde und namentlich des Herrenbruders
Jakobus in Antiochien so groß[13], dass das Dekret ohne weitere Diskussion
in Kraft gesetzt wurde: Nachdem Petrus und die antiochenischen Judenchristen die (Tisch-)Gemeinschaft mit den Heidenchristen unterbrochen
hatten, begannen sie damit, diese in den für sie bestimmten Toraboten zu
unterweisen.

Dieses Verfahren wurde von Paulus energisch kritisiert – sicher unter
Hinweis auf die Abmachung des Missionskonvents, wonach Heidenchristen
von allen gesetzlichen Auflagen frei seien. Bei einem öffentlichen Angriff
auf Petrus insistierte er darauf, dass die von Gott als eschatologische Heilsgabe eröffnete Einheit in der Verschiedenheit, nämlich die Gemeinschaft,
die Juden und Heiden aufgrund des gemeinsamen Glaubens und der Begabung mit demselben Geist in Christus haben, durch den jetzt geforderten
Toragehorsam entwertet würde. Doch sein Protest blieb vergeblich. Nicht

---

[12] Zur Formulierung vgl. Apg 15,28: ἐπάναγκες; Justin, dial. 47,3, erwähnt Judenchristen, die
ἐκ παντὸς κατὰ τὸν … νόμον ἀναγκάζουσι ζῆν τοὺς ἐξ ἐθνῶν πιστεύοντας.

[13] S. die bezeichnende Formulierung φοβούμενος τοὺς ἐκ περιτομῆς in Gal 2,12.

einmal Barnabas konnte er mehr auf seine Seite ziehen. Weil Paulus die
äußere Einheit der Kirche damals nicht wichtig genug war, um ihr sein
Völkerevangelium anzupassen, hat er Antiochien anschließend verlassen
und ist nie mehr dorthin zurückgekehrt.[14]

2. Der Konflikt der judenchristlichen Völkermission
mit dem Missionswerk des Paulus

Ich habe die Voraussetzungen für den Beginn der judenchristlichen Völkermission relativ breit geschildert, weil die auf dem Missionskonvent und
durch das Jerusalemer Dekret geschaffenen Fakten den Rahmen für die
weitere Entwicklung absteckten. Diese Entwicklung verlief jedoch nicht
gradlinig. Nach dem Rückzug des Paulus aus Antiochien und der Verlage-
rung seines Missionswerkes nach Westen entstand der Raum für eine judenchristlich geprägte Heidenmission, die ihre Aufgabe auch darin erblick-
te, in paulinisch geprägten Gemeinden für theologische ‚Nachbesserung' zu
sorgen. Wenigstens zwei Richtungen dieser Völkermission lassen sich
unterscheiden:
Die mildere erste verlangte von bekehrungswilligen Heiden die Observanz der vier levitischen Bestimmungen des Jerusalemer Dekrets. Zu den
Missionaren, die das Dekret zum Bestandteil ihrer Predigt machten, dürfte
Petrus gezählt haben, der sich den Jerusalemern nach seinem Fauxpas besonders verpflichtet fühlte. Paulus erwähnt im 1Kor eine Kephas-Partei
(1,12; 3,22) sowie die Existenz von korinthischen Christen, die sich sträu-
ben, Fleisch von Tieren zu essen, die bei paganen Opferhandlungen ge-
schlachtet wurden (8,4–13; 10,25–31).[15] Da gewiss nicht Paulus solche
Skrupel in Teilen seiner Gemeinde geweckt hat, möchte ich annehmen, dass
sie das Resultat judenchristlicher Unterweisung sind, möglicherweise sogar
auf einen Korinth-Aufenthalt des Petrus selbst zurückgehen. Die jüngeren
Nachrichten bei Aristides (Apol 15) und Lukian (Peregr 16) belegen, dass
die rituelle Praxis der Christen in Achaja durch die Vorschriften des Jerusalemer Dekrets dauerhaft geprägt worden sind.
Mit hoher Sicherheit hat auch die antiochenische Gemeinde das Jerusalemer Dekret für sich und für die von ihr fortgesetzte (Apg 15,39b) Völkermission als göttliche Auflage dauerhaft akzeptiert. Das ist aus der weiten
Verbreitung des Aposteldekrets in Syrien (Did 6,3; Theophilus, Autol 34)
und benachbarten Gebieten zu schließen. Für Kleinasien finden sich Belege

---

[14] Die redaktionelle Notiz Apg 18,22 ist ohne historischen Wert.
[15] Vgl. ferner die breite Behandlung des Dekret-Themas Unzucht im 1Kor (5,1; 6,13.18; 7,2;
10,8).

vom Ende des 1., Anfang des 2. Jahrhunderts: Apk 2,14 (Pergamon); 2,20–25 (Thyateira); Plinius 10.96,10 (Bithynien); vielleicht gehört auch das lukanische Doppelwerk (Apg 15,20.29; 21,25) in diesen Raum. Aus Kleinasien gelangte das Aposteldekret durch Migration von Christen im 2. Jahrhundert nach Gallien (Brief der Gemeinden von Vienna und Lugdunum bei Euseb, HE V 1,14.26).

Eine rigoristischere zweite Richtung der judenchristlichen Völkermission lässt sich mit gebotener Vorsicht aus den Gegnerporträts der paulinischen Briefe erschließen. Nach Gal, Phil und vielleicht auch 2Kor 10–13 sind judenchristliche Lehrer in den paulinischen Gemeinden aufgetreten, um das ihrer Meinung nach defizitäre paulinische Evangelium zu korrigieren. Ihr „anderes Evangelium" (Gal 1,8f.; 2Kor 11,4) schließt die Beschneidungsforderung ein (Gal 5,2–12; Phil 3,2f.), das heißt die Verpflichtung der christlichen Proselyten auf die göttliche Tora (Gal 3,2–5; 4,21). Jene Paulus offenbar bekannten, nie aber namentlich genannten Konkurrenten vermochten die gesetzesfrei lebenden Christen durch Empfehlungsbriefe (2Kor 3,1), ihre Herkunft aus dem Judentum (2Kor 11,18.22; Phil 3,4f.; vgl. Gal 1,11–2,14) sowie durch Wundertaten (2Kor 12,12f.) stark zu beeindrucken. Diese rhetorisch geschulten „Superapostel" (2Kor 11,5; 12,11; vgl. 11,13), im Vergleich zu denen Paulus als ungeschickter Schwächling erscheint (11,6; 12,7–10), stehen vermutlich in Kontinuität zu den judenchristlichen Lehrern aus Judäa, die in Antiochien das gesetzlose Evangelium des Paulus scharf angegriffen hatten (Apg 15,1f.) und mit dem Weggang des Apostels aus Syrien ihre Stunde gekommen sahen. Offenbar war es ihnen gelungen, sich der Rückendeckung durch prominente judäische Christen zu versichern – eine angesichts der Vorgeschichte wirksame Waffe, um die Autorität des Paulus zu erschüttern.

Paulus hat auf diese beiden judenchristlichen Missionsströmungen unterschiedlich reagiert und dadurch seinerseits auf den weiteren Verlauf der Entwicklung Einfluss genommen.

Da er an der Einheit der Kirche aus Juden und Heiden festhalten und den Erfolg der Kollekte für Jerusalem, die Ausdruck dieses ekklesiologischen Gedankens war, nicht gefährden wollte, tolerierte Paulus die Observanz des Jakobus-Dekrets auch bei Mitgliedern seiner eigenen Gemeinden. Dabei nahm er in Kauf, dass diese mit dem Liebesgebot begründete Haltung gegenüber den „schwachen" Geschwistern (1Kor 8,9–12) zu Lasten der eigenen theologischen Konsequenz ging. (Man vergleiche Paulus' nachsichtige Verteidigung der in ihrer Nahrungswahl „Schwachen" in Röm 14,1–15,13 mit der – aufgrund seiner Christologie eigentlich folgerichtigen – Polemik gegen jüdische Speisevorschriften, wie sie sich in den Deuteropaulinen findet: Kol 2,16–23; 1Tim 4,1–5; Tit 1,13b–15.)

Die rigoristische judenchristliche Beschneidungsmission hat Paulus hingegen mit allen ihm zu Gebote stehenden Mitteln bekämpft (Gal 1,6–9). Mit ihr war kein Kompromiss möglich, da sie für Paulus die Einheit in Christus zugunsten einer Einheit in der Beschneidung auflöste und damit hinter die endzeitliche Heilsgabe Gottes zurückfiel. Für diese judenchristlichen Lehrer war umgekehrt eine Mitgliedschaft im endzeitlichen Israel ohne das Schlüsselmerkmal jüdischer Identität, die Beschneidung[16], nicht vorstellbar. Die vehementen paulinischen Ausführungen in Gal 3f. und Röm 4 zeigen, dass sich jene Missionare auf den von Gott mit Abraham geschlossenen Beschneidungsbund (Gen 17) beriefen und die gesetzesfreien Christen dadurch stark beeindrucken konnten.

Der Ausgang dieses Konfliktes auf paulinischem Territorium lässt sich nur indirekt erkennen. Bedeutsam erscheint mir das Bild, das sich aus dem 2Kor gewinnen lässt. Ich neige der literarkritischen Auffassung zu, dass der 2Kor eine Komposition aus mehreren ursprünglich selbständigen Schreiben des Apostels ist. Nach dieser Hypothese steht nicht der „Tränenbrief" 2Kor 10–13 am Ende der Korrespondenz mit den Korinthern, sondern der „Versöhnungsbrief" (2Kor 1,1–2,13; 7,5–16), der auf den „Tränenbrief" zurückblickt (vgl. 2,4; 7,8f.12). Trifft das zu, darf gefolgert werden, dass es Paulus gelang, die korinthische Gemeinde von der Rechtmäßigkeit seines Apostolats und seiner Christuspredigt zu überzeugen und sie abermals für sich zu gewinnen. Dass der Brief an die Philipper und vor allem der an die Galater erhalten blieb, ist ein weiteres Indiz dafür, dass das beschneidungsfreie Evangelium in den paulinischen Gemeinden die Oberhand behielt – die Beschneidungsforderung blieb kirchengeschichtlich nur eine kurze Episode.

Die Situation am Ende der Wirksamkeit des Paulus lässt sich daher in zwei Punkten zusammenfassen: 1. Gemäß der Vereinbarung auf dem Jerusalemer Konvent setzt sich eine christliche Völkermission ohne Beschneidungsforderung durch.[17] 2. Gemäß dem Jerusalemer Dekret wird den Heidenchristen vielerorts ein Minimum ritualgesetzlicher Vorschriften auferlegt, um toraobservante Gemeindemitglieder vor ritueller Verunreinigung zu bewahren.

---

[16] Wichtige Belege aus nach-atl. Zeit sind Jub 15,28f. (die Beschneidung als ewiges Zeichen des Bundes mit Israel) sowie Philos Apologien der Beschneidung in Spec. 1.1–11 und Quaest. in Gen. 3.46–52.

[17] Das schließt nicht aus, dass es weiterhin Judenchristen gegeben hat, die christusgläubige Heiden zur vollständigen Respektierung der Tora anhielten (Justin, dial. 47,3; s. Anm. 12). Angesichts fehlender Nachrichten darüber dürfte es sich hierbei um sporadische Bemühungen ohne nennenswerten Erfolg gehandelt haben.

3. Die beschneidungsfreie judenchristliche Völkermission des
2. Jahrhunderts nach dem Zeugnis der Pseudoklementinen

Die Entwicklung der judenchristlichen Mission in nachpaulinischer Zeit wird wegen der dürftigen Quellenlage erst in der ältesten Schicht des pseudoklementinischen Romans sichtbar, die sich aus den beiden überlieferten Fassungen, den Homilien (Hom) und Rekognitionen (Rek), erschließen lässt. Dabei handelt es sich um eine Novelle aus dem späten 2. Jahrhundert n. Chr., die die Überwindung des Zauberers Simon durch den Apostel Petrus im Laufe einer Verfolgungsjagd von Cäsarea Stratonis bis ins syrische Antiochien schildert.[18] In diese Rahmenhandlung eingebettet sind Missionsreden des Petrus an Heiden (Hom 7f.; Rek 4), in denen umfangreiche judenchristliche Traditionen verarbeitet sind. Ein Hauptgegenstand dieser Predigten ist die „von Gott verordnete Religion" (Hom 7.8,1), deren Inhalt in drei Punkten zusammengefasst werden kann:

1. die Verehrung des einen Gottes (Hom 7.4,2a; 7.8,1a; Rek 4.36,1f.),

2. die Beachtung bestimmter Enthaltungs- und Reinheitsvorschriften (Hom 7.4,2b; 7.8,1b–2a; 8.19,1; Rek 4.36,4),

3. die Anerkennung grundlegender ethischer Gebote (Hom 7.4,3f.; 7.8,2b; 8.19,3; Rek 4.36,3).

Neben dem Befund, dass christologische Aussagen in diesen Predigten ganz zurücktreten (Jesus gilt als eine der Inkarnationen des „wahren Propheten"), verweisen besonders die ritualgesetzlichen Vorschriften auf einen judenchristlichen Hintergrund dieses Predigttypus. So ist fester Bestandteil der hier gelehrten Religion, dass die Gläubigen „an der Mahlzeit der Dämonen nicht teilnehmen – nämlich an Götzenopferfleisch, Totem, Ersticktem, von Raubtieren Gerissenem, Blut –, nicht unrein leben, sich nach dem Beischlaf mit einer Frau waschen und dass sie (sc. die Frauen) auch die (Bestimmungen betreffs der) Menstruation beachten" (Hom 7.8,1f.).

Ein Vergleich mit dem Jerusalemer Dekret zeigt, dass dessen Bestimmungen (Verbot von Götzenopferfleisch, Ersticktem und Blut) in den Pseudoklementinen rezipiert[19] und durch verwandte Toravorschriften ergänzt worden sind (Verbot des Genusses von Aas und Gerissenem nach Lev 7,24 u.ö., Reinigung nach Geschlechtsverkehr und Menstruation nach Lev 15,18.19–30 u.ö.). Das Jerusalemer Dekret erscheint somit als Ausgangs-

---

[18] Zur Entstehungsgeschichte der Pseudoklementinen s. den Überblick in J. WEHNERT, Pseudoklementinische Homilien. Einführung und Übersetzung, Kommentare zur apokryphen Literatur 1/1, Göttingen 2010, 30–36.

[19] Unter „Unzucht" (πορνεία) wird in den Pseudoklementinen Ehebruch (μοιχεία) verstanden und dessen Verbot in den (ethischen) Lasterkatalogen eingeschärft; vgl. Hom 1.18,3; 11.8,5; 15.10,3 (πορνεία bzw. πορνεύειν) mit Hom 8.23,2 par. Rek 4.36,3; Hom 11.27,3 par. Rek 6.10,3 (μοιχεύειν).

punkt für die Forderung nach einem umfassenden Torarespekt von Heidenchristen, denen „die Gott verehrenden Juden" (Hom 7.4,3) als Ideal vor
Augen gestellt werden. Mit der Forderung nach Toraobservanz geht ein
krasser Antipaulinismus einher, der vor allem den Offenbarungsanspruch
des gesetzesfreien Evangeliums verwirft. Auf die paulinische Begründung
dieses Evangeliums in Gal 1,11f.15f. scheint der pseudoklementinische
Petrus in Hom 17.19,1–4a direkt zu antworten:

> Selbst wenn dir unser Jesus in einer Vision erschienen und bekannt geworden
> ist, dann ist er (mit dir) wie mit einem Widersacher im Zorn zusammengetrof-
> fen. Deshalb sprach er durch Visionen und Traumbilder oder auch durch Of-
> fenbarungen, die von außen kommen. Ob aber jemand aufgrund einer Erschei-
> nung zur Lehre befähigt werden kann? Und wenn du sagst: Es ist möglich, wa-
> rum blieb der Lehrer ein ganzes Jahr bei wachen (Menschen) und redete mit
> ihnen? ... Wie kann er dir überhaupt erschienen sein, wenn du denkst, was im
> Widerspruch zu seiner Lehre steht? Wenn du aber von ihm eine Stunde lang
> mit einer Erscheinung bedacht und belehrt worden bist und sein Apostel wur-
> dest, verkündige seine Aussprüche, lege seine (Worte) aus, liebe seine Apostel,
> kämpfe nicht mit mir, seinem Schüler![20]

Dass dies nicht reine literarische Fiktion ist, sondern auch Praxis und Lehre
eines realen Judenchristentums des 2. Jahrhunderts widerspiegelt, bezeugt
die syrische Didaskalia. Sie zeichnet aus heidenchristlicher Perspektive das
Bild einer konkurrierenden Gemeinde, deren religiöse Traditionen denen
der vorpseudoklementinischen Novelle entsprechen.[21] Teile des syrischen
Judenchristentums haben demnach eine Völkermission betrieben, die, in
kritischer Auseinandersetzung mit dem paulinischen Erbe, einen umfassenden Torarespekt forderte. Doch konnte diese Mission das Rad der Geschichte an einem entscheidenden Punkt nicht zurückdrehen: Als Initiationsritus gilt auch für sie die Sündenvergebungstaufe[22], eine Beschneidung
wird von den Konvertiten nicht verlangt[23].

---

[20] Vgl. Hom 17.14,2–5.

[21] Diese Gemeinde unterscheidet zwischen erlaubten und verbotenen (Fleisch-)Speisen (H.
ACHELIS/J. FLEMMING, Die syrische Didaskalia, TU 25.2, Leipzig 1904, 122,9–11 und 128,25f.)
und fordert die Reinigung nach Samenerguss, Beischlaf und Menstruation (ebd., 139,1–142,31 und
144,4–9).

[22] Vgl. Hom 8.22,4; 8.23,1 par. Rek 4.36,4; Hom 9.19,4 par. Rek 4.32,2; Hom 17.7,1 u.ö.
Auch die Gegner des Didaskalisten sind getauft (ACHELIS/FLEMMING [Anm. 21], 139,10f.).

[23] Die Beschneidung begegnet in keiner Literarschicht der Pseudoklementinen als (juden-)
christlicher Initiationsritus; vgl. J. WEHNERT, Taufvorstellungen in den Pseudoklementinen, in: D.
Hellholm/T. Vegge/Ø. Norderval (Hg.), Ablution, Initiation, and Baptism in Early Judaism, Grae-
co-Roman Religion, and Early Christianity, BZNW 176, Berlin/New York 2011, 1069–1112, 1109
mit Anm. 117.

So belegt auch dieses, den Herrenbruder Jakobus hoch verehrende Judenchristentum[24] die fortdauernde Gültigkeit der auf dem Jerusalemer Konvent getroffenen Vereinbarung, hinter die es kein Zurück mehr gab. Seine Torafrömmigkeit konnte es deshalb nur auf dem Weg der Ausweitung des im Jakobus-Dekret geforderten ritualgesetzlichen Minimums zum Ausdruck bringen. Über das weitere Schicksal dieser judenchristlichen Völkermission am Ostrand des römischen Reiches ist nichts bekannt. Nicht ausgeschlossen ist, dass es sich noch über mehrere Jahrhunderte erhalten und seinen spezifischen Kanon von Speisevorschriften dem Islam vermittelt hat.[25]

Unabhängig von diesem Judenchristentum haben sich die vier rituellen Bestimmungen des Jerusalemer Dekrets als mündlich tradierte „missionarische Basisformel"[26] in weiten Teilen des frühen Christentums durchgesetzt (Belege des 2. Jahrhunderts stammen aus Syrien, Kleinasien, Griechenland, Gallien, Italien und Nordafrika). Neben der Autorität des Herrenbruders Jakobus und des Apostels Petrus sowie dem gewichtigen Einfluss der antiochenischen Mission, die sich dem Dekret geöffnet hatte, dürfte mitentscheidend gewesen sein, dass sich Paulus am Ende seiner Wirksamkeit hierin kompromissbereit gezeigt und dem Dekret dadurch auch in seinen eigenen Gemeinden Anerkennung verschafft hat. Als letztes ökumenisches Erbe des zunehmend peripheren Jerusalemer Judenchristentums konnten sich so die Enthaltungsvorschriften des Dekrets zu einem Erkennungszeichen der Völkerchristen in vorkonstantinischer Zeit entwickeln – erstaunlicherweise auch in rein heidenchristlichen Gemeinden und sogar dort, wo man der jüdischen Religion und ihrer Torafrömmigkeit ablehnend gegenüberstand (Justin, Tertullian). Durch den Überlieferungsweg des Dekrets war das Wissen über seine Herkunft tragischerweise in Vergessenheit geraten: Der Gedanke, der Tora in Erfüllung dieses Dekrets einen mehr als symbolischen Respekt zu zollen, hätte die Auseinandersetzungen des Christentums mit dem Judentum vielleicht in eine versöhnlichere Richtung lenken und das Wissen über die eigenen Wurzeln (Röm 11,18) lebendiger erhalten können.

---

[24] Vgl. besonders die den Homilien vorangestellte Epistula Clementis (1,1: Jakobus als „Bischof der Bischöfe") sowie die in Rek 1.27–71 verarbeitete judenchristliche Quelle.

[25] S. die ähnlichen Speiseverbote im Koran, Sure 5,3 (5,4) u.ö.

[26] R. STAATS, Art. Hauptsünden, RAC 13, 1986, 734–770, 748.

Matthias Günther

Die lebendige Stimme

Papias von Hierapolis und der Presbyter Johannes

Wer heute Pamukkale im Westen der Türkei besucht, wird nur beiläufig an Papias von Hierapolis, den phrygischen Bischof, erinnert.[1] Sein Werk, die Λογίων κυριακῶν ἐξηγήσεως συγγράμματα πέντε, durch die die φωνὴ ζῶσα sprechen sollte, ging vor langer Zeit fast vollständig verloren. Allein die theologische Wissenschaft lässt, was übrig geblieben ist, am Leben, mal mit weniger, mal mit mehr Freude daran.[2] Die Geschichte der Papias-Forschung hat gezeigt, dass der Hierapolitaner und seine „Darstellung von Herrenworten" nur im Kontext der Frühgeschichte des Christentums im westlichen Kleinasien zu verstehen sind.[3] Gleiches gilt für seinen wichtigsten Zeugen, den πρεσβύτερος Ἰωάννης. Dieser Beitrag will zunächst versuchen, sich an Papias (1.) und Johannes (2.) anzunähern.[4] Abschließend wird die Rolle, die sie für das frühe Christentum in der Region zwischen Ägäis und Marmarameer spielten, zu bestimmen sein (3.).

---

[1] Vgl. M. GÜNTHER, Türkei – Westküste. Stätten des frühen Christentums, EVAs Biblische Reiseführer 3, Leipzig ²2010, 102–113.

[2] Für H. CONZELMANN, Geschichte des Urchristentums, GNT 5, Göttingen ²1971, 17, ist der Verlust des Papiaswerkes „erträglich"; M. HENGEL, Die johanneische Frage. Ein Lösungsversuch, WUNT 67, Tübingen 1993, 77 Anm. 233, hält „das Verschwinden seines großen Werkes" für einen „unersetzlichen Verlust".

[3] Seit W. BAUER, Rechtgläubigkeit und Ketzerei im ältesten Christentum (1934). Zweite, durchgesehene Auflage mit einem Nachtrag hg. von G. Strecker, BHTh 10, Tübingen 1964; vgl. U. H. J. KÖRTNER, Papias von Hierapolis. Ein Beitrag zur Geschichte des frühen Christentums, FRLANT 133, Göttingen 1983; DERS., Papiasfragmente, in: Ders./M. Leutzsch, Papiasfragmente. Hirt des Hermas, SUC 3, Darmstadt 1998, 1–103; DERS., Papiasfragmente, in: W. Pratscher (Hg.), Die Apostolischen Väter. Eine Einleitung, UTB 3272, Göttingen 2010, 170–191.

[4] Vgl. dazu M. GÜNTHER, Die Frühgeschichte des Christentums in Ephesus, ARGU 1, Frankfurt/M. ²1998, 96–108; DERS., Einleitung in die Apostolischen Väter, ARGU 4, Frankfurt/M. 1997, 92–100; DERS., Das ephesische Christentum im Zweiten Jahrhundert und die Apostolischen Väter, in: R. Harreiter u.a. (Hg.), Akten des XIV. Kongresses für Christliche Archäologie. Frühes Christentum zwischen Rom und Konstantinopel, Archäologische Forschungen 14, Wien 2007, Teil 1, 425–432; und in aller Kürze: DERS., Art. Papias, in: RGG⁴ 6, 2003, 862.

1. Papias

Euseb teilt in HE III 39 (hg. E. Schwartz, GCS 9, 284–292) einen kurzen
Ausschnitt aus der Einleitung des Papiaswerkes mit:

> Ich zögere aber nicht, für dich auch das, was ich von den Presbytern genau er-
> fahren und genau im Gedächtnis behalten habe, mit den Erklärungen zusam-
> menzustellen, mich verbürgend für dessen Wahrheit (ὑπὲρ αὐτῶν ἀλήθειαν).
> Denn nicht an denen, die vieles reden, hatte ich Freude, wie die meisten, son-
> dern an denen, die, was wahr ist (τἀληθῆ), lehren; auch nicht an denen, die die
> fremdartigen, sondern an denjenigen, die die vom Herrn dem Glauben gegebe-
> nen (τὰς παρὰ τοῦ κυρίου τῇ πίστει δεδομένας) und von der Wahrheit selbst
> kommenden (ἀπ᾽ αὐτῆς παραγινομένας τῆς ἀληθείας) Gebote im Gedächtnis
> haben. Wenn aber irgendwo jemand, der den Presbytern nachgefolgt war, kam,
> erkundigte ich mich nach den Berichten der Presbyter, was Andreas oder was
> Petrus sagte (εἶπεν), oder was Philippus, oder was Thomas oder Jakobus, oder
> was Johannes oder Matthäus, oder irgendein anderer der Jünger des Herrn (τις
> ἕτερος τῶν τοῦ κυρίου μαθητῶν), was ja auch Aristion und der Presbyter Jo-
> hannes, des Herrn Jünger (τοῦ κυρίου μαθηταί), sagen (λέγουσιν). Denn ich
> war der Ansicht, dass das aus den Büchern (τὰ ἐκ τῶν βιβλίων) mir nicht so
> viel nützen würde wie das von der lebendigen und bleibenden Stimme (τὰ
> παρὰ ζώσης φωνῆς καὶ μενούσης). (39,3f.)

In den Waagschalen des Papias liegen nicht auf der einen Seite die schriftliche (τὰ ἐκ τῶν βιβλίων), auf der anderen Seite die mündliche Überlieferung (τὰ παρὰ [ζώσης] φωνῆς [καὶ μενούσης]),[5] sondern hier Stimmen, die
τὰ πολλὰ λέγουσιν und die τὰς ἀλλοτρίας ἐντολὰς μνημονεύουσιν, und
da Stimmen, die lehren, was wahr ist (τἀληθῆ), und die die vom Herrn dem
Glauben gegebenen und von der Wahrheit selbst (ἀπ᾽ αὐτῆς τῆς ἀληθείας
= von der Wirklichkeit Gottes) kommenden Gebote im Gedächtnis haben.

Das Motiv für die Abfassung seiner fünf Bücher war entsprechend nicht
vorrangig, „historisch-kritisch" in einer Zeit der „Verwilderung der ‚Jesustradition‘"[6] das Echte über Jesu Reden und Tun (τὰ ὑπὸ τοῦ κυρίου ἢ
λεχθέντα ἢ πραχθέντα; Euseb, HE III 39,15) zu suchen und zu bewahren.
Vielmehr wollte er ahistorisch-dogmatisch in konkreten Kontroversen in
Phrygien um die „Glaubenslehre" (τὰ τῆς πίστεως), so deutet es Euseb HE
III 39,2 an, seine eigene Position behaupten.

Hieronymus interpretiert das Papias-Zitat bei Euseb treffend, wenn er es
folgendermaßen verändert: *Non enim tantum mihi libri ad legendum prod-
unt, quantum viva vox et usque hodie in suis auctoribus personans* (Hier.,

---

[5] Gegen H. VON CAMPENHAUSEN, Die Entstehung der christlichen Bibel, BHTh 39, Tübingen
1968, 154, der meint, Papias bekenne sich „mit Pathos zum Vorrang der mündlichen Tradition".

[6] HENGEL, Frage (Anm. 2), 78, mit Verweis auf Joh 21,25.

vir. ill. 18; hg. E. C. Richardson, TU 14/1, 19). Die φωνὴ ζῶσα ist für Papias die von der Wahrheit selbst kommende Stimme[7]; was sie sagt, ist von Gott dem κύριος und von ihm den Zeugen gegeben worden (vgl. Apk 1,1f.); durch sie spricht die ἀλήθεια, die Wirklichkeit Gottes, wenn sie unverändert, d.h. vor allem ohne Hinzufügung oder Wegnahme (vgl. Apk 22,18f.), durch die Zeugen weitergeben wird.

Die lebendige Stimme kann durchaus schriftliche Form annehmen, wie *in* den Evangelien des Markus und des Matthäus, deren Berichte allerdings einer Überprüfung zu unterziehen seien (Scheidung von „petrinischer Redaktion" und Tradition im Mk, Vergleich voneinander abweichender Mt-Handschriften; Euseb, HE III 39,15–17), wie in der Apk[8], deren chiliastische Traditionen (Apk 20,1–6) mit den Berichten der πρεσβύτεροι, auch des πρεσβύτερος Ἰωάννης, übereinstimmten (s.u. 2.), vor allem dann aber *als* das eigene Werk, die Λογίων κυριακῶν ἐξήγησις.[9]

Papias unterscheidet zwischen den λόγια κυριακά und den ἑρμηνείαι. Sehr wahrscheinlich stand eine kurze Ausführung zu den Erklärungen zwischen der Widmung an den unbekannten Leser und dem von Euseb überlieferten Zitat (καὶ ὅσα; vgl. Lk 1,3: κἀμοὶ). Die Aufgabe der ἑρμηνείαι ist es wohl vor allem, die Herrenworte zu ordnen und sie durch ordnende Einfügungen auf die konkrete Situation der frühen Christen hin zu kommentieren. Irenäus überliefert ein Beispiel. Im Anschluss an die Presbyterüberlieferung über ein angebliches Herrenwort zur Fruchtbarkeit im Millennium fügt Papias ein: *Haec autem credibilia sunt credentibus* und leitet mit Hilfe der Frage des ungläubigen Judas (*proditore non credente*) *quomodo ergo tales geniturae a domino perficientur?* zu einem weiteren Herrenwort über: *Videbunt, qui venient in illa* (bei Iren., haer. V 33,4; hg. W. W. Harvey, Bd. II, 418). Den konkreten Hintergrund dieser ἑρμηνείαι bildeten mindestens im Wirkungsbereich des Papias geäußerte Zweifel an der Fruchtbarkeit im Millennium.

In seiner Einleitung müht sich der phrygische Bischof, die Rechtmäßigkeit seines Anspruchs zu belegen, durch die ἐξήγησις, also durch seine eigene Stimme, spreche die φωνὴ ζῶσα und durch sie die ἀλήθεια, die alle Kontroversen zum Verstummen bringen werde. Dass die papianischen

---

[7] Durchaus dem antik-griechischen Sprachgebrauch folgend diejenige Stimme, die auf den Ursprung, den Urheber zurückgeht und damit die Stimme des Urhebers ist; vgl. dazu H. KARPP, Viva Vox, in: A. Stuiber (Hg.), Mullus, FS Theodor Klauser, JAC EB 1, Münster 1964, 190–198, 190–194.

[8] Es ist kaum vorstellbar, dass der Bischof des zwischen Philadelphia (Apk 3,7–13) und Laodicea (Apk 3,14–22) liegenden Hierapolis die Apk nicht kannte; vgl. auch Andreas von Caesarea, comm. in apoc., praefatio.

[9] Gegen KÖRTNER, Papiasfragmente 2010 (Anm. 3), 179, ist zu sagen, dass „der Umstand, dass jemand, der sich mit Pathos auf die viva vox beruft, selbst ein Buch verfasst", kein „performativer Widerspruch" sein muss.

λόγια κυριακά von der Wahrheit selbst kommen, sei gewährleistet durch die Berichte παρὰ ζώσης φωνῆς καὶ μενούσης, d.h.

1. formal durch eine lückenlose Überlieferungskette und

2. inhaltlich durch die Übereinstimmung der Berichte untereinander und mit ihrem Ursprung.

Ad 1.: Papias unterscheidet vier Gruppen von Tradenten:

a) Papias selbst überliefert dem Leser das, was er von den Presbytern erfuhr (ἔμαθον).

b) Er erkundigte (ἀνέκρινον) sich bei denjenigen, die den Presbytern nachfolgten.

c) Von diesen erhielt er Auskunft über die Berichte der Presbyter.

d) Der Inhalt der Berichte der Presbyter war das, was die Augenzeugen sagten (εἶπεν), d.h. das, was wahr ist, was von der Wahrheit selbst kommt.

Papias sagt somit folgendes: Ich habe erkundet (a) von denjenigen, die den Presbytern nachfolgten (b), dass die Presbyter (c) bezeugen, die Augenzeugen (d) hätten folgendes überliefert.[10]

Ad 2.: Ein Problem stellt der letzte Teil der Satzkette dar. Worauf bezieht sich der Nebensatz ἅ τε Ἀριστίων καὶ ὁ πρεσβύτερος Ἰωάννης, τοῦ κυρίου μαθηταί, λέγουσιν? Papias versucht zu belegen, dass durch alle Tradentengruppen die lebendige Stimme spricht. Hierauf zielen die Bezeichnungen οἱ τοῦ κυρίου μαθηταί für die Augenzeugen und τοῦ κυρίου μαθηταί für Aristion und Johannes ab. Während die Gruppe d) durch die Nennung von sieben Namen und den Zusatz τις ἕτερος τῶν (bestimmter Artikel) τοῦ κυρίου μαθητῶν als ein geschlossener Kreis erscheint, umfasst die Gruppe τοῦ κυρίου μαθηταί nicht unbedingt nur Aristion und den Presbyter Johannes; allein mit diesen aber wird Papias in direktem Kontakt gestanden haben (vgl. Iren., haer. V 33,4; Euseb, HE III 39,1).[11] Aristion und Johannes sind zunächst Tradenten aus c) und stehen somit auf einer Stufe mit den Presbytern. Zugleich werden sie von diesen durch den Zusatz τοῦ κυρίου μαθηταί abgehoben und näher an die Augenzeugen gerückt. Für die eigene genaue Überlieferung (ὑπὲρ αὐτῶν ἀλήθειαν; αὐτῶν bezieht sich auf ὅσα), die Papias dem Leser zwangsläufig nicht belegen kann, verbürgt er sich. Steht Papias also selbst für die genaue Überlieferung von b) nach a) gerade, bleibt die Schwierigkeit, die genaue Überlieferung von c) nach b) zu belegen. Gerade diesen Beleg soll der ἅ τε-Satz erbringen. Er bezieht sich auf die Auskunft derjenigen, die den Presbytern gefolgt waren (ἅ τε bezieht sich ebenso auf ὅσα). Was Papias von diesen b) erkundete

---

[10] Vgl. A. HARNACK, Geschichte der altchristlichen Literatur bis Euseb. Bd. II/1, Leipzig [2]1958, 336 Anm. 2.

[11] Vgl. HENGEL, Frage (Anm. 2), 92f. Etwas sehr vorsichtig ist T. ZAHN, Forschungen zur Geschichte des neutestamentlichen Kanons und der altkirchlichen Literatur IV, Leipzig 1900, 141, der nur von Erkundigungen *über* Aristion und den Presbyter Johannes ausgeht.

(ἀνέκρινον) und erfuhr (ἔμαθον), ist das, was Aristion und der Presbyter Johannes (c) sagen (λέγουσιν). Nach papianischem Verständnis ist die Schwachstelle der Überlieferungskette die Gruppe b), so dass die inhaltliche Übereinstimmung des von c) und b) und des von b) und a) Überlieferten glaubwürdig gemacht werden soll. Hierfür sind Aristion und der Presbyter Johannes die wichtigsten Zeugen – laut Euseb erwähnt Papias sie in seinen Büchern häufig mit Namen (Euseb, HE III 39,7; Johannes aber auch als πρεσβύτερος schlechthin: III 39,15). Papias hat keinen Zweifel daran, dass durch sie die φωνὴ ζῶσα spricht.

Der phrygische Bischof sieht sich am Ende einer lückenlosen Überlieferungskette. Das von der Wahrheit selbst Kommende ist unverändert weitergegeben worden. Was über seine Zeugen Eingang in seine ἐξήγησις findet, ist wahr, anders: Die lebendige Stimme hat durch die Zeugen gesprochen und spricht von nun an durch die Stimme des Papias.

2. Johannes

Indem Euseb das papianische Werk in HE III behandelt und damit in die Regierungszeit Trajans (98–117 n. Chr.) datiert (vgl. III 36,1 und die Notiz über die Machtübernahme Hadrians IV 3), ferner nicht daran zu zweifeln ist, dass Papias in direktem Kontakt mit Aristion, über den nichts weiter gesagt werden kann, und dem Presbyter Johannes stand, sollte man davon ausgehen, dass der πρεσβύτερος Johannes mit dem διδάσκαλος Johannes, der bis in die Zeit Trajans, vielleicht bis 100 n. Chr., in Ephesus lebte (Iren., haer. II 22,5; III 3,4; Polykrates bei Euseb, HE V 24,3), identisch ist. Dass der ephesische Johannes eine exponierte Lehrergestalt seiner Zeit war, zeigt sich daran, dass bereits Irenäus die Gleichsetzung des διδάσκαλος mit dem Lieblingsjünger Jesu im Johannesevangelium vorlag (haer. III 1,1; Joh 13,23–25; s.u. 3.). Als eine solche exponierte Lehrergestalt kann er durchaus als ὁ πρεσβύτερος verehrt worden sein (Euseb, HE III 39,4.15) – nicht anders als der Verfasser des 2/3Joh, der die Fremdbezeichnung seiner Schüler (vgl. 2Joh 1; 3Joh 1) als Selbstbezeichnung übernimmt.[12]

---

[12] Vgl. KÖRTNER, Papiasfragmente 1998 (Anm. 3), 36, der aber diesen nächsten Gedankenschritt nicht geht. KÖRTNER, Papias (Anm. 3), 199, wundert sich, „daß sich ein Briefschreiber selbst ὁ πρεσβύτερος genannt haben sollte. Wer eine derart exponierte Rolle in den Gemeinden spielt, an die er sich selbst schriftlich wendet, braucht sich nur mit seinem Eigennamen vorzustellen. Oder sollte er derart von sich eingenommen sein, daß er sich selbst vollmundig tituliert? Ich möchte dies eher verneinen und halte II.III Joh deshalb für pseudonyme Schriften, die sich fiktiv auf den Presbyter Johannes zurückführen, der den Lesern entweder direkt oder über das Papiaswerk bekannt war." (HENGEL, Frage [Anm. 2], 76 Anm. 232, nennt Körtners Folgerungen „absurde Vermutungen".) Schon Hieronymus, vir. ill. 18 (hg. Richardson, TU 14/1, 19), ist sich dagegen sicher: *Ex quo apparet ex ipso catalogo nominum* [des Papias; Euseb, HE III 39,4]*, alius esse*

Damit stellt sich die Frage nach der Identität des papianischen πρεσβύτερος/ephesischen διδάσκαλος Johannes mit dem πρεσβύτερος der Briefe.[13]

Alles, was Papias in seine ἐξήγησις aufnimmt, stimmt mit dem überein, ἅ τε Ἀριστίων καὶ ὁ πρεσβύτερος Ἰωάννης λέγουσιν, d.h., es ist nach Gemeinsamkeiten zwischen dem Papiaswerk und dem 2/3Joh zu suchen, freilich ohne dass dabei eine literarische Abhängigkeit belegt werden muss. Folgende Vergleiche bieten sich an:

1. die Unzulässigkeit, die Lehre zu erweitern, in der Einleitung der ἐξήγησις und in 2Joh 9,

2. der personifizierende Gebrauch des Begriffs ἀλήθεια in der Einleitung der ἐξήγησις und in 3Joh 8.12a sowie

3. die chiliastischen Traditionen im Papiaswerk (Iren., haer. V 33,3f.; Euseb, HE III 39,12) und in 2Joh 7.

Ad 1.: Ähnlich ist der Gebrauch von διδάσκω in der Einleitung der Bücher des Papias (οὐ γὰρ τοῖς τὰ πολλὰ λέγουσιν ἔχαιρον ὥσπερ οἱ πολλοί, ἀλλὰ τοῖς τἀληθῆ διδάσκουσιν) und 2Joh 9 (Πᾶς ὁ προάγων καὶ μὴ μένων ἐν τῇ διδαχῇ τοῦ Χριστοῦ θεὸν οὐκ ἔχει· ὁ μένων ἐν τῇ διδαχῇ, οὗτος καὶ τὸν πατέρα καὶ τὸν υἱὸν ἔχει). Papias und der Verfasser des 2Joh sehen sich wohl externen Irrlehrern gegenüber, denen sie eine unzulässige Erweiterung der Lehre vorwerfen. Der Hinweis auf das Gebot ἀπ᾽ ἀρχῆς in 2Joh 5 zeigt die Absicht des Briefes, die Tradition (V. 5. 7) als das Kriterium für die Unterscheidung zwischen der Gemeinde des Presbyters und den externen Irrlehrern deutlich zu machen. Der Ausdruck ἀπ᾽ ἀρχῆς ist der Sache nach traditionell und bezeichnet hier sowohl den göttlichen Ursprung der ἐντολή (V. 4b: ἐλάβομεν παρὰ τοῦ πατρός) als auch den historischen Anfang des Christentums (V. 5: εἴχομεν ἀπ᾽ ἀρχῆς).

Ad 2.: Papias hat Freude an denjenigen, die Gebote ἀπ᾽ αὐτῆς παραγινομένας τῆς ἀληθείας im Gedächtnis haben. Ebenso wie der Hierapolitaner verwendet der Presbyter den ἀλήθεια-Begriff personifizierend in 3Joh 8 (ἡμεῖς οὖν ὀφείλομεν ὑπολαμβάνειν τοὺς τοιούτους, ἵνα συνεργοὶ γινώμεθα τῇ ἀληθείᾳ) und 3Joh 12a (Δημητρίῳ μεμαρτύρηται ὑπὸ πάντων καὶ ὑπὸ αὐτῆς τῆς ἀληθείας). V. 8 ist eng mit V. 10 verbunden. ὑπολαμβάνειν (τοὺς τοιούτους bezieht sich auf τοὺς ἀδελφοὺς in V. 5) und

---

Iohannem qui inter apostolos ponitur, et alium seniorem Iohannem quem post Aristionem enumerat. Hoc autem dicimus propter superiorem opinionem, qua a plerisque rettulimus traditum duas posteriores epistulas Iohannis non apostoli esse, sed presbyteri. Hic dicitur mille annorum iudaicam edidisse δευτέρωσιν. Quem secuti sunt Irenaeus et Apollinaris et ceteri qui post resurrectionem aiunt in carne cum sanctis Dominum regnaturum.

[13] Die Hinweise des Euseb helfen hier nicht weiter: Papias habe von Zeugnissen aus dem 1Joh und dem 1Petr Gebrauch gemacht, beide Briefe zählt Euseb zu den „anerkannten" (Euseb, HE III 25,2). Die kleinen Johannesbriefe zählt er zu den „bestrittenen", die entweder dem Evangelisten oder einem anderen Johannes zuzuschreiben seien (ebd.).

ἐπιδέχεσθαι (τοὺς ἀδελφοὺς) in V. 10 haben annähernd gleiche Bedeutung: „gastlich aufnehmen". Der beispielhafte Gaius (V. 3. 5), der die Brüder aufnimmt, wird über V. 8 dem Diotrephes, der die Aufnahme verweigert und verhindert (V. 10), gegenübergestellt. Der Begriff ἐν ἀληθείᾳ περιπατέω (vgl. 2Joh 4; 3Joh 3f.) hätte an dieser Stelle genügt, wollte der Presbyter nicht in aller Schärfe die Bedeutung solchen Handelns herausstellen. „[E]s geht [...] um den Einsatz für die Wirklichkeit Gottes, die als ‚Wahrheit' verstanden ist."[14] Die Aufnahme der Brüder ist Voraussetzung für das Gelingen der missionarischen Bemühungen. Durch den personifizierenden Gebrauch von ἀλήθεια charakterisiert der Verfasser Diotrephes nicht nur als Gegner der Gemeinde (V. 10), sondern als Gegner der Wahrheit selbst. Ähnliches beabsichtigt er mit V. 12. Der beispielhafte Demetrius hat das „gute Zeugnis" ὑπὸ αὐτῆς τῆς ἀληθείας. Der Presbyter muss nicht aussprechen, was er damit über Diothrephes sagt.

Ad 3.: Ulrich H. J. Körtner schreibt wohl mit Recht: „[V]or allem Aristion und dem Presbyter Johannes verdankt Papias nicht nur einen wichtigen Teil seiner Überlieferungen, sondern gerade auch die apokalyptisch-chiliastischen Traditionen. Der von Euseb kritisierte Chiliasmus des Papias geht, wie die Untersuchung der chiliastisch-apokalyptischen Fragmente zeigt, auf den Einfluß jener πρεσβύτεροι zurück."[15] Da alles, was Papias in die ἐξήγησις aufgenommen hat, mit dem übereinstimmt, ἅ τε Ἀριστίων καὶ ὁ πρεσβύτερος Ἰωάννης, τοῦ κυρίου μαθητῶν, λέγουσιν, ist es nicht vorstellbar, dass der Presbyter Johannes die Vorstellung vom Millennium ablehnte.

Laut Euseb, der ihm vorwirft, die Bilder der apostolischen Erzählungen nicht verstanden zu haben, schreibt Papias, „dass es nach der Auferstehung der Toten tausend Jahre geben werde, in denen das Reich Christi in leibhaftiger Gestalt hier auf Erden bestehen werde" (Euseb, HE III 39,12). Auch der Verfasser des 2/3 Joh lässt diese chiliastische Tradition erkennen, wenn er 2Joh 7 formuliert: Ὅτι πολλοὶ πλάνοι ἐξῆλθον εἰς τὸν κόσμον, οἱ μὴ ὁμολογοῦντες Ἰησοῦν Χριστὸν ἐρχόμενον ἐν σαρκί. οὗτός ἐστιν ὁ πλάνος καὶ ὁ ἀντίχριστος.[16] Der Gebrauch des Partizips Präsens ἐρχόμενον statt des Partizips Perfekt ἐληλυθότα (1Joh 4,2b) kann nicht mit dem Hinweis auf nachlässigen Sprachgebrauch erklärt werden.[17] Das Präsenspartizip ἐρχόμενον schließt aus, dass der Presbyter eine Vergangenheitsaussage treffen wollte. Er negiert zwar nicht die bleibende Bedeutung der in der

---

[14] G. STRECKER, Die Johannesbriefe, KEK 14, Göttingen 1989, 364 Anm. 14.

[15] KÖRTNER, Papiasfragmente 1998 (Anm. 3), 38; dazu DERS., Papias (Anm. 3), 97–113.

[16] Vgl. STRECKER, Johannesbriefe (Anm. 14), 332–336.

[17] Z.B. J. M. LIEU, The Theology of the Johannine Epistles, Cambridge 1991, 95 (gegen eine futurische Deutung von ἐρχόμενον): „It seems more probable that the language is being used loosely"; vgl. STRECKER, Johannesbriefe (Anm. 14), 334; HENGEL, Frage (Anm. 2), 185.

Vergangenheit liegenden Inkarnation, die auch das Partizip Perfekt ἐληλυθότα zum Ausdruck bringt. Das von ihm geforderte Bekenntnis bezieht sich aber auf das zukünftige Kommen Jesu Christi im Fleisch.[18] Das Millennium werde mit der irdisch realen Parusie beginnen, die πλάνοι verkörpern den ἀντίχριστος, der hier wohl zum ersten Mal ebenso irdisch real gedacht wird (1Joh 2,18 dann sogar als ἀντίχριστοι).

Dass die chiliastische Vorstellung in den kleinasiatischen Gemeinden zu Beginn der trajanischen Zeit durchaus umstritten war, zeigen nicht nur die πλάνοι in 2Joh 7, sondern auch die Ungläubigen, denen Papias mit seiner Erklärung zu dem angeblichen Herrenwort über die Fruchtbarkeit im Millennium (Iren., haer. V 33,4; s.o. 1.) entgegentritt.

Die Erinnerung an den ephesischen Johannes (s.u. 3.) ließ die chiliastische Tradition im westlichen Kleinasien auch in der Zeit zwischen seinem Tod in früher trajanischer Zeit und dem Aufkommen der „phrygischen Häresie", dem Montanismus, ab 156/157 n. Chr. (Epiph., haer. XLVIII 1) lebendig bleiben. Justin überliefert dial. 81,4a eine von ihm in Ephesus in hadrianischer Zeit, vielleicht um 135 n. Chr.[19], aufgenommene Personaltradition über das Millennium[20]:

> Und ferner hat auch bei uns ein Mann (παρ᾽ ὑμῖν [= in Ephesus] ἀνήρ), der Johannes hieß, einer der Apostel Christi, in seiner Offenbarung prophezeit, dass die, die an unseren Christus gläubig geworden sind, tausend Jahre (χίλια ἔτη) in Jerusalem (ἐν Ἱερουσαλήμ) verbringen werden; und danach komme die allgemeine, und mit einem Wort gesagt, ewige Auferstehung aller zugleich und das Gericht. (Hg. E. J. Goodspeed, 1914, 193f.)

Der Verfasser der Apk ist nur über das Stichwort ἀποκάλυψις zum Bestandteil der Personaltradition geworden.[21] In Apk 20,1–6 findet sich allein das Motiv der χίλια ἔτη; das neue Jerusalem ist der Ort des endgültigen Lebens (21,22ff.), nicht des Millenniums. Gerade aber auf die Verbindung der χίλια ἔτη mit Jerusalem legt Justin besonderen Wert. Die Tradition wird demnach auf den ephesischen διδάσκαλος zurückgehen.

Nach der erfolgreichen Suche nach Übereinstimmungen zwischen dem Papiaswerk und dem 2/3Joh ist es unnötig, an der Identität des papianischen πρεσβύτερος/ephesischen διδάσκαλος Johannes mit dem πρεσβύτερος der

---

[18] Vgl. schon E. SCHWARTZ, Über den Tod der Söhne Zebedaei. Ein Beitrag zur Geschichte des Johannesevangeliums (1904), in: Ders., Gesammelte Schriften 5, Berlin 1963, 48–123, 115 Anm. 1: „Was die Leute, denen der Presbyter vorwirft (2,7) οὐχ ὁμολογοῦσιν Ἰησοῦν Χριστὸν ἐρχόμενον (nicht ἐληλυθότα!) ἐν σαρκί, wirklich gelehrt haben, wissen wir nicht; jedenfalls stritt man sich nicht um das vergangene, sondern um das zukünftige Kommen Christi im Fleische."

[19] Vgl. HARNACK, Geschichte (Anm. 10), 281.

[20] Vgl. die Analyse von dial. 80–82 bei GÜNTHER, Frühgeschichte (Anm. 4), 165–170.

[21] Vgl. O. SKARSAUNE, The Proof from Prophecy, NT.S 56, Leiden 1987, 402: „Comparing with Revelation 20,4–6 one finds there nothing similar."

Briefe zu zweifeln. Der phrygische Bischof stand über einen längeren Zeit-
raum, vielleicht in der letzten Dekade des 1. Jahrhunderts mit dem als ὁ
πρεσβύτερος verehrten ephesischen Lehrer in direktem Kontakt.

3. Papias und Johannes: Protagonisten in der Frühgeschichte des kleinasiatischen Christentums?

Papias von Hierapolis spielte in der Frühgeschichte des kleinasiatischen
Christentums eher eine Nebenrolle.[22] Er war eine lokale Größe, deren Glanz
wohl bald nach seinem Tod verblasste, deren Stimme trotz des *opus mag-
nus*, wie Martin Hengel die fünf Bücher bezeichnet,[23] schnell verstummte.
Irenäus nennt ihn um 180 n. Chr. zwar *Ioannis auditor, Polycarpi autem
contubernalis*, aber doch nur, um den „Mann aus vergangener Zeit" (haer.
V 33,4) seiner Leserschaft vorzustellen. Euseb bestreitet Anfang des 4.
Jahrhunderts, dass Papias Johannesschüler war und bescheinigt ihm aufgrund der chiliastischen Traditionen in seinem Werk geistige Schwäche
(HE III 39,13). Möglicherweise aber trugen seine Λογίων κυριακῶν
ἐξηγήσεως συγγράμματα πέντε dazu bei, die Verehrung für den
διδάσκαλος Johannes auch nach dessen Tod im westlichen Kleinasien noch
zu steigern. Im 2. Jahrhundert wurde jedenfalls aus den Traditionen über
den historischen ephesischen Johannes eine Kunstfigur geschaffen. Polykrates von Ephesus zählt ihn um 195 n. Chr. in einem Schreiben an den
römischen Bischof Viktor (Euseb, HE V 24,2–7) als einen der μεγάλα
στοιχεῖα auf, die in Asia ihre Ruhestätte gefunden haben.[24] Der ephesische
Bischof kennzeichnet ihn fünffach (24,3f.):

a) als (Ἰωάννης) ὁ ἐπὶ τοῦ κυρίου ἀναπεσών,
b) als denjenigen, ὃς ἐγενήθη ἱερεὺς τὸ πέταλον πεφορεκὼς,
c) als μάρτυς,
d) als διδάσκαλος und schließlich
e) mit dem Hinweis οὗτος ἐν Ἐφέσῳ κεκοίμηται.

Drei der fünf Kennzeichnungen identifizieren Johannes als den Lieblingsjünger Jesu im Johannesevangelium: Er lag an der Brust Jesu (Joh 13,23–
25), er trägt den hochpriesterlichen Stirnschild (vgl. 18,15), und er ist Zeuge. Der Lieblingsjünger bezeugt die Authentizität der Passionsgeschichte
(13,23–25; 18,15f.; 19,26f.; 19,35) und wird angesichts des leeren Grabes

---

[22] Vgl. auch KÖRTNER, Papiasfragmente 2010 (Anm. 3), 185.
[23] HENGEL, Frage (Anm. 2), 76.
[24] Von einem hohen historischen Wert zumindest des Kerns der diesem Schreiben zugrunde
liegenden Tradition ist auszugehen. HENGEL, Frage (Anm. 2), 36, schreibt mit Recht: „In einem
derartigen offiziellen Brief im Auftrag der Bischöfe Kleinasiens an die römische ‚Konkurrenz'
konnte der bejahrte Polykrates [...] nicht jüngst erfundene Schwindellegenden vortragen."

zum ersten Zeugen der Auferstehung (20,8), dann zum ersten Zeugen des Auferstandenen (21,7). Zusammenfassend kann über ihn gesagt werden: Οὗτός ἐστιν ὁ μαθητὴς ὁ μαρτυρῶν περὶ τούτων. Das Zeugnis des Lieblingsjüngers ist ein bleibendes, da es als geschriebenes Evangelium vorliegt (21,24). Auf diese Kunstfigur, der διδάσκαλος Johannes als der Lieblingsjünger Jesu, konnte Polykrates zurückgreifen, sie war bereits Irenäus bekannt (vgl. Iren., haer. III 1,1; Joh 13,23–25), und sie konnte nur im Wirkungskreis des Johannes, nachdem dieser gestorben war, entstanden sein.[25] Mit der Lehre des πρεσβύτερος vom zukünftigen Kommen Jesu Christi im Fleisch (2Joh 7) scheinen seine Anhänger die Erwartung verbunden zu haben, er würde bis zur Parusie und dem Anbruch des Millenniums am Leben bleiben. Joh 21,23 sollte als Negation dieser zur Weissagung stilisierten Erwartung (ἐξῆλθεν οὖν οὗτος ὁ λόγος εἰς τοὺς ἀδελφοὺς ὅτι ὁ μαθητὴς ἐκεῖνος οὐκ ἀποθνῄσκει) gelesen werden.[26] Die Notwendigkeit, darstellen zu müssen, dass die Weissagung nicht ergangen ist, konnte sich nur aus dem Ereignis ergeben, dass der Presbyter inzwischen gestorben war und dies zum Problem wurde.[27] Die Erwartung wurde durch seinen Tod bitter enttäuscht; die Lieblingsjünger-Tradition entstand als Reaktion hierauf: trotz seines Todes ist der διδάσκαλος Johannes als Lieblingsjünger Jesu der Bleibende.

Johannes spielte zu Lebzeiten in der kleinasiatischen Frühgeschichte des Christentums eine Hauptrolle als Lehrer, der als ὁ πρεσβύτερος verehrt wurde. Für Papias sprach durch ihn die φωνὴ ζῶσα. Doch nach seinem Tod verstummte auch seine Stimme. Nachdem er zur Kunstfigur geworden war, konnte sich das Christentum Kleinasiens Rom gegenüber auf ihn berufen: Nicht Petrus, sondern der Lieblingsjünger sei der erste Zeuge der Auferstehung, der in Joh 21,7 seine einzigen drei Wörter sagen darf: ὁ κύριός ἐστιν. Seine beiden Briefe fanden wohl im Schlepptau des 1Joh Eingang in den neutestamentlichen Kanon; sie sind, wie das papianische Werk, nur im Kontext der Frühgeschichte des Christentums im westlichen Kleinasien zu verstehen.

---

[25] Vgl. zu Joh 19,26f. M. GÜNTHER, Der Ursprung der ephesinischen Marientradition. Zur Exegese von Joh 19,26f, in: A. Özen (Hg.), Historische Wahrheit und theologische Wissenschaft. Gerd Lüdemann zum 50. Geburtstag, Frankfurt/M. 1996, 61–70.

[26] Vgl. R. BULTMANN, Das Evangelium des Johannes, KEK 2, Göttingen [21]1986, 554.

[27] Vgl. schon T. ZAHN, Das Evangelium des Johannes, KNT IV, Leipzig 1908, 690: Die Weissagung „konnte sich nicht einen Tag länger behaupten geschweige denn aufkommen, nachdem Jo gestorben war".

Jacob Neusner

The Rabbis and the Prophets

The Case of Amos

The Prophets of Scripture are subverted by the Rabbis of the Talmud and Midrash. In the Rabbinic canon the Prophets are represented as a mass of proof-texts, made up of one clause or sentence at a time. Form-analysis shows that Scripture's prophetic writings cited in clauses and phrases in the Rabbinic canon lose their integrity and cease to speak in fully coherent paragraphs and chapters. The same prophets, however, came to whole and coherent expression in other venues established by those same Rabbis. So the Rabbis of late antiquity took over writings from what they recognized as ancient times and of divine origin, and they represented selections of those writings in accord with their own project's requirements, glossing clauses of the prophetic Scriptures but not whole, propositional discourses. This essay shows how they did so. It portrays the formal patterns of the Rabbis' subversive glosses.

Why impose the chaos of glosses on the orderly Scriptures? It was to take possession of Scriptural prophecy that the Rabbinic authors imposed their characteristic forms and distinctive topics – the characteristic categories and tasks and propositions. The Rabbinic canonical writings took over and imparted upon the received heritage of Scripture and tradition whatever they chose to treat as authoritative and they did with these selected compositions whatever they wanted. They Rabbinized Scripture in full awareness of how in the process they recast Scripture's own forms and purposes. The Rabbis were perfectly capable of recapitulating prophetic writings as coherent statements. This they did in providing for lections for Sabbaths and festivals, in Pesiqta deRab Kahana for example. For the prophetic writings also were preserved by the Rabbis in their wholeness and integrity, not only in bits and pieces such as we shall see in these pages. For Prophetic writings supplied the liturgy of the synagogue with sustained lections. So the citation and gloss of singleton verses of Scripture that characterize the Rabbinic reading of prophecy (and the rest of Scripture) represented a deliberate action.

That definition of our focus carries us to the problem of the Prophets in the Rabbinic system: how do the Rabbis Rabbinize prophecy? By that I mean, where now are we to find the counterpart of the Rabbis' appropriation of Wisdom's and the Mishnah's theological systems? I have answered that question for the Aggadah and the Halakhah elsewhere.[1]

There I set forth the systematic character of the Rabbinic theology and law. Halakhah and Aggadah form generative, organizing categories of the Rabbinic canon. Scripture's definitive contribution of law and narrative ethics finds ample place in them. But what of the missing native category expressed in the center of the tripartite construction of Scripture, prophecy? The Scripture's challenge to the Rabbis was clear: devise category-formations to organize, formalize, canonize Scripture in the model of Aggadic tradition, law in the setting of theology, *and both in the context of prophecy.*

Now my task is to determine whether and how in reference to prophecy the Rabbis speak in a common voice and lay out a single cogent message. I refer to a system of category-formations that coheres in its own terms and complements the companion-systems of the Halakhah and the Aggadah. The probe of Amos defines the formal and analytical category-formations that emerge from the data read systematically.

Cui bono? How the Rabbis set forth the generative system of prophecy centers on the Rabbis, not the Prophets. The program of this project does not lead to answers to questions about the Prophetic books of Scripture and their authors' original intent and meaning in a particular historical context. It aims only to form an account of *how the Rabbinic sages encountered those books in the Rabbinic canonical context.*

To undertake the characterization of the Rabbinic reading of scriptural prophecy, I see three questions to be answered at the end:

[1] Did the Rabbinic sages undertake a radical reading of Scripture's Prophetic writings?

[2] Can we recover the logic and system that defined the Rabbis' approach to the Prophetic writings?

[3] How are we to categorize the Rabbinic formulation of the category-formation at hand?

A probe of the references in the Rabbinic canon to the book of Amos yields a theory of the Rabbinic category-formations that order prophecy, a theory that can be tested in reference to other prophets. The probative question is, do the prophets contribute personalities to the Rabbinic heritage or are the prophets mere names – inert figures, episodic participants in an encompassing exposition? Rabbis in the Halakhic canon contribute episodic facts to the systematic exposition of governing principles, and they rarely register as

---

[1] The Theology of the Oral Torah: Revealing the Justice of God, Kingston and Montreal/Ithaca 1999, and: The Theology of the Halakhah, Brill Reference Library of Ancient Judaism, Leiden 2001.

well-defined autonomous personalities. Represented by a set of unnuanced names, the prophets are accorded the same treatment as the Rabbis. They contribute in their own names facts but not generalizations that form fully exposed systems of thought.

The facts are comprised here by references in the Rabbinic canonical documents to the prophet Amos. The demonstration of the governance of patterns produces objective facts. It does not rely on subjective judgments or idiosyncratic opinion. How are we to classify the formal facts of Prophecy and through the result characterize the system that animated the Rabbinic documents in their approach to ancient Israelite prophecy? A survey of the references to a given prophetic book on the part of the principal Rabbinic classics yields the data to be systematized. These data produce formal arrangements and patterns, which we sort out by their indicators. I do not invoke the outcome of implicit opinion.

To identify the general traits of the Rabbinic reading of a prophetic book, I offer two pairs of matched opposites and a singleton category.

Governing generalizations emerge from our survey of the Rabbinic references to Amos. The categorical components are these:

[1] the prophetic verse of Scripture is subjected to random and one-shot paraphrase, out of any context defined by Rabbinic thought, or

[2] the prophetic verse of Scripture is subjected to sustained and patterned analysis, or

[3] the prophet passively confirms a proposition, contributing a proof text, or

[4] the prophet actively generates a proposition and is cited as the source of a proposition, and finally

[5] the prophet contributes an illustrative case for a proposition shared and supported by a number of prophets.

Does a comment tied to a verse of Amos make an impact on the reading of Amos as a coherent statement or does it serve the interests of the expression of the Rabbinic system? The first and second classes of the differentiating indicator assess the importance attributed by the Rabbinic document to a given prophetic verse: is it affected by the Rabbinic intervention? That is shown by the sustained Rabbinic inquiry into the meaning of a passage of the prophet. Importance is not settled by mere impressions, e.g., produced by the outcome of protracted sequences of proof texts. A set of prophetic statements as read by Rabbis contains signals of the importance imputed to those verses, some formalities comprised by inert observations, others generative propositions.

A casual Rabbinic reference to a proof-text supplied by a prophet signals trivial standing. How do we know what is casual and one-shot and what is important? Here we ask whether in the present context the prophet is invoked to generate a proposition or to confirm one. How do we know the difference?

Some verses of the prophet are systematically expounded. Others stand on their own and are utilized as singleton proof texts. A verse stands as a singleton or joins together with other texts to register a proposition. That proposition forms a component in a larger construction. But that larger construction concerns Rabbinic issues, not prophetic ones, and the generalization that is confirmed, also, by Amos is generated by the Rabbinic context, not the prophetic one. When we can define the principles and the characteristics of the system that governs the Rabbinic comments on the prophetic writing, if any, we gain access to the Rabbinic propositions that define the Rabbis' reading of prophecy. Then how that fits into the encompassing Rabbinic system permits us to impute to the Rabbis' reading of the prophets the working of a process of systematization, that is in this context, Rabbinization.

Another differentiating indicator, represented by the third and fourth classes, is the utilization of a verse or verses of the prophet invoked for demonstrating a pattern common to a number of prophetic figures or books, once more forming a theological (or, rarely, a Halakhic) composition. The prophet under study helps establish a pattern common to a number of prophets. He reiterates a shared proposition. Here we encounter the acme of Rabbinization.

The fifth classification addresses the compositions that encompass several prophets in a single patterned construction, an absolutely definitive proof of the Rabbinization of prophecy. Here the fact that two or more prophets are made to say the same thing shows beyond doubt the presence of a comprehensive Rabbinic system at the interior of the entire late antique corpus of Rabbinic Judaism.

These categories require that we acknowledge the objective, disciplined paraphrase of what a Rabbinic document alleges is stated in Scripture – a formal exercise. They do not involve the subjective exercise of idiosyncratic opinion. These five working categories define the Rabbinic approach to Scripture, here: prophecy. They derive from the facts generated by regularities in the Rabbinic canon and do not require a subjective judgment of one-time classification.

The items classified as inert singletons exhibit no common viewpoint or proposition. We look in vain for evidence of an a priori deriving, for example, from an omnipresent apologetic. The prophet does not generate a component of a system or link his fact to a governing proposition. All we have are random one shot facts. The category that predominates in the Rabbinic treatment of the prophet Amos exhibits the opposite traits. In the following we encounter the evidence of active engagement, the presence of an a priori system of propositions and values.

The prophet confirms a proposition and contributes a proof text: I do not find many instances that fall into the present classification of composition. All the cases in which the prophet contributes a proposition belong in the next taxon, where the corps of prophets participates in a common enterprise of establishing a proposition. Where Amos contributes a proposition it is in the company of other prophets. All recapitulate a single pattern, so there is no missing the intent of the author, which is to demonstrate the prophetic consensus on a given proposition. It is in a pattern that defines all the prophets all together.

Prophets in Rabbinic Judaism are not expected to provide detailed norms of conduct to make concrete their exhortations, e.g., precisely how to do justice and love mercy and walk humbly with God. But from time to time they are asked to support a practical law in detail. Such expectations notwithstanding, Amos is represented as a Halakhic authority like a Rabbi. Specifically his statements occasionally serve as the foundation of normative law.

Amos attests to the normative law and functions as a sage does in respect to the Halakhah:

> Yerushalmi Moed Qatan 3:5 [I:13 A] Whence in the Torah do we derive the rites of mourning? *And there are those who revise the matter as follows:* "Days" is two, "weeping" is seven, and "mourning" is thirty. R. Yosé, R. Hiyya in the name of R. Simeon b. Laqish, R. Jonah and R. Hiyya and R. Simeon b. Laqish in the name of R. Yudan the Patriarch: "'I will turn your feasts into mourning [and all your songs into lamentation; I will bring sackcloth upon all loins and baldness on every head; I will make it like the mourning for an only son, and the end of it like a bitter day]' (Amos 8:10). Just as the days of the Festival [of Tabernacles] are seven, so the days of mourning are seven." Said R. Ammi to R. Hiyya bar Ba, "Perhaps we may say, 'Just as the days of the Festival [of Tabernacles] are eight, so the days of mourning are eight'?" [I.e., Amos contributes to the formation of the law the proof that the days of mourning are seven by analogy to the days of the Festival of Tabernacles, feasts into mourning beyond the key language.]

Amos supplies the mode for mourning, and the Halakhah of mourning is consequently defined. Another Halakhic topic is conduct on idols' festivals, the advent of fairs that formed a critical moment in transactions of goods and services.

Did the Rabbinic sages undertake a radical reading of Scripture's prophetic writings? Some maintain that the Scriptural prophets conflict with the Talmudic Rabbis, invoking Amos as a critic of Rabbinic ritualism for example. "I hate your feasts but let justice well up" contrasts ritual with ethics, in theory. If we identify verses of Amos with a position critical of Rabbinic emphasis on normative conduct under the law, we should anticipate a Rabbinic response, an interest in an apologia for Rabbinic ritualism. But then we look in vain for even the lightest trace of Rabbinic recognition of prophetic criticism of the Halakhic structure.

Take the ample collection of laws of mourning extracted from Amos's statements. Amos is the source of laws of mourning, and his role in the articulation of those laws is weighty. That places the prophet in the heart of the Halakhic process. The compositions contain not a hint of prophetic preachment against concrete acts of service in submission to the law. More to the point, we detect no tension between feasts and offerings on the one side and justice and righteousness on the other. Amos sets forth no challenge to the Rabbinic system but participates in that system. When the Rabbis treat the prophets as Rabbis, they take a position radically opposed to the prevailing contrast between rite and right. And when we search in vain for a defense of the Torah as source of Halakhah, we must conclude that the Rabbinic sages dismissed allegations of tension between Rabbinic norms and prophetic criticism.

Can we recover the main lines of the Rabbis' approach to the prophetic writings? We turn now to the task of generalization and ask, do the Rabbinic documents set forth propositions that form coherent systems of thought? We find the answer through the systematic exposition of propositions in whole documents, the Mishnah for one example, Sifra for another. Singleton compositions address details. Proportionately large composites establish evidence for governing generalizations.

What we have seen in the elaborate exercises of classification that is now complete is the failure of standard exercises.

The Rabbis do not systematically expound the teachings of Amos.

They do not represent his writings as a coherent account of a system of principles. I cannot recover the main lines of the Rabbis' approach to the prophetic writings. I detect not the slightest inclination to construct generalizations attributed to Amos, and the name of Amos carries no messages or meanings. They formulate a mass of unrelated details. With what consequence? That is the way that leads to obscuring the prophetic message in a mass of miscellanies. It is how the Rabbinic sages took over antecedent documents, the Mishnah mediated through the Talmuds, for one example, and Scripture mediated through the Midrash-collections, for another.

How do the Rabbis make manifest the main lines of their approach to received documents? They make their points through repeated iteration of patterns. Masses of details that do not cohere obscure the purpose of a composition. The composite is the thing. That brings us back to my characterization of the Rabbinic reading of Amos as episodic and occasional. The system makes the statement. When no systemic statement registers, what message registers through the obscurity of silence? It is that there is no message to take up, no challenge to meet. If it is unthinkable that rite conflicts with right, then don't think it and don't articulate the implicit contradiction. No more effective response to potential contradictions of Rabbinic theology presented itself than taking up the mass of details while ignoring the main point.

The way of Rabbinic Judaism in its encounter with received documents explains what is happening in the Rabbinic reading of the book of Amos. The Rabbinic system brought into relationship with Amos made a place for episodes but afforded no hearing of a coherent and systematic biography. Whole lives are broken up into miscellanies of free-standing episodes, random chapters surviving out of a missing book. The exegesis of the Mishnah by the Talmuds follows suit. A Talmud picks and chooses the statements of the Mishnah that it chooses to expound. The Mishnah is broken up into a myriad of details. These masses of details obscure the Mishnah's message and portray the Mishnah as a source of singleton rules. These odds and ends yield no pattern. It is rare for a particular Rabbinic sage to be portrayed as the sponsor of a cogent set of ideas that all together form a single systematic statement.

The Talmuds' criticism of the Mishnah and its Halakhah to be sure does investigate the consistency of the principles espoused by a particular named authority. How could Rabbi X take position A and also affirm its contradiction in position B, for example? Also, anonymous sayings are assigned to particular named authorities that identify with the same principle as is given here anonymously. That sort of evidence of a quest for systemic cogency is absent from the presentation of Amos in the Rabbinic canon. No system defines or emerges from the Rabbinic exegetical treatment of Amos. Nor do we find an effort to harmonize Amos's positions with those of the Rabbis. The system of the Mishnah or Sifra does not come to bear upon the reading of Amos. The comments on Amos are episodic and do not hold together to form larger constructions than the singletons that we have examined. We negatively answer the question with which we started: can we recover the main lines of the Rabbis' approach to the prophetic writings? The Rabbis' reading of Amos made no provision for recognition of the main lines of exposition and argument. Their choice of verses for exposition is random and episodic.

To be sure, what they omitted is not to be ignored. The agendum is attested by what is ignored. A single instance, to which I have repeatedly referred, serves. Through bypassing the prophetic message that contrasted justice with observance of festivals and instead affirmed right and rite, they aimed at the subversion of an otherwise illogical conflict. This they did through *Todschweigen*. What they ought to have taken up but bypassed contains their message as much as, or even more than, what they articulated. There is no manifest Rabbinic approach to the prophetic writings, nothing that can be put together in a coherent positive proposition.

The corpus of miscellanies bears the burden of the Rabbinic message. It is that the Scriptural books of the prophets like the Scriptural books of the Torah contribute details to the exposition of what is the fundamental and established Rabbinic system. The failure to support the classification of prophetic statements does not mean the Rabbis of the canon abandoned their mode of conviction expressed through categorization. On the contrary, they brought a system – their system – to the prophetic books as much as to the Torah-laws. The outcome of prophetic books of Scripture, to insist on the subordinated position of the details conceived by the prophets. We today are the ones who discern conflict between prophecy and Rabbinic Judaism. The canonical Rabbis did not conceive it necessary even to acknowledge the presence of conflict.

In conclusion, Amos accordingly here represents the Prophetic writings that are dismantled and reworked by the governing documents of the Rabbinic canon. In reference to Scripture's native categories, which form the tripartite division of Scripture into [1] the Torah, [2] the Prophets, and [3] the Writings, this is a study of the Rabbinic disposition of Scripture's middle native category, *the Prophets*. I answer the question, how did the Rabbis of normative Rabbinic Judaism read the Prophetic books? by asking the question, what impact does the Rabbinic system embodied in the canonical documents of the Rabbis of the first six centuries C.E. make upon the reading of the Prophetic writings, particularly the latter Prophets? By paying attention to the forms as they are repeated, I classify the references to the Prophets in the Rabbis' writings. I aim at establishing the recurrent pattern and the systematic characterization of the treatment of not only Amos, treated as exemplary, but all the prophetic writings in their larger context.

The Rabbis' methodical readings of Scripture's native categories, "Torah" and "Writings," are defined by the documents of the Halakhah (law) corresponding to "Torah" and the Aggadah (lore) corresponding to "Writings," respectively. "Torah" is formed by the Pentateuch, and the Rabbinic consensus on the Torah is conveyed in the Halakhah, particularly the Mishnah, Tosefta, external traditions, and the Tannaite Midrash-compilations. The Rabbinic category-formation corresponding to the Writings is formed by the Rabbis' treatment of Scripture's Wisdom literature, with special reference to the extended commentaries on the Five Scrolls, and sustained expositions of sequences of verses, if not the entire books, of (for instance) Job, Psalms and Proverbs. The composition of large scale documents of Halakhah and of extended expositions of Aggadah thus are deemed centered in documents of the Rabbinic canon on the exposition of Wisdom's theology in the Aggadah and the Mishnah's theology in the law. I conclude with answers to the generative questions with which we commenced:

Did the Rabbinic sages undertake a radical reading of Scripture's Prophetic writings? The form, citation of a received writing and gloss of that writing, when executed not episodically but sequentially and systematically, characterizes the Rabbinic canon from the closure of the Mishnah to the conclusion of the Bavli. The real question is, did the Rabbinic exegetes present a proposition through their exegeses, or have they produced episodic observations about this and that? The answer is, both. When they compiled a sequence of citations and glosses of successive verses of prophecy, in Pesiqta deRab Kahana and Leviticus Rabbah for example, their reading was radical and their proposition profound. But where as in the vast collection of odds and ends collected here they worked occasionally and at random, their reading cannot be construed as purposeful and therefore radical or purposeful but routine. I see nothing radical in a point of philology or exegesis.

Can we recover the logic and system that defined the Rabbis approach to the Prophetic writings? The collection of Rabbinic glosses that we have reviewed reveals no permeating logic and no systematic approach to the prophetic writings. That is because the prophets were read as sources of factual information of language and of history for example and not as sources for systems of theology or law. We furthermore cannot ask for what the Rabbinic authors never promised to present or even contemplated. They did not consider as possible Hosea 6:6, God's rejection of rite in favor of loving kindness or Amos's God's rejection of rite in favor of justice. These expressions of a system that emphasized justice and morality over ritual in the Rabbinic context contrasted as contradictory what the Rabbinic sages deemed essentially harmonious.

How are we to categorize the Rabbinic formulation of the category-formation at hand? We speak of prophecy in the context of a category-formation. For Scripture that is a given, the lines of division and organization of Scripture do flow from prophecy as from the Torah or from the Writings (the five scrolls exemplifying the third-listed item). Those documents that concur – Pesiqta deRab Kahana is the best exemplar – impart to prophecy a coherent reading of Scripture and do so in a cogent context, synagogue's lections being the outstanding case. Those documents that do not read Scripture as a continuous set of propositions but as an occasional sample of free-standing facts meant to register their own message – Sifra for example – do not follow suit. Everything depends on the documentary program, as usual.

Forschungsgeschichtliche Studien

Gudrun Beyer

„Die Historie [...] weist notwendig über sich selbst hinaus"[1]

Bemerkungen zu Wilhelm Boussets Jesusvorlesung aus dem Wintersemester 1918/19[2]

1. Das Einleitungskolleg

In den Ausgaben der „Christlichen Welt" vom 14. und 28. November 1918 veröffentlichte Martin Rade Wilhelm Boussets „Einleitung einer Vorlesung über die Hauptprobleme des Lebens Jesu"[3] gehalten am 9. Oktober an der Universität Gießen für Hörer aller Fakultäten. Auch angesichts der gesellschaftlichen und politischen Lage im ausgehenden ersten Weltkrieg kam diesem Thema für Bousset höchste Brisanz zu. Dem Schweizer Freund Paul Wernle umriss er seine Absicht:

> Ich begann gestern mein Kolleg (Publikum) über Jesus von Nazareth u[nd] be-
> nutzte die Einleitung, um meine Hörer auf d[ie] ewigen Fundamente unseres
> Daseins – Pflicht u[nd] Glaube – hinzuweisen. Ich hatte die lebhafte Empfin-
> dung einer überaus großen Empfänglichkeit. (Postkarte W. Boussets an Paul
> Wernle vom 10.10.1918, SUB Göttingen Cod. Ms. Bousset, 151)

In den Wochen der Kapitulation und des politischen Umbruchs sah Bousset sich vor der Aufgabe, „einer ratlos gewordenen Jugend d[ie] rechten Wege zu weisen".[4] – Seine Vorlesung sollte auch der Frage nachgehen: „Was hat die Gestalt Jesus von Nazareth uns Kindern des gegenwärtigen Tages mit seiner Not und Arbeit zu bieten und zu sagen?"[5] Der langjährig

---

[1] W. BOUSSET, Die Bedeutung der Person Jesu für den Glauben. Historische und rationale Grundlagen des Glaubens, Berlin 1910, 6.

[2] Das Manuskript – von Bousset mit „Jesus von Nazareth" überschrieben – ist im Nachlass Wilhelm Bousset an der Niedersächsischen Staats- und Universitätsbibliothek unter SUB Göttingen Cod. Ms. Bousset 152 zugänglich. Ich danke der dortigen Handschriftenabteilung für die Benutzungserlaubnis. Kurzzitate belege ich direkt im Text mit der jeweiligen Blattnummer des in der Regel auf den Vorderseiten notierten Vorlesungsmanuskripts.

[3] W. BOUSSET, Einleitung einer Vorlesung über die Hauptprobleme des Lebens Jesu. Vor Studierenden aller Fakultäten am 9. Oktober 1918, ChW 21, 1918, 429–433. 450–452.

[4] Postkarte W. Boussets an Paul Wernle vom 10.10.1918; SUB Göttingen Cod. Ms. Bousset 151 – zitiert mit freundlicher Erlaubnis der Handschriftenabteilung der SUB Göttingen.

[5] BOUSSET, Einleitung (Anm. 3), 430.

linksliberal engagierte,[6] der Religionsgeschichtlichen Schule zuzurechnende Neutestamentler[7] verband historisch-kritisch gewonnene Ergebnisse zum historischen Jesus mit einem Verständnis von Glaube und Geschichte, das noch der Person Jesu die persönliche Sinnorientierung und Motivation für ein gesellschaftliches Engagement abgewinnt. Im Einleitungskolleg umriss er Eckpunkte seines Zugangsweges, das zugrunde liegende Religionsverständnis und sozialethische Implikationen. Religion ist ihm lebendiger Glaube, der ahnend die tiefere Wirklichkeit menschlichen Daseins erschließt und darin den letzten Sinn der Wirklichkeit in und trotz des Zusammenbruchs der Lebenskonzepte auf allen Ebenen erfahrbarer Wirklichkeit. Seine Argumentation deutet geschichts- und erkenntnistheoretische Hintergründe der Exegese an, die auf den schottischen Philosophen Thomas Carlyle (1795–1881) einerseits und den Kantschüler Jacob Friedrich Fries (1773–1843) andererseits zurückgehen – philosophische Referenzkonzepte, die Boussets Arbeit im Fall von Carlyle seit seinen frühen Veröffentlichungen mit leiteten, im Fall von Fries seit seinem Bekanntwerden mit dessen Erkenntnistheorie, auf die ihn der theologische Freund Rudolf Otto und der Begründer des Neufriesianismus in Göttingen, der Mathematiker und Philosoph Leonard Nelson aufmerksam gemacht hatten.[8] Fries' erkenntnistheoretisch fundierte Religionsphilosophie und Implikationen für die Geschichte und Religionsgeschichte verwob Bousset mit Carlyles Verständnis der Persönlichkeit und deren sozi-

---

[6] Klaus Berger umreißt Boussets politische Aktivitäten, deren Schwerpunkte im National-Sozialen Verein Friedrich Naumanns, Folgeorganisationen, und regionalen Engagement im Göttinger Raum lagen (Nationalsoziale Religionsgeschichte. Wilhelm Bousset [1865–1929], in: F. W. Graf [Hg.], Profile des neuzeitlichen Protestantismus. Bd. 2.2, Gütersloh 1993, 279–294.). – Vgl. auch den Überblick bei A. VERHEULE, Wilhelm Bousset. Leben und Werk. Ein theologiegeschichtlicher Versuch, Amsterdam 1973, 25–29, und Hans-Joachim Dahms Untersuchung zur politischen Zusammenarbeit Boussets mit Leonard Nelson und Rudolf Otto während der gemeinsamen Göttinger Jahre (Über religiösen und politischen Liberalismus, in: G. Lüdemann [Hg.], Die Religionsgeschichtliche Schule. Facetten eines Umbruchs. Studien und Texte zur Religionsgeschichtlichen Schule 1, Frankfurt/M. 1996, 225–242).

[7] Einen Überblick zu der sich 1884 bildenden Forschergruppe der Göttinger theologischen Fakultät geben G. LÜDEMANN/M. SCHRÖDER, Die Religionsgeschichtliche Schule in Göttingen. Eine Dokumentation, Göttingen 1987.

[8] Leonhard Nelson, der in Göttingen zu Beginn des 20. Jahrhunderts den sog. Neufriesianismus etablierte, begeisterte unter den Göttinger Theologen Wilhelm Bousset – neben Rudolf Otto – für diese Weiterführung der kritischen Philosophie Kants. Die theologische Rezeptionsmöglichkeit arbeitete R. Otto monografisch aus (Kantisch-friesische Religionsphilosophie und ihre Anwendung in der Theologie. Zur Einleitung in die Glaubenslehre für Studenten der Theologie, Tübingen 1909). Boussets Rezension dieses Buches (Kantisch-friesische Religionsphilosophie und ihre Anwendung in der Theologie, ThR 12, 1909, 419–436. 471–488) verdeutlicht Akzente seiner eigenen Friesrezeption, die in Veröffentlichungen seit 1909 einfloss.

alethischen Konsequenzen, in freier Verantwortung für andere den lebendigen Organismus der Gesellschaft zu gestalten.[9]

Fries' Erkenntnistheorie analog grenzt Bousset den Lebenssinn und damit auch den gesellschaftlichen Auftrag erschließenden Weg des Glaubens bzw. der Religion[10] von dem des (natur-)wissenschaftlichen Wissens samt seiner Verkehrung in die Weltflucht ebenso ab wie eine bloße Pflichtenethik. Im Unterschied zu dem an naturgesetzlichen Realitäten und in ihnen liegenden Möglichkeiten oder an geistesgeschichtlichen Wahrscheinlichkeiten orientierten Blick auf die Wirklichkeit einerseits, oder die ethische Pflichterfüllung andererseits erschließt der Glaube ahnend die letzte Sinntiefe der Wirklichkeit noch angesichts der Erfahrung von Sinnverlust. Diese im menschlichen Vernunftvermögen gründende religiöse Weltansicht – und darin geht Bousset Carlyle einbeziehend über Fries hinaus – treiben „die gewaltigen Persönlichkeiten des Glaubens" voran, „Propheten [...]. In erster Reihe [...] die alttestamentlichen Propheten [...]. Und [...] der letzte in der Reihe [...] sie alle überragend [...] Jesus von Nazareth."[11]

Die Bedeutung der Person Jesus von Nazareth und darin seine Gegenwartswirkung erschließen sich nicht schon in der historischen Analyse mit den ihr zur Verfügung stehenden Mitteln. Noch verbleibende Spuren des historischen Jesus in Zeugnissen des frühen Christentums – dies sind insbesondere die synoptischen Evangelien – kann Bousset indes mit seinem in der Einleitung umrissenen Verständnis von Religion und Geschichte zusammenführen, das an noch möglichen historischen Befunden zur Person Jesu dessen bleibende Bedeutung aufdeckt. Die Vorlesung von 1918/19 stellt wesentliche Ergebnisse seiner historisch-kritischen Arbeit zu Hauptproblemen des Lebens Jesu vor;[12] sie unterstützen diese Lesart.

---

[9] Boussets Carlylerezeption umreißt K. BERGER, Exegese und Philosophie, SBS 123/124, Stuttgart 1986, 91–114. H. KAHLERT, Der Held und seine Gemeinde, Untersuchungen zum Verhältnis von Stifterpersönlichkeit und Verehrergemeinschaft in der Theologie des Protestantismus, EHS.T 238, Frankfurt/M. 1984, 171–211, arbeitet Boussets Rezeption insbesondere für die frühchristliche Christologie aus.

[10] Bousset verwendet die beiden Begriffe in der Einleitung seiner Vorlesung 1918/19 alltagssprachlich identisch (Einleitung [Anm. 3], 451); anders in Veröffentlichungen seit 1909, die sich an Fries orientieren.

[11] BOUSSET, Einleitung (Anm. 3), 452. – Prophetsein konstituiert nach Bousset die Fähigkeit, in der Wirklichkeit die religiöse Dimension wahrzunehmen und zur Sprache zu bringen.

[12] Boussets Jesusverständnis unterlag einer Entwicklung, vgl. z.B. VERHEULE, Bousset (Anm. 6), 171–182. – Die Vorlesung 1918/19 repräsentiert das Endstadium des seit 1904 der Gemeindeüberlieferung kritisch abgewonnenen Bildes Jesu (W. BOUSSET, Was wissen wir von Jesus. Vortrag gehalten in einer Versammlung des Protestantenvereins in Bremen am 6. Januar 1904, Halle a. S. 1904). Noch mögliche Aussagen zum historischen Jesus reduzierte Bousset seitdem zunehmend.

2. Radikal historische Jesusforschung

1909 umriss Bousset in einem Vortrag zur Frage der Leben-Jesu-Forschung ein Konzept, das gerade im Verzicht auf den in der liberalen Jesusforschung zum Scheitern gebrachten Versuch der historischen Rekonstruktion des Leben Jesu den Spielraum fand, um Jesu Bedeutung für den christlichen Glauben an dem synoptischen Material zu erheben; seine These: „So weist die Historie [...] über sich selbst hinüber" auf „die Ratio".[13]

In diesem Paradigma liest er auch in seiner Vorlesung 1918/19 Textstücke der synoptischen Evangelien, die noch an den historischen Jesus heranführen. Zugrunde liegt eine radikale historische Analyse des Jesusbildes der synoptischen Evangelien, die die 1904 in "Was wissen wir von Jesus" vorgestellte Methodik aufgreift[14] und mit der im Vortrag von 1909 angedeuteten und in „Kyrios Christos" (¹1913) vertretenen Sicht der Urchristentumsgeschichte verbindet. Die Quellenlage lasse einzig zu „Hauptprobleme d[es] Leben Jesu" (9) zu erörtern, keine Jesusbiografie. Vorausgesetzt ist die Zwei-Quellen-Theorie zu den synoptischen Evangelien; ebenso ihr Charakter, die in einem mündlichen Traditionsprozeß nur bruchstückhaft überlieferte Botschaft Jesu und Erinnerungen an sein Wirken und seine Person weiterzugeben, diese dabei jedoch tendenziös zu übermalen. Eine biographische Leben-Jesu-Darstellung verbietet sich. Doch sieht Bousset Gesetzmäßigkeiten, die analog der Erzähltradition im zeitgenössischen Rabbinismus für einzelne Textstücke eine hohe Genauigkeit wahrscheinlich machen. Im historischen Rückschlußverfahren führt die Traditionsgeschichte daher noch „nahe an die Person Jesu" (8) selbst heran. Zwar lasse sich kein „scharfes klar umrissenes Bild" (9) seiner Person zeichnen, doch die religionsgeschichtliche und vergleichende Arbeit zum alten Israel, von Entwicklungen im Frühjudentum bis zum jüdischen Krieg, zu Formen vorderasiatischer und hellenistischer religiöser Praxis zur Zeit Jesu und des frühen Christentums liefern Bousset den Hintergrund, aus dem die Besonderheit

---

[13] W. BOUSSET, Bedeutung (Anm. 1), 10.

[14] W. BOUSSET, Was wissen wir (Anm. 12). – Anders als 1892 (W. BOUSSET, Jesu Predigt im Gegensatz zum Judentum. Ein religionsgeschichtlicher Vergleich, Göttingen 1892) und noch 1904 in „Jesus" (RV I/2–3, Halle a. d. S. 1904) spielt das Differenzkriterium zum frühen Christentum eine wesentliche Rolle (BOUSSET, Was wissen wir [Anm. 12], 57). 1892 arbeitete Bousset religionsgeschichtlich primär mit Differenzen zum Frühjudentum, 1904 auch mit Konvergenzen z.B. zum Rabbinismus; Differenzen zum frühen Christentum waren 1904 in „Jesus" noch kein Indiz für eventuelle Authentizität; umgekehrt gehe der Messiasglaube der frühen Gemeinden auf Jesu messianisches Selbstverständnis zurück (BOUSSET, Jesus [s.o.], 82) – eine Ansicht, die Bousset 1909 problematisierte (BOUSSET, Bedeutung [Anm. 1], 8) und 1918/19 kritisch revidierte (s.u. Teil 4). Zur Kriterienfrage vgl. jetzt G. THEISSEN/D. WINTER, Die Kriterienfrage in der Jesusforschung. Vom Differenzkriterium zum Plausibilitätskriterium, NTOA 34, Freiburg (Schweiz)/Göttingen 1997, 92–98.

der „Person u[nd] Evangeliums Jesu als „Knotenpunkt i[n] d[er] Religions-
gesch[ichte] d[er] Menschen" (10) deutlich hervor tritt. Differenzen und
Kohärenzen zum zeitgenössischen Judentum und dessen alttestamentlichen
prophetischen Wurzeln zum einen und dem frühen Christentum zum andern
erschließen Bousset ein wahrscheinliches Bild wesentlicher Charakteristika
des Wirkens und der Verkündigung Jesu. Nach der Vorstellung der For-
schungslage (8–12) umreißt Bousset in seiner Vorlesung 1918/19 „Ort, Zeit
u[nd] äusserer Verlauf des Leben Jesu" (12–15), um anschließend ausführlich auf die Geschichte Israels bis zum Ende des Staates Israel einzugehen
(16–28). Die besondere Stellung, die er den Propheten einräumt, schlägt
sich in seiner Kapiteleinteilung nieder: „§2. Religion Altisraels u[nd] d[er]
Prophetismus." (16–21). „§3. V[on] d[en] Propheten bis Jesus" (21–28). Es
schließen sich Kapitel zur „Religion Israels i[m] Zeitalter Jesu" (29–39)
und „Formen d[er] Wirksamkeit Jesu" (40–54) an, sowie „d[ie] Gottesbotschaft Jesu" (55–70). Eine erneuter religionsgeschichtlicher Vergleich „Jesus u[nd] d[as] Judentum" (71–74) leitet den Schlussteil seiner Vorlesung
ein, „D[ie] Ethik Jesu" (75–88), ein Kapitel, in dem er zugleich den Bogen
zu den Prolegomena des Einleitungskollegs zurück schlägt.

Die historisch und religionsgeschichtliche Darstellung im Kontext der
Forschung seiner Zeit und insbesondere der Religionsgeschichtlichen Schule fokussiert das prophetische Moment und an diesem das Verständnis von
Religion bzw. Glaube als vom alttestamentlichen Prophetentum herrühren-
de „Personalitätsreligion" (58), die den persönlichen Gott zur Sprache
bringt, nämlich den einerseits unberechenbaren, zornigen und andererseits
fürsorglichen Willensgott des Alten Testaments.

3. Erkenntnis- und geschichtstheoretische Aspekte
der Religionsgeschichte

Den roten Faden der mit historischen Mitteln beschriebenen Entwicklung
liefern indessen Boussets Fries' Vernunftverständnis und Carlyles Persönlichkeitsbegriff adaptierende Sicht der Geschichte. Die Religionsgeschichte
Israels bis auf Jesus entschleiert schrittweise den Sinn von Religion, der sie
von Anbeginn bestimmt. Die einst von Wilhelm von Humboldt formulierte
„Aufgabe des Geschichtsschreibers" (1821) im Historischen „das Streben
einer Idee, Dasein in der Wirklichkeit zu gewinnen"[15] löst Bousset, indem
er Fries' Vernunftbegriff auf die Geschichte im Ganzen und die Religions-

---

[15] W. HUMBOLDT, Über die Aufgabe des Geschichtsschreibers (1821), hg. v. A. Leitzmann.
Leipzig o.J. (1919), 35.

geschichte im Besonderen anwendet.[16] In seinem Vortrag „Religion und
Geschichte" (1912)[17] umreißt er seine Lösung. Fries' dreigliedrigen Vernunftbegriff fundiert eine dem Bewusstsein immanente apriorische Wahrheitsgewissheit. Neben das kategoriale Wissen tritt der Glaube, der in einer
„doppelten Verneinung" die „Schranken unserer sinnlichen Erkenntnis"[18]
aufhebt und darin auf apriorische reine Ideen zurückgeht. Die unmittelbare
ästhetische oder religiöse Anschauung bezieht das Wahre auf das Empiri-
sche – in religiöser Terminologie: das „Ewige auf das Endliche", sieht in
den Grenzen des Bewusstseins „im Endlichen das Ewige in gebrochenen
Strahlen."[19] Dessen Wahrheitsgewissheit erschließt der über dem Wissen
liegende Glaube, der in der doppelten Verneinung noch die Empirie als ihre
in Schemata verhüllende Erscheinungsform braucht. Diese Vernunftfigur
setzt Bousset geschichtstheoretisch um. In „Religion und Geschichte" führt
er aus:

> Die Geschichte entfaltet nur, was uranfänglich und apriorisch gegeben ist, sie
> ist nicht eigentlich schöpferisch, und bringt nichts prinzipiell Neues. Wohl aber
> bringt sie, was Dunkel in der Tiefe des Menschenlebens angelegt war, in all-
> mählicher harter Arbeit zum Bewusstsein und zur klaren Erkenntnis. (10)

In der Geschichte enthüllt sich die anamnetische Vernunft, und darin ein
Verständnis der „letzten Grundwahrheiten und Fundamente menschlichen
Lebens"[20]. Die Religionsgeschichte variiert für Bousset diesen Geschichts-
begriff. Von Schleiermacher her bestimmt er Religion als Verbundenheit
mit einer tiefsten und letzten Wirklichkeit im menschlichen Geistesleben.
Der Rückgang auf die tiefsten Tiefen menschlichen Wesens führt auf Religion. Mit Fries' Glaubensbegriff kann Bousset dies erkenntnistheoretisch
fundieren. Religion ist eine Domäne der apriorischen Vernunft, die sich
ihrer Wahrheit im Rückgang auf den Grund der Vernunft selbst vergewis-
sert. Bousset fasst dies als die innerste Idee, in der das Göttliche sich der
Vernunft erschließt, die „Idee, dass der persönliche Geist die letzte Einheit
in aller Mannigfaltigkeit repräsentiert, die wir auf den Gebiet des Naturer-
kennens vergeblich suchen";[21] positiv auf die Religion bezogen: Der persönliche Geist weist an die „tiefste und letzte Wirklichkeit", daran dass der

---

[16] Zur theologisch-konzeptionellen Bedeutung der Carlyle- und Friesrezeption Boussets für
sein Jesusverständnis in Veröffentlichungen seit 1909 vgl. auch B. R. A. HEGE, Jesus Christ as
Poetic Symbol. Wilhelm Bousset's Contribution to the Faith-History Debate, JHMTh/ZHThG 16,
2009, 197–216.

[17] W. BOUSSET, Religion und Geschichte. 12 and 13 Maart 1912, Aula-Vordraachten vanwege
het Out-Studentenfonds van 1906 No III, Groningen 1912.

[18] BOUSSET, Religionsphilosophie (Anm. 8), 480.

[19] Ebd., 482.

[20] BOUSSET, Religion und Geschichte (Anm. 17), 20.

[21] BOUSSET, Religionsphilosophie (Anm. 8), 477.

Mensch sich „beugt [...] einer höheren über ihm herrschenden Macht."[22] Die Religionsgeschichte macht graduell und formell verschieden die Empirie für das Ewige transparent.

Prophetisch begabte Menschen ahnen den Grund der Wirklichkeit, die Ewigkeit. Religionsphilosophische Reflexion kann den Wahrheitsgehalt dessen, dass die sinnlich wahrnehmbare Wirklichkeit auf die ursprüngliche göttliche Wirklichkeit zurückgeht, an der Vernunft selbst aufhellen, indem sie auf reine religiöse Ideen zurückgeht, den „persönlichen Geist". Am Horizont der apriorisch gegebenen, ursprünglichen Wahrheitsgewissheit bedeutet beides notwendige Selbstaufklärung.[23]

Bousset gibt der praktischen Religion den Primat, und in deren Zentrum den Propheten. In ihr ist lebendig, was religionsphilosophisch „nackte Idee" ist, „unfaßbare, unbegreifbare Schemata, sie bedürfen der Umhüllung und der Symbolisierung."[24] Er führt aus: „Die Welt der Ewigkeit kann nur greifbar und gegenständlich werden, wenn sie durch die Welt des Endlichen transparentartig hindurch schimmert."[25] Allein an solchen empirischen Verhüllungen lässt sich religiöse Wahrheit verstehen, wenn auch in den Grenzen der Vernunft einzig näherungsweise, mit Bousset formuliert „bleiben wir ganz in der Bewusstseinsimmanenz."[26] Religionsgeschichtliche Arbeit ist daher zentral; historische Analyse erschließt die Realia, die „Umhüllungen"[27] der nie positiv in Reinform begreiflichen reinen Ideen.[28] Religionsgeschichte in diesem Verständnis treiben – prophetische – Persönlichkeiten voran. In Lehre und Person erschließen sie den der Ewigkeit (d.i. das Heilige) verbundenen Daseinssinn und gewinnen darin selbst Symbolcharakter. Im Hintergrund steht Thomas Carlyles Persönlichkeitsbegriff, der Bousset schon vor seiner Hinwendung zu Fries' Vernunftmodell ein gedankliches Paradigma gab. 1897 setzte Bousset in einem Aufsatz über den in der literarischen und theologischen Welt des 19. Jahrhunderts in Deutschland angesehenen schottischen Philosophen Akzente auf dessen Verständnis der Persönlichkeit und Sozialethik. Carlyles, in seinem Bildungsroman „Sartor Resartus" (1831) entwickelte und Boussets theologische Arbeit kontinuier-

---

[22] BOUSSET, Religion und Geschichte (Anm. 17), 30. – Auch dies bleibt für Bousset mit Fries dem Bewußtsein immanent und steht einzig unter der Verheißung, dass Gott selbst diese Wahrheit verbürgt. – Vgl. K. LEHMKÜHLER, Kultus und Theologie. Dogmatik und Exegese in der religionsgeschichtlichen Schule, FSÖTh 1, Göttingen 1996, 74, mit Verweis auf BOUSSET, Religionsphilosophie (Anm. 8), 485.
[23] BOUSSET, Religion und Geschichte (Anm. 17), 25; DERS, Bedeutung (Anm. 1), 10 – dort schon von Schleiermacher her begründet.
[24] BOUSSET, Bedeutung (Anm. 1), 14.
[25] Ebd.
[26] BOUSSET, Religionsphilosophie (Anm. 8), 474.
[27] Ebd.
[28] BOUSSET, Religion und Geschichte (Anm. 17), 31.

lich prägende ‚Kleiderphilosophie' bleibt zwar unerwähnt, fügt sich indessen organisch ein. An Carlyles Persönlichkeitsbegriff, den dieser gerne mit dem ‚hero' verbindet,[29] akzentuiert Bousset:

> [...] das Mysterium der Persönlichkeit, die niemals ganz von außen werdende, sondern immer von innen heraus sich entwickelnde und je freier sich entwickelnde desto wertvollere und mächtigere Individualität. [...] Und das gemeinsame Charakteristikum dieser Führer war immer dies, daß sie sich über die sinnliche Welt des Verstandes erhoben [...] daß sie mit großen, hellen Augen dem Universum tiefer in die Seele schauten, daß sie die Wirklichkeit um sich her wahrer und besser verstanden. Mit einem Worte, das innerste Wesen aller Helden war Glaube. (W. BOUSSET, Thomas Carlyle. Ein Prophet des neunzehnten Jahrhunderts, ChW 11, 1897, 299)

Carlyles anamnetische Wirklichkeitssicht steht im Hintergrund. „Es giebt jenseits der Welt des Verstandes [...] eine höhere Welt der Vernunft [...] die eigentliche wahre Welt."[30] Gestalt gewinnt sie in Symbolen, die alles sinnlich Wahrnehmbare, das ganze „Universum", als vergängliches Kleid des tiefer Liegenden deuten; in die sinnlich wahrnehmbare Welt hüllt sich die Ewigkeit.[31] Die Möglichkeit, dies mit Fries' von der apriorischen Wahrheitsgewissheit geleitetem Vernunftverständnis und dessen religiöser Domäne zusammen zu führen, liegt auf der Hand. Fries selbst entwarf im Rahmen seiner philosophischen Ethik ein vergleichbares Verständnis der Persönlichkeit: Der „vollendete Wert", seine „Würde",[32] macht die Persönlichkeit aus. Die „Würde [...] eignet [...] dem persönlichen Geiste in seiner Unabhängigkeit und Freiheit vom Mechanismus der ganzen Natur" und „ist das ideale Prinzip, unter dem wir jeden Menschen, als Erscheinung ewigen persönlichen Geistes, beurteilen."[33] Seine Würde gibt dem Personsein eben diese Orientierung auf die Idee der Vollkommenheit, die in der Empirie einzig in einer doppelten Negation den Ursprung allen Wirklichkeitsverständnisses erschließt. Im religionsphilosophisch verstandenen Glauben erschließt sich ihr der Vernunft immanenter Sinn. In der Religion lässt sich der Glaube als Wirklichkeit eigener Art ahnen. Wie später Carlyle zieht auch Fries – im Rahmen seiner Grundlegung der Ethik – hieraus sozialethische Konsequenzen.

Bousset verwendet den von Carlyle geleiteten und sich Fries' Vernunftkritik einfügenden Persönlichkeitsbegriff bis in seine späten Vorle-

---

[29] Der ‚hero' Carlyles steht für die gesellschaftlich verantwortlich handelnde Persönlichkeit auf dem Boden einer christlich-religiösen Weltanschauung.

[30] W. BOUSSET, Thomas Carlyle. Ein Prophet des neunzehnten Jahrhunderts, ChW 11, 1897, 296.

[31] Vgl. die Zusammenfassung von Carlyles „Sartor Resartus" bei KAHLERT, Held (Anm. 9), 141f.

[32] Mit OTTO, Religionsphilosophie (Anm. 8), 97.

[33] Ebd.

sungen in religiösen und ethischen Zusammenhängen, oder hat ihn zum Hintergrund. Sein Verständnis des historischen Jesus spitzte er mit diesem Modell schon seit Beginn des 20. Jahrhunderts zu. Am Personsein Jesu fokussiert er drei Aspekte: Die Individualität, in der sich ein Mensch aus der „Einheit des persönlichen Wesens" am „persönlichen Geist" versteht. Geistig, innerlich befreit von der Eingebundenheit in äußere Gegebenheiten gewinnt er Freiheit. Die ‚prophetische Persönlichkeit' – sein der Religionsgeschichte entnommener Begriff des Carlyle'schen ‚hero' – die insbesondere in geschichtlichen Krisensituationen die verstehende und tätige Weltbewältigung am Sinn aller Wirklichkeit orientiert, realisiert dies. Individualität umfasst drittens die Begabung unmittelbar Geahntes so zu kommunizieren, dass die Empirie in der Perspektive der ewigen Wahrheit und Wirklichkeit gedeutet wird und zugleich die Nichtidentität beider Bereiche festgehalten bleibt. „Bild", „Symbol", „Gleichnis", „Hülle" kommunizieren auf verschiedenen Ebenen diese die Empirie im Ewigen unterlegende Sicht auf Wirklichkeit. Konkrete Formen sieht Bousset jeweils zeitgeschichtlich bedingt; sie können verblassen. Ihr religiöser Wahrheitswert misst sich daran, ob und in welchem Grade sie das Ewige durchscheinen lassen. Die religiösen Ideen sind nun „der Maßstab, an dem wir bewußt oder unbewußt auch in der Person Jesu Zeitliches und Ewiges scheiden."[34]

4. Jesus von Nazareth – Transparent des Ewigen in der Geschichte

Boussets Vorlesung zu „Hauptprobleme des Leben Jesu" konkretisiert seine Sichtweise am synoptischen Textmaterial, das er in der 1904[35] angebahnten Weise historisch einordnet, anders als 1904 indessen konsequent in seinem seit 1909 entwickelten geschichtstheoretischen Schema. In einer Kontur der Wirksamkeit Jesu macht er dies deutlich: Der Wanderprediger Jesus von Nazareth, der – nie ins Demagogische abgleitende (47) – Züge eines Volksredners trägt (43ff.),[36] spricht u.a. in Parabeln der Lebenswelt Galiläas entnommene Realien als Transparent des Ewigen aus (45f.). Am Sämannsgleichnis verdeutlicht Bousset dies.

> Saemann – d[ie] langsam wachsende Saat – D[ie] Einheitlichkeit entspricht d[er] Durchsichtigkeit u[nd] Klarheit – [...] d[ie] hohen u[nd] klaren Gedanken.

---

[34] BOUSSET, Bedeutung (Anm. 1), 11.
[35] BOUSSET, Was wissen wir (Anm. 12).
[36] Bousset weist typisch Redeformen Jesu als volkstümliche, der höheren Literatur seiner Zeit ungebräuchliche Formen aus.

> Leise d[en] Hörer geführt vom nahe liegenden z[um] fern liegenden, vom leiblich konkreten z[um] geistigen, v[om] irdischen z[um] himmlischen. Gedanken e[iner] ewigen Welt in klarer fasslicher Form. (SUB Göttingen Cod. Ms. Bousset 152, 46)[37]

Jesus, der Arzt, der nach damaligem Verständnis Heilkunde und Wundertätigkeit verband, bindet Heilung psychologisch an die Vertrauensforderung, nämlich an den Glauben des Kranken an Gottes Wirken in seiner Person. Darin verändert er kritisch den Wunderglauben (49). Im vorderasiatischen Raum für die Zeit Jesu vielfach als gewöhnliche ärztliche Praxis ausgewiesene Exorzismen sind laut Bousset auch für Jesus, der „inmitten dieser Vorstellungen" (51) gestanden habe, „kaum historisch auszuscheiden" (51); Jesu Verfahren sei jedoch in vielen Textstellen „ausgemalt" (52). Im Vergleich zu damals gängigen Exorzismen findet Bousset bei Jesus indes eine Besonderheit:

> Ein Zug bedeutsam. Jesus u[nd] d[er] epileptische Knabe. Dieses Geschlecht fährt nur d[urch] Gebet aus (Gebet u[nd] Fasten) [...] Element der Ehrfurcht. Gebet k[eine] Magie. Ein relig[iöses] Verhalten gefordert durch die Milieuvorstellung [...] Erfolg Jesu, e[in] großer im Rahmen d[es] psychologisch begreiflichen, – das gewaltige Wirken s[einer] prophetischen Persönlichkeit. (SUB Göttingen Cod. Ms. Bousset 152, 52)

Die im Gebet konkrete Gottesbeziehung stellt diesen Exorzismus in den Horizont der Gotteswirklichkeit. Bousset ergänzte mit Blaustift: „d[as] Reich Gottes nahe herbeigekommen." (52).

Jesu „Gottesbotschaft" bringe diesen „Kern" der Personalitätsreligion zur Sprache und stelle Jesus als den letzten und größten der Propheten an das „Ende der Reihe." (58) Ihnen vergleichbar ging es ihm um die „Religion im Geist [der] Freiheit u[nd] der Wahrheit," (55), das „Drängen [...] a[uf] d[as] Letzte u[nd] d[as] Fundament" (55), um „d[en] lebend[igen] persönlichen Gott" (58). Doch unterscheide ihn eine „innere königliche Freiheit" zu „warten, bis d[ie] Schale v[on] selbst herunterfiel u[nd] d[er] Kern frei wurde." (56). Innerlich unabhängig von äußeren soziologischen Gegebenheiten durchbreche Jesus die prophetische Kultpolemik (55) und Orientierung an äußerlichen Rechtsgedanken auf Gottesliebe und Nächstenliebe hin; das „sittl[ich]-persönl[ich] Gute [...] setze er unmittelbar in Verbindung m[it] d[em] Gottesgedanken" (57), und die nationale Orientierung (60) – auch unter dem eschatologischen Vorbehalt des nahe gekommenen Gottes-

---

[37] Deutlicher ist vielleicht noch Boussets Deutung der „Lilien auf dem Feld" von 1909: „Also wird ihm die einfache Blume zum Symbol aus der ewigen Welt. Hier ist Einfachheit und Abgeschlossenheit [...] Schönheit und Harmonie in Freiheit [...] ein Ding [... mit] Zweck in sich selbst [...] hier ahnen wir etwas von Sinn und Wert und Geistigkeit der Welt-Wirklichkeit." (BOUSSET, Bedeutung [Anm. 1], 14)

reiches – überführe er in die gegenwartsgebundene Beziehung zu dem „persönl[ichen] lebend[igen] Gott" (62).

> Jesus findet doch Gott vielmehr als i[n] d[er] Geschichte in d[er] Erfahrung d[es] gegenwärtigen Lebens, – der persönl[iche] lebendige Gott, d[er] in Natur u[nd] Erfahrung d[es] menschl[ichen] Lebens waltet, d[er] Gott, d[er] seine Sonne aufgehen läßt ü[ber] Gute u[nd] Böse, der Gott, d[er] Saat u[nd] Ernte gesetzt hat u[nd] der Saat ihre Frucht giebt, [...] d[er] himmlische Vater, d[er] das Verlorene sucht [...] d[er] Gott d[es] sittlich Guten, der dem Menschen gesagt hat, was gut ist [...] d[er] barmherzige Gott, d[er] täglich Sünden vergiebt, – der persönl[iche] Gott der uns im alltägl[ichen] Leben umgiebt. (SUB Göttingen Cod. Bousset Ms. 152, 62)

An Mt 16,26 erläutert Bousset, es gehe um „den Einzelnen [...] d[ie] Gesch[ichte] s[eines] Lebens – der Einzelne u[nd] das Gericht." (63). Die eschatologische Perspektive, in welche die im Judentum zur Zeit Jesu virulente Apokalyptik den Einzelnen unter das ausstehende Gottesgericht stellt, wandelt Jesus in die individuelle Erfahrung des persönlich nahen Gottes um.[38] Diese ist für Bousset die „Krönung der Personalitätsrel[igion], d[em] Glauben a[n] d[en] persönl[ichen], lebend[igen] Gott entspricht diese kühne Einschätzung d[er] Einzelpersönlichkeit" (63). Die Personalitätsreligion der Propheten überführt Jesus in eine Individualitätsreligion, die lebendige Gottesbeziehung des Einzelnen. Dies verändere auch ihren „Stimmungsgehalt" (63). Nicht der furchtbare Gott, sondern der fürsorgliche, väterlich nahekommende trete in Jesu Verkündigung in den Vordergrund; aus der gegenüber dem Judentum „abgewandelten eschatolog[ischen] Stimmung" sei eine „neue allgemeine relig[iöse] Grundstimmung" erwachsen, „d[er] nahe Gott, – d[er] freundliche uns zugewandte Gott" (65).

Verschiedene in frühchristlichen Gemeinden tradierte Formen der Verkündigung Jesu spiegeln dies wider. Bousset nennt die in „freudige[r] Stimmung" (65) gehaltene eschatologische Predigt – z.B. die Seligpreisungen und Reichgottesgleichnisse, daneben die diese mit seiner Erhabenheit über alle Gegensätze verbindende, den „Gott d[er] Ruhe u[nd] d[er] Harmonie, – Licht, Wärme, Glanz all unseres Daseins" (66) –vermittelnde „Parabelrede" (66), sowie Naturmetaphern wie die „Lilien auf dem Felde, Vögel unter dem Himmel" – ein Widerschein der „unausdenkbare[n] Paradoxie – d[er] allmächtige allumfassende Gott, d[er] in seiner väterlichen Fürsorge so ins Einzelne hinein greift[39]" (66).[40] Die verschiedenen Akzente vereine der „Gottvatername" (67), dessen zentrale Stellung in der Verkün-

---

[38] Bousset erläutert dies in einem Kapitel zur jüdischen Zeitgenossenschaft Jesu, das er dem Ethikkapitel seiner Vorlesung voranstellt (SUB Göttingen Cod. Ms. Bousset 152, 71–74).

[39] Die Transkription ist hier schwierig.

[40] Vgl. auch Anm. 37 zur Deutung der Stelle in BOUSSET, Bedeutung (Anm. 1).

digung Jesu das frühe Christentum mit dem Vaterunser und grundlegend
Paulus bezeugen. Den fernen, sittlich-strengen, rätselhaften Gott des Alten
Testaments und Judentums nennt Jesus Vater, die Beziehung zu ihm nicht
Knechtschaft, sondern Sohnschaft. Und doch durchziehe Jesu eigenes Leben der „Gott d[er] Dunkelheiten u[nd] d[er] Rätsel" (68) von der „Ferne
d[es] Volkes" bis hin zu „Kleinmut, Abfall, Versagen der Jünger [...] Verrat
[...] dunkler, unheimlicher Tod [...] Gethsemane" (68f.). Der personale sich
Jesus öffnende Gott bleibe der gegenüber seinem eigenen Personsein unver-
rechenbar Andere.

Boussets Vorlesung endet mit einem Kapitel zur Ethik Jesu. Ein Vergleich Jesu mit dem zeitgenössischen Judentum geht voraus, der den jüdischen Einfluss auf Jesu Ethik erhellt. Bousset betont die Verwurzelung
der Individualitätsreligion Jesu in der Vorstellung der frühjüdischen apo-
kalyptischen Eschatologie, Gott vergelte individuell in seinem jenseitigen
Gericht, ziehe dort den Einzelnen zur Verantwortung. Jesus habe nun den
„Kern" dessen „a[us] d[er] „Schale gelöst" (72). Die im eschatologischen
Vergeltungsgedanken veräußerlichte und in ferne Zukunft verlegte Gottesbeziehung löst sein Glaube ab, dass das „religiöse Individuum [...] sich
ohne d[en] Gedanken an Vergeltung frei, stark, selig u[nd] sicher im Be-
sitze s[eines] Gottes fühlt" (72f.). M.a.W.: Intrapersonal verbindet sich
für Jesus Gottes Ewigkeit mit der je eigenen Wirklichkeitserfahrung.
Dem fügen sich die aus dem Judentum übernommenen Vorstellungen des
nahen Gottes und des Vatergottes ebenso ein wie Jesu „Durchbrechung"
damals im Judentum begegnender ethnischer und religiöser „Schranken"
(74).

Jesu Ethik – die die Gottesgewissheit ergänzende Tatseite der Religion –
stellt die Gottes- und Nächstenliebe ins Zentrum. Frühchristliche Schriften
beginnend mit Paulus' Verständnis des Liebe wirkenden Glaubens bis hin
zur altkirchlichen Mönchsliteratur bezeugten dies. In Abgrenzung gegen
Kants Pflichtenethik und – ohne dies explizit zu nennen – in Nähe zu Fries'
Orientierung auch der Ethik[41] an der Wahrheitsgewissheit der Vernunft umreißt er ihre Basis: „Das sittlich Gute [...] entspricht dem innersten Wesen
der Wirklichkeit, [...] d[as] innerste Wesen Gott" (76).[42]

Es kennzeichne Jesu Ethik, dass sie den prophetischen und eschatologisch geprägten frühjüdischen Gottesglauben auf die unmittelbare, Gottes
Vergebung und die Verantwortung des Menschen verbindende Gottesbeziehung hin durchbreche. Äußerliches wie gesellschaftliche Verhältnisse

---

[41] Für die Ethik liegt hier der einzige Berührungspunkt mit Fries; die religionsgeschichtliche
Adaption von Fries Erkenntnistheorie wirkt sich aus. Fries selbst entwirft Ethik am anamnetischen
Vernunftbegriff, formt z.B. ethische Kategorien im Entwurf auf Vollendung um.

[42] In seiner Darstellung der Fries'schen Religionsphilosophie stellt Bousset neben das Gefühl
die Tat. – Vgl. BOUSSET, Religionsphilosophie (Anm. 8), 480.

und soziale Lebensformen sind nicht im Blick. Jesu Individualitätsreligion wirkt sich tätig aus. In Abgrenzung gegen die These einer eschatologisch begründeten Interimsethik Jesu betont Bousset: „Ihre Wurzeln liegen tiefer als i[n] d[er] Eschatologie. Jesu Ethik wäre so gewesen auch ohne Eschatologie. Ethik des religiösen Individualismus" (84). Aus „soziologische[r] Gebundenheit [...] nimmt er den einzelnen heraus u[nd] stellt i[hn] d[em] einzelnen Nächsten gegenüber" (84). Ethik gewinnt einzig in der unverstellten und die individuelle Existenz krönenden Ich-Du-Relation Gestalt. Der personale Glaube Jesu kennt einzig die personale Perspektive auf den Anderen. „Jesus d[er] über d[as] alles mit d[er] Seele e[ines] Kindes hinwegschaut [...] kann d[as] eine letzte Höchste in unnachahmlicher Kraft lebendig machen: Liebe d[en] Nächsten." (85)

Jesu Ethik verschränkt die Gottes- und Nächstenliebe. Sie kommuniziert die intrapersonal begegnende Wirklichkeit Gottes als Ursprung der je eigenen Personwirklichkeit, die für den andern offen macht. Sich aus Gottes Vergebung entwerfende Individualität gibt dem Dasein Sinn und Antriebskraft. Ihre strikte Orientierung an der Verschränkung göttlicher und personaler Wirklichkeit gibt Jesu Ethik die Kontur und Besonderheit. Gemessen an den Anforderungen, die sozial organisiertes Leben an eine Ethik stellt, liege in ihr zugleich eine Beschränkung, die sich in der weiteren christlich geprägten europäischen Geschichte jedoch nicht durchhielt. Ausgewählte ethische Konzepte bis in die Wende zum 20. Jahrhundert, die Bousset vergleichend heranzieht, vermindern – in seinem Urteil – Jesu Ethik der Nächstenliebe, oder verfehlen sie gänzlich.

Sein eigenes, im Einleitungskolleg angedeutetes ethisch-religiöses Konzept denkt in den Bahnen von Carlyle und Fries. Einzelnen Persönlichkeiten, so für Bousset auch Jesus, eignet die divinatorische Fähigkeit das Ganze der Wirklichkeit, die Würde der einzelnen Person und die ihr unterliegenden Ideen in den realen Verhältnissen zu ahnen und ihren gesellschaftlichen Auftrag in diesem Horizont wahrzunehmen – und nicht im bloß gesellschaftlich Gegebenen. Inwieweit Jesu Ethik der Gottes- und Nächstenliebe diese Sicht auf die Wirklichkeit vorbildet, spricht Bousset im Vorlesungsmanuskript nicht an. Vielmehr legt er das Gewicht am Schluß des Ethikteils auf den in Jesu Gottglauben sich erschließenden Daseinssinn für jeden Einzelnen auch in der Gegenwart. Seine Ergebnisse historisch-kritischer Arbeit an den synoptischen Evangelien, die im religionsgeschichtlichen Blickwinkel gesehen und an seiner an der anamnetischen Vernunft entworfenen Geschichtstheorie profiliert sind, geben dem die Basis. Der anamnetische Zusammenhang der Empirie mit ihrem Grund in der göttlichen Wirklichkeit erschließt sich. In der Unterscheidung zeitbedingter, sich verändernder Formen und der in ihnen sich zur Sprache bringenden Wahrheit kann Bousset die bleibende Bedeutung der Person

Jesu, der Vorstellungsmuster seiner Zeit durchbrechend die Personalität selbst als Zentrum der Religion herausstellte, festschreiben, auch wenn die Vorstellungsmuster wechseln und unabhängig von der Dichte historischer Zeugnisse.[43]

Carlyles Begriff der Persönlichkeit, die selbst geschichtliches Symbol des Ewigen werden kann,[44] bietet Bousset auf dem Hintergrund von Fries' Vernunftkritik das Modell. Symbole kommunizieren den Ursprung der sinnlich erfahrbaren Wirklichkeit im Ewigen in den Grenzen der Vernunft. Anhängerschaften erheben herausragende Persönlichkeiten selbst – meist postmortal – zum Symbol. Frühchristliche Gemeinden übermalten Jesu Person, dessen nichtmessianisches Selbstverständnis Bousset in der Vorlesung 1918/19 eigens betont (51f.), nach dessen Tod mit messianischen Zügen und formulierten darin Jesus von Nazareth als Symbol seiner Individualitätsreligion. Die Ausbildung christologischer Titel im frühen Christentum spiegelt dies für Bousset wider. In der Symbolisierung der Person und Botschaft Jesu in soziologisch und zeitgeschichtlich wechselnden Formen (Sprache und Kultus) gestalten sich frühchristliche Christologien. Bousset sieht darin den Beginn einer Geschichte der Symbolisierung Jesu, die u.a. in mittelalterlichen Christussymbolen und -legenden, Dogmen, pietistischen Motiven, christlichem Liedgut – z.B. Luthers – ihre jeweils zeitgemäße Fortsetzung fand. In einer umfangreichen Liste solcher christologischen Symbole zeigt er dies auf (86. 87 r. und v.).

Boussets von Carlyle, Fries und Schleiermacher motivierter sprachlicher und kultischer Symbolbegriff kommuniziert das religionsphilosophische Konzept der Geschichte als Transparent des Ewigen geschichtlich. „Die Historie weist" in Symbolen „über sich selbst hinaus" auf die religiöse Gestalt der Ratio. In einer rational geprägten Zeit erschließt gerade sie die Bedeutung der Person Jesu für den Glauben jeder Gegenwart. Am Schluß seines Vorlesungsmanuskripts hält Bousset fest:

> Ein urgewaltiger [...] Ingenius, doch – in allem tiefe Wahrheit. Ein Menschenleben hier auf Erden v[on] e[iner] rätselhaften Kürze u[nd] Bescheidenheiten d[es] Gebietes – u[nd] in diesem Menschenleben die Ausgestaltung ewiger Werte, von denen wir heute im tiefsten Innern leben u[nd] zehren – ein Strom

---

[43] 1909 (BOUSSET, Bedeutung [Anm. 1], 17) sah Bousset nicht nur die historisch noch zu erhebenden Züge des Wirkens und der Verkündigung Jesu und den Jesus der Gemeindetradition vom Symbolgehalt her als gleichwertig an, sondern nahm selbst der seinerzeit von Kalthoff und Drews in die Debatte um das Leben Jesu eingetragen These, Jesu habe gar nicht gelebt, die Spitze, indem er die Gültigkeit des religiösen Symbolgehalts der Person Jesu von dessen Historizität löste. Die Symbolisierung des Ewigen in der Gemeindetradition als einer zeitlichen Erscheinungsweise genügt. – So auch W. BOUSSET, Kyrios Christos. Geschichte des Christusglaubens von den Anfängen bis zu Irenaeus, FRLANT 21, Göttingen 1913, 91.

[44] BOUSSET, Bedeutung (Anm. 1), 14.

von Freude, Segen, heilige Entschlossenheit des ewigen Ja/s. – Aufrichtiger Glaube, der e[ine] tiefste persönliche Untergrund u[nd] Sinn dieses Daseins – eine unbezwingbare innere Seligkeit u[nd] Freudigkeit – Evangelium – frohe Botschaft. (SUB Göttingen Cod. Ms. Bousset 152, 87 v.)

Alf Özen

Wilhelm Bousset und Paul Wernle

Eine Freundschaft im Spannungsfeld von Glaube und Wissenschaft

Wissenschaftliche Abhandlungen entstehen in der Regel aus Fragestellungen, denen unvoreingenommen und mit offenem Ergebnis nachgegangen werden soll. Um wissenschaftlichem Anspruch zu genügen, sollten sich die Autoren emotionslos, mit kühlem Kopf und analytischem Verstand ihrem Forschungsgegenstand nähern.

Im Bereich der theologischen Wissenschaft ist es allerdings mitunter schwierig, dem untersuchten Thema gegenüber Distanz und Neutralität zu wahren, werden hier doch Bereiche verhandelt, die auch den Untersuchenden direkt und zuinnerst betreffen. So geschieht es fast zwangsläufig, dass Diskussionen über neue Erkenntnisse mit Vehemenz und teilweise mit einer Schärfe geführt werden, die in anderen Disziplinen eher selten anzutreffen sind.

Ein Buch, das nach seinem Erscheinen 1913 sowohl schnell auf enthusiastische Zustimmung, als auch ebenso rasch auf heftige Ablehnung stieß, war Wilhelm Boussets[1] „Kyrios Christos. Geschichte des Christusglaubens von den Anfängen des Christentums bis Irenäus". Zentrale Themen des Werkes sind der Christusglaube und der Christuskult im und ausgehend vom frühchristlichen Gottesdienst. Aus einem Mitglauben mit Jesus durch die Gemeinde wird Bousset zufolge schnell der Glaube an Jesus und das Gebet zu Christus – die Unterscheidung zwischen Gott und Christus schwindet. Bereits in paulinischer Zeit ist es der Sohn Gottes, der erhöhte Christus, den die Glaubenden im Kultus verehren.[2] „Das Dogma von der Gottheit Christi [ist] auf dem Marsch."[3]

Bousset will zeigen, „daß die Anbetung Christi zum bloßen *Postulat* der Gottheit Christi führen mußte. Die Väter verstanden die Anbetung Christi als Folge seiner Gottheit, für Bousset ist das Postulat der Gottheit Christi

---

[1] Wilhelm Bousset (1865–1920) habilitierte sich 1890 in Göttingen für Neues Testament und bekleidete seit 1896 das dortige Extraordinariat. Erst 1916 wurde er als Ordinarius nach Gießen berufen und verstarb dort am 8. März 1920.

[2] W. BOUSSET, Kyrios Christos. Geschichte des Christusglaubens von den Anfängen des Christentums bis Irenaeus, FRLANT 21, Göttingen 1913, 153.

[3] Ebd., 154.

Folge seiner Anbetung im Kultus.“[4] Der „Polarisierungspunkt" wird klar: „Daß die Gottheit Christi dem Kultus wie auch aller Reflexion vorausgehe, ist für Bousset nicht denkbar.“[5] Damit stellt Bousset – zunächst indirekt – die grundlegende Frage nach der Bedeutung Jesu für den heutigen christlichen Glauben und die (Un-)Möglichkeit eines Gebetes zu Christus.

Aus dem Umfeld Boussets lehnten insbesondere Paul Wernle[6] und Paul Althaus[7] diese Schlussfolgerungen ab und versuchten, „die Verehrung Christi auch für die palästinensische Gemeinde zu erweisen",[8] um so die zentrale Stellung der Person Jesu für den christlichen Glauben von Beginn an zu belegen. In diesem Bemühen argumentierte Wernle zum Teil in scharfem Ton gegen Bousset.[9] Das ist umso befremdlicher, als zwischen ihnen seit der gemeinsamen Göttinger Zeit 1894/95 eine enge Freundschaft bestand. Wilhelm Bousset war damals Privatdozent für Neues Testament, der Schweizer Paul Wernle kam 1894 für ein Jahr zum Theologiestudium nach Göttingen. Bald entwickelte sich aus dem Lehrer-Schüler-Verhältnis eine Freundschaft „auf Augenhöhe".[10]

---

[4] K. LEHMKÜHLER, Kultus und Theologie. Dogmatik und Exegese in der religionsgeschichtlichen Schule, FSÖTh 76, Göttingen 1996, 213. – Lehmkühler versucht, eine differenzierte Positionsbestimmung bei mehreren Mitgliedern der sog. „Religionsgeschichtlichen Schule" in Bezug auf den Themenkomplex „Entstehung des Kyrioskultes und Entwicklung der Christologie" zu geben (208–232). Er geht detailliert auf Boussets „Kyrios Christos" und die theologische Auseinandersetzung darüber in einer Reihe von Folgepublikationen ein.

[5] LEHMKÜHLER, Kultus (Anm. 4), 215.

[6] Der Schweizer Paul Wernle (1872–1939) studierte u.a. in Göttingen und hatte sich 1897 in Basel für neutestamentliche Exegese habilitiert. Ab 1900 lehrte er jedoch zunächst als Extraordinarius, ab 1905 als Ordinarius neuere Kirchengeschichte, Dogmengeschichte und Geschichte des protestantischen Lehrbegriffs. Dem Neuen Testament blieb er „im Nebenfach" weiterhin treu. Er wurde 1928 emeritiert und starb am 11. April 1939 in Basel.

[7] Paul Althaus (1888–1966) habilitierte sich gerade (1913) in Göttingen. Seine Replik auf Bousset erschien als: P. ALTHAUS, Unser Herr Jesus, NKZ 26, 1915, 439–457.

[8] LEHMKÜHLER, Kultus (Anm. 4), 221. – Andere Mitglieder der Religionsgeschichtlichen Schule, in erster Linie Wilhelm Heitmüller, aber auch Johannes Weiß, beobachten ebenfalls eine früh einsetzende Entwicklung zur „Christologie", in der Paulus als dem „Bindeglied" zwischen palästinensischer Urgemeinde und heidenchristlicher Gemeinde eine Schlüsselstellung zukam. S. den grundlegenden Artikel von W. HEITMÜLLER, Zum Problem Paulus und Jesus, ZNW 13, 1912, 320–337.

[9] P. WERNLE, Jesus und Paulus. Antithesen zu Boussets Kyrios Christos, ZThK 25, 1915, 1–92. – Bousset antwortete Wernle und Althaus mit seiner Publikation: Jesus der Herr. Nachträge und Auseinandersetzungen zu Kyrios Christos, FRLANT 25, Göttingen 1916.

[10] Bousset weckte in Wernle das Interesse für die Literatur des antiken Judentums, insbesondere für das apokalyptische Buch Henoch. Nach diesem erhielt Wernle den studentischen Kneipnamen „Henoch"; Bousset wurde wegen seines dunklen Teints und des gelockten Haares bereits seit Studententagen „Mohr" genannt. Vgl. zu diesen „Anfängen" H. SCHUSTER, Geschichte der Burschenschaft Germania in Göttingen, 3. Teil, Göttingen 1956, sowie W. LUEKEN, Wie ich in der Göttinger Germania die Anfänge der Religionsgeschichtlichen Schule erlebt habe [hg. und eingeleitet von A. Özen], ZNThG 7, 2000, 283–297.

Lebendiges Zeugnis dieser Freundschaft geben die erhaltenen 42 Korrespondenzstücke im Nachlass von Wilhelm Bousset.[11] In zum Teil sehr langen Briefen erörtern Bousset und Wernle so unterschiedliche Themen wie
aktuelle Entwicklungen in der Göttinger Studentenverbindung Germania,
der beide angehörten, die kirchliche Lage in der Schweiz, die nationalsoziale Richtung um Friedrich Naumann, neutestamentliche und religionsgeschichtliche Einzelfragen, das Verhältnis von Religionsphilosophie und
Theologie, den Neufriesianismus um Leonard Nelson und Rudolf Otto sowie die Kriegssituation zu Beginn des Ersten Weltkriegs. Den größten
Raum nimmt aber die emotional geführte Auseinandersetzung zum The-
menbereich „Christuskult, Christologie und persönlicher Glaube" ein, die
bereits seit 1909 schwelte und die 1913 mit der Publizierung von Boussets
Werk „Kyrios Christos" eskalierte.

Die hier vorgelegten Ausschnitte aus der Korrespondenz zwischen Wilhelm
Bousset und Paul Wernle zur Thematik „Christuskult, Christologie und persönlicher Glaube" aus den Jahren 1909–1915[12] – die Wiedergabe der kom-
pletten Korrespondenz würde den gegebenen Rahmen sprengen – soll die
hinlänglich bekannte „Kyrios Christos"-Debatte um eine weitere Facette
ergänzen. Die private Korrespondenz zeigt die Seite hinter den wissenschaftlichen Ergebnissen der Forschertätigkeit. Sie wirft ein Licht auf das
persönliche Ringen zweier Theologen um ihre jeweiligen Glaubenspositio-
nen und um den Erhalt ihrer Freundschaft trotz der deutlich zu Tage treten-
den Differenzen in wissenschaftlichen Fragen.

---

[11] Handschriftenabteilung der Staats- und Universitätsbibliothek Göttingen; Cod. Ms.
W. Bousset 141 bzw. 151. Ein weiterer Brief Boussets vom 14.12.1914 liegt im Nachlass Wernles
in der Universitätsbibliothek Basel. Alle Korrespondenzstücke wurden im Archiv „Religionsgeschichtliche Schule" in Göttingen transkribiert und warten noch auf Veröffentlichung.

[12] Ich beschränke mich hier auf die Wiedergabe von Passagen zu christologischen Aspekten
und lasse die konträren Ansichten zur Kantisch-Fries'schen Religionsphilosophie unberücksichtigt, die in der Korrespondenz dieser Jahre ebenfalls ausführlich diskutiert werden. Lohnend wäre
eine Veröffentlichung auch dieser Korrespondenzpassagen allemal. – Ohne thematische Relevanz
sind die folgenden Schriftstücke aus den Jahren 1909–1915, die deshalb übergangen werden:
Postkarte von Bousset an Wernle, Göttingen 5.9.1909; Postkarte von Bousset an Wernle, Göttingen 31.12.1913; Postkarte von Bousset an Wernle, Göttingen 15.2.1914; Brief von Wernle an
Bousset, Basel 20.12.1914.

Korrespondenz Bousset – Wernle[13]

Brief von W. Bousset an P. Wernle, Göttingen 6.6.1909

Lieber alter Freund.

[...] Augenblicklich schreibe ich an einem Artikel über Heidenchristentum für das Lexikon.[14] Die Entwicklung des Christuskultus und des Christusglaubens kommt dabei in den Mittelpunkt. [...] Das Christentum zunächst ein Kultverein, der sich um den Gott-Heros Christus sammelt. Von hier aus ist Gottesdienst, Verfassung, Sakramentwesen zu erfassen. Dann gilt es das ewig Wertvolle, das sich in diesen vergänglichen Formen auswirkt, zu erfassen und darzustellen, geistiger monotheistischer Gottesglaube, das neue Leben nach seiner individualistischen und sozialen Seite, die Überweltlichkeit, die Hoffnung u.s.w.

Mit großem Vergnügen habe ich Dein Buch[15] wieder zur Hand genommen. Ein wie reicher Stoff, und wie schön hast Du ihn behandelt. Aber was ich Dir schon damals schrieb:[16] Du mißt mir die Entwicklung zu sehr an den Anfängen und haderst zu viel mit der Entwicklung. Ich kann den Anfängen alleine eine derartige kultische Bedeutung nicht mehr zugestehen und glaube allerdings, daß in den modernen Angriffen gegen die Absolutierung der Person Jesu von Seiten der historischen Leben-Jesu-Forschung manches Körnchen Wahrheit steckt.

Im Punkt „Christologie" werde ich überhaupt immer unerbittlicher und radikaler. [Ich] Habe hier neulich in Göttingen vor den Freunden evangelischer Freiheit fünf Vorträge über Christusglauben gehalten (Entstehung, Geschichte, Bedeutung).[17] Ich hätte wohl gewünscht, daß Du dabeigewesen [wärst] und mit Deiner Kritik eingesetzt hättest. [...]

Und nun endlich Schluß, und viele herzl[iche] Grüße von Haus zu Haus

Dein tr[euer] Mohr

---

[13] Die Schriftstücke wurden um ihrer Lesbarkeit willen leicht überarbeitet. Einige offensichtliche Fehler wurden mit [sic!] als Lesart der Vorlage kenntlich gemacht. Zumeist erklären sie sich durch die Benutzung einer Schreibmaschine. Abkürzungen sind generell aufgelöst und die Ergänzungen in eckige Klammern gesetzt. Vereinzelt wurden dem Text Wörter in Klammern hinzugefügt, um den Sinnzusammenhang zu gewährleisten. Rechtschreibung und Zeichensetzung wurden der neueren Orthographie angeglichen (z.B. tun statt thun, gibt statt giebt usw.). Verkürzungen wurden generell apostrophiert (z.B. sie's statt sies; ich's statt ichs). Die Groß-/Kleinschreibung in der Anrede des Briefpartners wurde vereinheitlicht in „Du", „Dich", „Dein" usw. Die uneinheitliche Schreibweise „ss" (Maschinenschrift)/„ß" (Handschrift) wurde hingegen nicht korrigiert.

[14] W. BOUSSET, Art. „Heidenchristentum (innere Entwicklung)", RGG[1] 2, 1910, 1930–1959.

[15] Gemeint ist P. WERNLE, Die Anfänge unserer Religion, Tübingen 1901.

[16] Dieser Brief konnte bisher nicht aufgefunden werden.

[17] Diese Vorträge waren die Basis für Boussets Beitrag auf dem V. Weltkongress für freies Christentum im August 1910 in Berlin; veröffentlicht wurden sie als W. BOUSSET, Die Bedeutung der Person Jesu für den Glauben. Historische und rationale Grundlage des Glaubens, Berlin 1910.

Brief von P. Wernle an W. Bousset, Basel 5.9.1909

Lieber Freund!

[...] Ich stimme sehr zu, wenn gegenwärtig von so verschiedenen Seiten der Christuskult so energisch in die Mitte des Urchristentums gestellt wird. Dafür hatte man zu meiner Zeit noch wenig Sinn und war durch den Gegensatz gegen die Orthodoxie gebunden. Ich würde auch das Wort Mythus wieder kräftiger gelten lassen, so wie es Troeltsch in einem Aufsatz in Steinmanns Zeitschrift[18] betont hat. Der Kult gehört eben dem herabgekommenen Gott, und man begreift von da aus, wie die Präexistenzvorstellungen sich notwendig einstellen mußten, wenn einmal der Kult da war. Nur ziehen wir dann andere Folgerungen für die Gegenwart. Wir sind einig – ich betone das –, daß wir für uns den Christuskult und die Christusmythologie ablehnen als antike und Jesu eigener Intention nicht einmal entsprechende Produkte. Aber wenn ich Dich recht verstehe, willst Du dann die schönen Sachen, welche sich um diesen Kult gruppierten, möglichst loslösen von der Person Jesu und führtst [sic!] die Ablehnung der ganzen Christologie bis zu dem Punkt durch, daß Du die Religion der Gegenwart überhaupt möglichst von der Person Jesu loslösen und auf sich selbst stellen willst. [...] Es steht, so viel ich sehe, bei Dir alles in einem innern Zusammenhang: die immer stärkere Geringschätzung der Geschichte in ihrem Wert für die Religion und das Suchen nach einer festen rel[igions]-phil[osophischen] Begründung. Da gehe ich nun einen andern Weg. Ich sehe in dem Mythus an der Spitze des urchristlichen Glaubens etwas, das doch mehr Beachtung verdient: zunächst einfach den Ausdruck der Tatsache, daß die lebendige Religion solche Verkörperungen Gottes braucht und daher ihre beste Kraft schöpft. Man braucht nur irgendeine religio naturalis noch heute mit einer christusmythischen Religion zu vergleichen, so muß man doch den Unterschied mit Händen greifen. Kein Glaube an die Allgegenwart Gottes, und wäre er noch so fest philosophisch verankert, leistet praktisch das, wie die Überzeugung, daß Gott hier an einem Punkt in die Geschichte eingetreten ist. Es ist wie eine blutlose Religion und eine solche mit Blut und Leben. So sieht die Sache rein rel[igions]-psychologisch aus. Aber nun halte ich doch fest, daß in diesem Mythus Wahrheit steckt, die wir freilich völlig aus der mythischen Form herauslösen müssen, eben die Wahrheit, daß uns Gott wirklich, gar nicht bloß subjektiv, in der Person und dem Evangelium so greifbar und im Kern so unüberbietbar entgegentritt wie nirgends sonst, als der Fordernde und als der Schenkende. Ich verstehe das in gar keinem Gegensatz zu andern Gottesoffenbarungen in andern Religionen und zu seiner fortwirkenden und immer neu sich erschließenden Bezeugung – das nehme ich alles wie Du und wie Troeltsch –, aber mir selbst ist es einfach unentbehrlich, ein festes, solides Fundament unter den Füßen zu haben, einen Orientierungspunkt, auf den ich mich immer wieder zurückziehen kann. Die Jahrhunderte, die dazwischen liegen, machen mir gar nichts Wesentliches aus; ich glaube, daß die Zeitkategorie hier überhaupt nicht mitspielt bei der Religion, höchstens bei der Reflexion darüber. Ich fühle mich auch ganz frei in der Anerkennung der vergänglichen zeitgeschichtlichen Elemente der Verkündigung Jesu und will von einer künstlichen Apologetik so wenig wissen als Du. Aber daß Gott hier zu mir redet, ist mir ganz selbstverständlich [sic!]; ich

---

[18] „Religion und Geisteskultur", 1907 begründet von Theophil Steinmann. Gemeint ist hier E. TROELTSCH, Zur Frage des religiösen apriori. Eine Erwiderung auf die Bemerkungen von Paul Spieß, RG 3, 1909, 263–273. – Ernst Troeltsch (1865–1923) war seit gemeinsamen Erlanger und Göttinger Studententagen ein enger Freund Boussets. Er wurde 1892 Professor für Systematische Theologie in Bonn, 1894 in Heidelberg und 1914 Professor für Philosophie in Berlin.

finde mich immer wieder auf verkehrtem Weg, sobald ich zu sehr von dieser Orientierung abschweife und ich beobachte, daß die Frömmigkeit, die es ohne Jesu[s] zu machen sucht, immer wieder den rechten hohen Masstab [sic!] verliert und sehr bald dazu kommt, es mit sich oder den Brüdern oder mit Gott zu leicht zu nehmen. Wobei freilich ein sehr starker unbewußter Einfluß noch lange wirken kann. Kurz: Loslösung der Frömmigkiet [sic!] von Jesus scheint mir auf alle Fälle Schwächung, nicht Kräftigung und Vertiefung zu bedeuten. Ich meine das wahrhaftig nicht Dir gegenüber, aber ich habe bestimmte Beispiele vor Augen, die mir das immer wieder sagen. Unsre Zeit leidet sicher nicht an dem „zu viel" von Jesus – ja vielleicht in den Worten und Theorien, das gebe ich sofort zu –, sondern an dem „zu wenig". [...]

Ich meine, darin hatte auch Ritschl[19] recht: man kann aus den herrlichen Gaben, die uns Jesus gebracht hat und die wir seiner Gemeinschaft verdanken, nicht Wahrheiten des gesunden Menschenverstandes machen, ohne daß das Beste verloren geht. – Der Sinn des weltgeschichtlichen Prozesses scheint mir nicht eine Verflüchtigung des Christlichen im allgemein Menschlichen zu sein, sondern eine immer größere Vertiefung und Vereinfachung zugleich des christlich Positiven und eine Erhebung der Menschheit zu dieser geschichtlich errungenen Stufe. [...]

In alter Liebe grüßt Dich   Dein Henoch

Brief von W. Bousset an P. Wernle (Fragment), o.O., o.D. [Dez. 1909][20]

[...] Wenn uns Sinn und Zweck des Großen [sic!] Ganzen menschlicher Geschichte, wie sie auftaucht aus dunkler Nacht und einem unbekannten Wohin zustrebt, auch ewig verborgen bleibt – im einzelnen schauen wir allüberall Strahlen, wenn auch gebrochene Strahlen, göttlicher Liebe und Güte, göttlichen heiligen Wollens und majestätischen Gerichtsernstes. Hier reiht sich denn auch zwanglos die symbolische Bedeutung aller Großen im Reiche Gottes ein, aller Propheten und Religionsstifter. Hier auch die Bedeutung der Person Jesu – Du hast mich falsch verstanden, wenn Du meintest, ich wolle die beseitigen – als des mächtigsten, heiligsten und größten Symbols göttlicher Wesenheit, das wir besitzen. Ja, prüfe nur Deine eignen Aussagen über die Person Jesu, sie sind ja alle nicht mehr absolut, wissenschaftlich dogmatisch, sondern symbolisch und deshalb allerdings notwendig relativ. „Gott tritt uns in der Person Jesu und im Evangelium so greifbar und im Kern so unüberbietbar wie nirgend sonst entgegen".[21] Das ist relativ und nicht absolut geredet.

[...] Trotz der Schärfe Deines Angriffes vermag ich bis jetzt eine Lücke in meiner Gedankenwelt, der ich mich allerdings innig freue, nicht zu entdecken.[22] Das Wasser, das Du mir in den Wein geschüttet, habe ich mir in Wein verwandelt und an der Stärke des

---

[19] Albrecht Ritschl (1822–1889) war von 1864 bis zu seinem Tod Professor für Dogmatik, Kirchen- und Dogmengeschichte in Göttingen. Bousset hatte noch bei Ritschl studiert.

[20] Es fehlen mindestens die Seiten 1–4 dieses Briefes. Aus inhaltlichen Gründen lässt er sich jedoch sicher in den Dezember 1909 datieren.

[21] Vgl. oben im Brief von P. Wernle an W. Bousset vom 5.9.1909.

[22] Dies bezieht sich auch auf die lange und vehement geführte Diskussion der beiden Freunde über die Rolle der Philosophie, speziell des Neufriesianismus, im Verhältnis zur Religion (vgl. die Korrespondenz der Jahre 1908–1910), insbesondere nach der Veröffentlichung von R. OTTO, Kantisch-Fries'sche Religionsphilosophie und ihre Anwendung auf die Theologie, Tübingen 1909.

Widerspruchs die Stärke der eignen Sache erprobt. Ich glaube nicht, daß Du Dich auf die Dauer so ablehnend verhalten wirst. Doch habe ich Geduld und Zähigkeit. – Unsre Freundschaft bleibt ganz die alte. Ich hätte ja diesen Brief nicht geschrieben, wenn mir nicht an der Übereinstimmung mit Dir so unendlich viel läge.

[...] Deinem Jungen wünsche ich gute Besserung und herzl[iche] Grüße von Haus zu Haus   Dein Mohr

Brief von P. Wernle an W. Bousset, Basel 31.12.1909

Lieber Freund!

Habe Dank für Deinen Neujahrsgruß sowie schon früher für eine Deiner Andachten[23]. Ich wünsche auch von Herzen, daß unsre Freundschaft sich behauptet, unbekümmert um die trennenden Ansichten, die doch niemals der Mensch sind. Gleichgültig wird ja einem solches freilich nicht sein können, dazu sind die Fragen zu wichtig. Und ich gestehe, daß ich in den letzten Jahren keinen solchen Schmerz erlebt habe wie das Auseinandergehn mit Dir, zu dem ich bisher mit so viel Dank und innerster Verbundenheit aufgeschaut habe und mit dem zusammenzuklingen mir eine gewaltige Stärkung war. Ich sage das nur, damit Du weißt, wie tief mir diese Sache ans Herz greift und wie wichtig Deine Entwicklung für mich ist. Aber ich werde auch das zu verbeißen suchen. Das Gute ist, daß eben doch jeder lernen muß, ganz für sich den Weg zu gehn, der ihm gemäß ist, auch wenn die liebsten Menschen ihm darin nicht folgen. Und eins wollen wir gleichwohl fertigzubringen suchen, auch auf getrennten Wegen: Achtung behalten vor der Eigenart des andern, seiner unbedingten Redlichkeit und seinem Ernst. Ich spüre bei solchen entscheidenden Fragen, wie nach der Bedeutung Jesu für unser Leben, wohl oft das Fanatische in mir, ich glaube, Dir ist diese Ader auch nicht ganz fremd. Aber das sollen wir niederzwingen können, sobald wir es mit einem geraden, tapfern Gegner zu tun haben und vollends mit einem alten Freund. [...]

[...] Es war die Grundtendenz der ganzen Reformation, der Welt wieder zu zeigen, was wir an Jesus haben und wozu wir ihn brauchen. Darum läuft alles, was Du von der Anknüpfung des Liberalismus sagst, auf eine ganz arge Geschichtsdichtung hinaus. Du mußt doch selbst wissen, wie Luther die ratio mit dem eigenen, von ihr gezimmerten Heilsweg behandelt hat. Deshalb will ich natürlich auch die Kluft, die mich von Luther trennt, nicht verkleinern. Er hatte den Christusmythus im Zentrum; den haben wir nicht. Und das ist ja freilich der Punkt, um den sich streiten läßt, ob man die Hauptsache der Reformation behalten kann hne [sic!] die mythische Form. Aber das solltest Du doch zugeben können, daß das, was wir wollen, auch Herrmann, nicht pietistisch, sondern reformatorisch – Paul Gerhardtisch, wenn Du willst – ist und nichts anderes.

So ist auch das für mich die einzige praktisch brennende Frage, ob wir's machen können ohne Jesus oder ob wir nicht unfehlbar verarmen und verkümmern ohne ihn. Was ich vom Rationalismus kenne in allen seinen verschiedenen Formen, aufklärerisch oder kantisch oder hegelsch, ist doch alles, soweit es ohne Jesus auskommen wollte, verarmte Frömmigkeit. Die erste Generation zehrte noch von einem reicheren Besitz, die zweite

---

[23] Um welche Andacht es sich handelt, ist unklar; ein Begleitschreiben dazu liegt nicht vor. Bousset hatte 1909 die „Kirchliche Gegenwart. Gemeindeblatt für Hannover" mit zumeist zweispaltigen „Betrachtungen" in 21 der 24 Ausgaben eröffnet.

und dritte verarmte oder streckte sich sehnsüchtig nach reicherem Leben aus. Aber es kommt hier einfach auf die Probe an. Wir meinen, daß wir ohne Jesus das starke, frohe Leben als Kinder Gottes in der Liebe des Vaters in Freude und Leid nicht festhalten können. Ihr sagt: doch, denn jeder Mensch hat ja die Ideen in sich, an denen er sich aufrichten kann. Nun gut, wir wollen sehen. Es kommt hier rein auf die Erfahrung an. Und ich meine allerdings, daß die positiven Religionen in der Geschichte darum überall entstanden sind, weil die Menschheit mit ihren Ideen nicht auskam. [...]

[...] Meine Stellung in diesen Fragen ist eine ganz persönliche. Es ist mir einfach ausgemacht, daß ich das beste, was ich habe, alles, was mich froh, tapfer und auch streng und ernst gegen mich selber macht, Jesus verdanke, d. h. dem, was mir Gott durch ihn geschenkt hat. Das wird mein Bekentnnis [sic!] bleiben, auch wenn ich gar nie eine christologische Form dafür finden sollte. Streiten läßt sich nicht über solche Dinge. Wer's anders erlebt hat, dessen Lebensführung werde ich respektieren und Bekenntnis neben Bekenntnis gelten lassen. Ich gestehe nur, daß ich mir mein Leben nicht ohne Jesus denken kann, und wenn ich mich in so vielem rückständig fühle, kommt es daher, daß ich mit dem nicht genug Ernst machte, was er mir gab. [...]

Ich glaube doch, daß wir beide dasselbe wolllen [sic!], aber mir kommt es vor, Du werfest die größte Kraftquelle, um es zu erreichen, unnötig weg, und was Du als Ersatz bietest, das könne nicht von ferne diesen Dienst tun. Aber wie gesagt, das muß man abwarten. Ich denke, es wird doch auch bei Dir künftig wie bisher, wenn Du den Studenten Jesus vorzuführen hast, dann und wann etwas von ihm her auf sie überspringen. Ich selbst habe Dir gerade darin so viel zu verdanken. [...]

Von Herzen

Dein P. Wernle

Brief von W. Bousset an P. Wernle, Göttingen 19.10.1910[24]

Lieber alter Freund!

[...] Ich spüre aus Deinem brief[25] [sic!] mit Rührung die Größe und die Treue Deiner Freundschaft, besonders auch daran, wie ernst Du unsere Differenzen nimmst. Aber andererseits frage ich mich doch, ob diese Differenzen wirklich so stark sind, wie Du meinst. Und ich meine, wir sollten doch noch mehr versuchen, uns zu verständigen. Ich wenigstens frage mich verwundert, ob ich mich denn wirklich so verändert habe, wie Du anzunehmen scheinst. Du wirst Dich erinnern, daß Du seiner Zeit mit einiger Begeisterung meinem „Gottesglauben"[26] zugestimmt hast. Ich habe aber schon in diesem Buch mit starker Absichtlichkeit die Beziehung auf die Person Jesu ganz in den Hintergrund treten lassen. Ich kann in diesem Buch so ziemlich alles noch heute unterschreiben. Ich würde manches anders begründen, aber das ganze doch noch ebenso sagen. Ich kann mich also unmöglich so weit von Dir entfernt haben, wie Du meinst. Du weißt andererseits, daß ich

---

[24] Dies ist der einzige erhaltene Brief an Wernle, den Bousset mit der Maschine tippte.

[25] Aus inhaltlichen Gründen ist es sicher, dass Wernles Brief vom 31.12.1909 gemeint ist, obwohl dieser vor über neun Monaten angekommen sein musste. In der Zwischenzeit hatte es demnach keinen weiteren Briefkontakt gegeben.

[26] W. BOUSSET, Unser Gottesglaube, Religionsgeschichtliche Volksbücher V/6, Tübingen 1908.

mich mit der Christologie von Herrmann[27] nie habe vertragen können. Wo ist denn schließlich die enorme Veränderung? Ich empfinde den Wandel selbst wirklich nur als eine Herausgestaltung dessen, was ich schon längst unmittelbar empfunden und mir nicht zur Klarheit gebracht hatte, doch nicht als Bruch! [...] Du bist nun dem gegenüber der Meinung, daß eure Christologie einfach die der Reformatoren sei. Das kann ich doch so einfach nicht zugeben. Du gibst selbst zu, daß man bestreiten könne, ob man die Hauptsache in der Christologie der Reformation behalten könne ohne die mythische resp[ektive] dogmatische Form. Und ich bestreite das entschieden. Man soll sich nur einmal allen Ernstes vor solche Aussprüche stellen wie: „des ewigen Vaters einig Kind jetzt man in der Krippe find" – oder „den aller Weltkreis nie beschloß, der liegt jetzt in Marien Schoß", – „fragst Du, wer der ist, er heißt Jesus Christ, der Herr Zebaoth, und ist kein andrer Gott" – und soll sich fragen, ob diese Christologie uns nicht im innersten fremd ist. Was uns trennt von jener Zeit, ist mehr als Form, ist Sache und Art der Empfindung. Und dies, daß man die dogmatische Form der Christologie aufgibt, mit der sie m. E. steht und fällt, die Sache aber unter einem gewissen Aufwand von unkontrollierter Gefühligkeit festhält, das bezeichne ich als pietistischen Einschlag, ohne damit gleich einen Vorwurf aussprechen zu wollen.

[...] Hoffentlich hast Du aus dem alllen [sic!] den sehr guten Willen zur Verständigung herausgehört. Ich denke, wir können immerhin eine gute Strecke Weges wie früher Hand in Hand gehen. [...]

    Ich grüße Dich in alter Freundschaft

      Dein Mohr.

Brief von P. Wernle an W. Bousset, Basel 20.10.1910

Lieber Freund!

[...] Es liegt von Deiner Position aus gar kein Antrieb mehr vor, sich in Jesus immer neu zu vertiefen, von ihm zu lernen und sich von ihm schenken zu lassen, Neues und Besseres, als was jeder von uns in sich trägt. Das ist dann aber eine verlorene Position, verloren im Augenblick, wo sie auftritt. Für mich gibt es nun einmal zweierlei Christentum: eines, das von Jesus lebt und Jesus braucht, um immer neue Kraft und Gnadde [sic!] hier zu schöpfen, und eines, das mit sich selber und mit dem gesunden Menschenverstand auskommt. [...] Ich habe von Dir selbst einige der stärksten und besten Impulse meiner Jesusliebe und Jesusdankbarkeit gewonnen und werde bei ihnen bleiben, auch wenn Du selbst jetzt nichts mehr darauf gibst, werde Dir auch meine Dankbarkeit gerade dafür behaten [sic!].

[...] Warum soll ich es verbergen, daß ich rechtschaffen zronig [sic!] bin? Böse darfst Du mir darüber nicht sein. [...] Ich persönlich muß sagen, daß ich meine religiöse Gewißheit immer an Jesus stärke, wenn sie mir wankend werden will. Dann halte ich mich daran, wie er zu Gott und zu uns steht, schöpfe aus seiner ruhigen Gewißheit, lasse mir von ihm die Ziele höher stellen und mich tiefer in die verzeihende Liebe Gottes führen; ich spüre jedesmal eine neue Kraft von Gott selbst, der mir hier die Hand gibt und mich zu sich zieht. Und ich habe nicht das geringste Bedürfnis, von da aus nach einer bessern, sichern Gewißheit mich umzusehen. Und das Große ist, daß ich mir dann sagen darf, ich

---

[27] Wilhelm Herrmann (1846–1922), Professor für Systematische Theologie in Marburg.

stehe in dieser meiner religiösen Art nicht allein, es ist der größte Teil der Christenheit, der aus derselben Lebensquelle sein Leben mit Gott gewinnt, kräftigt und vertieft; wir sind hier wirklich eine große Gemeinschaft erlöster Kinder Gottes, die es für iht [sic!] größtes Glück in der Welt ansehen, daß Jesus für sie da ist und ihnen bleibt. Wenn ich es für gleichgültig hielte, wie Du Dich zu Jesus stellst in dieser entscheidenden Frage, würde ich die Sache leichter nehmen. Es ist mir aber ein ganzer Schmerz, daß wir jetzt im Zentrum auseinandergehen sollen. Das sind eben keine akademischen Fragen, sondern da geht es um den Grund unsrer Religion. Ich <u>lebe</u> von Jesus, Du magst darüber denken, wie Du willst. Im übrigen bleibe ich Dein Freund wie vorher, ich würde zu Dir stehen gegen Deine kirchlichen Gegner und ihnen sagen, daß sie gerade schuld daran sind, wenn sich Dir Jesus verdunkelt.

In alter, herzlicher Liebe   Dein   P. Wernle

Briefkarte von P. Wernle an W. Bousset, Basel 24.12.1910

Mein lieber Freund!

Ich glaube, ich habe Dir vor einiger Zeit einen etwas bösen Brief geschrieben wegen unsrer Differenzen in der Stellung zu Jesus und möchte nicht, daß Du bei dem Eindruck bleiben würdest, ich sei ein anderer geworden in unsrer Freundschaft. Jene Differenenzen [sic!] bleiben ja bestehn, da können wir nichts ändern, und sie betreffen einen religiösen Zentralpunkt, wenigstens für mich. Aber ich denke, unser persönliches Verhältnis sollte dadurch nicht getrübt werden. Ich habe so viele herrliche Erinnerungen an Göttingen und Dich und habe so viel warme Dankbarkeit in meinem Herzen für alles, was Du mir gegeben hast, auch für so viele bleibende religiöse Befreiung. Das alles bleibt bestehn. [...] Aber wie dem auch sei, wir wollen ins neue Jahr als alte Freunde hinübertreten und uns Mut und Freude zurufen in unsrer Arbeit. Es geht uns hier allen gut, und ich hoffe von Dir und Deiner Frau dasselbe. Mit herzlichen Glückwünschen und Grüßen

In alter Liebe   Dein   Henoch

Brief von W. Bousset an P. Wernle, Göttingen 30.12.1910

Lieber Freund.

Es ist gut, daß Du im alten Jahr noch einmal kurz geschrieben hast. Denn mit dem vorhergehenden Brief hätte ich gar nichts anzufangen gewußt und habe mir in der Tat überlegt, ob ich überhaupt darauf antworten solle. Auch jetzt halte ich es im Interesse unserer Korrespondenz für gut, wenn wir zunächst auf das gesamte christologische Thema nicht wieder zurückkommen. Vielleicht kommt ja einmal die Zeit, da Du ruhiger in diesen Dingen zu denken und vor allem besser zuzuhören vermagst.

[...] Ich bin Schüler Ritschls gewesen und nicht Herrmanns und habe gerade im Punkt des rationaleren Charakters seiner Theologie stets auf seiner Seite gestanden. Ich habe mich Troeltsch[28] zugewandt, weil ich von ihm erhoffte, daß er uns aus der christologischen Verengung des theologischen Supranaturalismus in der herrschend gewordenen Nuance Ritschl'scher Theologie herausführen würde (Herrmann, Kaftan, Reischle, Kat-

---

[28] S. Anm. 18.

tenbusch). Ich habe mich von Troeltsch wieder abgewandt, als ich sah, daß er uns mitten in der Verwirrung eines geschichtlichen Supranaturalismus steckenließ. Mein Volksbuch über den Gottesglauben[29] habe ich bereits mit bestimmter und bewußter Ausschaltung nicht nur der Christologie, sondern auch des Christusglaubens geschrieben. (Du hast einst dem Heftchen lebhaft zugestimmt, ohne vielleicht diese Negation in ihrer Tragweite zu überschauen.) Meine Betrachtungen in der Kirchlichen Gegenwart vom Jahrgang 1809 [sic!][30] waren auf diese Tonart gestimmt. Auch an ihnen hast Du Dich gefreut. Meine historischen Betrachtungen über die Person Jesu kann ich ebenfalls von meinen jetzt gewonnenen Überzeugungen aus im großen und ganzen stehen lassen. Ich bin skeptischer geworden hinsichtlich der Formen des Selbstbewußtseins Jesu (Messianität, Menschensohn). – Aber das liegt auf rein historischem Gebiet. Ich würde einige Formeln und Wendungen zum Schluß des „Jesus"[31] und des „Was wissen wir von Jesus?"[32] anders gestalten. Aber noch heute ist mir das Personenbild Jesu das wirkungskräftigste Symbol des Glaubens. [...]

Und so wollen wir Frieden machen. Ich gebe gerne zu, daß mir das leichter wird als Dir. Denn so lange Du in meiner Anschauung Positionen Deines Glaubens bedroht fühlst, muß dieses Friede-Machen Dir schwer fallen. Ich meinerseits sehe in Deiner Position – ich will einmal offen reden – eine verhängnisvolle Unklarheit. M. E. kann man den alten Christus (oder Jesus)-Glauben nicht halten ohne die alte Christologie. Aber warum sollte ich Dich an diesem Punkte nicht Deinen Weg ziehen lassen und daher doch in alter Freundschaft all des Gemeinsamen gedenken, das uns verbindet?! [...] Es wäre einfach ein Unrecht, wenn wir das alterworbene Gut nicht wahren wollten mit aller Kraft.

[...] Mit herzlichem Gruß von Haus zu Haus
Dein Mohr.

Brief von W. Bousset an P. Wernle, Göttingen 22.12.1913

Lieber Freund.

Ich hatte gerade die feste Absicht, in den Weihnachtsferien Dir endlich einmal wieder zu schreiben und das lange und unnatürliche Schweigen, das zwischen uns bestand, zu brechen. Da bist Du mir mit Deinem Brief zuvorgekommen.[33]

Nun erleichtert mir dieser Brief allerdings die Situation gerade nicht. Ja ich befinde mich eigentlich genau in derselben Lage wie damals, als Deine Kritik über meinen Berliner Vortrag[34] mich traf und als ich dann durch meine (von Dir übrigens etwas missverstandene) Antwort diese Zeit des Schweigens herbeiführte.[35] Ich will doch sehen, ob ich diesmal der Aufgabe besser gewachsen bin.

---

[29] S. Anm. 26.

[30] S. Anm. 23.

[31] W. BOUSSET, Jesus, Religionsgeschichtliche Volksbücher I/2–3, Tübingen 1904, ²1905.

[32] W. BOUSSET, Was wissen wir von Jesus?, Halle a. S. 1904, ²1906.

[33] Der Brief ist nicht vorhanden. Er muss Wernles ausführliche Kritik an Boussets „Kyrios Christos" enthalten haben.

[34] S. Anm. 17.

[35] Offenbar hatte seit Weihnachten 1910, also immerhin genau drei Jahre, kein Kontakt zwischen Bousset und Wernle bestanden.

Wie gesagt, leicht magst [sic!] Du einem es gerade nicht. Du überschreibst den Brief mit „lieber Freund" und am Schluss – das will ich Dir nicht vergessen – brechen die alten, freundschaftlichen Gefühle noch einmal lebhaft durch. In dem Brief selbst aber gibst Du mir [eine] harte und scharfe Absage, bei der ich – das muss ich doch aussprechen – den freundschaftlichen Ton vermisse. Du darfst nicht glauben, dass ich Widerspruch und Dissensus an diesem Punkte[36] nicht vertragen könnte. Ich fühle mich vielmehr meiner Sache so sicher, dass mich jeder ernste und ehrliche Widerspruch freut, weil er mir dient, meine Anschauung im einzelnen noch besser auszubauen. Aber sollte es denn nicht möglich sein, dem Freunde gegenüber den Widerspruch ein wenig weniger verletzend zu gestalten? muss denn gleich im Superlativ geredet werden?! Dabei überschlägst Du Dich im Übereifer und schreibst auf der ersten Seite, dass meine Schrift[37] eine Verwirrung auf ein Jahrzehnt zum mindesten anrichten dürfte, und auf der dritten, dass mir an dem wesentlichen Punkt kein ernsthafter Forscher folgen dürfte. – Das sind doch kritische Purzelbäume, die ergötzlich wären, wenn sie nicht zugleich unser freundschaftliches Verhältnis beträfen.

Doch dem sei, wie es wolle, so verlange ich doch dann wenigstens, wenn das Urteil einmal so scharf ausfallen sollte, ein besser sachlich begründetes und kein so oberflächliches. Das darf ich von der Achtung fordern, die Du dem Freunde und einem Stück seiner Lebensarbeit schuldig bist. – Du hast mein Buch nur eben angelesen und Dich nicht gründlich damit auseinandergesetzt. Du gibst selbst zu, dass Du nur einige Partieen [sic!] „durchgangen" hast. Das Buch aber ist ein Ganzes und will als solches verstanden werden. [...] – Den ersten Abschnitt über die Urgemeinde hast Du unter ganz falschem Aspekt gelesen, wenn Du mit der Frage nach dem messianischen Selbstbewusstsein Jesu an ihn herangetreten bist. – An dieser Frage lag mir im Zusammenhange nicht so viel. Sondern mir lag daran, die Kehrseite der Medaille zu sehen und, unter Übergehung jener Frage, die Forschung auf das verhältnismäßig viel sicherere Gebiet der aus den Evangelien zu erhebenden Gemeindetheologie zu führen. Ich kann Dir ruhig etwas mehr messianisches Bewusstsein Jesu konzedieren, und meine Ausführungen über Gemeindetheologie bleiben dennoch bestehen. – Denn die prägt sich selbst darin aus, dass sie bestimmte Worte Jesu weiterüberliefert. Und so bin ich mir allerdings bewusst, die Arbeit über Wrede[38] – dem ich natürlich viel verdanke – weitergeführt zu haben. An alledem gleitest Du achtlos vorüber.

Du schreibst weiter: „das eine Maranatha wirft für mich diese ganze hellenistische Kyrioshypothese". – Den Satz kann ich nur verstehen, wenn Du, was ich zum Maranatha gesagt, gar nicht gelesen hast. Wie magst Du sonst mit einem solchen Ladenhüter kommen: Beweise mir doch bitte, weshalb Maranatha als feierliches Kultwort auf dem syrischen Boden von Antiochia, in einer gemischten Gemeinde, nicht ebenso verständlich [ist] wie in Jerusalem! – Taufe und Abendmahl mag es irgendwie in der palästinensischen Urgemeinde gegeben haben. Aber die Taufe als feierlicher Initiationsakt ἐν ὀνόματι κυρίου und das Abendmahl als κυριακὸν δεῖπνον und als κοινωνία τοῦ αἵματος καὶ τοῦ

---

[36] Da Wernles Brief nicht vorliegt, muss offen bleiben, was gemeint ist. Vermutlich bezieht es sich ganz allgemein auf Boussets Argumentation in „Kyrios Christos", wonach der Schritt vom palästinensischen Urchristentum zu den hellenistischen Gemeinden eine grundlegende Umdeutung der Person Jesu vom Messias und Menschensohn zum im Kultus verehrten Herrn bedeutet habe.

[37] Gemeint ist Boussets „Kyrios Christos".

[38] W. WREDE, Das Messiasgeheimnis in den Evangelien, Göttingen 1901; DERS., Paulus, Religionsgeschichtliche Volksbücher I/5–6, Tübingen 1904.

σώματος κυρίου (nicht als einfache Tischgemeinschaft, „Brotbrechen") sind mir erst auf hellenistischem Boden denkbar. Dein Satz „Taufe und Abendmahl halte ich ebenfalls für palästinensischen Ursprungs" schlägt daneben, weil er nicht fein genug scheidet. – Weshalb ich so über die Sakramente urteile, wird deutlicher aus meinem 7. u[nd] 8. Kapitel.

Du wirfst mir vor, dass ich große Hauptveränderungen in der Struktur des Christentums aus einer „geographischen" (!) und überhaupt Milieuverschiebung ableite. – Ja allerdings, für mich ist es eine ganz wesentliche und ungeheuer wichtige Tatsache, dass das Christentum in seinen Anfängen sein Schwergewicht von Jerusalem nach Antiochia und Rom aus der Umgebung des palästinensischen Judentums in die der römisch-hellenistischen Kulturwelt verlegt. – Es gibt keinen stärkeren und entscheidenderen Einschnitt in der Geschichte des Christentums als diesen. Du magst das immerhin eine geographische Betrachtung nennen, das ändert an der Tatsache gar nichts.

Und diese Verhältnisse hat man zu respektieren und die Anfänge des (hellenistischen) Christentums nicht zu betrachten, als vollzögen sie sich im luftleeren Raum. [...]

Du wirst mir entgegenhalten, dass dabei das Persönliche zu kurz komme. Nein, das kommt gerade nicht zu kurz. Des Persönlichen in der Geschichte bemächtigt man sich gerade, indem man über die äußere Form und das Material, mit dem eine Persönlichkeit arbeitet, zum Kern vordringt. Fange ich gleich beim Kern an, so wird's so leicht und so oft nur der Herren eigner Geist, in dem die Zeiten sich bespiegeln. – Warte nur erst einmal ab, was ich von diesen neuen Aspekten aus über Paulus im Zusammenhang zu sagen habe, wie ich ihn fassen kann als den gewaltigen Vergeistiger der Frömmigkeit der Masse, der aus dem Kyrioserhalt den lebendigen, gegenwärtigen, sittlich persönlichen κύριος-πνεῦμα macht, der aus dem Enthusiasmus des Wundertuns und Zungenredens eine zwar einseitige, aber grandiose religiöse Psychologie schafft, der das Sakrament ethisiert (οὕτως καὶ ὑμεῖς λογίζεσθε ἑαυτοὺς εἶναι νεκροὺς μὲν τῇ ἁμαρτίᾳ [Röm 5,11]) und die naturhafte Gebundenheit der sakramentalen Gedankenwelt so weit überwindet, dass er diese in seinen großen Kampf um die Freiheit gegen das Gesetz einzustellen weiß (Rö[m] 7,1–6). Was der Genius berührt, wird eben Gold. – Aber das alles sieht man nicht, wenn man nach eigener Methode und auf frei Hand losphantasiert.

Insofern liegt ein Fünkchen Sinn und Berechtigung darin, wenn Du die Wahl und die Beschränkung meines Themas bedauerst. Ich kann demgegenüber nur erwidern: ich habe an dem Punkt eingesetzt, dessen Aufhellung mir am notwendigsten zu sein schien, wenn wir weiter kommen wollen. – Aber ich habe das deutlich genug in der Einleitung gesagt – ich bin noch lange nicht am Ende. – Ich habe noch nicht über die „Entstehung des Christentums" geschrieben, nur über einen, und zwar einen sehr wesentlichen Punkt. Wollte ich über das Ganze schreiben, so müsste ich doch mit dem Evangelium Jesu beginnen und nachweisen, wie nun der geistige Gehalt des Evangeliums Jesu unter all den Verhüllungen und Verkleidungen: Kyrioserhalt, Sakrament, pneumatischer Enthusiasmus, – radikaler Pessimismus der religiösen Psychologie des Paulus, – Gnosis, – Apologeten, – sich auswirkt u[nd] zur Gestaltung kommt, als Unterströmung, welche die Kraft gibt, weiterflutet. Ich müsste dann ausführen, wie z.B. die Gegenwartsstimmung des Kyrios- und Sakramentskultus, so weit er vom Geist Jesu absteht, zu den einfachen Grundwahrheiten seines Evangeliums beinahe besser passt als jüdische Eschatologie und Menschensohndogmatik.

Gib' mir noch 10 Jahre Zeit, dann mag das alles herauskommen. [...]

Zum Schluss kommt noch der schlimmste Punkt Deiner Polemik. Ja, ich stelle bewusst erst einmal den „Rabbinismus" des Paulus, seine (übrigens fast nicht vorhandene) Beziehung zur Urgemeinde, sein Bekehrungserlebnis bei Damaskus, mit dem sich historisch zunächst in der Tat nichts anfangen lässt, zu Gunsten der Betonung des Einflusses der hellenistischen Urgemeinde zurück. Ganz einfach deshalb, weil Paulus 14–17 Jahre in eben diesem Milieu lebte, ehe er als Fertiger an die Öffentlichkeit tritt, und deshalb, weil für mich und mein Stil-Empfinden Kyrioskult, Sakrament, Pneuma–Sarx–Theologie (der Sache, nicht so sehr dem Wort nach) eine fremde Welt gegenüber Altem Testament, Jesus und der Urgemeinde der synoptischen Evangelien bedeuten. Du weissagst mir, dass kein ernsthafter Forscher mir auf diesem Weg folgen werde. Die Weissagung ist eigentlich bereits erledigt. Unter allen denen, die mir auf mein Buch hin schrieben, bis [sic!] Du der Einzige, der in dieser Weise den Widerspruch gegen das Ganze erhebt. – Von allen erfolgte warme, oft begeisterte Zustimmung. – Und noch eins: ein Forscher, den Du als „ernsthaft" vielleicht anerkennen wirst, ist mir auf diesem Wege in allen Stücken vorausgegangen (d.h. der Zeit der Veröffentlichung nach), das ist Heitmüller[39] (Z[ei]tschr.[ift] f[ür] neut[estamentliche] Wissensch[aft] 1912: Zum Problem Jesus u[nd] Paulus). – Heitmüller schrieb mir, dass er auf das tiefste erstaunt sei über die „prästabilierte Harmonie", die über unsere Arbeiten trotz räumlicher Entfernung und fast völlig mangelnden Briefwechsels walte. Du wirst künftiglich Deinen Zorn auf uns beide verteilen müssen.

Du bist eben nicht mehr auf dem Laufenden auf unserm Gebiet. Das nehme ich Dir weiter nicht übel. Wünsche Dir vielmehr viel Glück und Freude auf Deinem neuen Arbeitsfeld.[40] – Aber überlegen könntest Du Dir, ob Du nicht von Deinem kategorischen Ton ein wenig ablassen könntest. Wenn's aber doch sein soll, dann wappne Dich mit bessern Gründen und lies mein Buch etwas gründlicher. Das kann ich im Namen der Freundschaft verlangen. – Widerspruch will ich gern ertragen, und wenn Du mir schreibst, ich kann Dir zu meinem Schmerz nicht folgen, – nun gut. Aber zu diesen Urteilen ex cathedra hast Du kein Recht: Du bist nicht in der Lage, die Dinge zu überschauen.

[...] Das letzte Mal habe ich nicht sachlich geantwortet, sondern Dich gebeten, dies spezielle Thema (Glaube u[nd] Geschichte) nicht weiter zu berühren. Da hast Du, wie mir scheint, herausgelesen, ich wolle den Briefverkehr überhaupt abbrechen. – Lasse ich mich auf die Sache ein, so muss natürlich meine Erwiderung scharf ausfallen. Jetzt weiß ich nicht, wie Du nun Deinerseits das offene Wort aufnehmen wirst. Du wirst Dir ja selbst sagen, dass wir in diesem Stil den Briefwechsel nicht fortsetzen können, ohne doch unsere Freundschaft zu schädigen. – Das soll nun aber nicht heißen, dass ich die Korrespondenz irgendwie abbrechen möchte. Aber ich lege das „Problem" vertrauensvoll in Deine Hände zurück. Schwer wird's uns beiden werden, uns an die gründlich veränderte Situation zu gewöhnen. Denn wir gehören beide zu den Naturen, denen es sehr schwer wird, Sache und Person zu scheiden. Und in diesem Licht will ich mich bemühen, Deine herbe Absage zu sehen. –

Dennoch will ich auf unsere alte Freundschaft nicht verzichten. Das Leben macht einen gründlich einsam. [...] Mein Buch habe ich in dem vollen Bewusstsein geschrieben, dass es noch weiter in die Einsamkeit führt. Dein Brief ist ein kleiner Vorgeschmack davon. Ich hab's doch getan, weil ich's nicht lassen durfte. [...]

Und so also in alter Freundschaft – trotz alledem und in alter Treue – sende ich herzlichen Gruß zum Weihnachtsfest und zum neuen Jahr Dein Bousset

---

[39] Wilhelm Heitmüller (1869–1926), Privatdozent für Neues Testament in Göttingen, war bis zu seiner Berufung nach Marburg 1908 der „Intimus" von Bousset und ebenfalls mit Wernle befreundet.

[40] S. Anm. 6.

Brief von P. Wernle an W. Bousset, Basel 23.12.1913

Lieber Freund!

Ich bin Dir sehr dankbar für Deinen eben erhaltenen Brief, aus dem ich trotz aller Schärfe des Gegensatzes den alten Freund erkenne. Meinerseits bedaure ich, dass mir solche persönliche Schärfen in den Brief eingeflossen sind. Der theoretische Gegensatz ist in diesem Punkt ja ein sehr scharfer, und ich wäre mir unehrlich vorgekommen, ihn nicht auszudrücken, aber ich kann Dich versichern, dass das Freundesverhältnis für mich auf einem ganz andern Blatte liegt, und dass ich schon sehr viel gelitten habe unter der persönlichen Entfremdung von Dir, die sich leidigerweise an die sachliche angeschlossen hat. Wie schön wäre es, wenn wir es fertig brächten, bei stärkstem wissenschaftlichem Dissensus – der aber ein sich verstehen Wollen [sic!] und sich näher Kommen Wollen [sic!] nicht ausschließen soll – persönlich die alten Freunde zu bleiben. Ich gebe zu, dass ich es Dir nicht leicht gemacht habe, wider meine Absicht, in meinem Brief und ich bin Dir eben darum so dankbar für Deine Antwort, in der Du am Gegensatz nichts verkleinerst und doch den Freundeston festzuhalten wießt [sic!]. Aus dieser sofortigen Antwort sollst Du sehen, dass ich Dir nachkommen möchte und gern dazu beitragen [möchte], dass unsre Weihnacht ohne einen solchen persönlichen Miston [sic!] gefeiert werden kann.

Allerdings würde eine gründliche Aussprache leicht zu einem Buch werden, und es ist mir noch nicht gesagt, dass ich nicht, wenn ich wieder Dogmengeschichte lese, vielleicht im Anschluss daran etwas niederschreibe. Gelesen habe ich es doch besser, als Du meinst, und die Anmerkung über Maranatha ist mir keineswegs entgangen; ich glaube aber nicht, dass man so leicht darum herum kommt. Es bleibt zwischen uns – und soll bleiben – der Unterschied, dass Du die tiefe Umwandlung des Christentums wesentlich von außen ableitest, während ich sie innerlich und persönlich erklären möchte. Das sind aber zwei Forschungsweisen, über deren Recht und Unrecht sich streiten lassen wird, wie auch Du zugeben wirst. Wer Recht hat, das muss die Zukunft lehren. Das Schwierige ist dabei nur, dass sich diese rein wissenschaftlichen Forschungsweisen immer sehr leicht mit religiösen andern Stellungnahmen zum Objekt verbinden; ich glaube, das gilt für uns beide, jedenfalls meine ich es nicht als Vorwurf, der Dich treffen soll und mich nicht. Mir ist aufgefallen, schon als ich Deinen Aufsatz über Paulus im Lexikon[41] las, wie unendlich kühler, trockener mich das berührt hat als etwa Dein früherer Paulus[42], wobei ich den Charakter des Werks unberücksichtigt lasse. Und ebenso mit Deinem neuen Buch[43]. So schreibt ein Forscher, der in der ganzen Geschichte der Christologie etwas rein Theoretisches und letztlich eine Gedankenverirrung erkennt, wobei das Erkennen des Historischen [sic!] Werdeganges zugleich eine Befreiung davon bedeutet. Ich sage gar nicht, dass das Deine Absicht war, es soll auch keinen Vorwurf bedeuten, sondern einfach den Eindruck, den schwerlich ich allein von der Lektüre erhalte. Steht einer dagegen so zur Sache, dass ihm Jesus wirklich das Zentrum ist für seine eigene Frömmigkeit, so wird er viel weniger uninteressiert der ganzen Entwicklung nachgehen, er wird in dem Kyriosverhältnis etwas Persönliches und Erlebtes von vornherein anzunehmen geneigt sein und in allen Verschiebungen der Gedanken doch noch etwas anderes als eine bloß theoretische Bewegung erblicken (das letztere tust Du auch nicht, aber der Unterschied ist doch da). Ich würde

---

[41] W. BOUSSET, Art. „Paulus, Apostel", RGG¹ 4, 1913, 1276–1309.

[42] W. BOUSSET, Der Apostel Paulus, Halle a. S. 1906.

[43] S. Anm. 37.

mich deshalb gegen den Vorwurf energisch wehren, dass ich die Tatsachen voreinge-
nommen sehe, gerade wie Du Dich wehren wirst von Deiner Seite aus. Aber mit der persönlich andern Stellung zum Objekt wird irgendwie die Vorliebe zur einen oder andern
Forschunhsweise [sic!] zusammenhangen [sic!]. Es gehört doch auch zur Größe unsrer
Arbeit, dass wir nicht rein wie der wertfreie Naturforscher einem Käfer gegenüber vorge-
hen können. Freilich, für die Diskussion dürfen diese Momente absolut nicht in Betracht
kommen, ich würde sie niemals gegen Dich ausspielen und etwas damit zu sagen meinen.
Ich wollte damit bloß erklären, weshalb bei mir leicht zum Schaden der Sache Persönliches sich eindrängt und es mir schwer wird, so ganz kalt u[nd] gelassen zu diskutieren.
[...]
    [...] Was Du aber am Schluss bekennst, ist auch mein Glaube. Gott führt doch alles
u[nd] führt es gut u[nd] das macht froh u[nd] ruhig. Lass' uns daran festhalten u[nd] jeder
treu sein in seiner Arbeit. Und lass' uns von neuem als Freunde an die Arbeit gehn im
neuen Jahr. Das ist mein herzlicher Wunsch. Ich wünsche Euch beiden fröhliche Weihnacht
            von Herzen Dein   P. Wernle

Brief von P. Wernle an W. Bousset, Basel 30.10.1914[44]

    Lieber Freund!
    Es ist schon sehr lange her, dass Dein letzter Brief bei mir angekommen ist. Ich hatte
mich während des ganzen Sommersemesters intensiv mit Deinem Buch[45] beschäftigt und
das Ergebnis war eine längere Abhandlung: Antithesen zu Boussets Kyrios[46], mit der ich
gerade am letzten Tag vor den Sommerferien fertig wurde. Als Broschüre veröffentlichen
wollte ich sie unter keinen Umständen, da mir ein solcher Angriff in Buchform gehässig
erschien. Ich unterhandelte mit Rade[47], und er wünschte, sie in seine Zeitschrift[48] auf die
erste oder zweite N[umme]r des nächsten Jahrgangs zu nehmen, sie würde übrigens durch
mehrere Nummern gehen. [...] Sachlich halte ich ja eine Auseinandersetzung für er-
wünscht; die meine ist in der Form, wie ich hoffe, anständig und so, wie es sich unter
Freunden geziemt; etwas anderes würde übrigens Rade wohl auch nicht nehmen. Zumal,
da Deine Aufstellungen Schule machen und Dibelius[49], Brückner[50] u.a. sie fast wie allgemein anerkannt behandeln, möchts [sic!] ich wünschen, dass auch die Gegenargumente
gehört werden. Aber es eilt auf keinen Fall, und mir liegt gar nicht viel dran, dass mein
Geschreibsel jetzt gleich gedruckt werde. [...]
    In warmem herzlichem Gedenken an Dich u[nd] Dein Vaterland
            Dein   Henoch

---

[44] Es fehlt ein vorheriger Brief von Bousset an Wernle; sein Verbleib ist ungeklärt.
[45] S. Anm. 37.
[46] S. Anm. 9.
[47] Martin Rade (1857–1940) war Professor für Systematische Theologie in Marburg und Herausgeber der „Christlichen Welt" sowie der „Zeitschrift für Theologie und Kirche".
[48] Zeitschrift für Theologie und Kirche (ZThK).
[49] Martin Dibelius (1883–1947) war damals Privatdozent für Neues Testament in Berlin.
[50] Martin Brückner (1868–1931), Militärpfarrer, ab 1922 Privatdozent für Neues Testament in
Berlin.

Brief von W. Bousset an P. Wernle, Göttingen 14.12.1914

Mein lieber Freund.

Ich habe mich sehr über Deinen Brief gefreut. So ein geistiges Grüßen in schwerer Zeit tut wohl und findet guten Boden. –

Ich antworte zunächst auf Deine Frage unsere wissenschaftlichen Differenzen betreffend. Ich bin ganz damit einverstanden, dass Du den Artikel gegen mich bei Rade schreibst. [...] Lieb ist es mir natürlich nicht, dass wir uns in gegnerischen Lagern befinden, und nach außen hin wird das einiges Aufsehen erregen. Die Apologeten werden's trefflich benutzen und ausschlachten.

Aber an dem, was ist, lässt sich ja nun einmal nichts ändern, und es muss schließlich auch ausgesprochen werden. Ich bin aber überzeugt, dass, wenn Du den Disput eröffnest, etwas Brauchbares für die Sache herauskommt, und dass Deine Polemik sich in freundschaftlichen Grenzen halten wird. Also denn in Gottes Namen los; ich werde mit der Antwort wahrscheinlich nicht lange warten lassen. Denn ich habe noch allerlei Neues auf dem Gebiet zu sagen und bin froh, das bei der Gelegenheit tun und meine Position verstärken zu können, zumal da eine zweite Auflage meines Buches, die bereits nahte, durch den Krieg natürlich ins weite Feld gerückt ist. [...]

Für diesmal herzlichen freundschaftlichen Gruß.

In alter Treue   Dein   Bousset

Postkarte von W. Bousset an P. Wernle, Göttingen 18.4.1915[51]

L[ieber] Freund. Ich habe mit Absicht ein wenig gewartet, Dir auf die Übersendung Deiner Antithesen zu antworten.[52] Ich gestehe auch, dass ich zunächst ein wenig ärgerlich war. Ich finde, dass der freundschaftliche Ton, den ich an Dir erwarten durfte, nicht immer gewahrt geblieben ist, ja dass Du nicht einmal überall gerecht geblieben bist in Deiner Polemik.[53] Aber der Ärger ist vergangen und nur die Betrübnis ist geblieben, dass wir tatsächlich so weit voneinander sind. Es fehlt ja fast jeder Boden der Verständigung und der gemeinsamen Arbeit. Ich habe mir beim Schreiben der Replik[54] des öftern die Frage vorgelegt, ob der Versuch einer Auseinandersetzung nicht lieber aufzugeben sei. Da ich nicht viel Eignes noch nachträglich zu sagen u[nd] meinem Buch hinzuzufügen habe, so

---

[51] Mit dieser Postkarte scheint die Korrespondenz zwischen Wilhelm Bousset und Paul Wernle abgebrochen worden zu sein. Nur aus dem Jahr 1918 liegen noch zwei kurze Grußpostkarten vor (Wernle an Bousset, 30.9.1918; Bousset an Wernle, 10.10.1918).

[52] S. Anm. 9. – Bousset erhielt die Schrift vor dem 25. März 1915, wie aus einer Postkarte an M. Rade vom genannten Datum hervorgeht. Und wenig später: „Ich habe so viel Neues zur Sache zu sagen, dass ich Wernle im Grunde dankbar bin, dass er mir dazu Gelegenheit bot. Aber freilich mich schmerzt der Streit mit einem alten Freund u. Arbeitsgenossen. Denn der Gegensatz ist gründlich" (Postkarte Bousset an Rade, 15.4.1915).

[53] Ähnlich äußert sich W. Heitmüller: „Wernle schreibt ab irata. Und er hat vielfach eben gar nicht richtig gelesen. Es ist einfach die Abneigung gegen die religionsgeschichtliche Arbeit überhaupt – die führt die Feder. [...] Vielleicht muss ich ein kurzes Wort dagegen schreiben" (Heitmüller an Jülicher, 8.4.1915). Seine Replik erschien als: Jesus und Paulus, Freundschaftlich kritische Bemerkungen zu P. Wernles Artikel „Jesus und Paulus", ZThK 25, 1915, 156–179.

[54] S. Anm. 9.

ist d[ie] Antwort jetzt geschehen. In einigen Einzelheiten, namentlich am Anfang (Messias, Gottessohn, Einzelheiten i[n] d[em] Verhältnis d[es] Paulus z[ur] Urgemeinde Chr[isti]) will ich gern von Dir lernen. Sonst mag's denn scharf gegen scharf gehen, zur unheimlichen Freude aller Modern-Positiven u[nd] sonstiger Apologeten. Ich lasse die Antwort übrigens einige Zeit noch liegen, weil d[er] junge Althaus mir ebenfalls eine umfangreiche Streitschrift ankündigt[55] u[nd] ich die gleich mitnehmen will. Die gemeinsame Arbeit hat also aufgehört. Wir wollen daran arbeiten, die Freundschaft zu wahren.

   Dein Bousset.

---

[55] S. Anm. 7.

Horst Renz

Ernst Troeltschs lebenslange Bezugnahme auf die Poesie und die grundlegende Geltung einer poetischen „Glaubenslehre"

1.

Genau drei Monate vor seinem scheinbar unerwarteten Tod widmete Troeltsch der befreundeten Dichterin Gertrud von le Fort ein Exemplar seiner Dante-Rede aus dem Vorjahr (!) mit den Worten „Herzl. Gruß am 30/10/22   E. Troeltsch".[1]

Für diese Verzögerung kann es allerlei Gründe gegeben haben. Am wahrscheinlichsten erklärt sich die späte Zusendung durch die Annahme, dass eine die Sache betreffende Unterhaltung vorausgegangen war. Eine solche dürfte tatsächlich stattgefunden haben, als le Fort – damals monatelang am Starnberger See weilend – den befreundeten Religionsphilosophen von Feldafing aus im gegenüberliegenden Ambach für einen Tag besuchte. In einem Ferienhaus von Rolf Hoffmann aus Erlangen machte Troeltsch im August/September 1922 Urlaub und las dabei die abschließenden Korrekturen seines „Historismus"-Bandes. Auf der allerletzten Seite wird da Ausschau gehalten nach Hilfe inmitten der dringlichen Orientierungsnöte der Gegenwart: „Das wirksamste wäre ein großes künstlerisches Symbol, wie es einst die *Divina Comedia* und dann der Faust gewesen ist. Allein das sind glückliche Zufälle, wenn einer Epoche solche Symbole geschenkt werden, und sie kommen meist erst am Ende. Es muß auch ohne sie gehen..."[2]

Wie nahe also muss bei dieser letzten Begegnung das Dante-Thema gelegen haben und die Erwartung, diese Rede vom 3. Juli 1921 nachlesen zu dürfen! Und für Troeltsch selbst könnten erneuerte Anstöße entstanden sein; denn um den Jahreswechsel 1922/23 arbeitete er im Haus der Philosophi-

---

[1] Das Exemplar aus dem Nachlass befindet sich in der Bibliothek des Deutschen Literaturarchivs in Marbach.

[2] Der Historismus und seine Probleme, Gesammelte Schriften 3, Tübingen 1922, 722; jetzt in: Kritische Gesamtausgabe (KGA). Bd. 16.2, Berlin 2008, 1098. – Zu Gertrud von le Forts Schilderung des Besuchs in Ambach vgl. das Manuskript aus der Mappe „Erinnerungen II", beginnend: „In Tutzing bot sich..." (le Fort-Nachlass in Marbach; s. Anm. 5). – Zu den Beziehungen Troeltschs zur Erlanger Akademie auf dem Burgberg und deren Gründer Rolf Hoffmann s. H. RENZ, Ernst Troeltsch und Wilhelm Bousset als Erlanger Studenten. Erlangen 1993, bes. 45; jetzt auch in KGA 17 (Fünf Vorträge zu Religion und Geschichtsphilosophie für England und Schottland), Berlin 2006, 58f.

schen Akademie Erlangen seine England-Vorträge aus (die erst posthum erschienen) und schrieb dort u.a. über den *Gemeingeist*: „man verlangt instinktiv die persönliche und schöpferische Gesinnung der individuellen Synthese", und: „Es ist die Aufgabe der großen *Dichter* und *Historiker*, dieses Gemeingefühl zu erziehen und darzustellen, wofür die europäische Literatur schon lange großartige Beispiele besitzt."[3]

Was spielt sich ab, wenn der Wissenschaftler und Gelehrte nach dem Dichter und nach einem *großen Symbol* ruft? War es die besondere Hoffnungslosigkeit der Nachkriegszeit, in der man eine qualitative Überlegenheit der Poesie für denkbar halten konnte? Oder der zufällige Anlass, dass Troeltsch bei Gelegenheit der „Erinnerung an den 600jährigen Todestag Dantes" in der Berliner Staatsoper die offizielle Rede gestalten musste und sich dabei hinreißen ließ zu eventuell zu weit gehenden Theorien, hinter welchen sich auch Gefühle des eigenen Scheiterns verbergen mochten?[4]

Es ist nicht von ungefähr, dass immer wieder Versuche unternommen wurden, das scheinbar abrupt abgebrochene Werk des Religionsphilosophen und Theologen Ernst Troeltsch von seinen erkennbaren Intentionen her fortzuführen und zu vollenden bzw. zu rekapitulieren.[5]

---

[3] Der Historismus und seine Überwindung, Berlin 1924, 57 und 55 (KGA 17, 102 und 100); Kursivierungen H.R.

[4] Der Berg der Läuterung. Rede zur Erinnerung an den 600jährigen Todestag Dantes, gehalten im Auftrage des Ausschusses für eine deutsche Dantefeier am 3. Juli 1921 in der Staatsoper zu Berlin von Ernst Troeltsch. Die Broschüre wurde noch am gleichen Tag in Berlin veröffentlicht. Als Troeltsch bald nach der Dantefeier, nämlich am 13.8.1921, an Baron von Hügel schrieb (s. Briefe an Friedrich von Hügel 1901–1923, hg. von K.-E. Apfelbacher/P. Neuner, Paderborn 1974, 108f.), ist sein Ton insgesamt noch nicht derart niedergeschlagen wie ein Jahr später, der Symbol-Wunsch nicht so ausgeprägt wie zur Zeit des Gesprächs mit le Fort in Ambach: „Dante ist für mich seit langem ein Erbauungsbuch, das ich zu rein persönlichem Bedarf lese, ohne jede Einmischung von Wissenschaft und Kunsttheorie. So habe ich den Festakt rein als nationale seelische Erbauungsfeier behandelt. Das entspricht vor allem meiner persönlichen Geistesart. Aus dem Unglück der Welt weiß ich keinen Ausweg, aber es gibt eine Rettung der Seele, die dazu nichts als unserer geistigen Schätze bedarf. Und wenn die anderen diesen Weg nicht gehen wollen, so müssen doch wir ihn gehen."

[5] Vgl. z.B. T. RENDTORFF, Geschichte durch Geschichte überwinden. Beobachtungen zur methodischen Struktur des Historismus. In: Troeltsch-Studien N.F. 1, Gütersloh 2006, 285–325, bes. 298, 314, 321. – Über Troeltschs Scheitern erinnert sich G. von le Fort (wie Anm. 2) folgendermaßen: „In Tutzing bot sich ein letztes Wiedersehen mit Professor Troeltsch. Wir trafen uns auf der gegenüberliegenden Seite des Sees in dem idyllischen Ambach. […] Damals sprach sich Troeltsch in schwermütiger Weise über sein Lebenswerk aus. Besonders erinnerlich blieb mir das Versagen vor jeder geschichtlichen Deutung, zu der er sich bekannte. / So tief auch diese Trauer des Historikers meine eigenen Gefühle berührte, so tief erschrak ich doch, sie bei dem Historiker Troeltsch anzutreffen. Sie trugen den Charakter eines endgültigen Verzichts; – vielleicht waren sie durch die Ahnung seines baldigen Todes bestimmt, obgleich seine Gesundheit damals noch keine ernste Besorgnis aufkommen ließ. Die Undeutbarkeit der Geschichte war sein tragisches Thema. […] Wenige Monate später empfing ich seine Todesnachricht."

Bei allen diesen Anstrengungen – ob sie nun ansetzen bei einem Fort-schreiben des Historismus-Bandes, dem Ausmalen-Wollen einer durchge-führten Kultursynthese, dem Aufzeigen einer überwundenen Anarchie der Werte oder der bewundernswert minutiösen Veranschaulichung des ganzen literarischen Schaffens in einer „Gesamtausgabe" – wird *eine* Möglichkeit weitgehend außer Acht gelassen oder vom Standpunkt eines überlegenen Wissenschaftsverständnisses her von vornherein als eher undenkbar ausge-schieden: Die Möglichkeit nämlich, dass Ernst Troeltsch von allem Anfang an für die Dichtkunst eingenommen gewesen sein und schon früh und über die gesamte Lebens-und Schaffenszeit hin die Erfüllung in einem „großen künstlerischen Symbol" angestrebt haben könnte. Für ein entsprechendes Verständnis dieses Denkers fehlt es nicht an aussagekräftigen Quellen und Belegen.

Erst recht nicht, weil es unter den Impulsen und Fortführungen auch eine die Dante-Thematik entschieden realisierende dichterische Troeltsch-Rezeption und den ausgreifenden Versuch der Schaffung eines Symbols im postulierten Sinne gibt. Noch darzustellen werden sein die ungemein fol-genreiche Lebensbegegnung Troeltschs mit Gertrud von le Fort in der Hei-delberger Zeit im Kontext der Kollegs über die „Glaubenslehre" und ebenso dann nach dem 1. Februar 1923 deren Vergegenwärtigungen in ihrer Editi-on, den zugehörigen „Hymnen" sowie in Romanen und Novellen, die alle-samt dem Zustand gleichen, der Dante im Anfang seiner „Commedia" dich-ten hieß: „Auf halbem Weg des Menschenlebens fand ich mich in einen finstern Wald verschlagen, weil ich vom rechten Weg mich abgewandt." („Nel mezzo del cammin di nostra vita mi ritrovai per una selva oscura che la diritta via era smaritta.") Entsprechend wird le Fort ihre Autobiographie dann einmal „Hälfte des Lebens" nennen.[6]

2.

Die erste nachweisliche Erwähnung des Dichters findet sich in der preisge-krönten Lotze-Arbeit Troeltschs vom Winter 1886/87, wo es heißt: „Mit dem Verhältnis von Glauben und Wissen hat das Mittelalter sich beschäf-tigt, und die Lösung, wie wir sie am reinsten in Dantes weltumfassenden Epos bewundern, läßt jene Denker als die glücklichsten unter allen erschei-

---

[6] Das Erscheinungsjahr 1965 wirkt dabei wie ein unausgesprochenes Gedenken an den 100. Geburtstag Ernst Troeltschs, zumal in dem Band mehrfach von ihm erzählt wird, etwa auch unter Bezugnahme auf die letzte Begegnung in Ambach (100 und 149). Natürlich wird vom Buchtitel auch das entsprechende Hölderlin-Gedicht wachgerufen und ist ergänzend zu Dante mitgemeint.

nen, welche eine ohne Rest aufgehende Welterkenntnis für ihre Lebensaufgabe hielten".[7]

Doch nicht nur bewundert wurde diese „weltumfassende" Dichtung, vielmehr gibt es lange, im Stil der Epik Dantes verfahrende Gedichte, welche zeigen, dass der jugendliche Troeltsch aufs höchste angespornt war, etwa das genannte Thema von Glauben und Wissen ähnlich anzugehen und dabei nicht nur auf die Sachargumentation zu setzen, sondern durch die Nutzung der dichterischen Ausdrucksmittel Reim, Rhythmus, Strophe, abgeschlossene Form, Bild und Gefühl als Brücke zwischen Autor und Leser die Aussagekraft zu erhöhen und über die prosaische Nüchternheit hinauszugreifen.

Im Druck zugänglich sind zwei längere Dichtungen Troeltschs aus den Jahren 1884 und 1885 mit den Titeln „Der grade Weg" und „Weg zur Wahrheit".[8] Zudem ist vorhanden seine im le Fort-Nachlass Marbach befindliche Dichtung „Triumph der Liebe".[9] Dieses 170 Verse ausmachende kleine Werk ist wohl der sprechendste Beleg für den Versuch, unter Gegenwartsbedingungen und erschwerten Überzeugungsaufgaben einen Ausgleich zwischen Sündenbewusstsein und einem Gefühl der Befreiung zu beschreiben:

Nachdem der Sturz des satanischen Engels und die versuchte Vergiftung der Menschheit erfolgt sind, schildert der Autor geradezu im Stil der „Divina Commedia" die Wende, eine Errettung von Gott her, die aber doch die menschliche Freiheit nicht einschränken soll:

> Da reget, da hebt sich die Asche, es steigen
> Die Schemen vom Nebel umflossen empor.
> Es schallt aus der Höhe: „Ihr seid mein eigen",
> und himmelan ziehet der zitternde Chor.
> Der Engel sieht sie vorübergleiten,
> Es kreist in den Adern ihm schneller das Blut;
> Er sieht sie vorüber vorübergleiten,
> Dem Auge entflammt verzehrende Glut:
> […]
> Jetzo erkenn ich

---

[7] Vgl. H. RENZ, Eine unbekannte Preisarbeit über Lotze. In: Troeltsch-Studien [1]. Untersuchungen zur Biographie und Werkgeschichte, Gütersloh 1982, 48–59, bes. 49.

[8] Veröffentlicht sind die beiden vielstrophigen (und von Troeltsch einander zugeordneten), thematisch weit ausgreifenden Gedichte in: H. RENZ, Ernst Troeltsch und Wilhelm Bousset (Anm. 2), 48–57. Erwähnt seien auch das ebd., 22, 84 und 92, vorgestellte, von Troeltsch „in aristophanischem Geist" gedichtete Lustspiel „Heimliche Liebe" (1885) sowie als frühestes Gedicht sein 1882 bei einer Schulfeier vorgetragenes „Ein Gruß vom Gymnasium" (in: Troeltsch-Studien [1]. Untersuchungen zur Biographie und Werkgeschichte, Gütersloh 1982, 28).

[9] Nachlass G. von le Fort, Ms 73.3681 (unveröffentlicht). – Das bildhafte Schreiben Troeltschs weist auf die Bekanntschaft auch mit den großformatigen und eindrücklichen HolzstichIllustrationen der „Commedia" von Gustave Doré hin, die sich ab 1861 in Deutschland rasch verbreiteten.

Erhabner dein Streben
Durch Mühsal und Noth
Durchs irdische Leben,
Von Gefahren umdroht,
Durch nächtigen Tod
Sollen sie ringen,
Die Menschen, und dringen
Zum Himmel zurück,
Um im Kampfe bewährt
Sich selbst zu erringen,
Was uns nur das Glück
Zufällig gewährt.
[…]
Ha. ich erkenn es
Nicht müßiger Traum.
Nicht kindisches Spielzeug
War sie die Welt.
Ein göttliches Werk
Ist sie der Liebe.
Sie ist es, die Liebe,
Die mächtig im Kleinsten
Das Größte erschafft.
[….]

Nur sehr vereinzelt, dazu an sehr entlegenen Orten, auch nur zufällig als von Troeltschs Hand herrührend identifiziert, legen diese Beispiele die Vermutung nahe, dass sich im untergegangenen literarischen und handschriftlichen Nachlass weit mehr dichterische Dokumente befunden haben dürften.[10]

Dass Troeltsch vor dem in Erlangen aufgenommenen Theologiestudium, nicht beiläufig, sondern hochschulgemäß, in Augsburg bereits Vorlesungen über Kunst und Kunstgeschichte besucht hat, wird zu beachten sein, auch ein Schwanken bei der Wahl des Faches.

Seine erste Publikation von 1888, die er während des Aufenthalts im Münchener Predigerseminar der im dortigen Glaspalast veranstalteten großen Kunstausstellung widmete, ist in der Sache weit mehr als der Nachhall früher Neigungen: Es gab offensichtlich Erwartungen bei ihm, das Wesen der Kunst zu begreifen und ihre Möglichkeiten dann nutzen zu wollen, d.h. die üblichen rationalen Sprachmittel durch die bildnerischen und poetischen Erfahrungen zu erweitern und damit Unsichtbares und Jenseitiges adäquater formulieren zu können.[11]

---

[10] H. RENZ, Troeltschs Theologiestudium. In: Troeltsch-Studien [1]. Untersuchungen zur Biographie und Werkgeschichte, Gütersloh 1982, 48–59, hier 49.

[11] Der im „Korrespondenzblatt für die evang. luther. Geistlichen in Bayern" dreiteilig am 11.,

Gerade die obengenannten Gedichte „Triumph der Liebe" und „Weg zur Wahrheit" sind Belege für Troeltschs Bestreben, die Alltags-, auch die Wissenschaftssprache, dichterisch zu überbieten und Liebe, Schuld und Wahrheit ganzheitlich zu füllen.

3.

Zu Beginn seiner Laufbahn als Universitätslehrer erschien 1891 in Göttingen Ernst Troeltschs Lizentiatenarbeit mit dem Titel „Vernunft und Offenbarung bei Johann Gerhard und Philipp Melanchthon". Der Autor gab ihr die folgende ganzseitige Widmung bei:

Meinem Vater
und meinem Lehrer
Herrn Prof. Friedrich Mezger
dankbar gewidmet.

Bei dem genannten Professor handelt es sich nicht um einen irgendwie für Troeltsch bedeutsamen Universitätsgelehrten aus der verflossenen Studienzeit, sondern – auffällig genug – um einen Schullehrer vom Augsburger St. Anna-Gymnasium, dem er sich offensichtlich sehr verpflichtet fühlte, ganz ähnlich wie dem eigenen Vater.

Friedrich Mezger war keineswegs der dortige ‚Religionslehrer' gewesen, vielmehr in der 10. und 11. Schulklasse (Unter- und Obersekunda) 1879/80 und 1880/81 der Klassenlehrer, der 12 Stunden wöchentlich mit den Schülern zusammen war: beim Unterricht der griechischen und lateinischen Sprache und zur Lektüre der klassischen Autoren in jeweils sechs Stunden.[12]

Mezger hatte ein Theologiestudium mit Bestnote absolviert, wandte sich dann aber der klassischen Philologie zu. Sein Vater Georg Caspar Mezger hatte als Rektor das Gymnasium geleitet und geprägt, und in dessen Geist

---

18. und 25. Dezember 1888 erschienene und nur mit „T." unterzeichnete Aufsatz wurde 1982 vom Verf. als von Troeltsch stammend erkannt und nachgewiesen (vgl. F. W. GRAF/H. RUDDIES [Hg.], Ernst Troeltsch Bibliographie, Tübingen 1982, S. 28). Er ist heute enthalten in KGA 1, Berlin 2009, 45–65. Das Seminar lag in der Elisabethstr. 2, also dem Glaspalast direkt gegenüber. Dieser Umstand mag den durchaus selbstbewussten Ton des 23jährigen Kandidaten verstärkt haben, wenn er gleichsam wie stellvertretend die zahllosen Kunstwerke durchmusterte und gewandt und geschult fragte, welche Exponate denn als Beiträge „zum Verhältnis zwischen der Kunst und der tiefsten Macht des Lebens, der Religion", etwas zu bedeuten hätten (ebd., 46).

[12] Als Religionslehrer Troeltschs wird Mezger bedauerlicherweise in KGA 1, Berlin 2009, 81, bezeichnet, sodass die Widmung zu Fehldeutungen führen muss. Im Blick auf Stoffwahl und Durchführung dürften in „Vernunft und Offenbarung" Ratschläge des Lehrers vorliegen. – Winke zu F. Mezger s. in den bereits erwähnten Aufsätzen des Verf. in Troeltsch-Studien [1] (Anm. 10) und in RENZ, Ernst Troeltsch und Wilhelm Bousset (Anm. 2).

lenkte der Sohn das zugehörige Schul-Internat (St. Anna-Colleg) und unterrichtete entsprechend die ca. 250 Schüler der Schule. Sein Ruf war ein außerordentlicher, ebenso die Anforderungen an die Schüler. Nur die Besten vermochten ihnen zu entsprechen. Waren sie aufgeschlossen, dann hatten sie an ihm einen Förderer und Freund weit über die Schulzeit hinaus. Bei Troeltsch kam hinzu, dass F. Mezger und sein Vater gleichaltrig und seit der Schulzeit Kameraden, seit dem Studium Bundesbrüder in der Uttenruthia (Erlangen) gewesen sind. Was dieser Lehrer für Ernst Troeltsch jun. bedeutete, lässt sich, abgesehen von der Widmung, daran ablesen, dass sich bei seinem Tod 1923 Mezgers Portrait-Foto auf dem Schreibtisch in Berlin befand.[13]

Mezgers Schaffen und literarisch-wissenschaftliches Werk galt einem altgriechischen Dichter und trägt den Titel „Pindars Siegeslieder". Veröffentlicht wurde es 1880 bei Teubner in Leipzig. Einschlägige Forschungen und Publikationszeit fallen genau in die Zeit, zu der Ernst Troeltsch den hochambitionierten Gelehrten und Pädagogen zum wichtigsten Lehrer hatte – und von diesem zu höchsten Zielen entflammt wurde. Mezgers Literatursammlung zu Pindar soll über 300 Titel umfasst haben, und mit welchen Methoden er historische Stoffe im Unterricht anging, ist in besagter Gedenkschrift eindrücklich festgehalten. Vermutlich verfolgte er ursprünglich universitäre Ziele und ließ sein ganzes Können dann den Gymnasiasten zugutekommen, agierte folglich besonders anspruchsvoll.

Das genannte Werk über die Siegeslieder kommentiert jeden einzelnen der erhaltenen Gesänge minutiös. Solches Einzelwissen dürfte im Schulunterricht wohl kaum zugemutet worden sein, wohl aber das Grundverständnis dieses antiken Dichtertums. Mezger erweist seine prinzipielle und bleibende Bedeutung in der in jedem Gedicht vollzogenen Synthese zwischen Vergangenheit bzw. örtlicher Tradition, aus welcher der jeweilige Sieger eines Wettspiels und Wettstreits kam, und der neu erstrittenen und formulierten Erkenntnisse im Lösen der Gegenwartsaufgabe. Damit erfüllt der Dichter (Pindar) eine fundamentale Aufgabe für Bestand und Bestehen des Gemeinwesens, im örtlichen wie auch im übergreifenden, allgemeinen Sinn. Seine Fassung der Geschichte ist präzis und poetisch-intuitiv zu-

---

[13] Biographische Skripten von Troeltschs Bruder Rudolf (Privatbesitz). Dass es sonst in Troeltschs Schriften und Korrespondenz keine weiteren Mezger-Erwähnungen gibt, erklärt sich aus dessen frühem Tod am 23.1.1893 mit nicht ganz 61 Jahren infolge eines Sportunfalls mit nicht erkanntem Lungenriss. Die unzutreffende Diagnose hatte tragischerweise Troeltschs Vater gestellt, der als Freund Mezgers Hausarzt gewesen ist. – Eine Gedächtnisschrift von Lehrern und Schülern wurde im Juli 1895 unter dem einfachen Titel „Friedrich Mezger" vorgelegt. Sie entstand für den Tag der Einweihung eines Bronze-Denkmals mit Porträt auf dem Grab im Protestantischen Friedhof Augsburg und enthält mehrere Würdigungen und Schilderungen von Leben und Wirken des außerordentlichen Mannes. Das Denkmal ist seit den 80er Jahren des 20. Jh. im neuen Anna-Gymnasium aufgestellt.

gleich; die soziale Notwendigkeit des Dichtertums tritt deutlich vor Augen, ebenso die indirekte oder ausdrückliche Bezugnahme auf den Mythos und das Religiöse.

Nur andeutungsweise kann hier die von Mezger bezeichnete Pointe dieses Dichtens referiert werden, aber es reicht aus, um die bleibend eindrückliche Wirkung auf den jugendlichen Troeltsch zu bezeichnen und sie in seinem individuell-persönlichen Selbstverständnis wie in seinen sozialen Zuordnungen und Berufungen wiederzufinden: Der Ansporn zu Poesie und zu Wissenschaft dürften hier maßgeblich gefördert und strukturiert worden sein![14]

4.

Zu den mit der Berufung an die Universität Heidelberg eingegangenen Verpflichtungen für den Ordinarius Prof. Troeltsch gehörte von Anfang an das Lesen von dogmatischen Kollegs. Die badische Pfarrer-Ausbildung schloss deren Besuch für die Theologie-Studenten ein. Demgemäß begann seine Lehrtätigkeit im Sommersemester 1894 mit der Vorlesung „Christliche Dogmatik I", der im Winter „Dogmatik II" folgte. Und alle zwei Jahre wiederholte sich der Turnus – bis unmittelbar vor Troeltschs Weggang nach Berlin im Frühjahr 1915. Insgesamt wurde die christliche Lehre elfmal vorgetragen, wobei die Veranstaltung ab dem Sommersemester 1896 mit „Glaubenslehre" betitelt war. Da kein anderer Stoff in seinem akademischen Leben eine elfmalige Wiederholung erfuhr, kommt man um das Urteil nicht

---

[14] „Pindars Siegeslieder" von F. Mezger haben in der einschlägigen Literatur fast keine direkten Spuren hinterlassen; Zitationen aus dem fast 500 Seiten umfassenden Werk finden sich so gut wie nicht. Immerhin zeigt ein heutiges Standardwerk zum selben Thema, nämlich D. BREMER, Pindar: Siegeslieder, hg., übersetzt und mit einer Einführung versehen, Düsseldorf/Zürich ²2003, eine ähnliche Interpretationslinie, sodass Mezgers Verständnis als bestätigt erachtet werden kann; vgl. bes. 359–412, wo sich die meta-poetischen Reflexionen Bremers ohne weiteres mit Mezgers Deutung in Einklang bringen lassen. – Was Troeltschs Lizentiaten-Arbeit angeht, so wird man den auffälligen Ansatz, vom späteren Johann Gerhard her auf den früheren Humanisten Melanchthon zurückzufragen und in eine synthetische geschichtliche Betrachtung einmünden zu lassen, eine gewisse Analogie zu dem beschriebenen Modell Pindars erblicken können. Auch im Begriffspaar „Vernunft und Offenbarung" wiederholt sich dessen synthetisch-poetisches Verknüpfen von Tradition und aktueller Ausweitung. – Friedrich Mezger edierte 1883, gerade als Troeltsch das Gymnasium absolvierte (und für die Abiturienten die feierliche Rede hielt – sie ist in Privatbesitz erhalten), einen Band „Ausgewählte Schulreden von Schulrath Dr. G. C. Mezger", seinem Vater. Diese Jahres-Ansprachen haben Stoffe zum Inhalt wie: Herder, Religion und sittliche Bildung, Schiller, Melanchthon (!), Phantasie usw. Auch dieses literararische Material aus dem Mezger-Umfeld ist für die geistige Entwicklung Troeltschs zu berücksichtigen. – Pindar wird von Troeltsch erwähnt in seinem Gedicht „Weg zur Wahrheit", s. H. RENZ, Ernst Troeltsch (Anm. 2.), 51.

herum, dass die Glaubenslehre und ihre Vermittlung ein Hauptinhalt seines Lebens gewesen ist.

Berauschend allerdings war der Zuspruch nicht. In den ersten zehn Jahren inskribierten sich siebenmal Hörer nur im einstelligen Zahlenbereich: sieben bis neun Studierende, und wer weiß, wie viele im Laufe der Semester davon weggeblieben waren! Kein Wunder, dass sich von dieser Vorlesung nur wenige Spuren bzw. Mitschriften erhalten haben. Die Zahl der von Troeltsch geprägten badischen Pfarrer blieb klein, und hervorstechende Namen waren kaum darunter. Und Studenten anderer deutscher Länder studierten eher an den heimischen theologischen Fakultäten.[15]

Man kann sich bei dem quicklebendigen Dozenten schwer vorstellen, dass er sich unter diesen Bedingungen die Sache erleichtert hätte mit sturen Wiederholungen eines unveränderten Vortrags. Wohl dürfte er seine üblichen „Diktate" vorgelesen haben, doch schlossen sich daran die frei gesprochenen Erklärungen an, bei welchen Troeltsch seine Gedanken spielen ließ und vorbrachte, was ihn im Kontext des Diktats aktuell bewegte und wohin sich sein Denken weiterentwickelt hatte.

Wollte man das schon oben Ausgeführte hier einbringen, so waren die freieren Teile des Vorlesungspensums eher solche, in denen sich das poetische Talent und Interesse Troeltschs zeigen und verwirklichen konnte: Hier wurde unmittelbar der Eingebung gefolgt, wurde spontan verknüpft und argumentiert, konnten Beispiele gebracht und ein direkter Dialog mit den Hörern geführt werden.

Mit dem unvermittelten Auftauchen einer Gasthörerin, die bereits 31 Jahre zählte und aus Interesse und Neugier, nicht wegen der üblichen Ausbildungswünsche von Studierenden, zu Troeltsch ins Heidelberger Kolleg geraten war, stellte sich eine bald ganz andere Situation dar, bei welcher alle flachere Routine, sollte es sie je gegeben haben, verflogen sein musste: Die adelige Dame, die im Mai 1908 bei Troeltsch vorsprach und Zugang zu den Vorlesungen erbat, hatte sich als Schriftstellerin vorgestellt und dabei nicht auf ihre bereits ansehnliche Zahl von poetischen Veröffentlichungen hingewiesen, sondern nur auf einige eher historische Aufsätze in Magazinen und Zeitschriften wie „Westermanns Monatshefte".[16]

[15] Vgl. M. RIESEBRODT, Ernst Troeltsch als akademischer Lehrer und seine Heidelberger Hörer, H. Renz (Hg.), Ernst Troeltsch zwischen Heidelberg und Berlin, Troeltsch-Studien 2, Gütersloh 2001, 215–265, bes. 259–263.

[16] Die eher geschichtlichen Texte waren z.B. zwei Essays über Marie Antoinette (1904/05), „Frauengestalten aus Schillers Leben" (1905), auch die westfälische Geschichte „Spökenkieken" (1907). Lyrische Veröffentlichungen hatten 1885 bereits begonnen und 1900 zu einem eigenen Gedicht-Büchlein geführt. Eine erste selbständige Veröffentlichung war 1899 die Erzählung „Jacomino", es folgten 1904 der Roman „Prinzessin Christelchen" und eine Reihe von erzählenden Dichtungen in Sonntags- und Frauenzeitschriften. Zur Bibliographie vgl. vorerst G. KRANZ, Gertrud von le Fort. Leben in Daten, Bildern und Zeugnissen, Insel-TB 195, Frankfurt/M. 1976 u.ö. –

Aber bei aller Begeisterung über das Gehörte und trotz der beim Prorektor erwirkten Zulassung als Gasthörerin verschwand die Baronesse Gertrud von le Fort wegen anderer Vorhaben bereits mit der Pfingstpause Mitte Juni wieder aus der Stadt. Erst im Januar 1911 – das Wintersemester war bereits zur Hälfte vorbei – kehrte sie zurück, um nun konsequent und wie niemand sonst im Hörsaal bis zum Ende des Wintersemesters 1913 alle Troeltsch-Vorlesungen mit der allergrößten inneren und äußeren Beteiligung zu besuchen und diese nach bestem Vermögen auch protokollartig mitzuschreiben. Jetzt war sie 34 bzw. 35 Jahre alt und trat mit ihrem Band „Lieder und Legenden" bereits deutlich mit dem Anspruch auf, eine Dichterin zu sein.[17]

Als eine solche verstand sie sich offenbar auch bei den Mitschriften in den Vorlesungen zur „Glaubenslehre". Mit der ihr eigenen größten Gewissenhaftigkeit arbeitete sie ihre Aufzeichnungen am selben Tage noch aus, erörterte auf den Heimwegen nach Möglichkeit etwaige Unklarheiten sofort mit dem Gelehrten und hatte bei Beendigung des Kollegs geradezu ein Buch fertig, das sie im Laufe des Jahres 1913 von einer Tante an der Ostsee, die eine Schreibmaschine besaß, abtippen und dann auch regelrecht binden ließ. Es wurde im Nachlass gehütet und ist bis heute erhalten. Zu ihren Lebzeiten war es wiederholt an Freunde zum Kennenlernen eines neuzeitlichen Christentumsverständnisses verliehen gewesen.[18]

Für Troeltsch selbst muss das Erleben dieses produktiven Mitgehens der Dichterin in vielfacher Hinsicht, schon beim Vortrag selbst, ein anspornendes, auf das Ziel und bestes Gelingen gerichtetes Kooperieren, gleichsam ein bewusstes Mit-Dichten gewesen sein.

Welche geistige Harmonie diese beiden schöpferischen Menschen beseelte und gemeinsam vorantrieb, ist konzentriert nachzulesen besonders in § 3 der „Glaubenslehre" über „Offenbarung und Glaube". Dort heißt es pointiert in fundierenden Formulierungen:

> „Steht nun so diese ganze Vorstellungswelt als symbolisch-poetisch der Dichtung überaus nahe, so ist der Unterschied von letzterer doch, dass es sich bei den Glaubensvorstellungen nicht um ein Spiel, nicht um ein Wechselndes handelt. Diese Poesie lebt vielmehr von dem Bewußtsein, keine zu sein. Sie empfindet sich als Ausdruck für ein wahrhaftiges Leben, dem sich zu unter-

Le Forts sog. Heidelberger Studium belief sich (abweichenden Angaben ist nicht zu folgen) auf exakt 4½ Semester, denen die knapp sechs Wochen im Mai/Juni 1908 noch hinzuzurechnen wären.

[17] „Lieder und Legenden" erschien 1912 und wurde von Rudolf Günther in der „Christlichen Welt" rezensiert, was für le Fort eine Art Durchbruch bedeutete, ihren Entschluss, nach Heidelberg in Marburg weiter zu studieren, ausgelöst haben dürfte und dort zu einer langjährigen Freundschaft mit Martin Rade führte.

[18] Das in blau-violettem Samt gebundene Exemplar befindet sich im Marbacher Nachlass. Details über die an Freunde verliehene „Glaubenslehre" sind dort befindlichen Briefen zu entnehmen, z.B. solchen von Ernst Schaumkell, Emma Marx, Marianne Hahn, Clementine Klein u.a. Andere Vorlesungen Troeltschs wurden nicht im selben Ausmaß nachgearbeitet.

werfen Pflicht ist. Ihre Wahrheit besitzt nur einen anderen Sinn als die der Wissenschaft; Wahrheit aber ist sie unbedingt." Und im Gedankengang konsequent weiter: „Es ist nun einmal der Phantasie eigen, Unaussprechliches auszusprechen und nicht nur ein Spiel der Ergötzung, sondern in ihrer Weise die Entdeckerin von Dingen zu sein, die wissenschaftlich nicht zu entdecken sind. Sie faßt das Ganze, was keine Wissenschaft faßt; denn sie schaut das Ganze, was als solches immer nur als Symbol und Bild gegeben werden kann."[19]

5.

Unbestrittenes Verdienst der Dichterin ist allemal die Bewahrung von Troeltschs „Glaubenslehre", die ohne ihr editorisches Handeln nach dessen Tod mehr oder weniger spurlos mit dem Untergang des Nachlasses verloren gegangen wäre. Diese postume Herausgabe wiederum besaß aber das genuine Motiv in Gertrud von le Forts ureigener Beteiligung am Entstehen des Buches im Heidelberger Kolleg: Ohne ihr wahrlich produktives Mitwirken damals hätte es einen veröffentlichungswerten Bestand gar nicht gegeben. Im *blauen Band* hatte die Dichterin ein Zeugnis und Dokument gemeinsamen Symbolisierens geschaffen, das nach 1923 unaufhaltsam als Gedächtnisbuch, vor allem jedoch als neuzeitliche Darstellung des christlichen Glaubens ans Licht gebracht sein musste.

Noch ehe es nach dem Tod Troeltschs zu den erforderlichen Vorarbeiten einer Edition gekommen ist, spukte das *Buch* einmal unauffällig in einem Gedicht Gertruds von le Fort herum, das 1920 unter dem Titel „Kleine Buchlegende" veröffentlicht ist:

> In eines Klosters Bücherschatz
> Fand einst – Gott weiß, wie's zugegangen –
> Ein holdes, kleines Weltkind Platz:
> Ein Büchlein ganz voll Rosenprangen!
> So liedertoll wie Vogelbrust
> War drin ein Jauchzen ohne Ende,
> Als ob der ganzen Erde Lust
> Sich in des Büchleins Zeilen fände.
> Zuweilen schien es seitenlang
> Auch ganz und gar in Glück versunken,
> Dann lag's wie Duft auf seinem Klang,
> Wie Sommernächte weich und trunken.

---

[19] E. TROELTSCH, Glaubenslehre, hg. von Gertrud von le Fort, München 1925, 46–56, Zitate 53f.

Und einmal sprach es gar von Leid,
Doch ohne Seufzen, ohne Qualen,
Als trüg' es dunkle Seligkeit
In tiefen, purpurroten Schalen.
Gebunden war es licht und fein
In blauen Samt mit goldnen Kanten.
So blühte es wie Himmelsschein
Zur Seite lederner Folianten,
Zwischen Dogmatik und Latein. [....][20]

Die wiedergegebene Strophe vermag zu illustrieren, wie Phantasie „einerseits ein Spiel zur Ergötzung, andererseits aber in ihrer Weise die Entdeckerin von Dingen" ist (Glaubenslehre, 54): Vom Kleinen wird man zum Großen geführt und kann sich ausgehend vom gleichnishaften Bild auch einen Begriff machen vom Wesen einer „Glaubenslehre", die „der ganzen Erde Lust" und selbst noch das kleinste „Leid" umschließt – „Himmelsschein, zur Seite lederner Folianten, zwischen Dogmatik und Latein".

Als Gertrud von le Fort daran ging, das Buch zu veröffentlichen, stellte sich als Defizit heraus, dass ihre Nachschrift – somit auch die gehörte Vorlesung (!) – ohne Darlegungen war, die üblicherweise zur Dogmatik gehören sollten: Es fehlten Ausführungen zur Kirche (Ekklesiologie) und zu den Letzten Dingen (Eschatologie).[21]

Die Hinzunahme von alten Diktaten, welche die Witwe zur Verfügung stellte und die schwer zu entziffern waren, oder die versuchte Kompilation von Versatzstücken aus anderen Kolleg-Nachschriften Troeltschs konnten in keiner Weise Ersatz schaffen oder befriedigen. So wird erklärlich, warum sich die Dichterin inmitten anhaltender herausgeberischer Nöte an völlig eigene Textschöpfungen wagte und beide Stoffe in poetischen Formen zu „Hymnen an die Kirche" gestaltete und diese ein Jahr vor der „Glaubenslehre" zum Druck brachte. Angeleitet war sie auch hier von Vorgaben des Meisters: In „Der Berg der Läuterung" wird die Kirche der Dante'schen „Commedia" als „allegorisches Sinnbild" beschrieben, die als Sprache bzw. Stimme der Seele agiert.[22] Eben dieses spiritualistische Kirchenverständnis machte sich le Fort für ihre Dichtung zunutze und ließ –

---

[20] In: Velhagen & Klasing. Monatshefte 34, 1920, 528.

[21] Troeltsch war demnach in der von le Fort besuchten Vorlesung nur bis zu § 23 (in der Zählung der Druck-Ausgabe) gekommen und hatte unter der Überschrift „Stellung und Bedeutung des Erlösungsbegriffs" (gezählt im Druck als § 24) den Text vorgetragen, der heute als „Vortrag zu § 28" figuriert und an dessen Ende steht: „Schluß der Vorlesung" (S. 364). – Die von le Fort auf Veranlassung von Marta Troeltsch angefügten „Diktate von §§ 29–36" entstammen früheren Kollegs und kamen 1912/13 nicht zum Vortrag. Inhaltlich überzeugend, ließ Troeltsch die Glaubenslehre mit der Erlösung als ihrem eigentlichen Ziel enden.

[22] Wie Anm. 4, 16f.

aller eintretenden Missverständnissen und Verwechslungen mit der Institution Kirche gewärtig – die Stimme der Seele das Gültige und Hilfreiche vortragen.[23]

Die erneute Versenkung in Text, Umfeld und Bezüge der Dante'schen Symbol-Dichtung war ein weiteres Mal nach Ambach richtungweisend und fruchtbar geworden! Der in Heidelberg begonnene gemeinsame Denk-Weg zur poetischen Ausdruckskraft einer christlichen Glaubenslehre führte in einer gleichzeitigen Anstrengung zu deren Publikation und zu dem hochkomplexen Hymnen-Zyklus.

Mit dem Anstoß Troeltschs, dass in einem künstlerischen Symbol nach Maßgabe der Dante'schen Dichtung für die Moderne das Wirksamste entstehen könnte, ist mit Sicherheit der Schlüssel benannt, der das gesamte dichterische Schaffen von Gertrud von le Fort erschließt.

---

[23] Die abschließenden vier „Hymnen an die Kirche" stehen gemäß der hier vorgetragenen Interpretation stimmig unter dem sonst kaum beachteten Untertitel „Die letzten Dinge"!

Toshimasa Yasukata

Ernst Troeltsch und die Konsequenz
des historischen Denkens

1. Der Systematiker der „Religionsgeschichtlichen Schule"

Ernst Troeltsch gilt als der Systematiker und Dogmatiker der „Religionsgeschichtlichen Schule". Die Frage ist noch offen, ob sie eine Schule im strik-
ten Sinn war, und wer zu dieser Schule gehörte. Die Religionsgeschichtliche Schule entstand angeblich aus einer Gruppe junger Göttinger Promo-
venden, die, in Freundschaft verbunden, sich oft in Mensen oder Kneipen
versammelten, um über theologische Themen zu diskutieren. Nach
Troeltschs Erzählung fürchtete einer der alten Professoren den Elan der
jungen Gruppe und sprach von einer drohenden ‚kleinen Fakultät‘. Johannes Weiß, Wilhelm Bousset, William Wrede, Alfred Rahlfs, Heinrich
Hackmann und er bildeten den Kern dieser „kleinen Göttinger Fakultät"
von 1890.[1] Während andere Mitglieder das Alte Testament, das Neue Testament oder die urchristliche Literatur als Hauptfach vertraten, war
Troeltsch der einzige Systematiker unter ihnen. Es ist daher verständlich,
wenn die Redaktion des „American Journal of Theology" 1913 an ihn die
Bitte richtete, einen Aufsatz über „Die Dogmatik der ‚religionsgeschichtlichen Schule'" zu schreiben.[2] Aber der Systematiker der Religionsgeschichtlichen Schule gewesen zu sein ist nur ein Aspekt des vielseitigen Denkers
Troeltsch – er war ein Mann mit vielen Gesichtern.

Wer Troeltsch im theologischen Bezugssystem einordnen möchte, muss
unvermeidlich den Berufswechsel vom Heidelberger Theologen zum Berliner Philosophen im Jahr 1914/15 als einen gründlichen Bruch mit der Theologie berücksichtigen. Darauf bezieht sich die Rede vom „gescheiterten
Theologen" (Walter Bodenstein) und von der „Selbstauflösung der Dogmatik bei Ernst Troeltsch" (Gotthold Müller) bzw. „the collapse of Troeltsch's
theology" (Benjamin A. Reist).[3] Die neuere Troeltsch-Forschung hat diese

---

[1] E. TROELTSCH, Die „kleine Göttinger Fakultät" von 1890, Die Christliche Welt 34, 1920,
281–283; abgedruckt in: G. LÜDEMANN/M. SCHRÖDER, Die Religionsgeschichtliche Schule in
Göttingen. Eine Dokumentation, Göttingen 1987, 22f.

[2] E. TROELTSCH, The Dogmatics of the „Religionsgeschichtliche Schule", The American Journal of Theology 17, 1913, 1–21. Eine deutsche Fassung des Aufsatzes erschien in: DERS., Gesammelte Schriften. Bd. II, Tübingen 1913 (= GS II), 500–524.

[3] W. BODENSTEIN, Neige des Historismus. Ernst Troeltschs Entwicklungsgang, Gütersloh
1959; G. MÜLLER, Die Selbstauflösung der Dogmatik bei Ernst Troeltsch, Theologische Zeit-

negativen Urteile jedoch für befangen und unberechtigt erklärt. Die Symbiose von Theologie und Philosophie ist ein Merkmal von Troeltschs Denken
von Anfang an. Er selbst weist auf eine Konstante in seinem Denken hin,
wenn es in seiner Selbstdarstellung heißt, dass es „einen systematischen
Einheitsgedanken"[4] in seinem Lebenswerk gebe. Tatsächlich hat Troeltsch
ein wissenschaftliches Programm verfolgt, aufgrund dessen seine äußerst
verschiedenen wissenschaftlichen Tätigkeiten als zusammenhängendes
Ganzes systematisch dargestellt werden können. Theologie, Religionsphilosophie, Ethik und Geschichtsphilosophie stehen innerhalb dieses enzyklopädischen Gesamtplans in enger Beziehung zueinander.[5] Diese Untersuchung wird zeigen, dass ein Leitthema all seiner wissenschaftlichen Arbeit
die Frage nach der Möglichkeit der Festigung normativer Werte auf der
Basis der grundsätzlichen Anerkennung der Historisierung alles menschlichen Denkens und Wissens ist. Troeltsch hat mit der Spannung zwischen
seiner Überzeugung von der höchsten religiösen Wahrheit des Christentums
und seiner Anerkennung des modernen kritisch-historischen Denkens gerungen.

Troeltsch stellte seine fundamentale Frage im Kontext der Theologie seiner Zeit. Erst nachdem er eine Riesenreise durch das wissenschaftliche
Weltmeer der Theologie, Religionsphilosophie, Religionssoziologie, Geistes- und Kulturgeschichte und Ethik gemacht hatte, fand er schließlich ihre
Lösung in der geschichtsphilosophischen Idee einer gegenwärtigen Kultursynthese. Doch war diese Idee nichts anderes als eine Variante der „immer
neuen schöpferischen Synthese, die dem Absoluten die im Moment mögliche Gestalt gibt und doch das Gefühl einer bloßen Annäherung an die wahren letzten allgemeingültigen Werte in sich trägt".[6] Wie Troeltsch selbst
bestätigt, geht es in seiner Geschichtsphilosophie um „das alte Problem der
Absolutheit, in viel weiterem Umfang und in der Richtung auf ein Ganzes
der Kulturwerte, nicht bloß auf die religiöse Position".[7] Alles in allem ist
das Leitmotiv von Troeltschs Lebensarbeit die Vermittlung von Geschichte

---

schrift 22, 1966, 334–346; B. A. REIST, Toward a Theology of Involvement. Theology of Ernst
Troeltsch, Philadelphia 1966.

[4] Gesammelte Schriften. Bd. IV, Tübingen 1925 (= GS IV), 18.

[5] GS II, VII. 225f. 515. 767; E. TROELTSCH, Briefe an Friedrich von Hügel 1901–1923, mit einer Einleitung hg. von K.-E. Apfelbacher/P. Neuner, Paderborn 1974. Vgl. K. KONDO, Theologie
der Gestaltung bei Ernst Troeltsch. Diss. Tübingen 1977; K.-E. APFELBACHER, Frömmigkeit und
Wissenschaft. Ernst Troeltsch und sein theologisches Programm, München/Paderborn/Wien 1978;
W. E. WYMAN JR., The Concept of Glaubenslehre. Ernst Troeltsch and the Theological Heritage of
Schleiermacher, Chico, CA 1983; F. W. GRAF, Ernst Troeltsch. Theologie als Kulturwissenschaft
des Historismus, in: P. Neuner/G. Wenz (Hg.), Theologen des 20. Jahrhunderts, Darmstadt 2002,
53–69 u.a.

[6] E. TROELTSCH, Die Absolutheit des Christentums und die Religionsgeschichte, Tübingen
²1912; E. TROELTSCH, Kritische Gesamtausgabe, Gütersloh 1998ff. (= KGA), hier Bd. 5, 171.

[7] GS IV, 14.

und Normativität, d.h. die Vermittlung von den wissenschaftlichen Forderungen des modernen historischen Denkens und der normativen Festsetzung der christlichen Wahrheit. Meine These lautet daher, dass man Troeltsch einen „systematic theologian of radical historicality" nennen kann.[8] Im Folgenden möchte ich diese These aus anderer Perspektive weiter ausführen.

Die Religionsgeschichte ist für Troeltsch nur insoweit bedeutend, als sie etwas mit dem Wahrheitsanspruch der christlichen Religion zu tun hat. Die erste seiner Promotionsthesen ist in dieser Hinsicht vielsagend: „Die Theologie ist eine religionsgeschichtliche Disziplin, doch nicht als Bestandteil einer Konstruktion der universalen Religionsgeschichte, sondern als Bestimmung des Inhalts der christlichen Religion durch Vergleichung mit den wenigen großen Religionen, die wir genauer kennen."[9] Von Interesse für ihn ist also die Bestimmung des Inhalts der christlichen Religion durch Vergleich mit den übrigen Religionen. Angesichts der „neuen evolutionistischen und historisierenden Betrachtung"[10] urteilte Troeltsch, dass man die Frage nach dem christlichen Wahrheitsanspruch nicht mehr beantworten könne, ohne die Religionsgeschichte oder die Weltreligionen in seine Überlegungen einzubeziehen. Die theologischen Schwierigkeiten der Gegenwart lägen nicht daran, dass die nicht-christlichen Religionen seit dem 18. Jahrhundert ein großes Interesse auf sich gezogen haben. Grund dafür sei vielmehr die Tatsache, dass unser Wissen und Denken seitdem grundsätzlich und radikal historisiert worden sei. Die vergleichende und relativierende Betrachtung der Religionen, die für das religionsgeschichtliche Denken charakteristisch ist, sei die Konsequenz dieser „Historisierung unseres ganzen Denkens".[11] Erst „aus der grundsätzlichen Historisierung unseres Wissens und Denkens"[12] folge von selbst „die Historisierung aller Wissenschaft und auch der Religionswissenschaft".[13] Die christliche Theologie als Wissenschaft sei keine Ausnahme. Eine wissenschaftliche Theologie könne sich nicht mehr „einer durchgängigen Historisierung der ganzen Weltauffassung"[14] entziehen. Um der modernitätsspezifischen Historisierung des Denkens zu entsprechen, müsse die Theologie auf jede moderne historische Art

---

[8] Vgl. T. YASUKATA, Ernst Troeltsch. Systematic Theologian of Radical Historicality, Atlanta, GA 1986.

[9] Zu Ernst Troeltschs Promotionsthesen s. H. RENZ/F.W. GRAF (Hg.), Troeltsch-Studien. Bd. 1. Untersuchungen zur Biographie und Werkgeschichte, Gütersloh 1982, 299f.

[10] E. TROELTSCH, Die historischen Grundlagen der Theologie unseres Jahrhunderts, Karlsruhe 1895, 11; KGA 1, 546.

[11] E. TROELTSCH, Ueber historische und dogmatische Methode der Theologie, Rheinischer wissenschaftlicher Predigerverein N.F. 4, 1900, 87–108; hier 92; GS II, 735.

[12] Gesammelte Schriften. Bd. III, Tübingen 1922 (= GS III), 9; KGA 16, 177.

[13] GS II, 361.

[14] GS IV, 552.

und Weise rekonstruiert werden. Daher Troeltschs beständige Forderung nach „einer tiefgreifenden Umgestaltung der Theologie", denn auch die Theologie müsse der konsequenten Historisierung aller Dinge entsprechen. Dieser Anspruch sollte schließlich zu seinem Konzept von „einer historisch-hermeneutischen Kulturwissenschaft des Christentums"[15] führen.

2. Die Problematik des Historismus bei Troeltsch

Troeltsch schenkte der Problematik des Historismus von früh an seine besondere Aufmerksamkeit. Dies bestätigt sein häufiger Gebrauch des Wortes „historisierend". Schon im Jahr 1895 erklärte er, das „brennende Problem, das durch die *historisierende* und entwickelungstheoretische Richtung des gegenwärtigen Denkens wie für alle idealen Ueberzeugungen so auch für die Religionen gegeben ist", sei nichts anderes als das „Problem absoluter Werthe im Gegensatz zu dem aus unserem entwicklungsgeschichtlichen Denken folgenden Relativismus".[16] Zwei Jahre später schrieb er: „Die Geschichte des Christenthums war damit unwiderruflich der allgemeinen Religionsgeschichte eingegliedert [...]. Der *historisierende* Geist des modernen Denkens hat Philosophen wie Theologen auf allen Gebieten zu geschichtlichen Betrachtungen genöthigt. [...] So hat sich von allen Seiten der Ring religionsgeschichtlicher Betrachtung um das Christenthum geschlossen."[17] Aber er warnte auch davor, dass „man aus der von unserer großen Epoche eröffneten Periode *historisierenden* Denkens eifrig die Konsequenz des Relativismus"[18] zieht. Im Jahr 1899 erwähnte er „die aus einer *historisierenden* Auffassung erwachsende Schwierigkeit für die Gewinnung religiöser Normwahrheiten".[19] Diese Zitate weisen darauf hin, dass schon der Heidelberger Theologe die tiefgreifende Wirkung der Historisierung des menschlichen Denkens auf das christliche Wahrnehmen intensiv empfand. Weil er später den Begriff „Historismus" „im Sinne der grundsätzlichen Historisierung alles unseres Denkens über den Menschen, seine Kultur und

[15] F. W. GRAF/H. RUDDIES, Ernst Troeltsch: Geschichtsphilosophie in praktischer Absicht, in: J. Speck (Hg.), Grundprobleme der großen Philosophen. Philosophie der Neuzeit IV, Göttingen 1986, 133.
[16] E. TROELTSCH, Religionsphilosophie und theologische Principienlehre, Theologischer Jahresbericht 15, 1895, 394; KGA 2, 111 (Hervorhebung von mir).
[17] E. TROELTSCH, Christenthum und Religionsgeschichte, Preußische Jahrberichte 87, 1897, 422f.; GS II, 336 (Hervorhebung von mir).
[18] Ebd., 445; GS II, 361 (Hervorhebung von mir).
[19] E. TROELTSCH, Besprechung von G. Below, Die neue historische Methode, München 1898, und H. Rickert, Kulturwissenschaft und Naturwissenschaft, Freiburg i. Br. 1899, ThLZ 24, 1899, 375–377, 375; KGA 2, 529 (Hervorhebung von mir).

seine Werte"[20] verstand, kann man behaupten, dass das Motiv des Historismus schon in seinen frühen Werken weitgehend präsent ist. Das Wort „Historismus" selbst findet sich erstmals in seinem Aufsatz „Die Selbständigkeit der Religion" (1895/96). Dort erwähnt er „die Wasser des alles in Relativitäten verwandelnden Historismus."[21] Expliziter begegnet der Ausdruck dann in dem Beitrag „Geschichte und Metaphysik" (1898):

> Der Historismus selbst läßt sich nicht wieder abschütteln und der Supranaturalismus nicht wieder zurückrufen. Die Gefahren der Lage können nur überwunden werden durch eine Metaphysik der Geschichte, die das Einfache, Bleibende, Wahre der geschichtlichen Entwickelung als ihren Kern herauszuheben und auf Grund des Glaubens an die Vernunft der menschlichen Geschichte dem Glauben darzubieten weiß.

> Diese allgemeine Lage spiegelt sich wider in der Theologie. Der ganze Nachdruck ihrer Arbeit liegt unter dem Einfluß der Gesammtlage auf ihrer historischen Arbeit; bedeutende und originelle, die Erkenntnis wirklich erweiternde Werke sind fast nur aus der Geschichtsforschung hervorgegangen, nur diese Werke sind für ein nichttheologisches Publikum verständlich und genießbar. Die bedeutendsten Talente wenden sich ihr zu und die größten Leistungen der Dogmatiker selbst sind historische Konzeptionen. Die Dogmatiken sind seit Jahrzehnten nur Schutzbauten gegen diese historische oder gegen die naturwissenschaftliche Flut. Die eigentliche dogmatische Grundanschauung vieler Theologen ist überhaupt die, daß es nur gelte die Geschichte zu verstehen und das geschichtlich verstandene Ideal auf sich wirken zu lassen. Man kann geradezu von einer latenten Theologie des Historismus reden. Diese Theologie aber hat ganz die Vorzüge und die Gebrechen, die ich am Historismus im allgemeinen aufgezeigt habe.[22]

Man mag in diesem Zitat eine Urgestalt von Troeltschs berühmter Formel „Geschichte durch Geschichte überwinden"[23] erblicken. Obwohl es nicht die Geschichte, sondern eine Metaphysik der Geschichte ist, die hier als das Hauptorgan zur Überwindung gilt, sind die Elemente der Formel doch darin enthalten. Denn die Metaphysik der Geschichte ist eine solche, die erst aus der Geschichte herausgearbeitet werden muss. Sie ist nicht „eine deduktive Metaphysik des Absoluten", sondern „eine Metaphysik des Rückschlusses aus den Tatsachen".[24] Die durch den Historismus verursachten Probleme werden also dadurch überwunden, dass ein metaphysisches Gedankengebäude aus der menschlichen Geschichte induktiv erschlossen wird. Kurzum,

---

[20] GS III, 102; KGA 16, 281.
[21] E. TROELTSCH, Die Selbständigkeit der Religion, ZThK 6, 1896, 208; KGA 1, 524.
[22] E. TROELTSCH, Geschichte und Metaphysik, ZThK 8, 1898, 69; KGA 1, 682 (Hervorhebung von mir).
[23] GS III, 772; KGA 16, 1098.
[24] GS II, 495.

Geschichte (z.B. „die schmerzenreiche religiöse Krisis"[25]) wird durch Geschichte, d.h. durch Geschichtsmetaphysik, überwunden.

Troeltsch erklärte öffentlich, die historische Methode sei seine „theologische Methode".[26] Diese Erklärung war sein Abschied von der dogmatischen, konventionellen Theologie; sie war auch eine Art Unabhängigkeitserklärung der „Theologie des Historismus". Troeltsch illustrierte die revolutionäre Wirkung der historischen Methode mit einem Gleichnis. „Die historische Methode, einmal auf die biblische Wissenschaft und auf die Kirchengeschichte angewandt, ist ein Sauerteig, der alles verwandelt und der schließlich die ganze bisherige Form theologischer Methoden zersprengt."[27] Man dürfe von ihr keinen halben Gebrauch machen, weil die historische Methode, „einmal an einem Punkt zugelassen, alles in ihre Konsequenz hineinziehen muß und alles in einen großen Zusammenhang korrelativer Wirkungen und Veränderungen verflicht". Also: „wer ihr den kleinen Finger gegeben hat, der muß ihr auch die ganze Hand geben".[28] Troeltsch formulierte die wesentlichen Merkmale der historischen Methode in drei Grundbegriffen oder Prinzipien: 1. Kritik, 2. Analogie und 3. Korrelation. Von diesen drei Prinzipien der echten, modernen Historie sei es vor allem das dritte, dessen Anwendung auf die Theologie sich als unaufhaltsam folgenreich erweist. Korrelation bezeichne die „*Wechselwirkung* aller Erscheinungen des geistig-geschichtlichen Lebens", d.h. denjenigen Tatbestand, „daß alles Geschehen in einem beständigen korrelativen Zusammenhange steht und notwendig einen Fluß bilden muß, indem Alles und Jedes zusammenhängt und jeder Vorgang in Relation zu anderen steht".[29] Troeltsch leitet daraus eine überaus wichtige Konsequenz ab: „Aus der Gleichartigkeit und dem Gesamtzusammenhang historischen Werdens folgt, daß jede Würdigung und Beurteilung genau ebenso wie die Erklärung und Darstellung vom Gesamtzusammenhang ausgehen muß. Nicht vom isolierten Urteil und Anspruch der christlichen Gemeinde aus [...], sondern nur vom Gesamtzusammenhang aus kann ein Urteil über das Christentum gewonnen werden."[30] Daraus entsteht „die Forderung eines Aufbaus der Theologie auf historischer, universalgeschichtlicher Methode, und da es sich hierbei um das Christentum als Religion und Ethik handelt, auf religionsgeschichtlicher Methode". Hieraus folgt dann „die Idee einer religionsge-

---

[25] E. TROELTSCH, Die christliche Weltanschauung und ihre Gegenströmungen, ZThK 3, 1893, 495; GS II, 230.
[26] GS II, 729.
[27] GS II, 730.
[28] GS II, 734.
[29] GS II, 733 (Hervorhebung im Original).
[30] GS II, 736.

schichtlichen Theologie"[31], deren ausführliche Darstellung ich auf andere Gelegenheit verschieben muss. Jedenfalls nötige „die historische Methode mit innerer Notwendigkeit zu einer grundsätzlich religionsgeschichtlichen Theologie".[32] Wenn man es von einer anderen Seite sieht, ist Troeltschs Eintreten für eine religionsgeschichtliche Theologie nichts anderes als ein Ausdruck des Ernstes, mit dem er Konsequenzen aus seinem historischen Denken zog.

3. Der christliche Wahrheitsanspruch als Gegensatz zur Konsequenz des historischen Denkens

Wenn die Theologie, wie Troeltsch fordert, vom korrelativen Gesamtzusammenhang bzw. von der Religionsgeschichte ausgehen muss, wird das Problem der Absolutheit des Christentums akut. „Das mit dem Ausdruck ,Absolutheit des Christentums' formulierte Problem erwächst", so Troeltsch, „unmittelbar aus dem modernen Begriff des Historischen selbst".[33] Weil die moderne Historie „die apologetische Scheidewand", die das Christentum von den übrigen nicht-christlichen Religionen trennte, abgetragen habe, sei damit „jedes Mittel weggefallen, das Christentum gegen die übrige Historie zu isolieren und es gerade durch diese Isolierung und deren formale Merkmale als schlechthinige Norm zu bestimmen".[34] Angesichts der alles relativierenden Wirkung des modernen historischen Denkens wollten die Theologen und Philosophen des deutschen Idealismus das Christentum dadurch retten, dass sie vermöge eines in ihm enthaltenen Entwicklungsgedankens die absolute Realisation des allgemeinen Begriffes der Religion historisch nachweisen wollten. Die Theorie von der Absolutheit des Christentums ist also die vom deutschen Idealismus geschaffene apologetische Grundlegung der Theologie. Troeltschs kritische Anfrage an den Absolutheitsanspruch war, ob diese auf der Basis des deutschen Idealismus konzipierte Theorie angesichts der radikalen Historisierung des Denkens noch Gültigkeit beanspruchen kann. Bekanntlich hat sich Troeltschs Position gegenüber dem Problem der Absolutheit des Christentums im Laufe der Zeit verändert. Seine einstige Behauptung, das Christentum stehe „der Gesamtheit der nicht-christlichen Religionen als ein prinzipiell Neues ge-

---

[31] GS II, 738.

[32] GS II, 744.

[33] E. TROELTSCH, Thesen zu dem am 3. Oktober in der Versammlung der Freunde der Christlichen Welt in Mühlacker zu haltenden Vortrage über Die Absolutheit des Christentums und die Religionsgeschichte, Die Christliche Welt 15, 1901, 923; KGA 5, 54.

[34] E. TROELTSCH, Die Absolutheit des Christentums und die Religionsgeschichte, Tübingen/Leipzig 1902, 5; KGA 5, 117.

genüber",[35] wurde bald unhaltbar. Der reifer werdende Troeltsch fand die in jenem frühen Aufsatz „noch zugrunde gelegte einfache Glaubensvoraussetzung der völlig einzigartigen Wahrheitsgeltung des Christentums [...] gegenüber der Entwicklung der modernen Religionsgeschichte immer schwieriger" und wurde dadurch „auf religionsphilosophische und geschichtsphilosophische Untersuchungen gedrängt."[36] Infolge seiner weiteren theologischen und philosophischen Überlegungen musste er schließlich das Haupturteil der Absolutheitsschrift zurücknehmen, wonach das Christentum „nicht bloß als der Höhepunkt, sondern auch als der Konvergenzpunkt aller erkennbaren Entwickelungsrichtungen der Religion"[37] gelten müsse. Seine neu gefundene Position bestätigt „die Idee der Individualität des Europäertums und des mit ihm eng verbundenen Christentums".[38] In dem Vortrag „Die Stellung des Christentums unter den Weltreligionen" (1923) behauptet er die Höchstgeltung des Christentums nicht mehr. Die Geltung des Christentums bestehe vor allem darin, dass die Europäer nur durch es geworden sind, was sie seien, und nur in ihm die religiösen Kräfte behalten, die sie brauchten. Das Christentum sei „das uns [sc. den Europäern] zugewandte Antlitz Gottes"; seine allgemeine Geltung sei nicht zu begründen, sondern „nur seine Geltung für uns".[39] Daher warf man Troeltsch oft Kapitulation vor dem historischen Relativismus vor. Er erwiderte darauf: „Eine Wahrheit, die in erster Linie Wahrheit für uns ist, ist darum doch Wahrheit und Leben. [...] Das göttliche Leben ist in unserer irdischen Erfahrung nicht ein Eines, sondern ein Vieles. Das Eine im Vielen zu ahnen, das aber ist das Wesen der Liebe."[40]

So löste Troeltsch, zugunsten eines pluralistischen Wirklichkeitsverständnisses, den überkommenen monistischen Wahrheitsbegriff in eine Polymorphie der Wahrheit auf. Der Ausdruck „polymorphous truth" als solcher stammte von Friedrich von Hügel, nicht von Troeltsch selbst.[41] Aber er galt jetzt als Troeltschs eigener Wahrheitsbegriff, mit dem er selbstkritisch Wahrheitsansprüche auf den eigenen Kulturkreis einschränkte.[42] Jeder

[35] E. TROELTSCH, Die christliche Weltanschauung und ihre Gegenströmungen, ZThK 4, 1894, 224; GS II, 319.

[36] GS II, 227 Anm. 11.

[37] E. TROELTSCH, Die Absolutheit des Christentums und die Religionsgeschichte, 80; KGA 5, 197.

[38] E. TROELTSCH, Der Historismus und seine Überwindung. Fünf Vorträge, eingeleitet von F. von Hügel, Berlin 1924, 76; KGA 17, 114.

[39] Ebd., 78; KGA 17, 115.

[40] Ebd., 83; KGA 17, 118.

[41] F. VON HÜGEL, Einleitung, in: E. Troeltsch, Christian Thought. Its History and Application, London 1923, XIX; KGA 17, 217.

[42] Vgl. F. W. GRAF, Die Polymorphie der Wahrheit. Über die aktuelle Bedeutung des deutschen Kulturprotestantismus. Vortrag an der Kyoto University Graduate School am 18. Mai 2000.

Kulturkreis habe seine eigene Wahrheit. Niemand könne die Grenzen des eigenen Kulturkreises und dessen kulturelles Selbstverständnis überschreiten. Troeltschs demütige Selbstbegrenzung auf das Europäertum mag etwas mit dem bescheidenen Richter in „Nathan der Weise" zu tun haben. Tatsächlich unterstützt Lessing eine Polymorphie der Wahrheit, wenn er sagt: „Die Wahrheit rührt unter mehr als einer Gestalt."[43] Troeltschs pluralistische Position ist jedenfalls kein radikaler Relativismus, sondern eine theologisch und philosophisch reflektierte, kritische Selbstbegrenzung auf seinen eigenen Kulturkreis.

4. Troeltschs Geschichtsphilosophie und ihre theologische Bedeutung

Nachdem wir die Umrisse von Troeltschs historisierendem Denken nachgezeichnet haben, ist die wichtige Frage zu stellen, ob der Historismus bzw. die radikale Historisierung des gesamten Denkens die überkommene christliche Theologie unmöglich macht oder, umgekehrt, ob die christliche Theologie zusammen mit der konsequenten Historisierung aller Dinge bestehen kann. Was lässt sich am Beispiel von Troeltschs heftigem Kampf um die Problematik des Historismus lernen?

Der junge Troeltsch war der Meinung, „das Zusammenbestehen einer weltlichen Bildung mit der religiösen Wahrheit"[44] bzw. die „Zusammenbestehbarkeit" der christlichen Weltanschauung mit den Tatsachen und deren wissenschaftlicher Verarbeitung nachzuweisen sei immer „der Lebensnerv und das eigentliche Geschäft aller Theologie".[45] „Es handelt sich also für die Theologie aller Schattierungen darum, ob ihre ethisch-religiöse Gesamtanschauung von Gott, Welt und Mensch mit den in unseren Gesichtskreis gerückten neuen Tatsachengruppen zusammenbestehen könne."[46] Er stellte diese Grundfrage bis zum Ende seines Lebens weiter. Die „Zusammenbestehbarkeit" der Theologie mit der konsequenten Historisierung blieb seine unerschütterliche Überzeugung. Aber ist dieses Thema wirklich das eigentliche Geschäft der Theologie? Es ist fast überflüssig zu erwähnen, dass fast alle Theologen der jüngeren Generation die Frage verneinten. Sie kehrten

---

[43] G. E. LESSING, Werke. Bd. 3. Frühe kritische Schriften, hg. von H. G. Göpfert, München 1972, 40. Vgl. T. YASUKATA, Lessing's Philosophy of Religion and the German Enlightenment, New York 2002, 80–82.

[44] E. TROELTSCH, Vernunft und Offenbarung bei Johann Gerhard und Melanchthon. Untersuchung zur Geschichte der altprotestantischen Theologie, Göttingen 1891, 3; KGA 1, 86.

[45] E. TROELTSCH, Die christliche Weltanschauung und ihre Gegenströmungen, ZThK 3, 1893, 495; GS II, 229.

[46] Ebd., 505; GS II, 239.

Troeltsch den Rücken zu. Friedrich Gogarten zum Beispiel unternahm einen heftigen Angriff auf seinen ehemaligen Lehrer. Mit einiger Ironie erkennt er Troeltschs große Leistung an: „Nachdem Troeltsch seine Arbeit geleistet hat, ist jede Theologie, die nicht das Problem des Historismus in der ganzen Breite angreift, in der Troeltsch es gestellt hat, von vornherein unfruchtbar."[47] Anschließend wirft Gogarten eine kardinale Frage auf. Es gebe „nur zwei Möglichkeiten" in Bezug auf Troeltschs entscheidende These von der durchgehenden Historisierung des Denkens. Entweder „man erkennt die Troeltschsche Aufstellung als richtig an" und macht mit ihm den Schritt „von jeder Theologie [...] zur Geschichtsphilosophie als der eigentlichen normbegründenden Wissenschaft"[48] oder man bezweifelt die entscheidende These Troeltschs und fragt, „ob diese Historisierung *zu Recht* erfolgt ist".[49] Gogarten selbst verfolgte die zweite Möglichkeit. Aber statt die *quaestio facti* – die Frage, ob die Historisierung des Denkens tatsächlich in dem Maße erfolgt ist, wie Troeltsch es behauptete – zu stellen, konzentrierte er seine kritische Debatte auf die *quaestio iuris* und verharrte bei der Frage nach dem Recht jener Historisierung.[50] Seine Antwort darauf war selbstverständlich ablehnend.

Ich gehe hier auf Gogartens Kritik nicht weiter ein. Wichtiger erscheint es mir, den Gedankengang Troeltschs an sich zu verstehen. Zur Beziehung zwischen Theologie und Geschichtsphilosophie stellt Troeltsch im Historismusband fest: „Erkennt man die Normen der Lebensgestaltung nicht mehr im kirchlichen oder seinem Nachkömmling, dem rationalistischen Dogma, dann bleibt nur die Geschichte als Quelle und die Geschichtsphilosophie als Lösung."[51] Diese Äußerung könnte so verstanden werden, dass damit die Ungültigkeit der Theologie und die entsprechende Anerkennung der Geschichtsphilosophie als die entscheidende Wissenschaft gemeint sei. Doch wäre diese Deutung kurzsichtig. Man muss sich an Troeltschs enzyklopädisches Gesamtprogramm erinnern, in dem Theologie, Religionsphilosophie, Allgemeine Ethik und Geschichtsphilosophie in einem systematischen und organischen Zusammenhang stehen.[52] Innerhalb seines akademischen Gesamtplans bilden Theologie und Geschichtsphilosophie kein Entweder-Oder, sondern stehen in einer gegenseitigen Beziehung. Die Geschichtsphilosophie als „die übergeordnete und prinzipiellste Wissen-

---

[47] F. GOGARTEN, Historismus, in: J. Moltmann (Hg.), Anfänge der dialektischen Theologie. Teil II, München 1977, 171–190, 181.

[48] Ebd., 178.

[49] Ebd., 180 (Hervorhebung von mir).

[50] Ebd., 186.

[51] GS III, 110; KGA 16, 291.

[52] Vgl. das Diagramm „Ernst Troeltsch's Theological Program" in T. YASUKATA, Ernst Troeltsch. Systematic Theologian of Radical Historicality (Anm. 8), 82.

schaft"[53] leistet der Theologie einen guten Dienst, indem sie die Normen der Lebensgestaltung aus der Geschichte zu gewinnen sucht. Troeltschs Geschichtsphilosophie soll also nicht die Theologie ersetzen, sondern die erstere unterstützt die letztere und übt für sie eine wichtige Funktion aus.

Überdies ist hier an Troeltschs metaphysisches Denken zu erinnern. An entscheidenden Punkten sowohl in seiner Religionsphilosophie als auch in seiner Geschichtsphilosophie konnte er sich auf die Metaphysik beziehen. So verweist er etwa im Zusammenhang der Frage des religiösen Apriori auf seine eigene metaphysische Überzeugung: „Ueber die mir hier vorschwebende Lösung kann ich nur in Kürze andeuten, daß mir die Unbedingtheit alles Apriorischen, die Kontinuität und Folgerichtigkeit der geschichtlichen Vernunftbildungen auf eine handelnde Gegenwart des absoluten Geistes im endlichen, auf ein Handeln des Universums, wie Schleiermacher sagt, in den individuellen Seeleneinheiten hinzudeuten scheint, das der eigentliche Grund alles Apriori und aller geschichtsphilosophisch zu erfassenden Bewegung ist."[54] Er sagt weiter, der Hintergrund des Leibnizschen wie des Kantischen Denkens sei „ein energischer Theismus"[55], und ein solcher sei auch der Hintergrund seines eigenen Religionsphilosophie. Im Historismusband spricht er von der Notwendigkeit „eines metaphysischen Glaubens"[56] für die Bildung der Maßstäbe. Die Kultursynthese sei „Sache des Glaubens in dem tiefen und vollen Sinne des Wortes: die Betrachtung eines aus dem Leben herausgebildeten Gehaltes als Ausdruck und Offenbarung des göttlichen Lebensgrundes und der inneren Bewegung dieses Grundes auf einen uns unbekannten Gesamtsinn der Welt hin, die Ergreifung des aus der jeweiligen Lage erwachsenden Kulturideals als eines Repräsentanten des unerkennbaren Absoluten".[57] Ein solcher Bezug ist eine metaphysische Variante der christlich-prophetischen Ideenwelt, die von „der nie begrifflich erschöpfbaren, schaffenden Lebendigkeit des göttlichen Willens"[58] ausgeht.

---

[53] E. TROELTSCH Grundprobleme der Ethik, ZThK 12, 1902, 45; GS II, 553. Hierin bezeichnet Troeltsch die allgemeine Ethik zwar als „die übergeordnete und prinzipiellste Wissenschaft", doch gehört dieser Aufsatz zu Troeltschs frühen Werken, in denen sein geschichtsphilosophisches Denken noch wenig ausgebildet ist. Im Laufe der Zeit entwickelte und vertiefte er seine Einsichten in die Geschichtsphilosophie, um schließlich durch sie die allgemeine Ethik zu konstruieren. Immerhin heißt es schon im Aufsatz von 1902: „Die Hauptprobleme der Ethik liegen [...] auf dem [Gebiete] der objektiven Ethik [der Kulturwerte], das schwierig und verwickelt ist. Sie erfordern einen umfassenden geschichtsphilosophischen Horizont, einen Einblick in das Werden und Wachsen der Kultur und die Herausbildung sittlicher Güter aus der bloßen Kultur." (ebd., 140; GS II, 624) Man könnte hierin einen Anfang seiner späteren Idee der Kultursynthese erblicken.

[54] GS II, 764.

[55] Ebd.

[56] GS III, 175; KGA 16, 368.

[57] Ebd.

[58] GS III, 184; KGA 16, 376.

Troeltschs bekanntes Diktum: „Das Jenseits ist die Kraft des Diesseits"[59], muss von diesem Bezug her verstanden worden. Obwohl Troeltsch seine Metaphysik wie seinen Gottesgedanken nie ausgeführt hat, ist ganz sicher, dass bei ihm ein fester metaphysischer Glaube im Hintergrund steht. Eine Stelle in seiner postumen „Glaubenslehre" deutet den Kern seines Gottesgedankens an: „Gott ist [...] immer ein Schaffender und Lebendiger. Seine eigentliche Kundmachung liegt nicht im Sein, sondern im *Werden*, nicht in der Natur, sondern in der *Geschichte*."[60] Ein solcher Gottesgedanke bildet zweifellos den Hintergrund von Troeltschs Geschichtsphilosophie. Erst wenn man diese Philosophie mit Hilfe der „Glaubenslehre", vor allem mit dem darin entfalteten „christlichen Gottesbegriff" erläutert, lässt sich die volle Bedeutung eines Systematikers der radikalen Historizität verstehen.

Ein Letztes: Troeltsch konnte sich darum gründlich mit der konsequenten Historisierung aller Dinge auseinandersetzen, weil er seinen Glauben an den Herrn der Geschichte festhielt. Zu fragen bleibt jedoch, wie geschickt er die Konsequenzen des historischen Denkens zugunsten der Theologie beschreiben konnte. Wie dem auch sei – seine große Leistung bleibt ein bedeutendes Erbe für uns Heutige.

---

[59] E. TROELTSCH, Gesammelte Schriften, Bd. I, Tübingen 1912, 979.
[60] E. TROELTSCH, Glaubenslehre, mit einem Wort von M. Troeltsch, München/Leipzig 1925, 139 (Hervorhebung im Original).

Die Autoren der Festschrift

Reinhard von Bendemann, geboren 1961; Promotion 1995 und Habilitation 1999 in Bonn; 2001–2008 Professor für Neues Testament an der Universität Kiel, seit 2008 Professor für Neues Testament und frühes Judentum an der Universität Bochum (hier u.a. Mitarbeiter im Centrum für Religionswissenschaftliche Studien).

Gudrun Beyer, geboren 1952; Dr. theol., Pastorin, Lehrerin in einer Berufsbildenden Schule in Betzdorf-Kirchen (Rheinland-Pfalz); freie Mitarbeiterin in dem von Gerd Lüdemann geleiteten Archiv Religionsgeschichtliche Schule an der Theologischen Fakultät der Universität Göttingen.

Reinhard Feldmeier, geboren 1952; 1986 Promotion und 1991 Habilitation in Tübingen; 1992–1995 Professor für Altes und Neues Testament an der Universität Koblenz-Landau, 1995–2002 Professor für Biblische Theologie an der Universität Bayreuth; seit 2002 Professor für Neues Testament an der Universität Göttingen.

Matthias Günther, geboren 1964, Studium der Theologie und der Familienpädagogik, 1995 Promotion (Universität Göttingen), 1995 Ordination, 1995–2007 Gemeindepfarrer, 2001 Habilitation an der Universität Hannover, seit 2005 apl. Professor für Ev. Theologie und Religionspädagogik an der Universität Hannover, seit 2007 Schulpfarrer.

Niels Hyldahl, geboren 1930; Cand. theol. 1954 (Aarhus), Studienreisen 1955–1958 (Manchester, Göttingen, Heidelberg), 1966 Dr. theol. (Aarhus), 1969–2000 Professor für Neues Testament in Kopenhagen.

Martina Janßen, geboren 1971, ist Pastorin in Jork-Estebrügge (Kirchenkreis Stade) und Lehrbeauftragte an der Technischen Universität Braunschweig; 2000 Dr. theol. (Universität Göttingen); 2001–2006 Wissenschaftliche Assistentin in Göttingen (Dorothea-Erxleben-Programm des MWK Niedersachsen); 2007/08 Wissenschaftliche Mitarbeiterin von Florian Wilk; 2008 Ordination.

F. Stanley Jones, geboren 1953, studierte in Yale, Oxford, Tübingen, Göttingen und Nashville, TN (Vanderbilt). Er ist Professor für Neues Testament und Antikes Christentum im Department of Religious Studies der California State University, Long Beach, und Direktor des Institute for the Study of Judaeo-Christian Origins der California State University.

Frank Kleinschmidt, geboren 1969, 1988–1994 Studium in Bethel und Göttingen, 1997 Promotion in Göttingen, 1997–1999 Vikar, seit 1999 Pastor im Kirchenkreis Wittingen, dort seit 2007 auch stellvertretender Superintendent.

Jacob Neusner, geboren 1932, ist Distinguished Service Professor of the History and Theology of Judaism und Senior Fellow, Institute of Advanced Theology Bard College Annandale-on-Hudson, New York. Er ist Member of the Institute for Advanced Study, Princeton, NJ und Life Member of Clare Hall, Cambridge University, in England.

Alf Özen, geboren 1963; Studium der Ev. Theologie, Neueren und Mittleren Geschichte in Göttingen, Tübingen und Atlanta, GA; 1989–1998 Wissenschaftlicher Mitarbeiter am Archiv „Religionsgeschichtliche Schule" in Göttingen; 1992 Dipl.-theol.; Mediengestalter für Digital- und Printmedien, seit 2003 Berufsschullehrer für Druck-/Medientechnik, Politik und Religion in Göttingen.

Horst Renz, geboren 1937, Studium in Heidelberg und Göttingen, Assistent in Tübingen und München, 1978–1986 Vertreter des Lehrstuhls für Systematische Theologie und Kirchengeschichte in Augsburg, bis 2002 Pfarrer in Obergünzburg.

Rainer Reuter, geboren 1958; Studium in Bethel und Göttingen; 2002 Promotion in Göttingen; 1990–2002 Gemeindepfarrer in Paderborn; 2002–2006 Dozent für Biblische Theologie am Theologischen Seminar der ELFRAS in Sankt Petersburg; seit 2006 Gemeindepfarrer in Büren, seit 2009 auch Lehrbeauftragter an der Universität Paderborn.

Frank Schleritt, geboren 1971, ist wissenschaftlicher Mitarbeiter von Florian Wilk sowie Studien- und Prüfungsberater an der Theologischen Fakultät der Universität Göttingen. Studium in Hamburg und Göttingen; 2002 Diplom; 2006 Dr. theol.; 1994–2008 Mitarbeiter von Gerd Lüdemann.

Jürgen Wehnert, geboren 1952, studierte Theologe und Germanistik in Göttingen; dort 1989–1999 Assistent von Gerd Lüdemann, lehrt seit 2004 Biblische Theologie an der Technischen Universität Braunschweig.

Florian Wilk, geboren 1961; Promotion 1996 und Habilitation 2001 an der Universität Jena, 1999–2002 Pastor in Dissen a. T. W., 2002–2003 Professor für Biblische Theologie an der Ev. Fachhochschule in Bochum, seit 2003 Professor für Neues Testament an der Universität Göttingen.

Toshimasa Yasukata, geboren 1952, Ph.D., Litt.D., ist Professor und Dekan der Fakultät der Geisteswissenschaften an der Hokkai-Gakuen-Universität in Sapporo, Japan.